best of DETAIL

Glas
Glass

Edition **DETAIL**

Impressum • *Credits*

Diese Veröffentlichung basiert auf Beiträgen, die in den Jahren von 2007 bis 2013 in der Fachzeitschrift **DETAIL** erschienen sind.
This publication is based on articles published in the journal **DETAIL** *between 2007 and 2013.*

Redaktion • *Editors:*
Christian Schittich (Chefredakteur • *Editor-in-Chief)*;
Steffi Lenzen (Projektleitung • *Project Manager)*;
Sophie Karst, Sandra Leitte, Eva Schönbrunner

Lektorat deutsch • *Proofreading (German):*
Carola Jacob-Ritz, München

Lektorat englisch • *Proofreading (English):*
Philip Shelley, Zürich

Zeichnungen • *Drawings:*
Institut für internationale Architektur-Dokumentation GmbH & Co. KG, München

Covergestaltung • *Cover Design:*
Cornelia Hellstern

Herstellung/DTP • *Production/layout:*
Simone Soesters

Druck und Bindung • *Printing and binding:*
Werbedruck GmbH Horst Schreckhase, Spangenberg

Herausgeber • *Publisher:*
Institut für internationale Architektur-Dokumentation GmbH & Co. KG, München
www.detail.de

Bibliografische Information der Deutschen Nationalbibliothek.
Die Deutsche Nationalbibliothek verzeichnet diese Publikation in der Deutschen Nationalbibliografie; detaillierte bibliografische Daten sind im Internet über <http://dnb.d-nb.de> abrufbar.

Bibliographic information published by the German National Library
The German National Library lists this publication in the Deutsche Nationalbibliografie; detailed bibliographic data is available on the Internet at <http://dnb.d-nb.de>.

© 2014, 1. Auflage • *1st Edition*

Dieses Werk ist urheberrechtlich geschützt. Die dadurch begründeten Rechte, insbesondere die der Übersetzung, des Nachdrucks, des Vortrags, der Entnahme von Abbildungen und Tabellen, der Funksendung, der Mikroverfilmung oder der Vervielfältigung auf anderen Wegen und der Speicherung in Datenverarbeitungsanlagen, bleiben, auch bei nur auszugsweiser Verwertung, vorbehalten. Eine Vervielfältigung dieses Werks ist auch im Einzelfall nur in den Grenzen der gesetzlichen Bestimmungen des Urheberrechtsgesetzes in der jeweils geltenden Fassung zulässig. Sie ist grundsätzlich vergütungspflichtig. Zuwiderhandlungen unterliegen den Strafbestimmungen des Urheberrechts.

This work is subject to copyright. All rights reserved, whether the whole or part of the material is concerned, specifically the rights of translation, reprinting, citation, reuse of illustrations and tables, broadcasting, reproduction on microfilm or in other ways and storage in data processing systems. Reproduction of any part of this work in individual cases, too, is only permitted within the limits of the provisions of the valid edition of the copyright law. A charge will be levied. Infringements will be subject to the penalty clauses of the copyright law.

ISBN 978-3-95553-202-4 (Print)
ISBN 978-3-95553-203-1 (E-Book)
ISBN 978-3-95553-204-8 (Bundle)

Inhalt • *Contents*

theorie + wissen • *theory + knowledge*

- 8 — Zwischen Emotion und Experiment – Modulare Gebäudehüllen aus Glas
  Between Experiment and Emotion – Glass Cladding Systems
- 15 — Holz und Glas in tragender Rolle
  Structural Use of Wood and Glass
- 18 — Transparenz, Tranzluzenz – Aktuelle Materialentwicklungen
  Recent Developments in Transparent and Translucent Materials
- 28 — Mahnmal in Madrid
  Memorial in Madrid
- 33 — Beschichtungen auf Glas für die architektonische Anwendung
  Glass Coatings for Architectural Applications
- 38 — Verformen von Gläsern im Bauwesen
  Glass-shaping Techniques in Building Construction
- 44 — Ein Kristall im Hafen – Die Glasfassade der Elbphilharmonie
  A Crystal in the Harbour – The Glass Facade of the Elbphilharmonie
- 54 — Tageslicht contra Sonnenschutz? – Zur Komplexität der Tageslichtplanung
  Daylight Without Overheating? On the Complexity of Designing for Daylight
- 58 — Auf den zweiten Blick – Glaspavillon am Broadfield House in Kingswinford
  Revisiting the Glass Pavilion at Broadfield House, Kingswinford

projektbeispiele • *case studies*

- 64 — Hochzeitskapelle in Osaka • *Wedding Chapel in Osaka*
- 68 — Restauranterweiterung in Olot • *Restaurant Extension in Olot*
- 73 — L'Opéra Restaurant in Paris • *L'Opéra Restaurant in Paris*
- 76 — Bankgebäude in Kopenhagen • *Bank Building in Copenhagen*
- 81 — Bank in Bilbao • *Bank in Bilbao*
- 84 — Verwaltungsgebäude in Istanbul • *Administration Building in Istanbul*
- 88 — Regierungsgebäude in Zamora • *Government Building in Zamora*
- 92 — Eingangsbau in London • *Entrance Structure in London*
- 96 — Forschungszentrum in Ulm • *Research Centre in Ulm*
- 102 — Berufskollegs in Recklinghausen • *Vocational Schools in Recklinghausen*
- 106 — Mobiler Ausstellungspavillon • *Mobile exhibition pavilion*
- 110 — Museum in Kansas City • *Museum in Kansas City*
- 114 — Galerie in La Pizarrera • *Gallery in La Pizarrera*
- 117 — Galerie und Kunstschule in Waiblingen • *Art Gallery and Arts Educational Centre in Waiblingen*
- 121 — Poetry Foundation in Chicago • *Poetry Foundation in Chicago*
- 126 — Louvre Lens • *Louvre Lens*
- 132 — Besucherzentrum Joanneum in Graz • *Joanneum Visitors' Centre in Graz*
- 136 — Glasdach im Victoria and Albert Museum in London • *Glazed Roof at the Victoria and Albert Museum in London*
- 140 — Kaufhaus in Vancouver • *Department Store in Vancouver*
- 143 — Temporäres Terminalgebäude in Wien • *Temporary Airport Terminal in Vienna*
- 146 — Tramdepot in Bern • *Tram Depot in Berne*
- 150 — Lichtinstallation für eine Unterführung in Berlin • *Light installation for a railway underpass in Berlin*
- 153 — Stadion in Kaohsiung • *Main Stadium in Kaohsiung*
- 156 — Gewerbehof in München • *Mixed-use Hall in Munich*
- 159 — Wohnhaus in Hiroshima • *Residence in Hiroshima*
- 162 — Villa in Holland • *Villa in Holland*
- 167 — Wochenendhaus in Karuizawa • *Weekend House in Karuizawa*
- 171 — Erweiterung eines Doppelhauses in Heverlee • *Extension to Semi-Detached House in Heverlee*
- 174 — Erweiterung eines Wohnhauses in New Canaan/Connecticut • *Addition to a Home in New Canaan/Connecticut*
- 178 — Wohnhaus in Zürich • *House in Zürich*
- 182 — Wohntürme in Antwerpen • *Apartment Towers in Antwerp*
- 186 — Wohnhaus in Dublin • *House in Dublin*
- 190 — Baumhotel in Harads • *Tree Hotel in Harads*

anhang • *appendices*

- 194 — Projektbeteiligte/Hersteller • *Design and Construction Teams*
- 199 — Bildnachweis • *Picture Credits*

Vorwort • *Preface*

Glas ist ein traditioneller Werkstoff mit facettenreichen Einsatzmöglichkeiten. Es steht in enger Beziehung zu unserer kulturellen Entwicklung: So eröffnen sich durch die industrielle Herstellung des Glases neue Einsatzbereiche, die ungeahnte Konstruktionen mit faszinierenden Raumeindrücken ermöglichen. Glas prägt die Architektur in einzigartiger Form, es bietet dem Architekten Möglichkeiten, mit Licht, mit der Beziehung »innen – außen« und dem Verhältnis des Menschen zum Raum und zur Natur zu spielen. Es dient der Steuerung von Licht und Wärme, von Raumatmosphären und Blickbeziehungen.

Aber Glas steht selten für sich allein, es braucht andere Materialien, die es halten, tragen, stützen und infolgedessen bedarf es eines integrativen Arbeitsansatzes verschiedener Disziplinen: Gute Glasarchitektur ist immer das Ergebnis eines gelungenen Zusammenspiels von Entwurf, Technik, Konstruktion und Umsetzung. Glas erscheint – je nach Zusammensetzung – transparent oder transluzent, farbig oder klar. »Unsichtbar« ist es nicht, auch wenn das gelegentlich werbewirksam behauptet wird.

Die Publikation bündelt die Highlights aus DETAIL zum Material Glas. Sie bietet neben theoretischen Auseinandersetzungen in einem umfangreichen Projektteil aus der Praxis jede Menge Inspirationen und konstruktive Lösungsbeispiele.

Glass is a traditional material with a rich array of uses. It is closely related to our cultural development: the industrial production of glass opens up new areas of application, making possible constructions with previously unimaginable spatial effects. Glass influences architecture in a unique way, allowing architects to play with light, with the relationship between "inside" and "outside", and our relationship to spaces and to nature. With it we can influence light and heat, the atmosphere of spaces and the views out of them.

However glass rarely stands alone, needing other materials to hold, carry and support it. Consequently it requires an integrated design approach between many disciplines: good glass architecture is invariably the result of successful interplay of design, technology, construction and implementation.

Glass appears – depending on its composition – transparent or translucent, coloured or clear. Despite when convincingly claimed to be, glass is never "invisible".

This publication brings together the highlights on glass in architecture from DETAIL magazine. Alongside theoretical investigations of the subject, it offers a wealth of inspiration and constructive solutions through an extensive series of case studies.

Die Redaktion

theorie + wissen
theory + knowledge

8 Zwischen Emotion und Experiment – Modulare Gebäudehüllen aus Glas
Between Experiment and Emotion – Glass Cladding Systems
15 Holz und Glas in tragender Rolle
Structural Use of Wood and Glass
18 Transparenz, Tranzluzenz – Aktuelle Materialentwicklungen
Recent Developments in Transparent and Translucent Materials
28 Mahnmal in Madrid
Memorial in Madrid
33 Beschichtungen auf Glas für die architektonische Anwendung
Glass Coatings for Architectural Applications
38 Verformen von Gläsern im Bauwesen
Glass-shaping Techniques in Building Construction
44 Ein Kristall im Hafen – Die Glasfassade der Elbphilharmonie
A Crystal in the Harbour – The Glass Facade of the Elbphilharmonie
54 Tageslicht contra Sonnenschutz? – Zur Komplexität der Tageslichtplanung
Daylight Without Overheating? On the Complexity of Designing for Daylight
58 Auf den zweiten Blick – Glaspavillon am Broadfield House in Kingswinford
Revisiting the Glass Pavilion at Broadfield House, Kingswinford

Zwischen Emotion und Experiment – Modulare Gebäudehüllen aus Glas

Between Experiment and Emotion – Glass Cladding Systems

Roland Pawlitschko

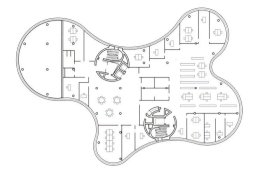

Neben vielen funktionalen und ganz pragmatischen Aufgaben kommt der Architektur seit jeher auch die Rolle zu, für Abgrenzung und Identität zu sorgen und die Menschen emotional anzurühren. Sichtbar wird dies vor allem in der Inszenierung von Gebäudehüllen. Dass es dabei sehr oft um weit mehr als nur um Oberflächen oder Oberflächlichkeiten geht, belegen die Arbeiten zahlreicher Architekturbüros. Eine wesentliche Eigenschaft beispielsweise der Projekte von Jacques Herzog und Pierre de Meuron ist die gleichermaßen lustvoll wie klar strukturierte Materialästhetik der Gebäudehüllen. Eine wichtige Rolle hierbei spielt die Auseinandersetzung mit der Vervielfältigung von standardisierten Einzelmodulen. Dies gilt für das Stellwerk am Basler Bahnhof SBB mit seiner eigenwilligen Ummantelung aus Kupferbändern oder die kalifornische »Dominus Winery« mit ihren steingefüllten Metallgitterkörben ebenso wie für die bedruckten Glasquadrate der Bibliothek der Technischen Universität Cottbus (Abb. 1–3). Hier haben die Schweizer Architekten einen achtgeschossigen Baukörper mit geschwungenem Grundriss entworfen, der nicht zuletzt durch seine ungerichtete Amöbenform symbolhaft für den nach allen Richtungen offenen Wissensfluss stehen soll – ein Bild, das durch die vor eine raumabschließende Isolierverglasung gehängten Glasquadrate auf subtile Weise unterstützt wird. Mit punktgehaltenen Glasfeldern und offenen Fugen ist diese äußere Schicht konstruktiv unspektakulär und unterscheidet sich auch nicht von vergleichbaren Standardfassaden. Einen unverwechselbar eigenständigen Charakter erlangt das Bauwerk jedoch durch die Bedruckung mit übergroßen weißen Buchstaben. So erscheint die Gebäudehülle nicht einfach transparent, sondern eher wie ein Vorhang – der Blick nach innen wird durch Buchstaben, die kleinste Einheit der geschriebenen bzw. gedruckten Sprache, gefiltert. Im Gegensatz zur monolithisch hermetischen Außenwirkung der Bibliothek eröffnet der Innenraum eine vollkommen andere Perspektive, zum einen aufgrund des unerwarteten Farbenreichtums, zum anderen, weil die einzelnen Ebenen mit ihren Sammlungs- und Lesebereichen durch zahlreiche Lufträume zu einer spannungsvollen kommunikativen Einheit zusammengeschlossen wurden. Von dem je nach Entfernung und Blickwinkel bisweilen festungsartigen Charakter des Rundlings ist von innen jedenfalls nichts zu spüren.

Sinnlich
In Bilbao, lediglich einen Steinwurf vom Guggenheim Museum entfernt, liegt die von Rafael Moneo geplante Bibliothek der Universität Deusto (Abb. 4–6). Ähnlich wie in Cottbus handelt es sich auch hier um ein Bauwerk, das unverkennbar als eigenständiges öffentliches Gebäude in Erscheinung tritt. Allerdings war dem spanischen Architekten von Anfang an klar, dass ein Wettstreit mit der mächtigen Titanskulptur von Frank O. Gehry auf jeden Fall zu vermeiden war. Stattdessen kümmerte er sich um eine harmonische Kontinuität mit der benachbarten Universität. Während es bei den Innenräumen der mit knapp 1 Million Bänden und rund 1000 Leseplätzen größten Bibliothek des Baskenlands durchaus um die Realisierung von Superlativen ging, sollte die Gebäudehülle eher von distinguierter Zurückhaltung geprägt sein. Von Weitem präsentiert sich das Gebäude daher als monochromatisch neutrales Bauvolumen, das unter-

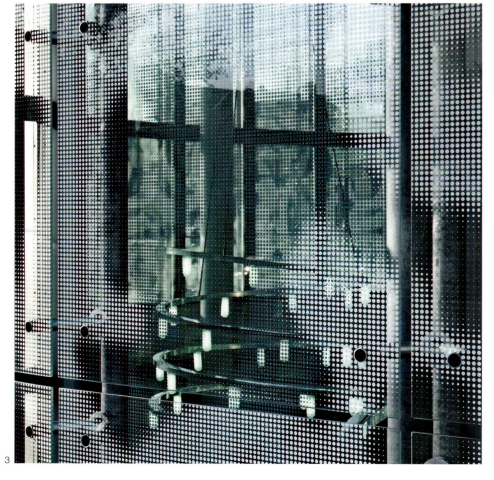

1–3 Bibliothek der TU Cottbus, 2004,
 Architekten: Herzog & de Meuron
 Grundriss 7. OG, Maßstab 1:1000
4–6 Bibliothek der Universität Deusto, Bilbao 2010,
 Architekt: Rafael Moneo

1–3 Library, Technical University, Cottbus 2004,
 Architects: Herzog & de Meuron
 Plan of 7th storey, scale 1:1000
4–6 Library, University of Deusto, Bilbao 2010,
 Architect: Rafael Moneo

tags zunächst keinerlei Auskunft über Oberflächen und Materialien gibt. Erst aus der Nähe betrachtet erscheinen dann die Texturen und Lichtschattierungen der eigens für dieses Projekt entwickelten transluzenten Glassteine, die fast drei Viertel der Gebäudeoberfläche bedecken.

Bezugnehmend auf die Oberflächenstruktur von dorischen Säulen weisen die quadratischen Glasblöcke mit einer Kantenlänge von 30 cm an ihrer Außenseite vertikale Kanneluren auf – ein Motiv, das sich auf der dem Innenraum zugewandten Seite wiederholt, jedoch im Inneren der Glassteine, sodass sich die Oberfläche dort glatt anfühlt. Egal, ob die Nutzer dieses subtile Zitat der griechischen Antike mit ihrer herausragenden Wissenskultur nun erkennen oder nicht: Fest steht, dass die facettierten Glasblöcke ihre beabsichtigte Außenwirkung nicht verfehlen. Führen die 20 mm tiefen Kanneluren schon tagsüber zu einem Spiel bewegter Reflexionen, so beginnt das Gebäude in der Dämmerung als erhabener Leuchtturm des Wissens zu glühen. Zur selben Zeit übrigens, wie das aufgeregte Spektakel des Guggenheim Museums gerade in der Dunkelheit zu versinken beginnt.

Visuell
Im eigentlichen Wortsinn beschreibt der ursprünglich vom lateinischen »facies« abgeleitete Begriff Fassade das »Gesicht« eines Gebäudes. Diese Analogie zur Physiognomie des Menschen und ein Blick in die Baugeschichte machen einerseits deutlich, welch hohen Stellenwert die Gebäudehülle bei Architekten schon immer einnimmt – vor allem dann, wenn man wie der römische Staatsmann Cicero das Gesicht »als Abbild der Seele« betrachtet. Andererseits haftet aber gerade den Gebäudefassaden stets der Makel der inszenierten Vordergründigkeit an. Glas spielt in diesem Zusammenhang eine zentrale Rolle, stehen Fensteröffnungen doch gewissermaßen sinnbildlich für die Augen eines Gebäudes. Von einer Bildhaftigkeit wie dieser inspiriert sahen sich die Architekten Jérôme Brunet und Eric Saunier beim Entwurf des »Institut de la Vision«

in Paris, einem Zentrum zur Erforschung von Augenkrankheiten (Abb. 7, 8). Dabei handelt es sich um ein in Bezug auf seine innere Organisation durch und durch funktionales Laborgebäude, das sich mit seiner einfachen Kubatur bescheiden in den innerstädtischen Kontext einfügt, mit seiner Glasfassade aber zugleich deutlich aus dem Rahmen fällt. Grundlage für die ungewöhnliche Kombination modularer Glasformate und Oberflächentexturen bildet die Idee, die Fassade mit Begriffen zu verknüpfen, wie sie auch in der Augenmedizin vorkommen: Lichtdurchlässigkeit, Diffraktion oder Reflexion. Verwendet wurden insgesamt sechs verschiedene streifenförmige, punktuelle

bzw. flächige Glasprägungen, die allein durch ihre Prägungsart und das dadurch erzeugte Licht- und Schattenspiel in verschiedenen Grautönen erscheinen. Die opaken Gläser wurden abwechselnd mit den Klarglasfeldern der Fensteröffnungen liegend oder stehend eingebaut, sodass die innere Gebäudestruktur fast vollkommen verschleiert wird – die Lage von Deckenstirnen oder geschlossenen Außenwänden lässt sich von der Straße erst auf den zweiten Blick ablesen, wenn die Sonnenschutzlamellen heruntergefahren sind. Durch die unkonventionelle Kombination vertrauter Fassadenelemente entsteht eine unerwartet eigenständige Architektur.

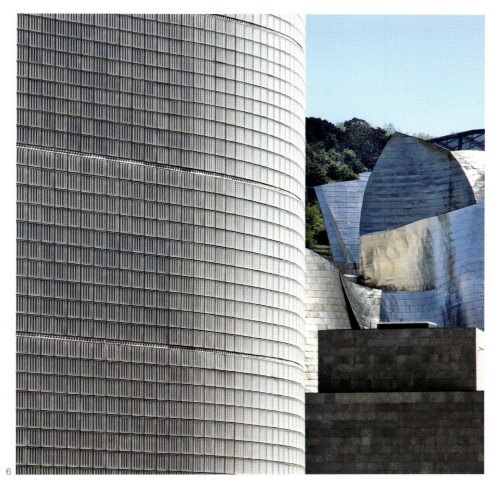

7, 8 Institut de la Vision, Paris 2008,
      Architekten: Brunet Saunier Architecture
9–11 Bayerisch-Böhmisches Kulturzentrum,
      Schönsee 2006,
      Architekten: Brückner & Brückner Architekten
      Längsschnitt, Maßstab 1:400

Roland Pawlitschko ist Architekt, organisiert Ausstellungen und ist tätig als Architekturkritiker für verschiedene Architekturzeitschriften und Tageszeitungen.

7, 8 Institut de la Vision, Paris 2008,
      Architects: Brunet Saunier Architecture
9–11 Bavarian-Bohemian Cultural Centre,
      Schönsee 2006,
      Architects: Brückner & Brückner Architekten
      Longitudinal section, scale 1:400

Roland Pawlitschko is an architect, curator and architectural critic for various architectural magazines and newspapers.

Im Kontext
Den Charakter einer gewachsenen Gebäudestruktur erhalten wollte man bei der Sanierung und Erweiterung des ehemaligen Kommunbräuhauses in Schönsee. Dabei verwandelten die Architekten Peter und Christian Brückner eine beinahe der Abrissbirne zum Opfer gefallene Ruine behutsam in ein Bayerisch-Böhmisches Kulturzentrum (Abb. 9–11). Auf den ersten Blick sichtbar wird die Intervention durch die Kennzeichnung der aufgestockten neuen Bereiche mit vorgeblendeten »Glasschichtwänden«. Hierzu wurden die rückseitig mit abstrakten Mustern bedruckten Gläser vollflächig auf eine Trägerplatte geklebt und auf eine hinterlüftete Unterkonstruktion montiert. Die wie bei einem Mauerwerksverband versetzt angeordneten Gläser zeugen dabei von der Idee einer zeitgemäßen Weiterentwicklung bzw. Transformation traditioneller Handwerksmethoden. Noch deutlicher wird dies bei der Verwendung gläserner Biberschwanzziegel beim Dach des Ostflügels. So nehmen die sonderangefertigten Ziegel Bezug auf eine in der Oberpfalz weit verbreitete Dachdeckungsart. Allerdings dienen sie jedoch keineswegs der Beleuchtung des darunterliegenden Medienraums – dessen geschlossene Decke ist mit Gipskartonplatten verkleidet. Stattdessen installierten die Architekten entlang der Dachlatten eine Glasfaserbeleuchtung, mit der das Glasdach bei Nacht von innen farbig zu leuchten beginnt.

Um die Neuinterpretation historischer Bautypologien geht es auch bei dem von Herzog und de Meuron in der New Yorker Bond Street geplanten Luxus-Apartmenthaus. Diese Gegend im heutigen NoHo zählte bereits im 18. Jahrhundert zu den begehrtesten Wohngegenden, ehe sie in Bedeutungslosigkeit versank und erst seit einigen Jahren von Künstlern und Kreativen wiederentdeckt wird. Anstatt das Gebäude jedoch wie viele vergleichbare moderne Apartmenthäuser mit einer Glasfassade zu versehen, wie sie auch bei gewöhnlichen Bürogebäuden verwendet werden, entschieden sich die Architekten für eine tektonische Lösung aus über-

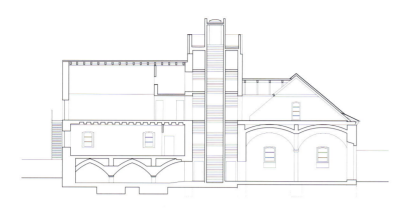

9

10

dimensionalen geschosshohen Glas-Fenstersprossen (Abb. 12, 13). Grünlich schimmernd überdeckt die bogenförmig gewölbte Glasschicht die eigentliche Fassadenkonstruktion und führt zu vielfältigen Lichtreflexen, optischen Verzerrungen und Spiegelungen, die die Glasfassade – ganz ohne weiteren technischen Aufwand – zu einer Art analogen Spiegelkabinett-Inszenierung machen.

Experimentell
Vollkommen digitalisiert hingegen ist die Schaufassade des Xicui Entertainment Centers in Peking, die mit einer Fläche von 2200 m² als einer der weltweit größten LED-Bildschirme gilt (Abb. 14–16). Wie das hinter der rund 35 m hohen und 60 m breiten »GreenPix Zero Energy Media Wall« liegende Gebäude aussieht, ist dabei eigentlich vollkommen unwichtig. Im Vordergrund des Entwurfs von Simone Giostra & Partners (Lichtdesign: Ove Arup) stehen vielmehr die allabendlichen Licht- und Film-inszenierungen. Technische Grundlage hierfür bilden die insgesamt 2292 RGB-Leuchtdioden, die die quadratischen Glasfelder von hinten anstrahlen. Gemessen an der Größe der Projektionsfläche ergibt sich daraus eine relativ geringe Auflösung. Diese erweist sich jedoch als vollkommen ausreichend, handelt es sich bei der GreenPix Wall doch um eine ästhetische Kommunikationsplattform für Künstler, Galerien oder Sammler und nicht um eine kommerzielle Videowand. Besondere Leuchtstärken sind ebenfalls nicht nötig, weil die Fassade ohnehin nur bei Dunkelheit bespielt wird. Tagsüber erscheint sie zwar in unscheinbarem Grau, gibt dafür aber den Blick frei auf die polykristallinen Photovoltaikzellen, die in den Glasscheiben in unterschiedlicher Dichte einlaminiert sind. Die transparenten Solarmodule liefern nach Herstellerangaben den gesamten Strom für die nächtliche Bespielung der LEDs, weshalb die GreenPix Wall als erste Null-Energie-Medienfassade der Welt gilt. Vergleichsweise unprätentiös gibt sich dagegen der Messepavillon für den Glashersteller Vitro, den die spanischen Architekten Camila Aybar und Juan José Mateos aus 25 000 annähernd gleich großen Glasscheiben zusammengesetzt haben (Abb. 17, 19). Dabei wurden die zuvor als Abfallprodukt bei der Glasproduktion angefallenen Gläser nach ihren Material- und Farbeigenschaften sortiert und so gestapelt, dass eine Abfolge von rechtwinkligen Räumen entstand, die Informationen zum jeweils verwendeten Glas-typ enthielten – bis sie am Ende der Messe selbst wieder zu Abfall wurden. Bis dahin bot sich den Besuchern jedoch ein ganz eigentümliches Raumerlebnis mit ungewöhnlichen visuellen Effekten, Spiegelungen, Farbspielen und Lichtbrechungen. Dabei wurde unter anderem deutlich, dass Glas keineswegs immer unsichtbar ist, dafür aber durchaus für sehr mystische Stimmungen sorgen kann. Gerade auf dieser spezifischen Glaseigenschaft beruht der Entwurf von Manuel Clavel Rojo für den »Panteón en Espinardo«, ein Mausoleum, dessen Öffnungen mit ganz ähnlichen Glasscheibenstapeln gefüllt sind (Abb. 18).

Was die Verwendung von Glas in Fassaden so interessant macht, ist nicht allein seine Transparenz, sondern die Tatsache, dass es so viele unterschiedliche Erscheinungsformen und Oberflächenbeschaffenheiten annehmen kann und – wie im Fall der GreenPix-Fassade – selbst als Trägermaterial für empfindliche Gebäudetechnik geeignet ist. Grenzen werden diesem Baustoff nur durch Fertigungsmethoden, Veredelung und seine bedingte statische Belastbarkeit gesetzt. Nicht zuletzt deshalb wird Glas auch meist in flachen, sich modular wiederholenden Formaten angefertigt. Zwar können mit immer konsequenteren digitalen Ketten inzwischen beliebige dreidimensionale Formen aus Glas generiert werden, wie etwa bei der Hungerburgbahn von Zaha Hadid in Innsbruck. Solche Lösungen dürften in Zukunft aber eher die Ausnahme bilden – schlicht, weil sie im Vergleich zu standardisierbaren Modulen, z. B. aus Gussglas, zu komplex und zu kostspielig sind.
DETAIL 07–08/2009.

11

12, 13 Apartmenthaus,
        New York 2007,
        Architekten:
        Herzog & de Meuron
14–16   Entertainment Center,
        Peking 2008,
        Architekten:
        Simone Giostra & Partners,
        Lichtplanung: Arup

*12, 13 Apartment building,
         New York 2007,
         Architects:
         Herzog & de Meuron*
*14–16   Entertainment Center,
         Beijing 2008,
         Architects:
         Simone Giostra & Partners,
         Lighting design: Arup*

Architecture has never just been about pragmatism and function: identity and emotion have always played a part. And the building envelope is the most obvious part through which to express this. The finish and impact of this outer skin is certainly a prime concern, but, as the work of many architects show, it can transcend its role as mere cladding. Many of the projects by Jacques Herzog and Pierre de Meuron, for example, display a joyous yet clear material aesthetic in their cladding. A key aspect here is how they handle the duplication of individual standardised modules. This is true not only of the signal box at Basel SBB station with its quirky copper banding but also of the Californian Dominus Winery with its stone-filled gabions, and of the library of the Technical University of Cottbus with its printed glass squares (ill. 1–3). In the latter, the Swiss architects designed an eight-storey building with a curved ground plan which, not least because of its irregular amoeba-like shape, symbolises an open flow of knowledge in all directions, an image subtly underpinned by suspending the glass squares in front of the space-enclosing insulating glass. In terms of construction, this outer layer is in fact quite unspectacular, with its point-fixed glass panes and open joints, little different to conventional facades. Its unique character comes from the giant printed white letters. As a result the envelope is not simply transparent, it is more like a curtain, the letters filtering the view inside. In contrast to the monolithic, hermetic outward face of the library, the interior presents quite different perspectives. For one, because of the unexpected colours, and for another because the individual levels with their shelving and reading areas are connected via many open spaces to create a lively and social whole. Inside, there is no hint of the fortress-like impression one sometimes has from the outside.

Sensory
In Bilbao, just a stone's throw away from the Guggenheim Museum, is the library of the University of Duesto (ill. 4–6), designed by Rafael Moneo. Realising right from the start that there could be no competition with Frank O. Gehry's mighty titanium sculpture, the Spanish architect strove to achieve a harmonious continuity with the adjacent university buildings. In scale the library is indeed a major project: it is the largest library in the Basque region, with around one million volumes and 1,000 reading desks. As for its outward appearance, however, the aim was to create an image of sophisticated restraint. From a distance the building looks like a monochrome neutral volume; by day it is hard to discern anything about surfaces or materials used. Only close up can we see the textures and play of light in the specially developed translucent glass blocks which cover almost three-quarters of the facade.
Inspired by Doric columns, the 30-cm-square glass blocks have vertical fluting on their outer face – a motif that is repeated on the side facing the interior, but on the inside of the glass blocks, so the surface remains smooth. Regardless of whether the users inside pick up this subtle reference to Ancient Greece, one thing is clear: the facetted glass blocks certainly do achieve their intended outward effect. Even by day the 20-mm-deep fluting generates an intriguing play of light reflections, but as night falls the library begins to glow like a beacon of knowledge – at the same time as the exciting spectacle of the Guggenheim Museum is beginning to fade into the night.

Visual
Significantly the word facade derives from the Latin "facies" meaning "face". This analogy with human physiognomy and abundant evidence from architectural history show the high status architects have always afforded to the task of designing the building skin – above all, if we regard the face, as Cicero did, as "the image of the soul". On the other hand, the building facade is always open to criticism for superficiality. In this context glass plays a central role, with window openings representing, in a certain way, the eyes of the building.

14

15

Inspired by this kind of imagery, the architects Jérôme Brunet and Eric Saunier came up with their design for the "Institut de la Vision" in Paris, a centre for research into eye diseases (ill. 7, 8). In terms of inner organisation this is very much a functional laboratory building, its simple volume fitting modestly into the inner-city context. Yet at the same time its glass facade sets it apart. The unusual combination of modular glass formats and surface textures is based on the idea of integrating concepts into the facade design that are analogous to concepts in ophthalmology: light permeability, diffraction and reflection, for example. In total, six different embossed designs were used – in strips, dots or covering whole areas. The panes of opaque glass alternate with the clear-glass panes of the window openings, some vertical, some horizontal, so that the inner organisation of the building remains obscure from outside. The position of the ends of the floors or closed outer walls can only be detected at second glance, when the sunblinds are let down. This unconventional combination of familiar facade elements creates an unexpectedly original architecture.

In context

When the old brewery in Schönsee was renovated and extended, the aim was to retain the character of the original building. Architects Peter and Christian Brückner succeeded in carefully restoring this ruin, which had only just escaped demolition, and transforming it into the Bavarian-Bohemian Cultural Centre (ill. 9–11). The intervention is immediately visible because of the way the new upward extensions are marked out by a curtain wall of layered glass. For this the glass was printed all over on the reverse with abstract designs, bonded to a backing plate, then fitted on a frame with ventilated cavity. The staggered placement of the glass, similar to brickwork, is a contemporary interpretation or transformation of traditional craft methods. This is even clearer in the use of plain glass tiles on the roof of the east wing. On the one hand the specially made glass blocks are an allusion to a style of roofing common in this region, the Upper Palatinate. On the other, they do not in

16

17, 19 Messestand, Madrid 2006,
        Architekten: aybar mateos arquitectos
18   Panteón en Espinardo, Murcia 2008,
        Architekt: Manuel Clavel Rojo

17, 19 Trade fair stand, Madrid 2006,
        Architects: aybar mateos arquitectos
18   Panteón en Espinardo, Murcia 2008,
        Architect: Manuel Clavel Rojo

fact play a role in bringing light into the media room below – its closed ceiling is clad with plasterboard. Instead, along the roof battens the architects installed fibreglass lighting which illuminates the glass roof at night from within with coloured light.

In the Bond Street luxury apartment building in New York, a reinterpretation of historic building typologies was the focus. This district in today's NoHo was already a desirable residential location in the 18th century, before fading into insignificance. Only in recent years has it been rediscovered by artists and creatives. Instead of fitting the building out with a glass facade, typical of many apartment and office blocks, the architects opted for a tectonic solution of oversized, storey-high glazing bars (ill. 12, 13). Shimmering green, the arch-shaped curved glass layer covers the actual facade frame and leads to many different light reflections, visual distortions and reflections which, when looking out of the window, turn the glass facade into a kind of mirror cabinet – quite without any further technical input.

Experimental

The display facade of the Xicui Entertainment Center in Beijing, however, is fully digitalised. It sports one of the world's largest LED screens, at 2,200 square metres in size (ill. 14–16). Just what the building located behind the approximately 35-m-high and 60-m-wide GreenPix Zero Energy Media Wall looks like is as unknown as it is unimportant. The main point of the design by Simone Giostra & Partners (lighting design: Arup) is much more the nightly light and film shows. The technology behind this screen involves a total of 2,292 RGB light diodes which shine on the square glass panels from behind. Measured in terms of display area, this produces a relatively low resolution but it is perfectly sufficient, as the GreenPix Wall is an aesthetic communication platform for artists, galleries and collectors, and not a commercial video wall. Special lighting strengths are also not required, because the facade is only used at night. By day it appears plain grey, but affords a view of the polycrystalline cells that are laminated into the glass panels of varying thickness. According to the manufacturers, the transparent solar modules deliver all the power needed for night-time use of the LEDs, which is why the GreenPix Wall is hailed as the first zero-energy media facade in the world.

Similarly unpretentious is the exhibition pavilion for glass manufacturer Vitro, put together by Spanish architects Camila Aybar and Juan José Mateos from 25,000 similarly dimensioned glass panels (ill. 17, 19). The glass used came from factory waste, sorted according to material and colour properties and stacked to form a sequence of rectangular spaces, each displaying information about the particular glass type used. At the end of the fair, the glass was returned as waste. But before then the visitors were treated to a highly unusual spatial experience, complete with visual effects, reflections, colours and refractions.

The project demonstrated that glass is in no way always invisible, but that it can indeed create very mystical moods. This was one quality of glass that was taken up by Manuel Clavel Rojo in his design for the Panteón en Espinardo, a mausoleum whose openings are filled with very similar stacks of glass panes (ill. 18).

What makes the use of glass in facades so interesting is not just its transparency, but the fact that it can take on an amazing variety of appearances and surface qualities, and – as in the case of the GreenPix facade – it can itself be used as a support for sensitive building technology. The only restrictions imposed on this material are as a result of production methods, finishing and its limited structural strength. Not least because of this glass is made mostly in flat, modular, repeated formats. Although increasingly efficient digitalisation had made it possible to generate any kind of three-dimensional shape in glass – witness the Hungerburg funicular of Zaha Hadid in Innsbruck – such solutions will tend to remain the exception rather than the rule. Quite simply because when compared to standardised modules, of cast glass for example, they are too complex and too costly.

Holz und Glas in tragender Rolle

Structural Use of Wood and Glass

Klaus Peter Schober,
Thomas Seidl, Georg Neubauer

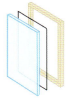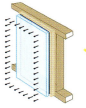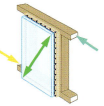

1   Grundprinzip Holz-Glas-Verbund-Elemente (HGV)
2   Einfamilienhaus, Eichgraben bei Wien 2009, Architekten: Superreal / Dold und Hasenauer OG

1   *Guiding principle behind wood-glass composite elements*
2   *Single-family home, Eichgraben near Vienna 2009, Architects: Superreal / Dold und Hasenauer OG*

1

Der großflächige Einsatz von Glas in der Gebäudehülle bietet sowohl architektonisch als auch technisch reizvolle Optionen. Seine selektive Transparenz ermöglicht große solare Wärmegewinne, die den Hauptbestandteil am Energiegewinn eines Gebäudes ausmachen können. Moderne Passivhäuser machen sich diesen »Glashauseffekt« zunutze und benötigen außer der solaren Energiezufuhr durch die großen Glasflächen kein konventionelles Heizsystem mit fossilen Energieträgern mehr.

Die Transparenz der Bauteile lässt zudem den Innenraum mit der Umgebung verschmelzen und trägt so zu einer aufgelockerten, offenen Architektur bei. Die Reduktion oder der komplette Entfall von Wandbauteilen führen dabei zu technischen Herausforderungen im Bereich des Tragverhaltens von Gebäuden. Die Horizontalkräfte, verursacht durch Einwirkungen wie Wind und Erdbeben, können nun nicht mehr allein durch opake Wandscheiben abgetragen werden.

Forschungsprogramm Holz-Glas-Verbund
Ein siebenjähriges Forschungsprogramm der Holzforschung Austria sowie drei damit in Zusammenhang stehende Dissertationen an der TU Wien beschäftigten sich in Zusammenarbeit mit Partnern aus Holz-, Klebstoff- und Glasindustrie mit der Gebäudeaussteifung durch Glasscheiben. Schließlich liegt der Schluss nahe, dem hochwertigen Werkstoff Glas in der Gebäudehülle auch eine tragende Funktion zuzuteilen.

Glas weist eine hohe Druckfestigkeit bei gleichzeitiger Sprödigkeit und geringer Zugfestigkeit auf. Die Glasscheiben müssen also auf eine schonende Art und Weise mit dem Gebäude verbunden werden, um Spannungsspitzen zu vermeiden und eine gleichmäßige Krafteinleitung von der Gebäudetragstruktur in die Glasscheibe und umgekehrt zu gewährleisten. Nur so kann die hohe Leistungsfähigkeit des Glases zur Lastabtragung genutzt werden.

Der in den Forschungsprojekten gewählte Ansatz zur Nutzung der statischen Widerstandsfähigkeit von Glasscheiben liegt in einer vierseitig umlaufenden elastischen Verklebung am Glasrand mit einer Koppelleiste aus Sperrholz (Abb. 1). Dieses Holz-Glas-Verbundelement (HGV) wird unter kontrollierten Bedingungen werkseitig vorgefertigt und an die Baustelle geliefert. Die Sperrholzleiste des HGV-Elements kann anschließend mit dem Bauwerk verschraubt werden und überträgt die Kräfte über die Klebstofffuge in das Glas.

Die Glasfassade, die ursprünglich die Funktion des Witterungsschutzes übernahm und Widerstand gegen Wind, Wasser und extreme Temperaturen bot, erfüllt auf diese Weise auch noch die Funktion eines Tragsystems und steift das Gebäude gegen horizontale Krafteinwirkungen aus. Optische Beeinträchtigungen wie Windverbände oder wuchtige biegesteife Rahmenkonstruktionen können entfallen, was reizvolle gestalterische Möglichkeiten eröffnet. Dabei gelten für den Einsatz dieser HGV-Elemente die folgenden Rahmenbedingungen.

Anforderungen an das Gebäude:
- HGV-Elemente eignen sich vor allem für Einfamilienhäuser sowie Doppel- und Reihenhäuser mit maximal zwei Geschossen und 7 m Traufhöhe sowie für Wintergärten, An- und Zubauten.
- Erforderlich ist eine statische Bemessung des Gebäudes gemäß der Normenreihe EN 1990ff. mit Angabe der auftretenden Horizontallasten (Dauerlasten und kurzfristige Lasten) in kN/m für das HGV-Element.
- Es muss eine Bemessung der Pfosten-Riegel-Konstruktion und der Verbindungsmittel erfolgen.
- Die Horizontallasten müssen gleichmäßig auf alle HGV-Elemente verteilt werden, z. B. durch starre Deckenscheiben oder horizontal durchgängige Balken.
- Die Tragstruktur (z. B. die Pfosten-Riegel-Konstruktion) ist setzungsfrei zu lagern, um Eigenspannungen in den HGV-Elementen aus ungleichen Setzungen zu vermeiden.

2

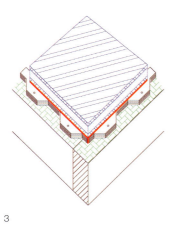

3

Gebäudetyp *building type*	Fläche *area* m	Höhe *height* m	Horizontalkraft dauerhaft *horizontal force* *constant* kN/lfm	Horizontalkraft kurzzeitig *horizontal force* *intermittent* kN/lfm
Wintergarten *winter garden*	5 × 4	3,0	0,02	0,89
Bungalow A *bungalow a*	10 × 8	3,5	0,03	1,18
Bungalow B *bungalow b*	10 × 8	3,5	0,12	2,23
Einfamilienhaus A *single-family home a*	10 × 8	6,5	0,06	2,96
Einfamilienhaus B *single-family home b*	10 × 8	6,5	0,25	5,57

4

Anforderungen an Geometrie und Anordnung der HGV-Elemente:
- Die Elemente zur Gebäudeaussteifung müssen raumhoch ausgeführt werden.
- Die Elemente dürfen in maximal zwei Geschossen übereinander angeordnet werden. Die Anzahl der Elemente in horizontaler Richtung ist nicht begrenzt.
- Unterschiedliche Formate der HGV-Elemente sind zulässig; das jeweils schmalste und breiteste Element ist zu bemessen.
- Die kürzere Glaskante eines Elements muss mindestens 1,00 m lang sein.
- Die längere Glaskante eines Elements darf höchstens 3,50 m lang sein.
- Das Längenverhältnis der Kanten muss im Bereich von 1:1 bis 2:1 liegen.

Rechenmodelle und Prototypen
Bauphysikalisches Verhalten und Robustheit der HGV-Elemente, aber auch die rechnerische Prognose der Tragfähigkeit und Verformbarkeit waren im Hinblick auf eine wirtschaftliche Nutzung von wesentlicher Bedeutung für das Forschungsprogramm. Um die Lasten zu bestimmen, die HGV-Elemente übertragen müssen, wurden Musterstatiken erstellt und ausgewertet. Abb. 3 zeigt die Horizontalkräfte an der Oberkante der Elemente unter Belastung aus Wind, Schnee, Eigengewicht und Nutzlast. Um die Eignung solcher Tragsysteme nachzuweisen, wurden umfassende Untersuchungen der Klebstoffverbindung durchgeführt, auch an Prototypen aus mehreren Elementen mit einer Gesamtabmessung von 5,0 × 2,5 m. Dabei entwickelte man ein Bemessungsmodell, das die Berechnung der Tragfähigkeit von HGV-Elementen für Ingenieure und Industrie möglich macht. Zur Anwendung kamen zwei Rechenmodelle. Zum einen ein an der TU München entwickeltes Federmodell zur Verformungsprognose sowie die ebenfalls dort entstandene Schubfeldmethode zur Prognose der Tragfähigkeit. Zum anderen ein Finite-Elemente-Modell zur Ermittlung der Spannungen und Verformungen im Klebstoff. Beide Modelle wurden mit Realversuchen kalibriert und verglichen, wobei sich ein sehr hoher Grad an Übereinstimmung zeigte.

Fügetechnik Kleben
Beim Einsatz von sehr elastischen Klebstoffen wie Silikonen zeigte sich, dass die Gebäudeaussteifung von bis zu zweistöckigen Einfamilienhäusern durch HGV-Elemente möglich ist. Die Silikonklebstoffe bieten den Vorteil, dass diese als Kleb- und Dichtstoff in der Fenster- und Fassadentechnik und bei Structural-Glazing-Fassaden bereits seit Jahrzehnten erprobt und äußerst robust gegenüber Umwelteinflüssen sind. Silikonverklebte Fassadensysteme (Structural-Sealant-Glazing-Fassaden) werden in einer europäischen technischen Zulassung (ETAG 002) geregelt.
Noch größere Leistungsfähigkeit kann durch semi-elastische Klebstoffe auf Acrylat- oder Polyurethanbasis erzielt werden. Diese werden momentan bereits in der Fensterproduktion im Serieneinsatz erprobt und haben das Potenzial, durch eine hochwertige Klebebefügung die Leistung der HGV-Elemente weiter zu steigern.

Insgesamt zeigen die Untersuchungen zwar für die getesteten Silikonklebstoffe im Vergleich zu dem untersuchten Acrylatklebstoff weniger Steifigkeit und geringere Bruchspannungen. Jedoch weisen Silikonklebstoffe durch ihre hohe Elastizität eine hohe Tragreserve noch lange nach dem Erreichen des Gebrauchstauglichkeitskriteriums auf. Hinsichtlich Feuchtigkeits- und Temperatureinfluss zeigen sie ein wesentlich gleichbleibenderes, kontinuierlicheres Tragverhalten. Sie sind daher in der Lage, Zwänge infolge Temperatur- und Feuchteänderungen leichter abzubauen bzw. geringere Eigenspannungen im Klebstoff aufzubauen, als das bei Acrylatklebstoffen der Fall ist. Das Kriechverhalten ist deutlich geringer als das des Acrylatklebstoffs. Hinsichtlich der Dauerhaftigkeit unter Bedingungen, wie sie in Fassadenkonstruktionen auftreten können, sind daher die Silikonklebstoffe besser geeignet; darüber hinaus ist ihr Verhalten leichter zu prognostizieren.

Anwendungsbeispiele
Mittlerweile wurden mehrere Bauwerke mit HGV-Fügetechnik ausgeführt. An einem eingeschossigen Versuchsbau auf dem Gelände der Holzforschung Austria konnte unter Einsatz umfangreicher Messtechnik die Praxisreife nachgewiesen werden. Gegenüber der konventionellen Klemmtechnik von Fassadensystemen ermöglicht die HGV-Technik eine einfachere und schnellere Montage auf der Baustelle bei zugleich geringer Ansichtsbreite durch den Einsatz verzahnter Koppelleisten. Für das Einfamilienhaus »Schattenbox Wienerwald« in Eichgraben bei Wien wurde das System dann perfektioniert und Anschlussdetails zu sämtlichen angrenzenden Bauteilen erarbeitet (Abb. 2, 6–8). Das zweigeschossige Gebäude besteht komplett aus innovativen Bausystemen, und die HGV-Elemente zeigen hier ihre technischen und optischen Vorteile. Das durch die Holzforschung Austria patentierte System ist mittlerweile durch einen Industriepartner in Serienproduktion gegangen und steht damit für eine breitere Anwendung zur Verfügung.

DETAIL 01–02/2011

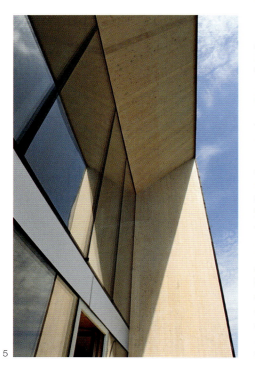

5

Die Autoren haben das Forschungsprogramm für die Holzforschung Austria betreut. www.holzforschung.at

The authors led the research at Holzforschung Austria. www.holzforschung.at

3 Systemskizze: Horizontalkräfte an der Oberfläche
4 auftretende Lasten nach Gebäudetyp
5 Fassade Einfamilienhaus bei Wien
6 Elementstoß vor der Fugenversiegelung
7 zusätzliche mechanische Sicherung
8 Anschlussdetails Maßstab 1:5

3 *Diagram of horizonal forces on the surface:*
4 *Loads classified by building type*
5 *Facade of a single-family home in Vienna*
6 *Joint prior to sealing*
7 *Additional structural safeguard*
8 *Connection details scale 1:5*

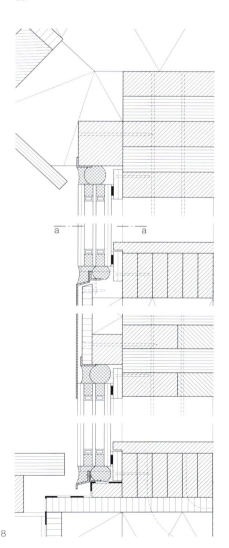

From both the technical and the architectural standpoints, extensive glazing in a building envelope has great potential: with selective transparency, considerable solar gains can be achieved – making solar energy the most important factor in a building's overall energy gains. Buildings with passive solar standard take advantage of the glasshouse effect and, thanks to extensive glazing, no longer require a conventional fossil-fuel-based heating system. However, the reduction – or complete lack of – walls presents a structural challenge. Horizontal forces created by, for example, wind or earthquakes can no longer be transferred through opaque walls.

Glass has high compressive strength, but has low tensile strength and is brittle. In order for it to assume this sort of structural function, the manner in which it is connected to the building must be carefully worked out to avoid peak stresses and to guarantee that the forces be directed evenly from the building's structure to the glass and vice versa. This is a prerequisite to taking advantage of glass's favourable load-transferring properties.

Wood-glass composite structures offer one response to the problem: plastic adhesives along the entire perimeter of the glazing unit connect it to a plywood connecting-strip. The element is prefabricated under controlled conditions and delivered to the construction site. The element's plywood strips can then be bolted to the building; this transfers the forces via the adhesive joint to the glass. In this manner, the glazed facade – whose original function was to provide weather protection and withstand wind, water and extreme temperatures – functions as a structural member and braces the building against horizontal loads. Elements such as wind bracing or bulky frames dimensioned for bending stiffness that might be detrimental to the building's appearance are no longer necessary.

Requirements the building should meet:
- wood-glass composite elements are particularly suited to one- or two-storey single-family homes, duplexes and row-houses.
- structural calculations pursuant to EN 1990-EN 1998 detailing the horizontal loads (constant and temporary) in kN/linear meter for the composite element
- structural calculations must be prepared using post-and-rail construction and connections
- horizontal loads must be distributed evenly to all wood-glass composite elements, e.g. through a rigid concrete deck and a header
- the structure must be positioned on foundations that will not settle so that uneven stresses are not brought about in the wood-glass composite elements

Guidelines for geometry and arrangement of wood-glass composite elements:
- bracing elements must extend floor to ceiling
- no more than two elements should be placed directly above one another
- there is no limit to the number of elements positioned horizontally
- different formats are permissible; calculations must be made of the narrowest and widest elements
- shorter length of glass must be ≥ 1 m
- longer length of glass may not be > 3.5 m
- ratio of the lengths must be from 1:1 to 2:1

When highly elastic adhesives such as silicone are employed, it is possible to brace a two-storey, single-family home with wood-glass composite elements. The advantages of silicone adhesives have been proven: they have been used in glues and seals for decades in windows and in structural glazing. Semi-elastic adhesives on an acrylate or polyurethane basis are even more high-performing. These are currently undergoing testing for mass-produced windows and have the potential to further enhance the performance of wood-glass composite elements. In the meantime, a number of buildings have been realised that employ this technology. Studies of a single-storey test building, including a wide range of measuring techniques, concluded that wood-composite structures are ready for widespread application. They are faster and easier to assemble on site than the conventional clamp connections used in facade systems. The mullions are narrower thanks to interlocking headers. A single-family home was realised in Vienna, in which the connections to the adjacent components were refined.

Transparenz, Tranzluzenz – aktuelle Materialentwicklungen

Recent Developments in Transparent and Translucent Materials

Frank Kaltenbach
Roland Pawlitschko

Noch heute verbreiten traditionelle japanische Schiebewände aus sinnlich strukturiertem Reispapier einen geheimnisvollen Charme. Im westlichen Kulturkreis sind maximale Transparenz und die Möglichkeit, sich dennoch nach außen abzuschirmen, seit Anfang des 20. Jahrhunderts untrennbar mit dem Ideal fließender offener Räume verbunden: Lediglich ein um die Gebäudeecke laufender Vorhang bildete den Raumabschluss des Space House von Friedrich Kiesler aus dem Jahr 1933, Frank Lloyd Wright arbeitete bereits 1944 bei seinem Johnson-Wax-Gebäude mit Trennwänden und Fensterbändern aus horizontalen Glasrohren und Philip Johnson errang mit seinem rundum einfachverglasten Glass House 1949 Weltruhm. Bei all ihrer Faszination halten diese Konstruktionen aus heutiger Sicht oft den Sicherheitsstandards nicht mehr stand, sind empfindlich gegen Verschmutzungen und Beschädigungen oder bauphysikalisch problematisch. Im Wettbewerb um zeitgemäße transparente und transluzente Materialien, Bauteile und Konstruktionen entwickeln Ingenieure und Materialwissenschaftler in Industrie und Forschung ihre Produkte ständig weiter. Neu ist, dass die Schranken der strikten Trennung von Gläsern, Kunststoffen, Metallen und selbst Beton oder Holz aufgehoben werden. Auch die klassische Trennung der Funktionen Durchblick und Sichtschutz in die Bauteile Fenster und Vorhang wird zunehmend von integrierten Komplettlösungen abgelöst oder mit Zusatzfunktionen versehen: zur besseren Raumakustik, zur Gewinnung von Strom- oder Wärmeenergie oder als Informationsträger bzw. Medienfassade. Vorhänge werden nicht mehr vor Fenster gehängt, sondern zwischen Gläser einlaminiert, bei faserverstärkten Kunststoffen als Matrix in Kunstharz eingegossen oder in ein Fassadenelement mit konditioniertem staubfreien Zwischenraum integriert (Abb. 1). Gewebt und gewickelt werden nicht nur Stoffe, sondern auch Metallfäden oder in Harz getauchte Glasfasern, die im Verbund mit Kohlefasern eine neue Welt aus leichten transluzenten Tragkonstruktionen eröffnen.

Transparentes Glas

Glas ist aufgrund seiner hohen Transparenz, Dauerhaftigkeit und Vielseitigkeit nach wie vor der bevorzugte Baustoff für einen »klaren Durchblick«. Und selbst Transparenzwerte von 92 % lassen sich mit speziellen Beschichtungen noch auf 97 % steigern, indem der Anteil der Reflexion drastisch minimiert wird (Abb. 6). Anwendungen finden diese Anti-Reflex-Beschichtungen zur Erhöhung des Wirkungsgrads bei Deckscheiben von Photovoltaikpaneelen, für den ungestörten reflexfreien Einblick bei Schaufenstern oder wenn verhindert werden soll, dass Glasfassaden durch Spiegelungen und Lichtreflexe das Stadtbild als Fremdkörper beeinträchtigen. Um zu vermeiden, dass Vögel gegen Scheiben fliegen, wurde eine leicht transluzente Beschichtung in Netzstruktur entwickelt, die im Gegensatz zu den auf die Scheiben geklebten schwarzen Vogelsilhouetten von innen kaum wahrnehmbar ist, aber einen effektiven Schutz für die Vögel darstellt.
Wie leistungsfähig Glas auch als tragendes Bauteil sein kann, zeigen seit Jahren die Ganzglaskonstruktionen von Fassaden über Treppen bis hin zu kleineren Brücken. Beeindruckend sind die Dimensionen, in denen Verbundsicherheitsgläser (VSG) neuerdings gefertigt werden können. So legten die Architekten von SANAA die Proportionen der Glashülle der neuen Louvre-Dependance in Lens nach den im Entwurfsstadium erhältlichen Maximalabmessungen fest. 2012, im Jahr der Fertigstellung, wurden mit 17,0 × 4,5 m bereits viel größere Scheiben produziert. Möglich machte diesen Dimensionssprung die große Nachfrage, die die millionenteure Anschaffung eines der weltgrößten Autoklaven in Gersthofen bei Augsburg zum Laminieren von Einscheibensicherheitsgläsern (ESG) zu Verbundglas wirtschaftlich erscheinen ließ. Voraussetzung ist dabei, die gesamte Prozesskette an diese Maximalabmessungen anzupassen: die Öfen, in denen Floatglas durch Erhitzen auf 650 °C und schnelles Abschrecken zu ESG bzw. durch langsames Abkühlen zu teilvorgespanntem Glas (TVG) thermisch vorgespannt wird, die Kammer für den anschließenden Heat-Soak-Test und die gesamte Transportlogistik. Siebe für die Bedruckung 17 m langer Scheiben sind zwar noch nicht verfügbar, mit Beschichtungen oder mattierten Folien im Laminat kann jedoch der Transluzenzgrad individuell eingestellt werden. Krümmungen lassen sich durch Kaltbiegen oder das Laminieren von vorgebogenen ESG-Scheiben realisieren. Meterlange Glasbrüstungen ohne störende Pfosten oder Holme können genauso hergestellt werden wie die über 10 m hohen Fassaden- und Dachscheiben des Apple-Glaskubus an der Fifth Avenue in New York City, die die viel kleineren Scheibenformate der ursprünglichen Konstruktion ersetzen. Nachdem seit einigen Jahren SentryGlas-Folien als Laminat anstelle von z. B. PVB-Folien die statische Leistungsfähigkeit von VSG deutlich erhöhen, ist seit Januar 2012 mit glascobond nun auch die erste schubfest laminierte Ganzglaskonstruktion mit statisch ansetzbarer Verbundwirkung und allgemeiner bauaufsichtlicher Zulassung auf dem Markt (Abb. 4). Das bedeutet Glasdicken von bis zu 120 anstelle von bisher 20 mm.

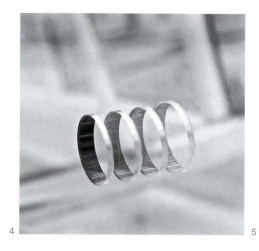 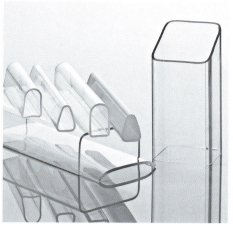  

4 5 6

Dünnglas

Glasscheiben werden aber nicht nur immer leistungsfähiger, sondern auch immer dünner. Hochfeste chemisch gehärtete Dünngläser sind bereits ab einer Dicke von lediglich 0,5 mm herstellbar, kommen bislang aber vor allem als Deckgläser für Smartphones, Tablets oder Photovoltaikmodule zum Einsatz. Anders als beim thermischen Härten werden Dünnglasscheiben – nach Zuschnitt und Bearbeitung – nicht erhitzt, sondern in ein alkalisches Salzbad getaucht, in dem Ionenaustauschprozesse für die Vorspannung der Oberfläche sorgen. Resultat ist ein besonders bruch- und kratzfestes Glas, das sich aufgrund der geringen Dicke überdies in sehr engen Radien biegen lässt. Momentan wird Dünnglas in einer maximalen Größe von nur ca. 2 × 1 m produziert, schlicht weil es aufgrund des aktuellen Hauptanwendungsgebiets in der Unterhaltungselektronik keinen Bedarf an anderen Formaten gibt. Die Herstellung wesentlich größerer Scheiben ist mit Blick auf zukünftige Anwendungsbereiche in der Architektur jedoch problemlos möglich.

Die Vorteile von Dünnglas – das sich wie Floatglas bearbeiten, beschichten, laminieren, kalt und warm biegen lässt – liegen vor allem im reduzierten Flächengewicht und der geringeren Glasstärke. In diesem Zusammenhang erweist sich z. B. der Einsatz bei Dreifachverglasungen als zukunftsträchtig, bei denen Glasstärken von heute üblicherweise 4 mm zu einem relativ hohen Gewicht führen. Dies wirft nicht nur in Bezug auf tragfähige Konstruktionen und Beschläge Probleme auf, sondern auch hinsichtlich des Transportgewichts und der Montageabläufe. Dünnglas könnte nicht zuletzt in Altbauten dazu beitragen, hochdämmende Fenster und Fassadenelemente leichter zu machen und deren Gesamtaufbaustärken zu verringern. Für innere und äußere Scheiben sind Gläser denkbar, die – je nach Wind- oder Anprallasten – aus 2× 0,7 oder 2× 1 mm dicken Glaslaminaten bestehen und dadurch über die Eigenschaften von Verbundglas verfügen. Die mittlere Schicht, die weder horizontalen Kräften noch Nutzern ausgesetzt ist, kann hingegen auch aus einfachem Dünnglas bestehen.

Glasrohrprofile

Neue Anwendungsmöglichkeiten erlauben auch die auf der glasstec 2012 in Düsseldorf präsentierten Glasrohrprofile aus Borosilikatglas, die in einem kontinuierlichen Ziehverfahren in unterschiedlichen symmetrischen und asymmetrischen Querschnitten hergestellt werden können (Abb. 5, 7). Möglich sind Rohre mit glatter oder profilierter Oberfläche, jeweils in Durchmessern von bis zu 150 mm und Längen von bis zu 10 m. Einsatzgebiete solcher Glasrohre liegen vor allem im Innenbereich, wo sich besondere räumliche Wirkungen beispielsweise bei leichten Trennwänden erzielen lassen, wenn die eigentlich vollkommen transparenten Glasrohre durch die Krümmungen in den Ecken verschwommen transparente Durchblicke ermöglichen.

1 CCF-Fassadenelement, Allianz-Hauptquartier, Zürich 2013, Wiel Arets Architects, Fa. Josef Gartner
2 in VSG einlaminiertes Textilgewebe, Fa. Glassolutions Saint-Gobain und Nya Nordiska
3 mögliche Anordnungen der transluzenten Schicht
 a auf Glasschicht aufgeschmolzenes Glaspulver
 b Beschichtung bzw. Bedruckung
 c eingelegte Materialien im Laminat von VSG
 d Textilien, Jalousien etc. im SZR von Isolierglas
 e Vorhang im Zwischenraum eines Kastenfensters
4 VSG mit passgenauen Bohrungen der Einzelscheiben während der Produktion, Fa. seele sedak
5 mehreckige Glasrohrprofile, Fa. Schott
6 Reflexionsgrad Anti-Reflex-Glas, Fa. Glas Trösch
7 Glasrohrprofile, Caja de Arquitectos de Bilbao 2007, NO.Mad Arquitectos, Fa. Schott

1 *Curtain within a CCF element, Allianz Headquarters Zurich 2013, Wiel Arets Architects; manuf.: J. Gartner*
2 *Fabric bonded to laminated safety glass; manufacturers: Glassolutions Saint Gobain and Nya Nordiska*
3 *Alternative arrangements of the translucent layer*
 a Glass powder fused to the glass layer
 b Coating or imprinting
 c Inlays in laminated safety glass
 d Textiles, louvers, etc. in the glass unit's cavity
 e Curtain in the buffer of a box-type window
4 *Laminated safety glass consisting, precision drillholes in individ. panes; manufacturer: seele sedak*
5 *Glass tubing cross-sections; manufacturer: Schott*
6 *Anti-reflective glass; manuf.: Glas Trösch*
7 *Glass tubing, Caja de Arquitectos de Bilbao, NO.Mad Arquitectos; manufacturer: Schott*

8 künstlerische Glastechnik, Auftragen von keramischen Glasschmelzfarben auf einem Leuchttisch Ausführung: Mayer'sche Hofkunstanstalt, München
9 Glasschmelzfarben vor dem Brand, »Linde-Partitur«, Carl-von-Linde-Haus, München 2011, Künstler: Joachim Jung; Ausführung: Mayer'sche Hofkunstanstalt, München
10 CNC-Kugelkopffräsung der Wellenstruktur des mineralischen Acrylwerkstoffs, Theke der Sparkasse Schwyz 2010, Designer: Marty Architektur, Ausführung: Fa. Hasenkopf
11 ohne Hinterleuchtung erscheint die Theke opak, Sparkasse Schwyz
12 die dünneren Bereiche des Wellenmusters werden bei Hinterleuchtung transluzent, Sparkasse Schwyz

Künstlerische Glastechnik
Farbige Glasoberflächen lassen sich beispielsweise durch Auftrag von Farbschichten mithilfe keramischer Schmelzfarben erzielen. Dabei werden aus gemahlenem Glas und Farbpigmenten bestehende Farbpulver mit Siebdrucköl oder Gummi arabicum gemischt und anschließend von Hand, mit dem Pinsel, Airbrush oder auch im Siebdruckverfahren aufgebracht (Abb. 8). Nach Verdunstung des Lösungsmittels entsteht eine empfindliche »staubige« Farbschicht, die in einem Schmelzofen bei rund 620°C aufgeschmolzen wird und dadurch einen festen Verbund mit dem Glas eingeht. Dieser Vorgang kann bis zu dreimal wiederholt werden, um Farben in mehreren unvermischten Schichten übereinander aufzutragen – mehr als vier Brände führen allerdings zu einer spürbaren Verschlechterung der Glasstabilität. Erst wenn alle Farbschichten aufgetragen und sämtliche Nachbearbeitungen wie etwa partielles Bohren, Schleifen oder Sandstrahlen durchgeführt sind, erfolgt der abschließende ESG-Brand und Einbau der Gläser.
Anwendungsbereiche für derartig behandelte farbig transparente Gläser liegen insbesondere in der künstlerischen Glasgestaltung, aber auch überall dort, wo transparente oder transluzente Farbflächen oder -effekte in Verglasungen gefragt sind. Die aufgeschmolzenen Glasfarben sind zwar lichtecht, jedoch nicht säureresistent, weshalb sie beim Einsatz in Außenfassaden grundsätzlich eher an den Innenseiten platziert werden sollten. Die Herausforderung für die auf solche Verfahren spezialisierten Werkstätten liegt dabei vor allem in der Übersetzung der Entwürfe in farblich entsprechende Schmelzfarben (Abb. 9). So lassen sich im Computer generierte Farbkonzepte selbst bei präzise digital definierten Grundfarben nur mit großem Aufwand übertragen. Statt prozentualer Farbabstufungen per Mausklick muss das richtige Mischungsverhältnis der Glaspulver und Pigmente für jeden einzelnen Farbton von Hand in aufwendigen Misch- und Schmelzversuchen ermittelt werden.

Schaltbares Glas
Glas ist grundsätzlich entweder transparent oder transluzent. Allerdings bieten elektrisch schaltbare Gläser seit Jahren die Möglichkeit, zwischen diesen beiden Zuständen hin und her zu wechseln. In einem Laminat eingebettete Flüssigkristalle sind dabei im spannungslosen Zustand unregelmäßig angeordnet, sodass Licht gestreut wird. Durch Einschalten des elektrischen Stroms ordnen sich die Kristalle und lassen die Scheibe schlagartig transparent werden. Eine neue Art der Transparenzsteuerung erlauben selbstregulierende thermotrope Sonnenschutz-Isoliergläser, die eine solar gesteuerte Eintrübung des Glases ermöglichen. Je nach Zusammensetzung der mit einer speziellen Harzschicht laminierten Gläser verändert sich der Transparenzgrad der Scheibe selbstständig ohne Einsatz von Fremdenergie nur in Abhängigkeit zur Außentemperatur. Bei Sonnenschein, also bei hohen Temperaturen auf den Scheibenaußenseiten, wird das Glas trübe und lichtstreuend, während es bei Temperaturen unter dem Schaltpunkt wieder transparent erscheint. Die Intensität der Eintrübung und die Schalttemperatur lassen sich individuell bei Herstellung der Gläser einstellen.

Transluzentes Glas
Bei mehrschichtigen Glasaufbauten kann die transluzente Schicht auf unterschiedlichen Ebenen angeordnet werden (Abb. 3). Anstatt Beschichtungen und Bedruckungen auf der Glasoberfläche aufzubringen, ermöglicht eine hochwertige Laminattechnik haptische sinnliche Texilien, Metallgewebe, Lochbleche oder Folien zwischen zwei Scheiben einzuschmelzen (Abb. 2). Voraussetzung für komplett blasenfreie Ergebnisse ist ein Autoklav, in dem die Schichten unter dem hohen Druck von bis zu 15 bar bei einer Temperatur von bis zu 140°C zwischen 4 und 24 Stunden lang »zusammengebacken« werden. Einlaminierte LEDs mit unsichtbar aufgedruckten Stromleitungen können eine VSG-Scheibe in eine Leuchte oder ein bespielbares Medienpaneel verwandeln. Bei organischen Einlegematerialien wie Schilfgras oder Holzfurnier ist bei langfristigem Einsatz eine optische Veränderung jedoch naturgemäß vorprogrammiert.
Bei Isolierglasscheiben bietet der Scheibenzwischenraum einen vor Wind und Wetter geschützten Platz für schmale integrierte Lamellenstores oder perforierte Folien, die seit Jahren auf dem Markt sind. Überwiegend im Verwaltungsbau und bei Hochhäusern kommen zunehmend Kastenfenster mit Prallscheibe als Windschutz für den Sonnenschutz zum Einsatz. Bei der so genannten Closed Cavity-Fassade CCF ist der Fassadenzwischenraum von der Außenluft abgeschlossen und wird von getrockneter Luft durchspült, sodass sich an den Innenseiten der Glasscheiben und auf den integrierten Lamellen-Raffstores kein Staub oder Schmutz ablagern kann. Vorteil sind nicht nur niedrige Wartungskosten für die Reinigung, sondern eine unverändert hohe Transparenz. Eine sinnliche Variante stellt die Fassade der Hauptverwaltung der Allianz von Wiel Arets auf dem Richti-Areal in Zürich dar. Anstelle technoider perforierter Metalllamellen wird im Fassadenzwischenraum ein weißer Gardinenvorhang geführt, der dem Bau im Zusammenspiel mit der schwarzweißen Punktbedruckung im Randbereich der Prallscheibe eine poetisch wohnliche Note verleiht (Abb. 1).

Acryl-Mineralwerkstoff
Quarzsand, der Ausgangsstoff von mineralischem Glas, weist auf molekularer Ebene eine regelmäßige Gitterstruktur auf, die Lichtstrahlen ablenkt, und ist deshalb nicht transparent. Erst wenn sich dieses Gitter beim Schmelzprozess in ein unregelmäßiges Gebilde verformt, kann Licht das Material durchdringen. Ähnlich verhält es sich bei transparenten Kunststoffen mit der unregelmäßigen Anordnung langer Makromolekülketten. Sind sie wie Filz verknäult – also amorph – erscheinen sie glasartig, transparent und sind meist spröde. Ein Verbundwerkstoff aus lichtundurchlässigen aluminiumhaltigen Mineralien (Gibbsit ca. 70 %) und dem transparenten Kunststoff Polymethylmethacrylat (PMMA, ca. 30 %) ist Acryl-Mineralwerkstoff, der unter Markennamen

8 Artistic glass/glazing technique; applying ceramic enamel colours on a light table; manufacturer: Mayer'sche Hofkunstanstalt, Munich
9 Ceramic enamel colours prior to firing, "Linde Partitur", Carl-von-Linde-Haus, Munich 2011, artist: Joachim Jung; manufacturer: Mayer'sche Hofkunstanstalt, Munich
10 CNC ball-nose cutting of the serrated pattern. Acrylic solid surface material, counter at the Sparkasse Schwyz bank; design: Marty Architektur; manufacturer: Hasenkopf
11 Without backlighting the counter appears to be opaque, Sparkasse Schwyz bank
12 The areas where the material is thinner glow when lit from behind, Sparkasse Schwyz bank

wie Corian oder LG HI-MACS erhältlich ist. Die Designer von Marty Architektur machten sich bei der Theke der Stadtsparkasse Schwyz die speziellen Eigenschaften des Werkstoffs zunutze (Abb. 10–12). Die Platten in einem speziellen weißen Farbton mit verstärkter Transluzenz erhielten mit dem CNC-gesteuerten Kugelfräskopf einen Wellenschliff, wurden thermisch der gewünschten Krümmung angeglichen und zu einer monolithischen Theke miteinander verschweißt. Durch die stufenlos unterschiedlichen Materialstärken der Wellenschlifffräsung erscheint die Lichtwirkung beim Hinterleuchten weich und differenziert.

Kunststoffe
Sind ein geringes Gewicht und ein hoher Transluzenzgrad gefordert, stehen dünne Kunststoffplatten aus unterschiedlichen Materialien zur Verfügung. PMMA kommt in der Brillianz und Lichtdurchlässigkeit dem mineralischen Glas am nächsten, Polycarbonat dagegen ist besser geeignet bei hohen Temperaturen und wegen seiner hohen Schlagfestigkeit bei mechanischer Beanspruchung. Beide Materialien gehören zur Gruppe der Thermoplaste, d.h. sie können thermisch verformt und verschweißt werden. Die unterschiedlichen Eigenschaften von PMMA und Polycarbonat lassen sich bei optisch filigranen Sandwich-Wabenplatten kombinieren, die sich durch eine hohe Steifigkeit auszeichnen und sich auch für freitragende, transluzente Bodenplatten eignen. Der Wabenkern der Paneele wird aus transparentem Polycarbonat gezogen, sodass eine 19 mm große Lochstruktur entsteht, die für Tiefenwirkung sorgt. Die Kerne werden dann auf einer Flachbettlaminieranlage mit den verschiedenen Deckschichten aus Polycarbonat oder PMMA versehen (Abb. 13). Eine der ungewöhnlichsten permanenten Gebäudehüllen aus Acrylglas bildet das kreisrunde 12 m hohe Auslieferungslager des Möbelherstellers Vitra in Weil am Rhein mit einem Durchmesser von 150 m. Wie der unregelmäßige Faltenwurf eines weiß glänzenden gewellten Vorhangs legt sich der geheimnisvolle Schleier um das Gebäude. Und wie bei einem Vorhang sieht man weder Plattenstöße noch Befestigungen. Ihren edlen Reiz auch aus der Nähe erhalten die 6,5 mm starken Platten aus weißem Acrylglas durch eine klartransparente PMMA-Schicht, die schon beim Herstellungsprozess durch Koextrusion aufgeschmolzen wurde. Ein spezielles Tiefziehverfahren ermöglicht die unregelmäßigen Wellen. Silikonfugen und die rückseitig geklebten Halterungen mussten von den Ingenieuren von imagine structure aufwendig mit Materialprüfverfahren ermittelt werden und lassen den Vorhang ganz nach den Vorstellungen der Architekten von SANAA optisch schweben. In Innenräumen von Großraumbüros ermöglichen Stellwände aus mikroperforierten transluzenten Kunststoffpaneelen eine Verbesserung der Raumakustik, ohne die Arbeitsplätze zu stark abzudunkeln oder den Sichtkontakt komplett zu unterbinden. Die Materialien für solche Paneele werden – wie die meisten Kunststoffe – aus Erdöl gewonnen. Dass sich transluzente Akustikpaneele auch aus biobasierten Kunststoffen wie Polylactid (PLA) herstellen lassen, hat der Prototyp von Carmen Köhler bewiesen, den sie im Rahmen ihrer Promotion am Institut für Tragkonstruktionen und Konstruktives Entwerfen (ITKE) Stuttgart entwickelte. Selbst die schwierigen Brandschutzprüfungen hat das Produkt bestanden; Langzeittests stehen noch aus (Abb. 14). Auch im Bereich der faserverstärkten Kunststoffe sind innovative Bauprodukte optisch und technisch zunehmend ausgereift. Bei der Planung der Gebäudehülle des 2003 fertiggestellten Kunsthauses in Graz fiel die Materialwahl für die über 5000 doppelt gekrümmten transluzenten Platten noch auf eingetrübtes PMMA, obwohl die Entwicklung dieser Sonderlösung aufwendig war, die Platten sich während der Lagerung auf der Baustelle als extrem anfällig gegen Beschädigung erwiesen und aus Brandschutzgründen ein Sprinklersystem installiert werden musste. Inzwischen wurde die damals als Alternativlösung abgelehnte, wesentlich robustere Variante aus hochbelastbarem glasfaser-

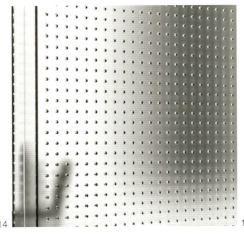

13　14　15

verstärktem Kunststoff (GFK) weiterentwickelt. Heute sind Produkte auf dem Markt mit einer Vielzahl unterschiedlicher witterungsbeständiger Oberflächenqualitäten, mit einem homogenen Faserbild im Inneren und mit Feuerwiderstandsklasse-B1-Zulassung (Abb. 15).

Membranen
Der multifunktionale Sport- und Konzertkomplex Crystal Hall von gmp in Baku ist, wie die Lightshow des Eurovision Song Contests 2012 gezeigt hat, ein überzeugendes Beispiel einer grobmaschigen transluzenten Gebäudehülle aus ebenen Flächen mit integrierten LEDs. Insgesamt 180 rauten- und dreiecksförmige Membranpaneele aus anthrazit-silber schimmerndem PVC-PES-Gittergewebe und kieselgrauem PVC-beschichteten Polyestergewebe kommen in der etwa 20 000 m² große Fassade zum Einsatz. Dass Membranflächen überdies auch als transluzentes frei stehendes Tragwerk einsetzbar sind und durch innovative Tragstrukturen eine neue Formensprache entstehen kann, zeigen die Architekten und Ingenieure vom ICD und ITKE der Universität Stuttgart mit ihrem Projekt Textile Hybrid M1 (Abb. 16–18). Der Entwurf basiert auf Untersuchungen der Integration von biegeaktiven Elementen und multidimensionalen Membranen (Deep Surface). Dabei wird das Ziel verfolgt, komplexe Gleichgewichtssysteme durch Koppeln elastisch verformter GFK-Stäbe mit mehrlagigen Membranflächen zu bilden. Neben der reinen Hüllfunktion konnten die Lichtlenkung und -streuung sowie die Schalldiffusion optimiert werden. Ab Oberkante Fundament sind nur textile Werkstoffe eingesetzt. Knotendetails wurden mit traditionellen Schnürtechniken aus UV-stabilen Polyesterseilen hergestellt.

Transluzente Energieerzeugung
Solarkollektoren und Photovoltaikmodule werden zunehmend nicht nur zur Energieerzeugung, sondern auch als Sonnenschutz bei transparenten Dächern und Fassaden eingesetzt. PV-Module der ersten Generation bestehen aus sprödem mono- oder polykristallinem Silizium, verfügen über standardisierte quadratische Abmessungen und sind auf Abstand in Verbundglas einlaminiert. Die zweite Generation ist dagegen flexibel: Dünnschichtsolarmodule aus amorphem Silizium können als Laminate auf der Basis von Kunststoffträgerfolien an die statisch wirksame Folie von ETFE-Membrandächern laminiert werden. Der Gewichtsvorteil gegenüber Glaskonstruktionen ist beträchtlich (Abb. 23). Bei der dritten Generation, den organischen Solarzellen (OPV) und Farbstoff-Solarzellen (Dye-sensitized Solar Cells, DSSC), handelt es sich um elektrochemische Dünnschichtsolarzellen. Sie bieten als dünner Farbfilm gestalterisch noch größere Freiheiten. Integriert in Taschen, Schirme oder Zelte können sie auch unterwegs die nötige autarke Stromversorgung leisten (Abb. 19, 21). OPV lassen sich in Großproduktionsverfahren herstellen, sind aber noch in der Entwicklung. Die Effizienz soll über die 10 %-Marke gesteigert und die Haltbarkeit auf fünf bis zehn Jahre verlängert werden, während die Materialkosten noch um ein Vielfaches zu reduzieren sind. Farbstoff-Solarzellen verfügen über nanokristalline Elektroden aus Titandioxid, in die eine Schicht aus organischen Farbstoffen auf der Basis von Ruthenium eingebettet ist (Abb. 20, 22). Damit können eine höhere Lichtausbeute und ein besserer Elektronentransfer vom Lichtabsorber zur Elektrode als bei OPV erreicht werden, vor allem bei schwachem und diffusem Licht – z. B. in Innenräumen zur mobilen Energieversorgung von Smartphones und Tablets oder an Nordfassaden. Sie sind semitransparent und in verschiedenen Farben erhältlich. Ihre Produktion ist im Vergleich zur Siliziumtechnik wegen der einfacheren Herstellungsverfahren aus der Siebdrucktechnik kostengünstiger. Die Massenproduktion von flexiblen Zellen hat begonnen und liegt bei einigen Megawatt pro Jahr. Das Swiss Tech Convention Center der EPFL Lausanne verfügt seit 2013 über eine 350 m² große Fassade aus 30 × 40 cm großen Farbstoff-Solarmodulen. Das Fraunhofer ISE hat 2012 gemeinsam mit Projektpartnern Prototypen von Paneelen mit den Abmessungen 100 × 60 cm realisiert.

Metallgewebe
Metallnetze, -vorhänge oder -geflechte bieten relativ einfache Möglichkeiten, unterschiedliche Transparenzgrade zu definieren – bei visuellen Abtrennungen in Innenräumen ebenso wie bei der Bekleidung ganzer Fassaden. Grundsätzlich stehen vielfältige natürliche, inzwischen auch dauerhaft farbbeschichtbare Materialien (z. B. Edelstahl, Aluminium, Messing, Kupfer, Bronze) sowie für ebene, ein- oder zweifach gekrümmte Flächen geeignete Gewebearten (Netze, Seilgewebe, Ring- und Schuppengeflechte) zur Verfügung (Abb. 24, siehe S. 16f.). Große Vorteile bieten Metallgewebe an Außenfassaden, nicht zuletzt weil sie leicht sind, über eine geringe Bautiefe verfügen und sich unabhängig von anderen Fassadenbauteilen auch nachträglich montieren lassen. Zunehmende Aufmerksamkeit erhalten Seilgewebe, die als architektonisches Gestaltungselement, Sicht- und Sonnenschutz dienen, sich zugleich aber auch als Multimedia Screens eignen – und als solche nur etwa ein Sechstel der Strommenge üblicher Displays verbrauchen. Anstelle von horizontalen Schussdrähten werden bei solchen Medienfassadensystemen mit einer unterschiedlichen Anzahl von LEDs besetzte Röhren eingearbeitet (Abb. 26).
Aktuelle Innovationen eines auf diesem Gebiet spezialisierten Herstellers liegen weniger bei den Netzen als vielmehr in optimierten Technologien – in Bezug auf Energieeffizienz, Lichtstärke oder Bildauflösung. Neu ist beispielsweise der Einsatz von RGB-SMD-LEDs im Außenbereich (Abb. 27). Diese erlauben nicht nur eine optimierte Seitenlesbarkeit und Farbtreue für Bilder und Videos, sondern durch ihre hohe Packungsdichte auch die Verringerung des Pixelrasters auf vertikal 40 und horizontal 30 mm – und damit eine Verkürzung des notwendigen Betrachtungsabstands. Die Pixelauflösung lässt sich bei Metallgeweben allerdings nicht beliebig vergrößern, nicht zuletzt weil dadurch deren netzartig durchlässiger Charakter verloren geht.
Prinzipiell lassen sich in Seilgewebe vielfältigste Materialien einweben – Bambusröhren

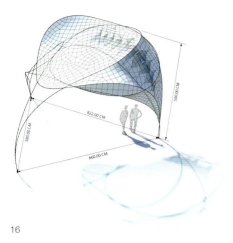
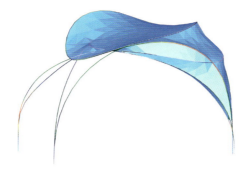

13 Sandwich-Wabenplatten mit transluzenter Zwischenlage aus Polycarbonat, Fa. Design Composite
14 individuell gestaltbare Platte aus GFK mit Feuerwiderstandsklasse B1, Fa. Hahlbrock
15 Prototyp mikroperforiertes Akustikpaneel aus Biokunststoff, Carmen Köhler, ITKE Univ. Stuttgart
16–18 hybride Membrandachkonstruktion, »Textile Hybrid M1«; ICD: Prof. Achim Menges, ITKE: Prof. Jan Knippers, Universität Stuttgart

13 Honeycomb composite panel with intermediate translucent polycarbonate layer; manufacturer: Design Composite
14 Customisable board made of GRP; fire rating: B1 manufacturer: Hahlbrock
15 Micro-perforated acoustic panel prototype of bioplastic, Carmen Köhler ITKE University of Stuttgart
16–18 Hybrid membrane roof structure, Textile Hybrid M1; ICD: Professor Achim Menges; ITKE: Professor Jan Knippers; University of Stuttgart

ebenso wie transluzente Streifen aus besonders widerstandsfähigem papierähnlichem Spinnvlies, das ähnlich auch bei Schutzanzügen oder Briefumschlägen eingesetzt wird. Dieses Material ist weitgehend reiß- und scheuerfest, dampfdurchlässig und zugleich wasserabweisend und wird anstelle der Schussdrähte mit Edelstahlseilen verwebt (Abb. 25). Aufgrund seiner Brandschutzklasse B1 kann dieses Papiergewebe auch für die Ausstattung von Innenräumen verwendet werden – z. B. als Trennwand, Decken- oder Wandverkleidung.

Transluzenter Beton
Anders als Glas, Kunststoff und Metallgewebe ist Beton kein Material, das sich auf den ersten Blick für transluzentes Bauen eignet (Abb. 29). Erstmals breitere Anwendung fand das Material zu Beginn des 21. Jahrhunderts – nachdem geeignete Betonmischungen, kostengünstige Glasfasern und optimierte Fertigungsverfahren entwickelt waren. Für tragende Konstruktionen ist transluzenter Beton aufgrund fehlender Bewehrungen ungeeignet und so liegen seine Haupteinsatzgebiete heute vor allem bei Designprojekten und in Innenräumen, etwa im Bereich hinterleuchteter Wandverkleidungen. Dass dieses Material trotz der atmosphärischen Wirkung eines massiven Baustoffs mit überraschender Lichtdurchlässigkeit nicht weiter verbreitet ist, liegt nicht zuletzt an den Herstellungskosten. Zum einen sind optische Fasern verhältnismäßig teuer. Zum anderen müssen einzelne Platten stets aufwendig aus großen Blöcken herausgeschnitten werden, die zuvor schichtweise abwechselnd aus Glasfasern und Betonlagen betoniert wurden. Anfänglich erfolgte dieses Schichten umständlich von Hand. Inzwischen gibt es maschinelle Verfahren, die die Herstellung erheblich vereinfachen, beschleunigen und die Kosten senken, sodass die Quadratmeterpreise inzwischen mit denen von Natursteinen vergleichbar sind. Mit dieser Produktionsweise eröffnen sich für Architekten große gestalterische Spielräume – sowohl hinsichtlich der Betonzusammensetzung und -pigmentierung wie auch in Bezug auf Lage und Durchmesser der Lichtleitfasern. Möglich sind Querschnitte zwischen 0,1 und 3 mm sowie hohe Transparenzgrade mit Glasfaservolumenanteilen im Beton von bis zu 20 %. Gekoppelt mit transparenter Kerndämmung kann transluzenter Beton überdies auch als vollwertiger Raumabschluss nach außen verwendet werden. Welche Möglichkeiten Beton zur Lichtinszenierung von Fassaden bietet, zeigt die interaktive hinterlüftete Vorhang-Medienfassade eines Neubaus für das Institut für Textiltechnik an der RWTH Aachen von Carpus & Partner (Abb. 30). Dort sind alle 136 Lichtbetonplatten mit einem Faservolumenanteil von 3 bis 4 % auf der Rückseite mit unabhängig steuerbaren RGB-LED-Paneelen versehen. Tagsüber unbeleuchtet, scheint die Lichtbetonfassade aus anthrazitfarbenen Natursteinen zu bestehen, während sie bei Dämmerung und im Dunkeln als Lichtobjekt oder Screen für bewegte Bilder gleichsam von innen heraus zu leuchten beginnt. Vergleichbare Effekte lassen sich im Innenbereich auch mit lichtdurchlässigen Holzverbundplatten erzielen, bei denen dünne Holzschichten mit eingebetteten Lichtleitfasern hochfest miteinander verbunden sind (Abb. 28). Ebenso wie bei Beton sind auch hier vielfältige Materialoberflächen und -farben sowie unterschiedlichste Glasfaserstärken bzw. Transparenzgrade möglich.

Fazit
Die Grenzen zwischen transparent, transluzent und blickdicht werden zunehmend durchlässiger und die Bandbreite an Möglichkeiten wird immer größer. Nahezu vollkommen entmaterialisierte entspiegelte Gläser stehen scheinbar massiven Baustoffen gegenüber, die sich im Licht als überraschende sinnliche Inszenierungen präsentieren. Der Wunsch nach medial bespielbaren und zugleich authentischen, nicht technisch anmutenden transluzenten Oberflächen sowie neue Fertigungstechniken dürften in Zukunft noch für einige Überraschungen sorgen.
DETAIL 01–02/2013

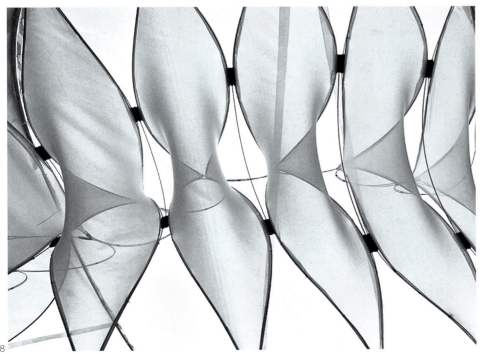

19
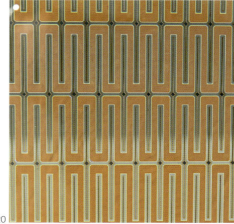
20

To this day, traditional Japanese sliding partitions made of rice paper have retained their enigmatic charm. In Western cultures, since the beginning of the twentieth century, the quest to maximise transparency – and, with it, the need to provide a screen to the world beyond – has been inextricably liked to the notion of flowing open spaces. In Friedrich Kiesler's Space House (1933), for example, a curtain running along one of the buildings corners serves as the physical enclosure. And at the Johnson Wax Building (1944), Frank Lloyd Wright had already begun to employ horizontal glass tubes in the partition walls and strip windows. Philip Johnson received international acclaim for his Glass House (1949): the exterior walls were all executed in single panes of glass. But despite the fascination with these designs, in many cases they do not meet today's safety standards and are susceptible to soiling or damage. In addition, the energetic performance and the assemblies themselves are often problematic. Engineers and materials scientists are in perpetual competition to develop new materials and building components. But an important change has occurred: the strict separation of different types of glass, plastics, metal and even concrete or wood has been abandoned. The classic functional distinction between the part of the window one looks through and the part that keeps the sun out is increasingly being replaced by integrated solutions, or upgraded with additional functions that improve the indoor acoustics, extract electric or thermal energy, or serve as information carrier or media facade.

Transparent glass
Thanks to its high degree of transparency, durability and versatility, glass continues to be the first choice when a view through a material is required. Yet the standard transparency value of 92% can be increased to 98% by drastically reducing the reflectivity. Anti-reflective coatings are employed to increase the efficiency of photovoltaic panels covering, eliminate reflections in storefront displays, and ensure that glass does not cause unwanted effects that would disturb a sensitive setting, e.g. an historic city centre. To prevent birds from colliding with glass, a translucent, patterned coating has been developed that – in contrast to the bird-shaped stickers – is barely perceptible to those inside the building. In past years, applications of structural glazing – including all-glass facades, stairs and even bridges – have demonstrated what glass is capable of. And the size in which laminated safety glass can be now produced is astonishing. For the new outpost of the Louvre in Lens, for example, Sanaa determined the glass skin's proportions based on the largest format available when the project was in the design development phase. However, by 2012, the year the building was completed, much larger formats – 17.0 × 4.5 m – had become available. This leap in scale was made possible by the incredible demand for large formats: this made it feasible for a manufacturer to acquire the world's largest laminating machine – an autoglaph – in which toughened glass is made into laminated safety glass. This also requires adapting the entire process chain to these dimensions: the oven in which float glass is heated to 650 °C, then quickly chilled, resulting in pre-stressed, toughened glass; the chamber in which the subsequent heat soak test is administered; and the entire transportation logistics. Screens for 17-metre-long imprints are not yet available, but the degree of translucence can be customised by employing coatings or frosted interlayers. Curves can be achieved through cold-forming or by laminating pre-curved panes of toughened glass. Metres and metres of translucent or transparent railings – free of distracting posts or caps – can be produced, as can 10-metre-long units for the facade and roof of the trendy Apple glass cube in New York City. The latter were installed to replace the much smaller formats used in the original design. In January 2012, a new laminated product – Glascobond – in which the bonding can also be exploited structurally, became available: now the pane thickness can be as much as 120 mm (the previous maximum was 20 mm).

Thin sheet glass
But glass panes are not just becoming thicker – they are also becoming thinner. High-strength, chemically hardened thin sheet glass can be produced with a thickness as little as 0.5 mm, but it has, to date, been used primarily as covers for smartphones, tablets, or photovoltaic modules. In contrast to conventional, thermally hardened glass, thin sheet glass is not heated, but is instead dipped in a salt bath in which an ion exchange process hardens the layer on the surface. The result is unusually resistant to breakage and scratching, and, on top of that, can be shaped in curves with small radii. Currently, the largest available format of thin sheet glass is a mere 2 m × 1 m, due simply to the fact that the main application – electronic products – does not require larger panes. There are no real obstacles, however, to larger formats for future architectural applications. The advantages of thin sheet glass – which, like other types of glass, can be processed, coated, laminated, and cold- and hot-formed – lie above all in the lower weight per unit surface area. In this context, with triple glazing in mind, when one takes into account the considerable weight of conventional 4 mm panes, the future prospects of thin sheet glass look good. This not only causes problems for load-bearing systems, but also with regard to transportation and installation procedure.

Glass tubing
Glass tubing also holds potential for new applications. It is made of borosilicate glass and is produced in a wide range of symmetrical or asymmetrical cross-sections (ill. 5, 7). A tube's outer surface can be either smooth or textured, with a diameter of up to 150 mm, and a length of up to 10 m. Glass tubing lends itself primarily to use in interiors, where, when employed for example as partition wall, can produce unexpected effects. The curves in the corners of the completely transparent material cause the background to become blurred.

Artistic techniques with glass
Colourful glass surfaces can be attained by applying coats of ceramic enamel colours. A coloured powder consisting of ground glass and colour pigments is mixed with screen-printing oil or gum arabic and then applied to the surface manually with a brush

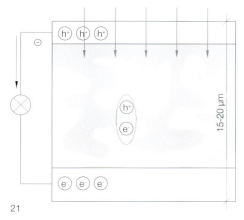
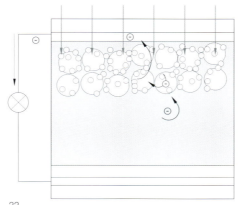

21

22

19 organische Photovoltaikfolie (OPV), Fa. Konarka
20 Farbstoff-Solarmodul, Ausschnitt eines 60 × 100 cm großen glaslotversiegelten Prototyps eines Farbstoff-Solarmoduls, der mit zwei weiteren Prototypen der gleichen Größe serienverschaltet ist, Fraunhofer ISE
21 Funktionsprinzip organische Solarzelle
22 Funktionsprinzip Farbstoff-Solarzelle, Fa. Merck
23 Dünnschicht-Solarmodul aus amorphem Silizium auf ETFE-Kissen, Fa. Hightex solarnext

19 Organic photovoltaic film OPV; manufacturer: Konarka
20 Dye-sensitised solar module, close-up of a 60 cm × 100 cm sealing-glass prototype of a dye-sensitised solar module which is interconnected with two further prototypes of the same size; Fraunhofer ISE
21 Functional scheme of organic solar cells
22 Functional scheme of dye-sensitised solar cells; manufacturer: Merck
23 Thin-film solar module of amorphous silicon on ETFE cushion; manufacturer: Hightex

or airbrush, or in a silk-screen process (ill. 8). A delicate, "dusty" colour layer forms as the solvent evaporates: this is baked at 620 °C, bonding the layer to the glass. This process can be repeated as many as three times to apply colours in multiple separate layers atop one another – but more than four firings will cause a noticeable deterioration of the glass's stability. Not until all of the layers of colour have been applied and the finishing – for example, drilling, sanding, or sandblasting – has been completed is the glass fired to attain toughened glass. It is then ready to be installed.

Areas of application for this type of colourful transparent glazing are bespoke glass design, and in buildings in which colourful, transparent or translucent surfaces or effects are desired. Although enamel colours are lightfast, they are not acid-resistant, which is why, when used in facades they should be positioned on the side facing the interior.

Switchable Glass
Glass is normally either transparent or translucent. But a number of years ago, materials scientists developed switchable glass, which alternates between these two states. Liquid crystals are embedded in a laminate; when no voltage is applied, the crystals are randomly arranged and diffuse light. When the electricity is switched on, the crystals align themselves, and the pane suddenly becomes transparent. One new way to control transparency is self-regulating thermotropic solar glazing that makes solar-controlled opacification possible. Depending on the composition of the glass – which has a special resin laminate – the degree of transparency changes automatically; no outside energy is required. It is simply a function of the outdoor temperature. When the sun shines, i.e. when the temperature of the outer pane's surface is high, the glass becomes cloudy and light-diffusing; when temperatures fall below the switching point, it becomes transparent again. Both the intensity of the opacification and the switching temperature can be determined during glass fabrication.

Translucent glass
In glass assemblies with multiple layers, there are a number of options regarding the positioning of the translucent layer (ill. 3). With high-quality laminating techniques – instead of applying coatings and imprints to the glass surface – textiles, metal meshes, perforated metal, or interlayers can be bonded between two glass panes (ill. 2). To achieve bubble-free results, an autoglaph is essential: in it the layers are heated – at a temperature of up to 140 °C – under high pressure for 24 hours. By incorporating LED lamps with transparent electrical wiring invisible to the human eye, laminated safety glass can be transformed into a luminaire or a media panel. If organic inlays such as reeds or wood veneer are employed for long-term solutions, it is of course inevitable that the appearance will change. In double-glazed units, the cavity between the panes may contain mini-blinds or perforated interlayers; such products have been on the market for many years. Particularly in administrative buildings and high-rises, box-type windows with baffle plates that shield the solar protection components from the wind are increasingly being used. In closed cavity facades (CCF), the facade cavity is sealed, keeping exterior air out: dried air circulates in the cavity so that the inner faces of the glass panes and the integrated louvers do not soil or become dusty.

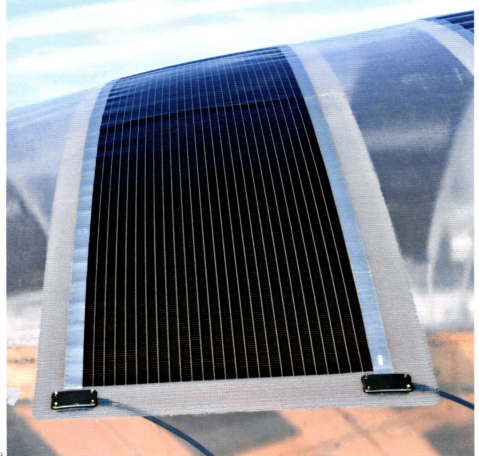

23

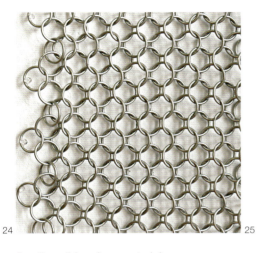

Frank Kaltenbach arbeitet seit 1998 als Fachredakteur für Detail.
Roland Pawlitschko ist Architekt und Architekturkritiker. Er arbeitet für verschiedene Architekturzeitschriften und Tageszeitungen.

Frank Kaltenbach has served as an editor for DETAIL magazine since 1998.
Roland Pawlitschko is an architect and architectural critic. He is working for various architectural magazines and newspapers.

Acrylic solid surface material
Silica sand used to produce inorganic glass has a lattice structure that at the molecular level refracts rays of light and is therefore not transparent. Not until the fusing process, when this lattice is deformed, can light pass through the material. The situation is similar for transparent plastics with an irregular arrangement of long macromolecule chains. If they are tangled like a piece of felt, they are referred to as amorphous: they are glass-like, transparent and usually brittle.
Acrylic solid surface material is a composite material containing aluminium-based minerals not penetrable to light (Gibbsit, about 70 %), and PMMA, a transparent plastic (about 30 %). On the market it is referred to by its trade names, including Corian and LG Himacs. The design team at the Swiss firm Marty Architektur took advantage of its special characteristics for a counter at a branch of the bank Stadtsparkasse Schwyz (ills. 10–12). CNC-milling was employed to give the boards – which are in a special shade of white with enhanced translucence – a serrated surface. The curves were then thermoformed and, in the final step, bonded together, giving the bank counter a monolithic appearance. Thanks to the different thicknesses attained by structuring the surface, the glowing effect that comes about when the counter is backlit is gradated, and, correspondingly, soft and subtly differentiated.

Plastics
Thin sheets of different types of plastics are available in cases in which a material with low weight and a high degree of translucence is needed. PMMA's sparkle and translucence most closely approaches that of mineral glass; polycarbonate, on the other hand, is a better choice when impact resistance is a requirement. Both materials are thermoplastics, which means that they can be formed and bonded through application of heat. PMMA and polycarbonate's different characteristics can be combined in a honeycomb composite panel; these panels are characterised by high bending stiffness. The panel's honeycomb core is of extruded transparent polycarbonate, creating 19 mm honeycomb holes. These holes allow the observer to perceive the material's depth. The cores are then laminated with different layers of polycarbonate or PMMA (ill. 13).

Membranes
As was demonstrated during the light show of the International Song Contest, the Crystal Hall, a multi-functional sports and entertainment complex in Baku, is a convincing example of the implementation of a coarse-meshed translucent building envelope made of flat surfaces with integrated LED lamps. A total of 180 rhombus-shaped and triangular membrane panels of dark-grey, silvery shimmering PVC-PES fabric mesh and pebble grey PVC-coated polyester fabric are employed in the 20 000 m² facade. With their Textile Hybrid M1 project, architects and engineers at the University of Stuttgart's ICD and ITKE have demonstrated that membrane surfaces can also be employed as translucent, free-standing, load-bearing structural members and a new formal vocabulary can come into being (ill. 16–18). The design is based on studies of the integration of bending-active elements and multi-dimensional membranes (deep surface). In these studies, the aim is to create systems of equilibrium by interlinking elastically deformed GRP rods and membrane surfaces. In addition to functioning as an envelope, it optimally diffuses and manages light and sound. Beginning at the upper edge of the foundation, only textile materials were used. The connections were executed in traditional tying techniques using UV-stable polyester rope.

Translucent energy generation
Solar collectors and photovoltaic modules are increasingly being used not only to generate energy, but also as shading devices and as solar protection for transparent roofs and facades. First-generation PV modules are made of brittle mono- or polycrystalline silicon, are square in shape, have standardised dimensions, and are laminated between – but at a separation from – glass panes. The second generation is, in contrast, flexible. As in laminates with plastic substrates, thin-film solar

24 Edelstahl-Ringgeflecht, Kukje Art Center, Seoul 2012, Architekten: SO-IL;
    Ausführung: Fa. VIA LLC
25 Edelstahl-Seilgewebe mit eingewebtem papierähnlichen Spinnvlies, Fa. GKD – Gebr. Kufferath
26 Mediennetzfassade, Edelstahl-Seilgewebe mit 6 LED/Pixel, Fa. GKD – Gebr. Kufferath
27 Mediennetzfassade, Edelstahl-Seilgewebe mit SMD-Outdoor-System, Fa. GKD – Gebr. Kufferath

24 *Stainless-steel ring mesh, Kukje Art Center, Seoul 2012, Architects: SO-IL; manufacturer: VIA LLC*
25 *Stainless-steel woven wire cloth with paper-like spunbond woven in*
    manufacturer: GKD – Gebr. Kufferath
26 *Media mesh facade, stainless-steel woven wire cloth with 6 LED/pixel*
    manufacturer: GKD – Gebr. Kufferath
27 *Media mesh facade, stainless-steel woven wire cloth with SMD Outdoor System*
    manufacturer: GKD – Gebr. Kufferath

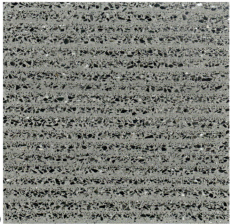

28 transluzentes Holz, Holzverbundplatten mit eingebetteten Lichtleitfasern, Fa. Klöpferholz
29 transluzenter Beton, Fa. Lucem
30 interaktive Medienfassade mit Modulen aus transluzentem Beton, Institut für Textiltechnik RWTH Aachen 2012, Architekten: Carpus & Partner, Ausführung: Fa. Lucem

28 *Translucent wood, composite wood board with embedded optical fibres; manufacturer: Klöpferholz*
29 *Translucent concrete; manufacturer: Lucem*
30 *Interactive media facade with modules of translucent concrete, Department of Textile Technology, RWTH Aachen 2012; Architects: Carpus & Partner manufacturer: Lucem*

modules of amorphous silicon can be encapsulated in EVA, and then laminated from below to the structurally effective membrane of ETFE roofing. In comparison to glazed units, the weight is significantly reduced – a major advantage (ill. 23). And now the third generation is in the works. From the designer's viewpoint, OPV organic solar cells – a thin colourful foil – offer the most options. When integrated in handbags, umbrellas or tents, they can provide energy "on the road" (ill. 19). OPV are still in the development phase and will soon be economically mass-produced. Dye-sensitised solar cells (DSSC) have nano-crystalline electrodes of titanium dioxide in which a layer of organic dyes – on a ruthenium substrate – are embedded (ills. 20, 22). In this way, the light production is enhanced; the electron transfer from light absorber to electrode is improved as well. They are semi-transparent and available in different colours and are more economical in production than panels using silicon technology because greatly simplified processes (silkscreen techniques) are employed. Further advantages are: high efficiency (even when the light is diffuse, e.g. when the energy is required indoors for smartphones and tablets). At the Swiss Tech Convention Center in Lausanne, a 350 m² DSSC facade, made up of 30 × 40 cm modules, began operation in 2013. In 2012, the Fraunhofer ISE introduced a prototype of a larger module: 100 × 60 cm.

Metal meshes
Metal nets, curtains or latticework offer a relatively simple way to achieve different degrees of transparency – they serve as temporary visual partitions indoors and as cladding for entire facades. Generally speaking, there are a number of natural materials to which colour coatings can be durably applied (e.g. stainless steel, aluminium, brass, copper and bronze) for planar or single or double-axis curved surfaces. These may be nets, woven wire cloth, or ring or shingle meshes (ill. 24, see p. 16). Woven wire cloth is receiving increased attention: it can be used to control views in or out of a space, as solar protection, or as multimedia screens (woven wire cloth requires only one sixth of the electricity of conventional displays for this purpose). Recent innovations in this area have more to do with optimising technology – e.g. energy consumption, light intensity or image resolution – than with the mesh itself. Another innovation is the exterior use of RGB-SMD-LED lamps. These enable not only optimal legibility from the side and colourfastness for images and videos, but also make it possible to reduce the pixel grid to 40 × 40 mm – and thereby decrease the necessary distance from the image. A great variety of materials can be woven into the wire cloth, for example bamboo or translucent strips of a particularly durable, paper-like spunbond that is also used in protective clothing and in envelopes. This material is largely rip- and scrub-resistant, permeable to water vapour yet water-repellent, and is woven – in place of the weft wire – into stainless-steel wire (ill. 25).

Translucent concrete
In contrast to glass, plastic and metal mesh, concrete does not, at first glance, appear to be a material that is suited to translucent construction (ill. 29). The material has first been employed on a broader basis at the beginning of the twenty-first century – once the appropriate concrete mix, economical glass fibre, and optimised production processes were in place. Because it has no reinforcement, translucent concrete is not suited to structural applications, and at present its main areas of application are in designer products and interiors, for example, as backlit wall cladding. The reason this material, with its paradoxical aura as a translucent heavyweight building material, has not been used more extensively is probably related to its cost. On the one hand, the optical fibres are relatively expensive. On the other hand, individual panels must always be cut out of larger blocks, which consist of multiple layers of glass fibres and concrete. Initially these steps were executed manually. In the meantime the process has been automated, and correspondingly, simplified and expedited. And the costs have been reduced, as well: the price per square metre is now roughly equivalent to that of stone.

Mahnmal in Madrid

Memorial in Madrid

Knut Göppert, Christoph Paech

Schnitt · Grundriss Gedenkraum
Maßstab 1:500
1   Glassteinwand
2   ETFE-Folie
3   Luftschleuse
4   Raumbereich mit Luftüberdruck

*Plan and section of commemorative space
scale 1:500*
1   *Glass-block wall*
2   *ETFE sheeting*
3   *Airlock*
4   *Space with higher air pressure*

Knut Göppert ist seit 1989 Mitarbeiter, seit 1998 Partner bei Schlaich Bergermann und Partner.
Christoph Paech ist seit 2004 Mitarbeiter bei Schlaich Bergermann und Partner.

Seit 2007 erinnert ein gläsernes Mahnmal direkt am Atocha-Bahnhof in Madrids Zentrum an die Opfer der Terroranschläge vom 11. März 2004, bei dem in vier Vorortzügen durch Bombenexplosionen 191 Menschen getötet und 1824 verletzt wurden.
Der realisierte Wettbewerbsentwurf der jungen Architektengruppe FAM aus Madrid besteht aus einem oberirdischen, gläsernen Zylinder und einem darunterliegenden 500 m² großen Gedenkraum.
Der Glasturm steht inmitten einer großen Verkehrsinsel im Vorbereich des Atocha-Bahnhofs. Durch die äußere Hülle fällt Tageslicht in den kobaltblau gehaltenen Gedenkraum und erhellt diesen. Nachts kehrt sich der Effekt um: Die massive Glaswand wird, von innen angestrahlt, zu einem leuchtenden Kunstwerk.
Im Inneren des Glaszylinders schwebt als Pneukonstruktion eine transparente ETFE-Folie, die ähnlich einer Traglufthalle durch Luftüberdruck im Gedenkraum stabilisiert wird. Die amorphe Form ist mit vielsprachigen Kondolenzbekundungen bedruckt, die nach dem Attentat am Bahnhof niedergeschrieben wurden. Der Gedenkraum wird über die Bahnhofspassage im Untergeschoss erschlossen. Glasscheiben mit kunstvollen Mustern separieren diesen Bereich der Ruhe und Meditation vom lebhaften und hektischen Treiben des zentralen Verkehrsknotenpunkts.

Konstruktion der Glashülle
Die äußere, 11 m hohe Hülle besitzt einen annähernd elliptischen Grundriss (8 × 11 m) und besteht aus ca. 15 600 massiven Glassteinen, die miteinander verklebt sind. Die Krümmungen verleihen der Glaswand eine beträchtliche Steifigkeit und bilden eine Schalenstruktur aus tragendem Glas, bei der auf sonst übliche optisch störende Stahlelemente verzichtet wird. Um den oberen freien Rand auszusteifen und so eine Formveränderung der Struktur unter horizontalen Windlasten zu verhindern, ist die Dacheindeckung aus Glas flächig mit den Glasblöcken verklebt. Eigens für dieses Projekt wurde die Steingeometrie mit einer konkaven und einer konvexen Seite entwickelt, um mit nur einer Form die unregelmäßige Krümmung des Grundrisses zu realisieren. Die 200 × 300 × 70 mm großen Blöcke wurden in speziellen Pressformen unter Druck hergestellt. An die Toleranz wurden hohe Anforderungen gestellt (±1 mm), um eine gleichmäßige Schichtstärke des Klebers sicherzustellen.
Da bei massiven Bauteilen durch Temperaturschock (beispielsweise Regen auf einen durch die Sonne aufgeheizten Glasstein) hohe Oberflächenspannungen auftreten, sind die je 8,4 kg schweren Glasblöcke aus extrem klarem Borosilikatglas hergestellt. Der niedrigere Wärmeausdehnungskoeffizient von $4,3 \times 10^{-6}$ 1/K halbiert die im Glas auftretenden und bemessungsrelevanten Temperaturspannungen im Vergleich zu einem herkömmlichen Kalk-Natron-Silikatglas und verhindert damit ein Zerspringen der massiven Blöcke durch Temperaturschock.
Auf der Baustelle wurden die einzelnen Pressglasblöcke mithilfe eines UV-aushärtenden Acrylatklebers gefügt und kraftschlüssig miteinander verbunden. Das transparente Einkomponentenprodukt wurde in Zusammenarbeit mit dem Hersteller für diese Anwendung optimiert. Normalerweise werden Acrylate in sehr dünnen Schichtdicken von ca. 0,3 mm aufgetragen.

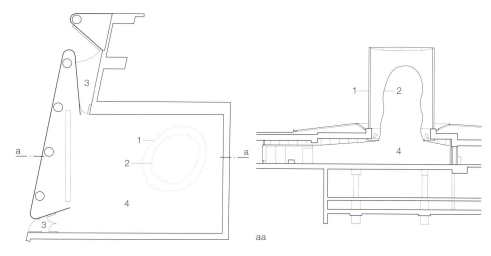
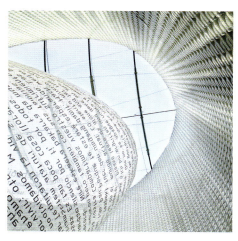

Da die unvermeidlichen Toleranzen der massiven Glasblöcke einen Toleranzausgleich durch das Zwischenmaterial erfordern, ist hier eine Acrylatschicht von bis zu 2,5 mm Dicke nötig. Um für diese Schichtdicke die Steifigkeit und Festigkeit der Verklebung zu bestimmen, wurden zahlreiche Klein- und Großproben auf Zug, Druck und Abscheren getestet sowie die Alterungsbeständigkeit und die Langzeit- und Kurzzeitfestigkeit für unterschiedliche Temperaturbereiche zwischen -20°C und +80°C untersucht und verifiziert.

Die Festigkeit einer Acrylat-Verbindung bei Glaselementen wird durch langandauernden Wasserkontakt erheblich herabgesetzt. Um das Acrylat vor direkter Wassereinwirkung zu schützen, sind sämtliche Fugen zwischen den einzelnen Glasblöcken von außen mit einem sehr transparenten Silikon versiegelt. Insbesondere muss die Kompatibilität zwischen Silikon und Acrylat beachtet werden, da bei einigen Silikonen während der Aushärtung Abspaltprodukte entstehen. Diese Gase können auf Oberflächen kondensieren und somit die Adhäsion, aber auch die Kohäsion einer nahegelegenen Acrylat-Verklebung reduzieren.

Lagerung der Glasstruktur

Wie die statische Untersuchung gezeigt hat, führt eine Verformung der vorgespannten Stahlbetondecke, auf welcher der 140 t schwere Glaszylinder ruht, zu hohen Schubspannungen innerhalb der Klebefuge. Um diese zu verringern, ist zum einen der Glaskörper auf insgesamt 200 Elastomerkissen (160 x 100 x 45 mm) gebettet. Unterschiedliche Temperaturdehnungen der Glasstruktur und der Unterkonstruktion können so ebenfalls kompensiert werden. Zum anderen wurde die elastische Verformung der Decke durch eine Ersatzlast vor dem Errichten der Glasstruktur erzwungen. Die dafür erforderliche Last, die dem Eigengewicht der Glasstruktur entspricht, konnte dann sukzessive während des Baufortschritts entfernt werden.

Die Elastomerkissen übertragen die vertikalen Lasten aus dem Eigengewicht der Struktur über Druck. Durch das hohe Eigengewicht können die horizontalen Lagerlasten aus Wind und Temperatur über Reibung abgetragen werden. Die EPDM-Kissen sind auf einem umlaufenden Stahlring angeordnet. Die Bautoleranzen der Stahlbetondecke werden durch eine Mörtelfuge zwischen Stahlbeton und umlaufendem Stahlring minimiert. Silikon schließt die Öffnung zwischen Glassteinwand und Stahlring, um die Elastomerkissen vor Umwelteinflüssen zu schützen.

Das Glasdach

Um die Entwurfsidee der absoluten Transparenz und des Verzichts auf alle optisch störenden Elemente bis ins Dach zu realisieren, unterstützen fünf Glasträger die zwölf zur Aussteifung herangezogenen Dachscheiben. Die bis zu 7,80 m langen Träger haben einen Abstand von ungefähr 1,75 m. Sie sind nach dem Momentenverlauf geformt und liegen auf der Glassteinkonstruktion elastisch auf. Um Spannungen infolge unterschiedlicher Temperaturausdehnung der Glaswand und Dacheindeckung zu vermeiden, wurde auch für die gesamte Dachkonstruktion Borosilikatglas gewählt. Wegen der produktionsbedingt begrenzten Abmessungen von Borosilikat-Flachglas sind die Träger aus vier Einzelelementen gefügt. Die beiden je maximal 3,90 m langen und maximal 350 mm hohen Mittelelemente (VSG aus 4x 10 mm ESG) des Trägers sind durch zwei je 4 m lange Glaslaschen (VSG aus 2x 10 mm ESG) miteinander verbunden. Dazu wurden im Werk die Einzelelemente mit transparentem Polyurethan-Gießharz zu einem Träger laminiert.

Die Edelstahlbolzen sind mit maximal möglichem Abstand zueinander angeordnet. Das zu übertragende Biegemoment wird durch den großen Hebelarm in ein relativ kleines Kräftepaar zerlegt. Der Querschnitt des Edelstahlbolzens konnte auf diese Weise auf 40 mm minimiert werden und tritt optisch in den Hintergrund. Um die Toleranzen der Bohrlöcher in den einzelnen Gläsern auszugleichen und einen zufriedenstellenden Spannungszustand durch einen formschlüssigen Verbund an den Bohrlöchern zu erreichen, ist zwischen Glas und Edelstahlbolzen Injektionsmörtel eingepresst.

Die liniengelagerte Dacheindeckung besteht aus Glasscheiben mit einer maximalen Länge von 3,98 m, die an die Grundrissgeometrie angepasst sind. Ein Gefälle von ca. 1,5 % sowie ein Randüberstand von 40 mm gewährleisten die Entwässerung. Da keine teilvorgespannten Borosilikatgläser angeboten werden, setzt sich der Scheibenaufbau der VSG-Dachscheiben aus 3x 10 mm ESG zusammen. Um die Glasblockwand am oberen freien Ende gegen horizontal angreifende Lasten zu stabilisieren, sind die Dachscheiben flächig über eine tragende Silikon-

A Gießen der massiven Glassteine
B Verklebung der Glassteine mit hochtransparentem Acrylat und Aushärtung mit UV-Licht
C Wand aus verklebten Glassteinen

A Casting the solid glass blocks
B Jointing the glass blocks with high-transparency acrylate adhesive and curing with UV-radiation
C Wall of adhesive-fixed glass blocks

Detailschnitt Glassteinwand Sockel   Maßstab 1:10

1   Glasstein massiv, Borosilikatglas, 200/300/70 mm, verklebt mit transparentem UV-aushärtendem Acrylat
2   Fugen außenseitig mit hochtransparentem Silikon versiegelt
3   Silikonverfugung dauerelastisch, dunkelgrau
4   Flachstahl ⊏⊐ 15 mm, verzinkt, schwarz beschichtet, verschweißt zu umlaufendem Ring
5   Auflager EPDM-Kissen 160/100/45 mm
6   Befestigung Lasche Flachstahl ⊏⊐ 90/80/20 mm
7   Mörtelbett

Sectional details of base of glass-block wall   scale 1:10

1   200/300/70 mm solid borosilicate glass block, adhesive jointed with transparent, UV-cured acrylate
2   joints sealed on outer face with high-transparency silicone
3   permanently elastic silicone joint, dark grey
4   15 mm black-coated galvanised steel flat welded to peripheral ring
5   160/100/45 mm EPDM bearing pad
6   fixing with 90/80/20 mm steel plate
7   mortar bed

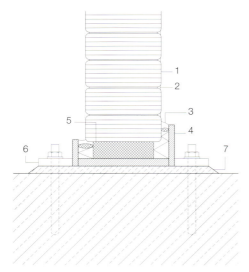

verklebung mit den Blöcken verbunden. Der Vorteil gegenüber dem bei der Glaswand verwendeten Acrylat liegt zum einen in der Fähigkeit, Toleranzen durch eine größere mögliche Schichtdicke auszugleichen, zum anderen darin, dass beschädigte Dachscheiben problemloser ausgetauscht werden können, weil eine Silikonverbindung einfacher zu lösen ist.

Baustelle und Montage der tragenden Glasstruktur
Da Acrylate, wie jede andere Art von Klebern, sehr saubere Oberflächen und besondere Voraussetzungen an die Umgebungsbedingungen (Temperatur, Luftfeuchte, UV-Licht) bei der Verarbeitung fordern, war die komplette Baustelle mit einer temporären Hülle zum Schutz vor Umwelteinflüssen gesichert.
In drei Arbeitsschichten wurde sieben Tage in der Woche gearbeitet, um nach nur drei Monaten Bauzeit den letzten der 15 600 Glassteine zu verkleben. Die in der Montagehalle vorgefertigten Dachträger wurden eingehoben und auf der Glaswand platziert. Im letzten Montageschritt konnten dann die Glasplatten der Dacheindeckung verlegt und mit der Glaswand und den Trägern verklebt werden. Um die insgesamt 5000 m langen Fugen zwischen den Glassteinen zu schließen und somit das Acrylat vor direkter Wassereinwirkung zu schützen, wurden abschließend von außen alle Fugen mit transparentem Silikon versiegelt.

Die innere Hülle und der Gedenkraum
Eine durch Überdruck im Gedenkraum stabilisierte ETFE-Folie mit einer Dicke von lediglich 150 μm bildet eine innere Struktur im Glaszylinder. Auf die 186 m² große Oberfläche der transparenten Freiform sind Trauerbotschaften in unterschiedlichen Sprachen abgedruckt, die Passanten nach dem Attentat auf Zetteln im Atocha-Bahnhof hinterlassen haben. 20 unterhalb der Öffnung der Stahlbetondecke befestigte Stahlkonsolen tragen ein in der Grundrissform unregelmäßig gekrümmtes Stahlrohr mit 60 mm Durchmesser sowie einen umlaufenden Git-

terrost für Wartungsarbeiten. Das feuerverzinkte Rohr dient als Umlenkrolle und bildet den unteren, festen Abschluss der sonst frei schwebenden ETFE-Folie. Ein in der Folie eingearbeiteter Keder ist über Klemmplatten fixiert. Zwischen Stahlring und Stahlbetondecke gespannte PVC-Folien dichten den Gedenkraum ab. Der Luftdruckunterschied von ungefähr 100 Pa wird durch Gebläse aufrechterhalten. Luftschleusen am Eingang des Gedenkraums reduzieren die Leckage auf ein Minimum und garantieren den zur Stabilisierung notwendigen Überdruck.
Ein Formfindungsprozess führte zu einer für Tragluftstrukturen sonst unüblichen Form, bei der es sowohl konkav als auch konvex ausgeprägte Bereiche gibt. Die Geometrie der Folie ist in Abhängigkeit des stabilisierenden Luftdrucks entwickelt, sodass trotz unterschiedlicher zweiaxialer Spannungsverhältnisse keine Falten entstehen. Die komplexe Zuschnittsermittlung der 72 miteinander verschweißten Folienteile kompensiert nicht nur die elastischen Dehnungen des Materials in zwei Richtungen, sondern berücksichtigt auch die Platzierung der spiralförmig verlaufenden Botschaften, damit diese auch über die Nähte hinweg kontinuierlich gelesen werden können. Über ein digitales Druckverfahren wurden die Texte auf die einzelnen Folienteile gedruckt und mit UV-Strahlung fixiert. 4 Vertikal- und 18 Horizontalnähte verbinden die Folienelemente zu einer amorphen Form.
Da die ETFE-Folie eine sehr hohe Transparenz besitzt (Durchlassgrad > 93 %), wird der unterirdische Gedenkraum tagsüber von außen erhellt. Dabei entstehen durch Spiegelungen und das Formenspiel zwischen semitransparenter Glasstruktur und amorpher Folie ungewöhnliche optische und räumliche Eindrücke.
In der Nacht wirkt das gläserne zylindrische Monument durch die Innenbeleuchtung wie ein strahlender Kristall: Als Lichtträger fungieren die semitransparenten Glasblöcke, durch die sich die Umrisse der schwebenden, inneren Blase der ETFE-Folie erahnen lassen.

DETAIL 10/2007

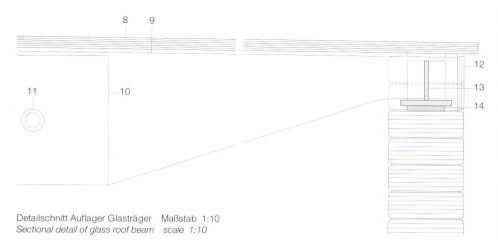

Detailschnitt Auflager Glasträger   Maßstab 1:10
Sectional detail of glass roof beam   scale 1:10

A new glazed memorial at Atocha Station in the centre of Madrid serves as a reminder of the victims of the terrorist attack that took place there on 11 March 2004. On that day, 191 people were killed and 1,824 were injured in bomb explosions in four suburban trains. The winning competition entry for the erection of a memorial – by the group of young Madrid architects FAM – consists of a glazed cylinder above ground and a commemorative space immediately below this with an area of 500 m². Daylight penetrates the glass shell and illuminates the cobalt-blue commemorative space beneath. At night, the effect is reversed, when the glazed cylinder is lit from within and becomes a gleaming work of art. Inside the cylinder is a transparent ETFE pneumatic construction stabilised by the higher air pressure in the commemorative space.

The 11-metre-high external wall of the tower is almost elliptical on plan plan (8 × 11 m) and consists of roughly 15,600 solid glass blocks bonded with adhesive. The curvature lends the wall great rigidity, creating a shell structure of load-bearing glass elements with no visually disturbing steel members. To brace the free top edge and prevent any tendency of the structure to assume a more oval form when subject to horizontal wind loads, the glazed roof covering is bonded to align with the glass blocks. The geometry of the 200 × 300 × 70 mm blocks was specially developed for this project with a concave and a convex face to enable the irregular curvature on plan to be achieved with a single unit form.

If rain falls on exposed glass blocks after they have been heated by the sun, they may be subject to thermal shock. In this project, therefore, the 8.4 kg blocks were made of extremely clear borosilicate glass. The lower coefficient of expansion of this material (4.3×10^{-6} 1/K) halves the relevant thermal stresses in comparison to common soda-lime silicate glass. The blocks were rigidly bonded together on site with a UV-setting acrylic adhesive. Normally acrylates are applied in very thin layers of roughly 0.3 mm. Since the unavoidable expansion and contraction of the solid glass means that tolerances have to be provided by the intermediate jointing material, an acrylic layer up to 2.5 mm thick was necessary here. To protect the acrylate from the direct effects of water, all joints between the glass blocks were sealed on the outside with a highly transparent silicone coating.

As the structural analysis showed, deformation of the prestressed reinforced concrete slab on which the 140-tonne glass cylinder stands would lead to great shear stresses in the adhesive joints. To minimise this effect, the glass volume is bedded on a total of 200 elastomer pads 160/100/45 mm in size. In this way, the different degrees of expansion in the glass structure and the supporting structure – resulting from temperature differences – can be adequately absorbed. In addition, the elastic deformation of the slab caused by the loading of the cylinder was effected with an equivalent load prior to the erection of the glazed structure.

The vertical loads resulting from the dead weight of the structure are transmitted by the elastomer pads as compression stresses. The great dead weight also means that horizontal superimposed loads resulting from wind and temperature changes can be transmitted in the form of friction. The EPDM pads are laid out on a peripheral steel ring. Constructional tolerances in the reinforced concrete slab are minimised by a mortar joint between the concrete and the steel ring. The gap between the glass-block wall and the steel ring is sealed with silicone to protect the elastomer pads from environmental influences.

The design concept required a state of absolute transparency in the roof. To achieve this and to avoid all visually disturbing elements, the 12 roof segments are braced by five glass beams up to 7.80 m in length and at roughly 1.75 m centres. The form of these beams reflects the moment curvature, and they bear elastically on the glass-block structure. To avoid stresses resulting from different degrees of thermal expansion in the glass wall and the roof, borosilicate was specified for the entire roof structure as well. Production methods restrict the dimensions of sheets of this type of glass. The beams are therefore made up of four individual elements. The two middle elements, each with a maximum length of

8 Glasdach Gefälle 1,5 %: VSG aus ESG Borosilicat 3× 10 mm, Sonnenschutzfolie auf der Unterseite
9 Dachträger VSG aus ESG Borosilicat 4× 10 mm
10 Laschen ESG Borosilicat 2× 10 mm
11 Bolzen Edelstahl Ø 40 mm
12 Raumabschluss Acrylglas 10 mm
13 Auflager Träger: Konsole Flachstahl Edelstahl ⊏⊐ 10 mm und Flachstahl Edelstahl ⊏⊐ 15 mm
14 Auflager EPDM-Kissen 100/75/10 mm

8 laminated safety glass roof with 1.5 % falls, comprising 3× 10 mm toughened borosilicate with sunscreen film on underside
9 laminated safety glass roof beam: 4× 10 mm toughened borosilicate
10 2× 10 mm toughened borosilicate tie plate
11 Ø 40 mm stainless-steel bolt
12 10 mm perspex closing strip
13 bearer for beam: 10 mm + 15 mm stainless-steel flats
14 100/75/10 mm EPDM bearing pad

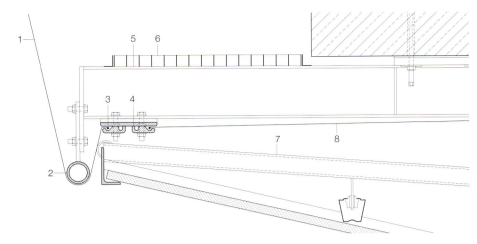

Detailschnitt Membran   Maßstab 1:10

1 ETFE-Folie 150 µm, bedruckt
2 Stahlrohr Ø 60,3/6,3 mm
3 Keder PVC 6 mm
4 Klemme Aluminium
5 Konsole Stahlprofil IPE 140
6 Gitterrost Stahl 33/33/30 mm
7 Unterkonstruktion abgehängte Decke
8 luftdichter Abschluss: Folie PVC

Sectional detail through membrane   scale 1:10

1 ETFE sheeting 150 µm, printed
2 Ø 60.3/6.3 mm steel tube
3 6 mm PVC fixing welt
4 aluminium clamping plate
5 steel I-section bracket 140 mm deep
6 steel grating 33/33/30 mm
7 supporting structure for suspended soffit
8 airtight seal: PVC sheeting

3.90 m and a maximum depth of 350 mm (laminated safety glass, consisting of 4× 10 mm sheets of toughened safety glass) are joined together with two panes of laminated safety glass four metres long (each consisting of 2× 10 mm toughened glass). The stainless-steel bolts are laid out with maximum spacings. It was possible to reduce the diameter of the bolts to a minimal 40 mm. The roof covering, with linear bearings, comprises panes of glass with a maximum length of 3.98 m and shaped to the required plan geometry. Adequate drainage is ensured by falls of roughly 1.5 per cent and a 40 mm projection at the edge. Since borosilicate is not available in a partially tensioned form, the laminated safety glass roof elements were constructed with 3× 10 mm layers of toughened glass. To stabilise the glass block wall at its free upper edge against possible horizontal loads, the roof slabs were bonded to the blocks with a load-bearing silicone adhesive joint. The advantage of this over the acrylate joints used in the glass wall lies firstly in its ability to provide a greater tolerance through a thicker layer, and secondly in the fact that it allows damaged roof elements to be replaced more easily. Acrylates require clean jointing surfaces and special environmental conditions for their application (temperature, humidity, UV-radiation). During the construction period, therefore, the entire site was covered with a temporary protective skin.

After only three months the last of the glass blocks was laid and the prefabricated roof beams were raised into position on top of the wall. The final step was to lay the glass roof panels and fix them with adhesive to the glass wall and beams. To protect the acrylate joints (some 5,000 metres in length) between the glass blocks against moisture, the entire monument was sealed on the outside with a transparent layer of silicone.

Within the glass cylinder is an ETFE membrane only 150 µm thick and stabilized a pressure differential. Printed on the surface of this transparent skin, which has a free form and an area of 186 m², are messages of condolence in different languages, written initially on pieces of paper by passers-by after the terrorist attack in Atocha Station. Fixed beneath the opening in the reinforced concrete slab are 20 steel brackets. These support a galvanised steel tube 60 mm in diameter laid out to an irregularly curved plan form. The tube provides the bottom fixing for the ETFE membrane, which otherwise floats freely in the air. The commemorative space is sealed off by PVC sheets stretched between the steel ring and the concrete slab. The difference in air pressure, amounting to roughly 100 Pa, is maintained by a blower fan. Air locks at the entrance minimise the escape of air and ensure that the excess pressure necessary for the stability of the membrane is maintained.

An investigatory process led to an unusual form for inflated structures, with both concave and convex areas. The membrane geometry was developed in conjunction with the stabilising air pressure, so that in spite of different biaxial stress conditions, no folds occur. The complex process of determining the form of the 72 welded sections of the membrane took account not only of the elastic elongation of the material in two directions, but also of the spiralling layout of the messages, so that these could continue uninterrupted across the seams. The sections of the membrane were joined together to form an amorphous shape with four vertical and 18 horizontal joints. Since the ETFE membrane is highly transparent (> 93 per cent light transmittance), the underground memorial space receives natural light during the day. Reflections and the formal interplay between the semi-transparent glass structure and the amorphous membrane result in unusual visual effects and spatial impressions. At night, with its internal lighting, the glass monument is like a bright crystal. Light radiates out through the semi-transparent glass blocks, and one can discern the outlines of the ETFE bubble within.

Knut Göppert has worked for Schlaich Bergermann und Partner since 1989, where he has been parter since 1998.
Christoph Paech has worked for Schlaich Bergermann und Partner since 2004.

Beschichtungen auf Glas für die architektonische Anwendung

Glass Coatings for Architectural Applications

Michael Elstner

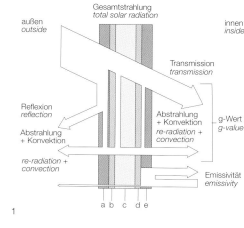

1 Gesamtenergiedurchlassgrad einer Verglasung
  a äußere Glasscheibe
  b Low-E-Sonnenschutzbeschichtung (Position 2)
  c Scheibenzwischenraum
  d Low-E-Wärmeschutzbeschichtung (Position 3)
  e innere Glasscheibe

1 *Total energy transmittance of a glazing unit*
  a *outer glass pane*
  b *low-E coating for solar insulation (position 2)*
  c *cavity*
  d *low-E coating for thermal protection (position 3)*
  e *inner glass pane*

Der Baustoff Glas spielt eine führende Rolle in der modernen Architektur, setzt optische Akzente und bietet multiple technische Funktionen. Ob Wärme-, Sonnen- oder Schallschutz, Design- oder Sicherheitsglas oder als Teil von Solaranlagen – die Industrie stellt Gläser mit individuell konfigurierbaren technischen Werten zur Verfügung. Energieeffizienz steht dabei zunehmend im Vordergrund. Der folgende Artikel führt in die Beschichtungstechnik von Flachglas ein, beschreibt die wichtigsten bauphysikalischen Kennwerte und stellt neuartige Produkte vor.

Glashistorie

Flachglas wird seit etwa 2000 Jahren – zuerst mit geringen Abmessungen – als raumabschließendes Bauteil verwendet und gehört damit zu den ältesten künstlichen Baumaterialien. Durch kontinuierliche Entwicklung der Herstellungs- und Veredelungsmethoden ist es zu einem der modernsten Baustoffe geworden und prägt das Erscheinungsbild der Architektur unserer Zeit. Heute kann Glas nahezu alle Funktionen in der Gebäudehülle erfüllen – der Widerspruch zwischen dem menschlichen Bedürfnis nach Schutz vor der Außenwelt und der gleichzeitigen Öffnung zum Licht ist aufgelöst. Durch die Ölkrise der 1970er-Jahre geriet die damalige Glasarchitektur in die Kritik. Zu Recht, denn unbeschichtetes Flachglas für Fenster und Fassaden führte zur Verschwendung wertvoller Energie. Einen ökologischen und ökonomischen Meilenstein für mehr Energieeffizienz stellt die Herstellung von Gläsern mit Funktionsbeschichtungen für Wärmedämmung und Sonnenschutz mit der Dünnschichttechnologie dar.

Warum wird Glas beschichtet?

Einfachverglasungen, die bis Mitte der 1970er-Jahre üblich waren, verursachten hohe Wärmeverluste (U_g = 5,8 W/m²K). Mit dem verstärkten Einsatz von Isolierglas wurden verbesserte U_g-Werte von durchschnittlich 3,0 W/m²K erreicht. Erst die Verbindung der Isolierglastechnik mit moderner Dünnschichttechnik für die transparente Beschichtung von Glas ermöglichte eine weitere Reduzierung der spezifischen Energieverluste. Heute gilt Wärmedämmglas mit einem U_g-Wert von 1,1 W/m²K bei zwei Glasscheiben von 4 mm, einem mit Argon gefüllten Zwischenraum von 16 mm und einer Wärmedämmbeschichtung (ε_n = 0,03) auf Position 3 als Stand der Technik. Bei Dreifach-Isolierglas werden Glasdicken von 4 mm, zwei mit Argon gefüllte Zwischenräume von 16 mm und Wärmedämmbeschichtungen (ε_n = 0,03) auf den Positionen 2 und 5 empfohlen. Damit lassen sich U_g-Werte von 0,7 W/m²K erreichen. Im Vergleich zu Metallen, die nur etwa 2–10% der aufgenommenen Energie wieder abstrahlen, hat Glas als mineralischer Werkstoff ein hohes Emissionsvermögen ε von 0,85. Das heißt mehr als 80% der Wärme wird über die Glasoberfläche abgegeben. Um die Transparenz von Glas mit den Emissionseigenschaften von Edelmetallen zu verbinden, werden dünne Metallschichten auf das Glas aufgebracht. Somit bleibt die Durchlässigkeit für das Sonnenlicht gewahrt und zugleich wird das Emissionsvermögen der Glasoberfläche deutlich verringert. Optimal sind hauchdünne Silberschichten in einer Dicke von etwa 1/100 000 mm, das entspricht 10 nm. Die Anforderungen an beschichtetes Glas sind in der Produktnorm EN 1096 definiert.

Wärmedämm- und Sonnenschutzschichten

Wärmedämmschichten haben die Aufgabe, im Winter den Wärmeverlust gering zu halten und gleichzeitig passive Energiegewinne zuzulassen. Sonnenschutzschichten sollen hingegen einen möglichst hohen Anteil der auftreffenden Sonnenenergie vom Raum abhalten. Mit absorbierenden und/oder reflektierenden Komponenten werden die gewünschten strahlungsphysikalischen und optischen Eigenschaften erreicht. Zur Herstellung dieser Funktionsschichten werden verschiedene Beschichtungsmaterialien auf das Glas aufgebracht. Haft-, Funktions-, Schutz- und Deckschicht bilden ein komplexes System (Abb. 5). Die optischen Eigenschaften werden durch Nutzung des Interferenzprinzips, das aus der Entspiegelung von Kameraobjektiven bekannt ist, realisiert.

Beschichtungstechnik

Bei der Inline-Technologie erfolgt das Beschichten mittels Sputterverfahren kontinuierlich unter Vakuum im horizontalen Durchlaufverfahren. Der Druck in der Sputterkammer wird auf etwa 1 Millionstel bar (ca. 10^{-3} mbar) gesenkt. Durch ein Kammersystem wird das Glas von der Einlaufschleuse über die Transferkammer in den eigentlichen Beschichtungsbereich, die Sputterkammer, eingeschleust (Abb. 2). Erst dort wird beschichtet. Um gleichmäßige Schichten zu erhalten, wird das Glas mit konstanter Geschwindigkeit unter den Beschichtungswerkzeugen entlanggeführt (Abb. 4).

Beschichtungsvorgang

Wenn in die Sputterkammer im Vakuum Atome des Schwergases Argon eingelassen werden und mit vorhandenen Elektronen zusammenstoßen, bildet sich Plasma, schwere, positiv geladene Argon-Ionen. Durch Anlegen einer hohen Spannung (500 V) zwischen Kathode und Anode zündet dieses Plasma, was an seiner typischen farbigen Leuchterscheinung, ähnlich der in Leuchtstoffröhren, erkennbar wird. Das durch die hohe Spannung erzeugte starke elektrische Feld beschleunigt die schweren, positiv geladenen Argon-Ionen zur Kathode hin. Auf der Kathode ist ein sogenanntes Target montiert, das aus einem Beschichtungsmaterial (z. B. Silber) besteht. Die mit hoher Energie auftreffenden Argon-Ionen schlagen aus dem Target Material heraus, das sich wiederum als dünne Schicht auf dem Glas absetzt. Zur Herstellung chemischer Verbindungen der abgestäubten Target-Materialien wird in die Kammer zusätzlich Sauerstoff als Reaktivgas eingelassen.

Wichtige bauphysikalische Kennwerte
U-Wert nach EN 673

Der Wärmedurchgangskoeffizient U gibt die Wärmemenge an, die pro Zeiteinheit durch 1 m² eines Bauteils bei einem Temperaturunterschied der angrenzenden Raum- und Außenluft von 1 Kelvin hindurchgeht. Je niedriger der U-Wert, desto besser ist die Wärmedämmung. Die Maßeinheit ist W/m²K. Die

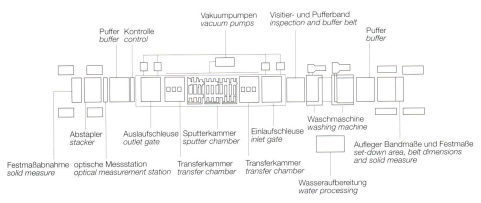

2

3

U-Wert-Ermittlung erfolgt durch Berechnung nach EN 673 oder aber durch Messung nach EN 674. Bei gleichen Randbedingungen liefern Berechnung und Messung vergleichbare U-Werte. Für Fenster wird der U-Wert (U_w) nach DIN EN ISO 10077 berechnet. Diese Formel beinhaltet die Fläche der Verglasung (A_g), den U-Wert der Verglasung (U_g), die Fläche des Rahmens (A_f), den U-Wert des Rahmens (U_f), den Umfang der Verglasung (l_g) und den linearen Wärmedurchgangskoeffizienten (ψ) der Verglasung, der die Wärmebrücke zwischen Glas und Rahmen berücksichtigt.

$$U_w = \frac{A_g \times U_g + A_f \times U_f + l_g \times \psi}{A_f + A_g}$$

Emissionsvermögen ε nach EN 673
Unter dem Emissionsvermögen ε ist das Abstrahlverhalten eines Körpers zu verstehen. Hinsichtlich der Wärmedämmung von Isolierglas bedeutet das: Je niedriger das Emissionsvermögen desto besser der U-Wert. Für die Berechnung des U-Werts von Glas wird unter anderem der ε-Wert benötigt. Die Ermittlung des Emissionsvermögens erfolgt durch Messung der Reflexion einer Bauteiloberfläche. Hierbei wird unterstellt, dass der Einfallswinkel nahezu senkrecht zur betrachteten Oberfläche liegt und die Messung bei verschiedenen Wellenlängen stattfindet. Der so ermittelte Reflexionswert R wird mit folgender Formel in den Emissionswert umgerechnet:

$$\varepsilon = 1 - R$$

Da es messtechnisch unmöglich ist, mit einem Einfallswinkel von 0° zu messen, wird im Allgemeinen bei einem mittleren Einfallswinkel von ≤ 10° gemessen. Es gibt ein normales Emissionsvermögen ε_n nach EN 673 und ein deklariertes Emissionsvermögen ε_d nach EN 1096.

g-Wert nach EN 410
Der g-Wert bezeichnet den Gesamtenergiedurchlassgrad von Verglasungen für Sonnenstrahlung im Wellenlängenbereich von 300 bis 2500 nm (sichtbare und infrarote Strahlung). Die Größe ist für klimatechnische Berechnungen von Bedeutung und wird in Prozent ausgedrückt. Der g-Wert setzt sich zusammen aus direkter Sonnenenergietransmission τ_e und sekundärer Wärmeabgabe nach innen q_i infolge langwelliger Strahlung und Konvektion (Abb. 1). Der Bemessungswert g für den Gesamtenergiedurchlassgrad wird unter anderem nach der europäischen Norm EN 410 bestimmt.

$$g = \tau_e + q_i$$

Farbwiedergabe-Index R_a nach EN 410
Die Farbwiedergabe ist für das physiologische Empfinden und für die psychologischen und ästhetischen Momente von großer Wichtigkeit. Das Farbklima im Raum wird durch die spektrale Zusammensetzung des einfallenden Tageslichts beeinflusst. Demzufolge beschreibt der $R_{a,D}$-Wert die Farberkennung bei Tageslicht im Raum und bei Durchsicht. In vergleichbarer Weise kennzeichnet der $R_{a,R}$-Wert die Farbwiedergabe des Glases auf der Ansichtsseite. Die Farbwiedergabeeigenschaften einer Verglasung werden durch den allgemeinen Farbwiedergabe-Index R_a nach EN 410 ermittelt. Die Skala für R_a reicht bis zu einem Wert von 100. Der optimal mit einer Verglasung erreichbare R_a-Wert ist 99. Als Bezugslichtart wird die Normlichtart D 65 zugrunde gelegt. Ein Wert > 90 kennzeichnet eine sehr gute Farbwiedergabe. Demnach werden Beschichtungen mit Werten > 90 als neutrale Beschichtungen im Sinne der Farbwiedergabe, vor allem in Durchsicht, bezeichnet.

Lichtdurchlässigkeit τ_V nach EN 410
Die Lichtdurchlässigkeit τ_V drückt den direkt durchgelassenen, sichtbaren Strahlungsanteil im Bereich der Wellenlänge von 380 bis 780 nm bezogen auf die Hellempfindlichkeit des menschlichen Auges aus. Die Lichtdurchlässigkeit wird in Prozent angegeben und unter anderem von der Dicke des Glases beeinflusst. Bedingt durch den unterschiedlichen Eisenoxidgehalt des Glases sind geringfügige Schwankungen möglich. Die Bezugsgröße 100% entspricht einer unverglasten Maueröffnung. Die Lichtdurchlässigkeit spielt vor allem bei Sonnenschutzverglasung eine Rolle, da hier trotz der Reduzierung des g-Werts noch eine möglichst hohe Lichtdurchlässigkeit erhalten bleiben sollte.

Selektivitätskennzahl S
Mit der Selektivitätskennzahl S wird das Verhältnis Lichtdurchlässigkeit τ_V zu Gesamtenergiedurchlassgrad g gekennzeichnet. Eine hohe Selektivitätskennzahl drückt ein günstiges Verhältnis aus. S = 1,8 kennzeichnet für neutrale Verglasungsprodukte die Grenze des physikalisch Machbaren wie z. B. beim Glastyp ipasol neutral 50/27 des Glasveredlers Interpane: S = 50/27 = 1,85.

$$S = \tau_V / g$$

Beschattungskoeffizient b-Faktor (Shading Coefficient-SC) VDI 2078)
Der b-Faktor ist ein Verhältniswert zwischen dem g-Wert der jeweiligen Verglasung und einer unbeschichteten Isolierglasscheibe. Bei dieser wird ein g-Wert von 80% als Konstante angesetzt. Der »mittlere Durchlassfaktor b« ist ein Maß für die Sonnenschutzwirkung einer Verglasung und die entscheidende Größe zur Berechnung der Kühllast. Je niedriger der Beschattungskoeffizient, desto besser ist die Beschattung.

$$SC = \frac{g\text{-Wert}}{0{,}80}$$

International wird sehr häufig der Shading Coefficient im Verhältnis zu einer Einfachglasscheibe verwendet (z. B. nach ASHRAE, USA). Bezogen auf 3 mm Einfachglas gilt:

$$SC = \frac{g\text{-Wert}}{0{,}87}$$

Absorption von Energie
Neben der Transmission und Reflexion ist die Absorption die dritte bestimmende Größe beim Strahlungsdurchgang durch Glas.

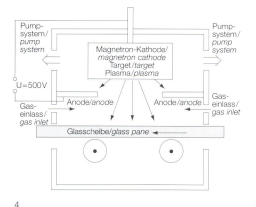

4

5

2	schematische Darstellung kontinuierlich arbeitender Beschichtungstechnik mit Hochleistungs-Kathodenzerstäubung (Inline-Verfahren)
3,6	Doppelfassade mit ipachrome-design-Beschichtung, John Lewis Department Store, Leicester 2008, Architekten: Foreign Office Architects
4	Schemaschnitt Kathodenkammer zur Aufbringung dünner Schichten mit dem Magnetron-Sputterverfahren
5	Schichtaufbau von Warmglas

2	*Schematic representation of a continuous coating process with high-performance cathode deposition (inline process)*
3,6	*Double-layered facade with ipachrome design coating, John Lewis Department Store, Leicester 2008, Architects: Foreign Office Architects*
4	*Schematic section through a cathode chamber for applying thin films using the magnetron sputter process*
5	*Layers in warm glass*

Dabei gilt, dass Strahlung, Transmission und Absorption gemeinsam 100 % ergeben. Durch die Absorption wird die Strahlungsenergie in Wärmeenergie umgewandelt. Dies führt zu einer Temperaturerhöhung der absorbierenden Glasscheibe und es besteht die Gefahr von Glasbruch. Für normale Einbausituationen wird bei Horizontalverglasungen ab einer Absorption von 50 %, bei Vertikalverglasungen ab etwa 55 % empfohlen, vorgespannte Gläser (TVG oder ESG) zu verwenden.

Wärmetechnische Wirkungsweise von Isolierglas mit Low-E-Beschichtung
Der Wärmefluss durch Isolierglas wird durch folgende Anteile bestimmt:
- Strahlungsaustausch zwischen den Scheiben infolge des Emissionsvermögens der Scheibenoberfläche für Wärmestrahlung
- Wärmeleitung des Gases im SZR
- Konvektion des Gases im SZR

Bei konventionellem, unbeschichtetem Zweifach-Isolierglas mit einem U_g-Wert von durchschnittlich 3,0 W/m²K entfallen wegen des hohen Emissionsvermögens der Glasoberfläche etwa zwei Drittel des Wärmeflusses auf die Wärmestrahlung zwischen den Scheiben und nur ein Drittel auf die Wärmeleitung und Konvektion der Luft im Scheibenzwischenraum (SZR). Eine Wärmefunktionsschicht senkt z. B. beim Glastyp iplus E das Emissionsvermögen von $\varepsilon_d = 0{,}89$ auf $\varepsilon_d = 0{,}03$. Damit wird der Strahlungsaustausch fast vollständig unterdrückt. Unverändert bleibt der Wärmefluss infolge Wärmeleitung und Konvektion des Gases im SZR. Mit einer Silberbeschichtung als Wärmefunktionsschicht kann der U_g-Wert des Zweifach-Isolierglases von ca. 3,0 auf 1,4 W/m²K reduziert werden. Wird die Luft im SZR durch ein Edelgas wie Argon ersetzt, das über eine geringere Wärmeleitfähigkeit verfügt als Luft, sinkt der U_g-Wert zusätzlich um 0,3 W/m²K auf 1,1 W/m²K. Mit unterschiedlichen Füllgasen ergeben sich unterschiedliche U_g-Werte. Mit den steigenden Anforderungen an die Energieeinsparung nach EnEV (2009/2012) wird Dreifach-Wärmedämmglas mehr oder weniger zur Standardverglasung. Den Zusammenhang von Gasfüllart und Breite des SZR zeigt Abb. 9. Somit lassen sich U_g-Werte von 0,5 W/m²K realisieren.

Der U-Wert von Fassaden und Fenstern kann zusätzlich durch die Verwendung thermisch verbesserter Abstandhalterprofile im Randverbund des Isolierglases, einer sogenannten Warmen Kante, verbessert werden (Abb. 10). Die Definition einer solchen »Warmen Kante« wird in DIN EN ISO 10077-1:2006 (D) Anhang E beschrieben.

Entspiegelungsschichten
In der Solarthermie kommt es darauf an, die eingestrahlte Energie der Sonne über den gesamten Spektralbereich maximal zu nutzen. Nahezu alle Solarkollektoren und PV-Module sind durch Glasscheiben abgedeckt, an deren Oberfläche ein Teil der einfallenden Sonnenenergie reflektiert wird. Ein weiterer Teil wird im Glas absorbiert und als Wärmestrahlung nach außen und innen wieder abgegeben. Dies bedeutet eine Minderung der am Absorberblech des Kollektors zur Verfügung stehenden Energie. Charakteristische Merkmale von Glasabdeckungen für Solaranwendungen sind daher die größtmögliche Energietransmission (τ_e) und Langzeitstabilität. Aufgrund der hohen thermischen und mechanischen Belastungen wird Kollektor-

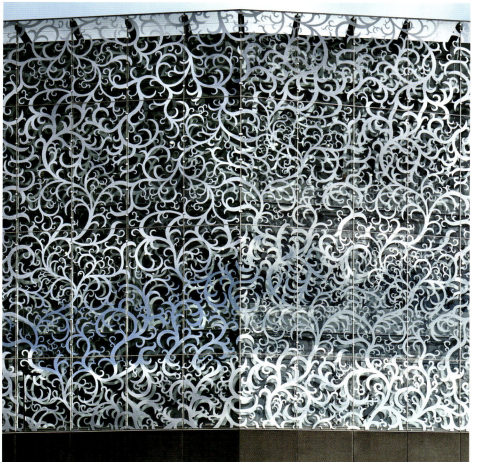

6

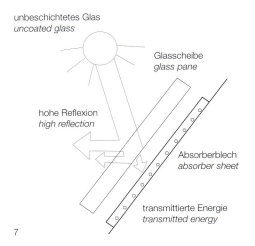
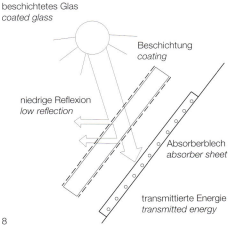

7, 8 Wirkungsprinzip von hochtransmittivem Abdeckglas für Sonnenkollektoren
9 U_g-Wert der Verglasung in Abhängigkeit der Gasbefüllung und der Breite des Scheibenzwischenraums bei einem Dreifach-Wärmedämmglas mit Low-E-Beschichtungen e = 0,03 auf Position 2 und 5
10 U_w-Wert des gesamten Fensters für Abstandhalter aus Aluminium, Kunststoff und Edelstahl in Abhängigkeit von der Fensterfläche

7, 8 Principle behind high-transmission cover glass in solar collectors
9 U_g value of glazing in relation to type of gas filling and width of cavity with triple insulating glass with a low-E coating of e = 0.03 at positions 2 and 5
10 U_w value of the whole window for spacers of aluminium, plastic and stainless steel in relation to window area

abdeckglas als ESG ausgeführt. Herkömmliche Abdeckgläser bestehen aus absorptionsarmem Weißglas, entweder mit glatter oder strukturierter Oberfläche. Versieht man Weißglas mit einer Entspiegelungsbeschichtung, wird die Energietransmission durch die Glasoberflächen und somit die »Solarernte« erhöht. Unbeschichtete Floatgläser haben eine Gesamtreflexion von ca. 8 % (Abb. 7). Durch die beidseitige Beschichtung wird die Lichtreflexion auf etwa 2 % reduziert (Abb. 8). Ein weiterer Vorteil liegt in der geringen Winkelabhängigkeit der Beschichtung. Dadurch wird die Transmission besonders in den Morgen- und Abendstunden sowie in den Wintermonaten deutlich gesteigert.

VSG mit hochwertigem Sonnenschutz
In Europa dürfen nur Bauprodukte in Verkehr gebracht werden, deren Verwendbarkeit gemäß der Bauproduktenrichtlinie, seit Juli 2013 der EN-Bauproduktenverordnung, nachgewiesen ist. Dies ist in Deutschland dann gegeben, wenn ein Produkt den in der Bauregelliste (BRL) bekannt gemachten technischen Regeln entspricht oder nur unwesentlich von diesen abweicht. Entspricht es diesen nicht, sind weitergehende Verwendbarkeitsnachweise vorzulegen, um das Produkt in Verkehr bringen zu dürfen. Das können eine allgemeine bauaufsichtliche Zulassung (abZ), ein allgemeines bauaufsichtliches Prüfzeugnis (abP) oder eine Zustimmung im Einzelfall (ZiE) sein.
Bei der Herstellung der Bauprodukte Verbund- und Verbundsicherheitsglas, mit PVB-Folien oder anderen Zwischenlagen, z. B. für die Verwendung nach den »Technischen Regeln für die Verwendung von linienförmig gelagerten Verglasungen« (TRLV) und den »Technischen Regeln für die Verwendung von absturzsichernden Verglasungen« (TRAV) sowie der DIN V 11535-1 sind die Vorgaben der BRL zu beachten. Bei wesentlicher Abweichung ist eine abZ oder objektbezogen eine ZiE erforderlich. Eine wesentliche Abweichung ist beispielsweise die Aufbringung von Glasbeschichtungen zur Folie hin, wie das bei ipasol bright der Fall ist. Grund hierfür ist ein unterschiedlicher Haftungsaufbau der Folie zum Substrat bzw. Glas selbst. Durch die Zulassung Z-70.4-138 vom Deutschen Institut für Bautechnik (DIBt) kann die zeit- und kostenaufwendige bauaufsichtliche ZiE entfallen. Diese Art von Sonnenschutzgläsern sind als VSG somit auch monolithisch einsetzbar, z. B. in Vorhangfassaden, Vordachsystemen oder in Doppelhautfassaden. Da sie auch mit in der Masse eingefärbten Gläsern kombiniert werden können, ergeben sich neue gestalterische Möglichkeiten.

Glasdesign mit neuen Beschichtungen
Chromhaltige Mehrfachschichtsysteme mit einem Transmissionsgrad von nur etwa 4 % sind so hoch reflektierend wie ein konventioneller Silberspiegel, aber wesentlich belastbarer und daher für die unterschiedlichsten Anwendungen geeignet (Abb. 3, 6). Es lässt sich zu ESG vorspannen und zu VG bzw. VSG verarbeiten, kann mit Wärme- oder Sonnenschutzbeschichtungen kombiniert und zu Isolierglas weiterverarbeitet werden.

Ausblick
Die Entwicklungen rund um den Werkstoff Glas enden nicht bei Funktionen wie Wärmedämmung und Sonnenschutz, sondern verbessern und verändern auch dessen Festigkeit und Oberflächen. Die zunehmende Komplexität erfordert eine frühzeitige individuelle Abstimmung von Anforderungen und Lösungsmöglichkeiten zwischen Architekten, Planern, Bauherren und Beratern des Glasveredlers.   DETAIL 07–08/2009

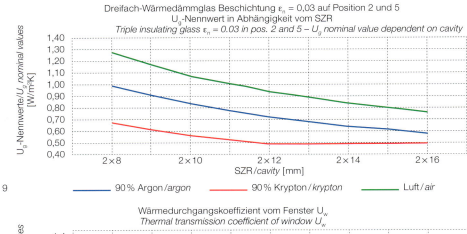
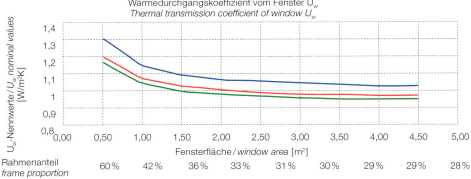

bauphysikalischer Kennwert / *building physics parameter*	Kurzbezeichnung / *designation*	Einheit / *unit*	Norm / *standard*
Wärmedurchgangskoeffizient / *thermal transmission coefficient*	U_g-Wert / U_g *value*	W/m²K	EN 673
normales Emissionsvermögen / *normal emissivity*	ε_n	-	EN 673
Gesamtenergiedurchlassgrad / *total solar energy transmittance*	g-Wert / *g value*	%	EN 410
direkte Energietransmission / *direct energy transmission*	τ_e	%	-
sek. Wärmeabgabe nach innen / *secondary heat emission to inside*	q_i	%	EN 410
Farbwiedergabe-Index / *colour rendering index*	R_a	-	EN 410
Lichtdurchlässigkeit / *light transmission*	τ_v	%	EN 410
Selektivitätskennzahl / *selectivity ratio*	S	-	-
Beschattungskoeffizient / *shading coefficient*	b-Faktor / SC	-	VDI 2078

Michael Elstner leitet das Interpane Beratungscenter (IBC) in Plattling und ist Mitglied mehrerer Arbeitsgruppen, die sich mit dem Thema Glas beschäftigen. ibc@interpane.com

Michael Elstner heads the Interpane's advisory centre (Interpane Beratungscenter – IBC) in Plattling, and is a member of several working groups concerned with the subject of glass. ibc@interpane.com

11 bauphysikalische Kennwerte von Verglasungen. Um die Werte für Glasaufbauten mit Interpane-Beschichtungen zu berechnen, steht in der Service-Rubrik von www.interpane.com unter »HClient« ein kostenloses Tool zur Verfügung.

11 *Building physics parameters of glazing. A free tool ("Hclient") is available in the "Service" section at www.interpane.com to calculate the values for glazing constructions with Interpane coatings.*

The single glazing that was standard up until the mid 1970s was characterised by high heat loss (U_g = 5.0 W/m²K). Increased use of double glazing brought improved U_g values of an average of 3.0 W/m²K. Further reductions in heat loss followed with the application of modern thin-film coatings. Today double glazing with a U_g value of 1.1 W/m²K with glass thicknesses of 4 mm and a 16-mm argon-filled cavity is regarded as the state of the art. Triple glazing brings the U_g value down to 0.7 W/m²K, with 4 mm-thick glass and two 16-mm argon-filled cavities. In contrast to metals which re-radiate only around 2 to 10 % of the energy they absorb, glass has a high emissivity of ε = 0.85, i.e. over 80 % of the heat is radiated via the surface of the glass. Applying a thin film of metal to the glass significantly reduces emissivity while retaining transparency and permeability to light. The optimum is an ultra-thin film of silver, around 1/100,000 mm thick, or 10 nm. EN 1096 sets out the requirements for coated glass. Insulating coatings keep heat losses low in winter, but still allow for utilisation of passive energy. Solar coatings reflect as much of the solar energy as possible. The desired properties are achieved by combining absorbing and reflecting components in a complex system of layers – adhesive, functional, protective and covering (ill. 5).

Glass is coated in an in-line sputtering system (ill. 2, 4). Here argon atoms are fed into a vacuum, where they collide with electrons to form a plasma, or heavy, positively charged argon ions. A high voltage passed between cathode and anode then accelerates these ions towards the cathode, where the "target", i.e. coating material (e.g. silver), is mounted. The ions hit the target at high speed, causing material to become detached which is then deposited as a thin layer on the glass.

The flow of heat through insulating glass is determined by the following factors: radiation exchange between the panes as a result of the emissivity of the surface of the glass; thermal conductivity of the gas in the cavity; convection of the gas in the cavity; and the thermal conductivity of the edge seal. In conventional, uncoated double glazing with a U_g value averaging 3.0 W/m²K, about two-thirds of the heat flow is accounted for by heat radiation between the panes, induced by the emissivity of the glass surface, and only one third by thermal conduction and air convection in the cavity. In the case of iplus E, from Interpane, a thermally insulating layer reduces emissivity from ε_d = 0.89 to ε_d = 0.03, virtually suppressing all radiation exchange. Heat flow remains unchanged, because of the conductivity and convection of the gas in the cavity. When using silver as a thermally insulating coating, such as in the example of iplus E, the U_g value of double glazing can be reduced from around 3.0 to 1.4 W/m²K. If the air in the cavity is replaced with an inert gas like argon, which has lower thermal conductivity than air, the U_g value is reduced further to 1.1 W/m²K. Different gases produce different U_g values. The relationship between type of gas and width of cavity is shown in ill. 9. This way, a U_g value of 0.5 W/m²K is achievable. The U_g value of facades and windows can be additionally improved by using thermally efficient spacers for the edge seal around the insulating glass (ill. 10).

Almost all solar collectors are covered with glass, from the surface of which a part of the solar energy is reflected. Another part is absorbed in the glass and re-radiated as thermal radiation outwards and inwards, thereby reducing the energy available at the absorber sheet in the collector. Typical features of glass covers for solar applications are therefore maximum energy transmission (τ_e) and long-term stability. Because of the high thermal and mechanical stresses toughened glass is used for the cover glass on collectors. Conventional cover glass is made up of low-absorption flint glass with either a smooth or a structured finish. Flint glass with a light-reflecting coating has increased transmission because radiation is reflected from the surface of the glass. Uncoated float glass has an overall reflection of around 8 % (ill. 7). By coating both sides with iplus HT, for example, light reflection is reduced to around 2 % (ill. 8). This anti-reflection surface increases energy transmission and therefore the solar "harvest". Another advantage is that effectivity is less dependent on the incident angle of radiation, which brings improved transmission in the mornings and evenings and in winter.

Building products marketed in Europe have to meet the functionality requirements of the Construction Products Directive. In Germany, functionality is proven if the product meets the technical requirements published in the Building Regulation List (Bauregelliste). Failing this, further evidence of suitability must be met before they can be marketed. For the use of laminated glass and laminated safety glass, with or without PVB foil, EN 14449 must also be observed. If product performance does not conform to the requirements, separate approval must be sought in accordance with Part A of the Building Regulation List. Glass coated on the side facing the foil would represent a significant deviation, because it affects adhesion to the substrate or glass. ipasol bright solar glass is one such case; this has now been granted approval and can therefore be used monolithically as laminated safety glass in curtain walls, canopies and in double-skin facades. New design possibilities are also opened up, because it can be combined with body-tinted glass. Chromium-based multi-layered systems, such as ipachrome design, with only around 4 % transmission, offer the same high-reflective properties as conventional silver mirror finishes, but they are significantly stronger and therefore suited for a wide range of applications (ill. 3, 6). Glass of this type can be made into toughened, laminated and laminated safety glass, combined with thermally insulating or solar coatings and made into insulating glass units.

New developments in glass do not stop at functions like thermal insulation and solar protection. Improvements are also being made to its strength and surface finish. With the increasing complexity involved with glass, it is important for architects, planners, clients and glass consultants to work together from an early stage to reach a solution that meets all the requirements.

Verformen von Gläsern im Bauwesen

Glass-shaping Techniques in Building Construction

Tina Wolf, Philipp Molter

Wie kaum ein anderer Baustoff symbolisiert Glas die moderne Architektur. Auf der Suche nach Transparenz, Leichtigkeit und Licht lassen sich Architekten und Ingenieure von der spannungsreichen Vielfalt des Materials in den Bann ziehen. Durch die Möglichkeit, Gläser zu verformen, eröffnen sich neue gestalterische Spielräume – sei es in der Fassade, in Dachkonstruktionen oder im Innenausbau.

Beim Biegen von Gläsern unterscheidet man zwischen Warmverformen und Kaltverformen. Das Warmverformen, bei dem Gläser unter großer Hitze gebogen werden, war lange Zeit die gängige Methode. Das Kaltverformen dagegen wurde erst in den letzten Jahren entwickelt und umfasst zwei verschiedene Techniken: Beim Montagebiegeverfahren (auch Kalt-in-situ-Verformen) wird das Glas direkt auf der Baustelle gebogen, beim Laminatverformen in einem Vorfertigungsprozess.

Die verschiedenen Verformungsverfahren erlauben unterschiedliche Biegeradien und Abmessungen und unterscheiden sich hinsichtlich der statischen Eigenschaften wie auch der Oberflächenqualität des Produkts. Grundsätzlich lässt sich sagen, dass zweiseitig gekrümmte, sphärische und frei geformte Geometrien sowie Krümmungen mit kleinen Radien ein Warmverformen erfordern. Allerdings gibt es beim Kaltverformen bereits erste Projekte mit zweiseitig gekrümmten Gläsern, und es ist zu erwarten, dass sich die Techniken des Montagebiegeverfahrens und des Laminatverformens in dieser Hinsicht noch weiterentwickeln.

In der Regel steht der Verformungsprozess am Ende der Prozesskette. Je nach Verformungsverfahren, Veredelung (z. B. Beschichten, Sandstrahlen) und gewünschtem Endprodukt (z. B. VSG oder Isolierglas) können die einzelnen Prozesse in unterschiedlicher Reihenfolge und zum Teil auch in einem Vorgang parallel ausgeführt werden.

Warmverformen

Beim Warmverformen wird eine plane Floatglasscheibe über einen Stahlrahmen oder eine Schalenform gelegt (Abb. 12), die den gewünschten Biegeradien entspricht, und in einem konstanten Erwärmungsprozess auf ca. 600–650 °C erhitzt. Bei dieser Temperatur verändert sich das Gefüge des Glases in einen viskos-plastischen Zustand, verliert jegliche Sprödigkeit und lässt sich verformen. Schwach gekrümmte Gläser mit Radien von 2000 mm und größer werden im Schwerkraftbiegeverfahren hergestellt: Durch ihr Eigengewicht legt sich die Glasscheibe in die gewünschte konvexe oder konkave Form. Bei zylindrischen und einfach gekrümmten Gläsern ist auch eine fortlaufende Produktion möglich: Statt über einer Urform wird die Scheibe über einem mit Rollen ausgestatteten Band erhitzt und während der kontinuierlichen Beförderung mittels Gravitation gebogen.

Um kleinere Biegeradien als 2000 mm zu erhalten, muss das Glas mechanisch in die Form gezwängt werden. Dabei können leichte Abdrücke der Biegewerkzeuge in der Oberfläche bestehen bleiben, die bei Reflexion des Lichts sichtbar werden. Die kleinstmöglichen Biegeradien hängen maßgeblich von der Scheibendicke ab. Sie variieren zwischen 100 mm für Gläser mit 4–6 mm Stärke und 300 mm für Gläser mit 10 mm Stärke (Abb. 2).

Beim Abkühlen im Warmverformungsprozess kann die Glasscheibe gleichzeitig thermisch vorgespannt werden, wobei stark gekrümmte Gläser in der Regel hängend vorgespannt werden müssen. Der Mindestbiegeradius bei der Kombination aus Verformen und Vorspannen beträgt 3000 mm. Neben einfachen zylindrischen Geometrien können auch sphärische, konische oder parabolische Verformungen hergestellt werden. Die dafür benötigten Urformen sind zumeist Schalen aus Halbzeugen; beispielsweise werden einfach gekrümmte, aufgeschnittene Stahlrohre zu komplexeren, zweifach gekrümmten Schalen weiterverarbeitet, um Scheiben mit variierenden Radien und komplexeren Geometrien herzustellen. Abgesehen davon, dass die Größe der Gläser bei diesem Verfahren begrenzt ist, liegt hierin ein hoher handwerklicher Arbeitsaufwand, da solche Schalen in der Regel manuell hergestellt werden. Alternativ besteht die Möglichkeit, doppelt gekrümmte Gläser bis zu einer Stärke von 8 mm auf einem Luftkissen zu verformen. Auf diese Weise sind Krümmungen bis zu einem Radius von 450 mm oder einer Stichhöhe von 200 mm möglich.

Grundsätzlich werden die Scheiben beim Warmverformen jeweils einzeln gebogen und erst später zu Verbundsicherheitsglas (VSG) laminiert bzw. zu Isolierglas montiert (Abb. 13). Bislang können Floatgläser bis zu deren Maximalabmessungen von 3,21 × 6,00 m gebogen werden, aber auch Sonderanfertigungen bis zu 12,00 × 4,50 m sind produktionstechnisch möglich. Die Schwierigkeit liegt eher im Transport und in der Handhabung von Gläsern dieser Größe.

Qualitätskontrolle

Nach dem Warmverformen wird abgeglichen, ob das fertige Glas den vorgegebenen Maßen entspricht. Je nach Projekt, Radius und Herstellungsverfahren variieren die Toleranzen für das Endprodukt. Diese machen den wesentlichen Unterschied bei den Kosten aus und werden individuell mit den Herstellern verhandelt. Üblich sind derzeit ± 3 mm für Scheibengrößen von ca. 1,25 × 3,00 m.

Einige Hersteller überprüfen die Geometrie digital mittels 3-D-Scannern und vergleichen die Daten mit dem Computermodell. Andere verwenden Schablonen, die aus Schnitten des computergenerierten Modells erstellt werden. So kann die gefertigte Form von Hand überprüft und mit der Zeichnung verglichen werden.

Oberflächenqualität

Je komplexer die Geometrie und je weiter sie sich von einer einsinnigen Krümmung, also einer Biegung mit kontinuierlichem Radius, entfernt, desto größer ist das Risiko, fehlerhafte Elemente zu produzieren, denn die Oberflächenstruktur erhält durch zu kleine Biegeradien Unebenheiten und Risse. Aus diesem Grund sollten Krümmungen in weichen Übergängen in plane Flächen übergehen und Knicke vermieden werden.

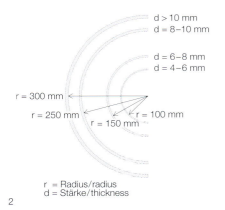
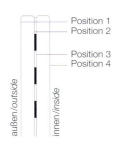

2
3

1 Hotel Renaissance, Paris 2009,
  Architekten: Atelier Christian de Portzamparc
2 kleinstmögliche Biegeradien in Abhängigkeit von der Glasdicke
3 Bezeichnung der Glasoberflächen bei Verbundglas
4 Standseilbahnstation, Innsbruck 2007,
  Architekten: Zaha Hadid Architects

1 Hotel Renaissance, Paris 2009,
  Architects: Atelier Christian de Portzamparc
2 Smallest possible bending radii for different glass thicknesses
3 Designation of glass surfaces for laminated glass
4 Cable railway stations, Innsbruck 2007,
  Architects: Zaha Hadid Architects

Vor allem bei doppelt gekrümmten Geometrien läuft man Gefahr, unpräzise Oberflächen an den Rändern oder den Auflageflächen der Urformen zu erhalten, da ein mechanisches Nachverformen (z. B. durch Gewichte) im Autoklaven schwer zu handhaben ist.
Aufgrund der kleinen Risse in der Oberfläche, die durch den Verformungsprozess entstehen, verringert sich auch die Festigkeit des Glases. Bei größeren Radien kann aber meist die Festigkeit einer planen Glasscheiben angenommen werden.

Standseilbahnstationen in Innsbruck
Ein prominentes Beispiel für warmverformte Gläser sind die organisch geformten Dächer der Standseilbahnstationen in Innsbruck (Abb. 4). Um eine gute Oberflächenqualität zu erhalten, wurde bei der Herstellung ein 8 mm starkes Glas als eine Art Zwischenschicht auf die Stahlform gelegt. Diese Scheibe kam ausschließlich bei der Herstellung zum Einsatz und war nicht Teil des Endprodukts. Darüber hinaus wurde nach dem Verformungsprozess eine 1,5 mm dicke Polyurethan-Beschichtung auf die Scheiben aufgebracht, die bei Glasbruch die Reststandsicherheit gewährleisten soll. Vor allem im Hinblick auf die Herstellungskosten erwies sich dies als günstige Alternative zu einer VSG-Variante, die einen höheren Planungsaufwand erfordert und auch ein höheres Gewicht zur Folge gehabt hätte.

Montagebiegeverfahren / Kalt-in-situ-Verformen
Bei diesem Verfahren werden flache Glasscheiben in eine gewollte Geometrie mittels äußeren Anpressdrucks gebracht. Da dies ohne Veränderungen von atmosphärischen Druck- und Temperaturverhältnissen geschieht, können die Gläser direkt auf der Baustelle verformt werden. Über Pressleisten wird das gekrümmte Glaspaket fixiert und mechanisch in der gewünschten Geometrie gehalten. Bislang können nur einfache Geometrieveränderungen mit Biegeradien über 10 000 mm generiert werden. Des Weiteren ist das Montagebiegeverfahren auf Biegungen mit konstantem Radius beschränkt. Bei dieser Technik werden überwiegend VSG-Scheiben verwendet.

Das Kaltverformen von Isolierverglasungen ist grundsätzlich möglich, jedoch besteht die Gefahr, dass Undichtigkeiten auftreten. Grundsätzlich birgt das Montagebiegeverfahren die Gefahr des Glasbruchs. Bis zur Bruchdehngrenze von ca. 0,1 % verhält sich Glas linear-elastisch, es wird also ein konstanter Elastizitätsmodul erreicht (je nach Literatur zwischen 50 und 90 kN/mm²). Beim Überschreiten dieses elastischen, reversiblen Bereichs brechen die atomaren Bindungen, die bei der Schmelze und dem schnellen Erstarren entstanden sind, abrupt auf und führen zum Glasbruch.
Außerdem hat das Kalt-in-situ-Verfahren Konsequenzen für das Erscheinungsbild der Fassade bzw. des Dachs: Um die Scheiben in der gewünschten Form zu halten, sind Pressleisten erforderlich, die zwangsläufig nach außen hin sichtbar sind. Durch das Zwängen in eine Form entstehen zusätzliche dauerhafte Spannungen in der Verglasung, die in die statischen Berechnungen miteinfließen müssen, aber so im Vergleich zu den meisten Warmverformungen kontrollierbar bleiben. Bei gezwängtem Glas liegt immer eine plane Scheibe zugrunde, wofür exakte Berechnungsgrundlagen festgelegt sind. Im Gegensatz zu warmverformten Gläsern, für die eine Normierung der Festigkeiten fehlt, werden in den »Technischen Regeln für die Verwendung von linienförmig gelagerten Verglasungen« (TRLV) maximale Verformungen für alle kaltverformten Gläser festgelegt: l/200 bei zwei- und dreiseitig gehaltenen Verglasungen (l/175 in internationalen Normen), l/100 bei vierseitig gehaltenen Gläsern. Dickere Scheiben erfordern einen größeren Radius; je dünner die Scheibe, desto mehr kann man ihr geometrisch zumuten. Näherungsweise beschreibt sich der Biegeradius für kaltverformte Gläser wie folgt:

$$r_{zul.} = E \cdot z / \sigma_{zul.}$$

$r_{zul.}$ = zulässiger Biegeradius [mm]
E = Elastizitätsmodul des Glases [N/mm²]
$*z$ = maximaler Schwerpunktabstand der gezogenen Faser [mm]
$\sigma_{zul.}$ = Spannung, die als permanente Spannung zugelassen ist [N/mm²]

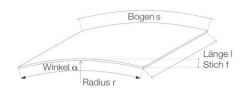

5

Abmessung measurement	Floatglas float glass	VSG aus Floatglas laminated safety glass	ESG toughened glass	MIG multiple-pane insulating glass
Länge/length l [mm]	2750/3750	3000	2400	2750/3750
Bogen/arc s [mm]	5850/4100	5000	4000	5850/4100
Stich/camber f [mm]	800	800	700	800
Radius/radius r [mm]	100	200	1000	200
Winkel/angle α [°]	180	150	90	150

6

Für den Planer ist zu beachten, dass jegliche Oberflächenveredelung wie Ätzen und Sandstrahlen und vor allem Emaillieren die Festigkeiten einschränkt, jedoch wird dies nicht explizit quantifiziert geregelt.
Da das Kalt-in-situ-Verformen erst seit einigen Jahren angewendet wird, finden sich bisher relativ wenige Beispiele, darunter der Jinso-Pavillon in Amsterdam und das Glasdach des Victoria and Albert-Museums in London (siehe S. 136ff.). Künftig wird die Technik aber vermutlich weiter an Bedeutung gewinnen, da der Aufwand im Vergleich zum Warmverformen meist geringer ist.

Laminatverformen
Für die Herstellung von laminatverformtem Glas werden mindestens zwei Floatglasscheiben und eine Kunststofffolie (in der Regel Polyvinylbutyral, PVB) auf einem Biegerahmen fixiert und bei einer Temperatur von 140 °C im elastischen Bereich des Glases in die gewünschte Geometrie gebracht (Abb. 14). Mit anschließendem Pressen bei einem Druck von etwa 14 bar und gleichbleibender Temperatur von 140 °C in einem Autoklaven wird ein steifer Verbund von Glas und Folie hergestellt, der in der präzise geschaffenen Geometrie erstarrt und anschließend zur Baustelle geliefert werden kann.
Derzeit wird beim Laminatverformen überwiegend mit einsinnigen Krümmungen und Zylindern gearbeitet; es wurden aber auch schon erste sphärische Verformungen mittels dieses Verfahrens gebogen, und in Zukunft wird vermutlich auch mit diskontinuierlichen Radien gearbeitet werden können. Ein wesentlicher Vorteil gegenüber dem Warmverformen ist, dass nicht die sogenannte Erweichungstemperatur von Glas von ca. 600 °C benötigt wird, sondern nur die Temperatur und vor allem die Druckverhältnisse, bei denen die Kunststofffolie die Gläser verbindet. Darüber hinaus werden durch die niedrigen Temperaturen optisch präzisere Glasoberflächen mit geringeren Reflexionswirkungen des Glases erzielt. Aufgrund der Verformung unterhalb der Erweichungstemperatur des Glases ist das Verfahren des Kaltverformens ein reversibler Prozess. Würde man die verbindende Folie lösen, so würde das Glas weitgehend in seine Ursprungsform zurückkehren.

SG-Folie
Die Steifigkeit des Pakets als VSG kann erheblich gesteigert werden, wenn man anstatt einer herkömmlichen PVB-Folie eine SG-Folie verwendet. Der Vorteil des aus der Automobilindustrie stammenden Produkts SentryGlas (SG) ist eine über hundertmal höhere Steifigkeit als beim üblicherweise in Verbundglas verwendeten PVB. Dadurch ermöglicht es die Fertigung dünnerer, größerer und zugleich leichterer Verbundglaselemente.
Normalerweise werden für die Berechnungen zum Tragverhalten von VSG mit herkömmlichen PVB-Folien die Scheiben einzeln als getrennte Scheiben ohne Verbund berechnet. Die SG-Folie dagegen garantiert den kraftschlüssigen Verbund von VSG, sodass die gesamte statische Höhe des Glasquerschnitts rechnerisch angesetzt werden kann (Abb. 11). Aus diesem Grund können mittels gebogener Gläser unter einer optimalen Geometrieanpassung sogar geringere statische Querschnitte erzielt werden als bei flach gelagerten Verbundsicherheitsgläsern.

Brücke 7
Ein Beispiel für die Verwendung von laminatverformten Glas mit SG-Folien ist die Ganzglasbrücke »Brücke 7« (Abb. 10). Diese besitzt eine Laufplatte aus acht 4 mm dünnen Floatglasscheiben, die durch 1,5 mm dünne SG-Folien miteinander verbunden sind. Die für dieses dünne Paket enorme Spannweite von 7 m lässt sich zum einen auf die Geometrie des Bogens (r = 16 m) zurückführen, zum anderen auf die hohe Steifigkeit durch den Verbund mit SG-Folien.
Die maximalen Abmessungen beim Laminatverfahren hängen vom Autoklaven ab. Für dieses Projekt wurden erstmals Dimensionen von 2 × 7 m hergestellt, was dem Stand der Technik von 2008 entspricht.

Hauptbahnhof in Straßburg
Das erste Projekt, bei dem die Technologie des Laminatverformens in großem Maßstab eingesetzt wurde, ist der Hauptbahnhof in Straßburg (Abb. 7). Im Zuge der Modernisierung erhielt das Bahnhofsgebäude von 1898 eine transparente Glashülle von 120 m Länge und 25 m Höhe, deren komplexe Geometrie aus einer Rotationsfigur abgeleitet ist. Den räumlichen Abschluss bilden gebogene Glaselemente aus rechteckigen Einzelscheiben mit den Maßen 4,50 × 1,50 m.

7

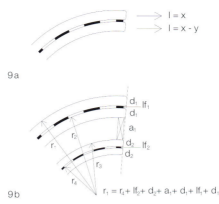

5 relevante geometrische Größen bei gebogenen Gläsern
6 maximale geometrische Grenzen beim Biegen von Glasscheiben
7 Hauptbahnhof, Straßburg 2007, Architekten: AREP
8 Verwaltungsgebäude der UEFA, Nyon 2010, Architekten: Bassi Carella Architectes
9 a Kantenausbildung bei VSG
   b Kantenausbildung bei Isolierglas

5 relevant geometric dimensions for curved glass
6 geometric limits for bending sheets of glass
7 Strasbourg Central Station 2007, Architects: AREP
8 UEFA administrative building, Nyon 2010, Architects: Bassi Carella Architectes
9 a laminated-safety-glass edges
   b insulating-glass edges

Die Geometrieabweichungen der rechteckigen Scheiben gegenüber der doppelt gekrümmten Gesamtform der Hülle wurden in den Toleranzen zwischen den Elementen aufgenommen. Da Straßburg in einer besonders gefährdeten Erdbebenzone liegt, mussten die Toleranzen entsprechend den Vorgaben relativ großzügig dimensioniert werden. Tragverhalten und Widerstandsfähigkeit des Glases wurden – neben den erforderlichen rechnerischen Nachweisen – an 1:1-Modellen untersucht.

Die Entscheidung für laminatverformte Gläser bei diesem Projekt hatte im Wesentlichen zwei Gründe: Zum einen lassen sich Gläser dieser Größe schlecht handhaben, was gegen die Technik des Kalt-in-situ-Verformens sprach. Zum anderen garantiert das Laminatverformen optisch präzisere, d. h. transparentere Oberflächen als beim Warmverformen.

Planung und Vernetzung der Prozesse

Die Vernetzung der einzelnen Prozesse der Herstellung spielt beim Verformen von Glas eine entscheidende Rolle. Zunächst sind die Geometrien der Kanten genau zu definieren. Durch die Biegung der flachen Scheiben werden die Ränder unterschiedlich verformt. Sind am fertigen Produkt die Kanten sichtbar, wie z. B. bei den Brüstungen der gewendelten Treppen in den Apple Stores, so ist darauf zu achten, dass die Schrägen, die durch die Verwindung der Treppengeometrie auftreten, bereits bei der Fertigung der flachen Scheibe vorbereitet werden. Der Kantenschliff steht in der Reihenfolge der Nachbearbeitung an erster Stelle, da sich durch ihn eine gleichmäßigere Verteilung der Vorspannung im Bereich der Kante einstellt. Eine präzise Ausarbeitung dieser Kanten ist vor allem deswegen wichtig, weil bei laminierten Scheiben die Krümmungsradien der einzelnen Scheiben jeweils um die Scheibendicke der anderen Scheiben plus der Verbundfolie differieren (Abb. 9a). Dieser Unterschied kann in der Produktion durch die zusätzliche Einlage eines Vlieses in der gleichen Dicke wie die des Glases, das in die Urform eingelegt wird, ausgeglichen werden. Größer wird dieser Unterschied bei Mehrfach-Isolierglasscheiben. Hier differieren die Krümmungsradien um die Dicke der später auflaminierten Scheibe und zusätzlich um den Scheibenzwischenraum (Abb. 9b).

Ähnlich verhält es sich mit Bohrungen. Diese müssen vor dem Laminieren der einzelnen Scheiben unter Berücksichtigung der Verschiebungen gesetzt werden. So wird erst beim letzten Laminieren des Pakets sichtbar, wie die Kanten und Bohrungen übereinanderliegen. Da die Geometrieverwindungen von den Krümmungen abhängen, ist die genaue Planung der Kantenausbildung und eventueller Bohrlöcher vor allem bei warmverformten Gläsern mit kleinen Radien wichtig.

Nahezu alle beschichteten Gläser können gebogen werden; bei einigen verringert sich dadurch jedoch die Festigkeit. Bei einer Emailschicht z. B. werden farbige keramische Schichten während der Herstellung von thermisch vorgespannten Gläsern in die Oberfläche eingebrannt. Dieser Vorgang setzt die Biegezugfestigkeit unabhängig von der Glasart um ca. 40 % herab, was bei einer späteren Kaltverformung zu erheblichen Beeinträchtigungen führen kann.

Darüber hinaus hat der Verformungsprozess Einfluss auf die Wahl der zu veredelnden Seite. Bei VSG z. B. wird die bedruckte Seite in der Regel zur PVB-Folie hin auf Position 2 angeordnet (Abb. 3), um sie vor Oxidation und anderen äußeren Einwirkungen zu schützen. Auch bei Isoliergläsern wird die Beschichtung oder Bedruckung normalerweise im Scheibenzwischenraum angeordnet, um eine Verschmutzung und andere Veränderungen der Oberfläche zu verhindern. Bei komplex gekrümmten Mehrscheiben-Isoliergläsern – wie z. B. beim Hotel Renaissance in Paris (Abb. 1) – kann es dagegen vorkommen, dass die Bedruckung auf die Außenseite auf Position 1 aufgebracht werden muss, da die Veredelung andernfalls während des Biegevorgangs beschädigt werden könnte.

Generell ist bei Konstruktionen wie in den genannten Beispielen aufgrund der fehlenden Normierung eine Zulassung im Einzelfall (ZiE) unumgänglich. Dabei wird zur Prüfung der Glasdicke und zur Erstellung einer prüffähigen Statik in der Regel die sogenannte Finite-Elemente-Methode angewendet. Diese erlaubt eine Näherung an die exakte Glasdicke und Steifigkeit des Glases und wird sowohl für kalt- als auch für warmverformtes Glas verwendet.

Ausblick

Der Fortschritt in den technischen Verfahren erlaubt bei der Herstellung von Glas immer präziser werdende Kantenausbildungen und Oberflächen bei immer größeren Abmessungen der Scheiben – dies bringt dem Planer immer größere Freiheiten. Bei dem UEFA-Verwaltungsgebäude in Nyon beispielsweise wurde eine geschosshohe, einfach gekrümmte Isolierverglasung mit drei Scheiben und einem U-Wert von 0,55 W/m²K eingebaut (Abb. 8).

Mithilfe der Vernetzung von CAD/CAM-Software und computergesteuerten Maschinen können die Abläufe in Zukunft zunehmend vereinfacht und beschleunigt werden, indem die digitalen Daten von individuellen Teilen oder Kleinserien direkt zur Materialisierung verwendet werden, z. B. für digital gefräste Schalenformen. Dabei wäre der direkte Einfluss auf die Produktion ein Vorteil für den Architekten.

Die Umstellung von der handwerklichen Herstellung zu vollautomatisierten File-to-Production-Prozessen und die Genauigkeit der technischen Verfahren sind die Grundlage dafür, dass komplexe Geometrien planerisch beherrschbarer und kostengünstiger werden. Dies wird langfristig zum vermehrten Einsatz von gebogenen Gläsern in der Architektur führen und somit einen maßgeblichen Einfluss auf die Vielfalt von Gebäudehüllen haben.

DETAIL 01–02/2011

Tina Wolf, Architektin, seit 2009 Professorin und Leiterin des Fachgebiets für Technologie und Design von Hüllkonstruktionen an der TU München.
Philipp Molter, Architekt, wissenschaftlicher Mitarbeiter am Fachgebiet für Technologie und Design von Hüllkonstruktionen an der TU München.

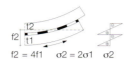

10 Ganzglasbrücke »Brücke 7«, Glasstec 2008, IBK Forschung + Entwicklung, Universität Stuttgart, in Zusammenarbeit mit dem Glashersteller seele
11 a VSG mit SG-Folie: voller Schubverband
   b VSG mit PVB-Folie: kein Schubverband

10 BRÜCKE 7, all-glass bridge, Glasstec 2008, IBK Research + Development, University of Stuttgart with glass manufacturer seele
11 a laminated safety glass with SG foil: withstands shear forces completely
   b laminated safety glass with PVB foil: does not withstand shear forces

Glass symbolises modern architecture like perhaps no other building material. In their quest for transparency and loftiness, architects and engineers are attracted to the fascinating variety it offers. The prospect of shaping glass opens up even more possibilities – whether for the facade, roof structure or fitting out the interiors.

In glass-shaping technology, one distinguishes between hot-bending and cold-bending. Hot-bending, in which glass is bent at high temperatures, was long the most common method. Cold-bending, on the other hand, was developed only recently and offers two different techniques: in shaping during assembly, the glass is shaped on the construction site; laminated bends are attained in a prefabrication process.

The various shaping processes make it possible to attain different bending radii and dimensions, and they differ with respect to structure and surface quality. Generally speaking, in order to attain double-curved, spherical and free-form geometry, as well as curves with small radii, processes utilising high temperatures are required.

As a rule, the shaping process is situated at the end of the process chain. Depending on the forming process, the desired finish (e.g. coating, sand-blasting, etc.) and intended final product (e.g. laminated safety glass or double glazing), the individual processes may be executed in a different order, and in some cases, simultaneously.

Hot-bending
For hot-bending technology, a flat sheet of float glass is placed upon a steel frame or a mould (ill. 12) that has the desired bending radius and is heated steadily to a temperature of 600–650 °C. At this temperature the glass changes to a visco-plastic state, loses its brittleness, and can be shaped. Slightly curved glass with a radius of 2000 mm or greater is fabricated by means of gravity sag bending: the glass sheet sags under its own weight, taking on the desired concave or convex form. For cylindrical glass and glass curved or bent along one axis, continual production is also feasible: instead of using a mother mould, the sheet of glass is heated on a belt equipped with wheels and bent through the force of gravity while being carried along on the belt.

In order to attain a bending radius below 2000 mm, the glass must be forced into the mould mechanically. In the process, the surface may be marred by minor indentations left by the bending tools, which become visible when light shines on them. The smallest possible bending radius is determined primarily by the pane's thickness. They range from 100 mm for a thickness of 4–6 mm to 300 mm for a thickness of 10 mm (ill. 2). The sheet of glass can be thermally pre-stressed while the glass cools, whereby the smallest allowable radius is 3000 mm. As a rule, when shaping and pre-stressing are combined, strongly curved glass must be suspended for pre-stressing.

In addition to simple cylindrical shapes, it is also possible to fabricate spherical, conical or parabolic shapes. The mother mould required for this process is usually a semi-finished shell; for example, in order to produce panes with varying radii and more complex geometry, cut-open steel hollow sections bent along one axis are further processed to attain highly complex, double-curved shells. Aside from the fact that the size of the sheets is limited in this process, a considerable amount of a craftsperson's time is required, because such shells are, as a rule, produced manually. One alternative is to shape double-curved glass up to a thickness of 8 mm on an air cushion. In this way, curvatures are possible with a radius of up to 450 mm or a camber height of 200 mm.

Generally speaking, in hot-bending processes the sheets are shaped and then laminated as laminated safety glass or assembled as insulating glazing (ill. 13). To date, float glass up to 3210 × 6000 mm can be bent, but custom fabrications up to 12 × 4.5 m are also feasible in terms of production technology. The difficulty arises in the transportation and handling of glass with such large dimensions.

Quality control
Following the heat-bending process, it must be determined whether the finished glass corresponds to the dimensions that were stipulated. The tolerances for the final product vary depending on the project, radius and manufacturing process. Tolerances play a major role in the costs and are negotiated individually with the manufacturers. Currently, a typical tolerance is plus/minus 3 mm for a sheet size of approx. 1250 mm × 3000 mm.

Some manufacturers verify the geometry digitally by means of 3D scanners and compare the data with the computer model. Others use templates that are generated from the sections of computer-generated models. This makes it possible to inspect the shape manually and compare it with the drawing.

Shaping during assembly / Cold-bending in situ
In this process flat panes of glass are brought to the desired shape by means of external contact pressure. Because this takes place without manipulating atmospheric pressure and temperature conditions, the glass can be shaped at the construction site. Pressure bars are employed to hold the curved glass unit in place in the desired shape. To date only simple changes in geometry with bending radii greater than 10 000 mm can be generated. Moreover, shaping during assembly is only an option for bends with a constant radius. Laminated safety glass is usually used with this technique. Shaping insulated glass units at low temperatures is possible in principle, but there is the risk that the seal is compromised. Shaping during assembly involves the risk that the glass will break. Up to its limit of elongation (approx. 0.1 %) the behaviour of glass is linear-elastic; in other words, a constant modulus of elasticity it attained (depending on the source, between 50 and 90 kN/mm^2). When this elastic zone is exceeded, the atomic bonds that were created by melting the glass and allowing it to quickly solidify suddenly break, resulting in material failure.

A further consequence of cold-bending in situ is related to the appearance of the facade or the roof: to keep the panes in the desired shape, pressure bars are required, and these will be visible from the exterior of the building. By forcing the glass into a mould, further per-

12 Urform für ein warmverformtes Glas
13 Montage von warmverformten Glasscheiben zu Isolierglas
14 Laminatverformen von Glasscheiben

12 Mother mould for hot-bent glass
13 Using hot-bent glass panes to make insulating glazing
14 Laminated bends of glass panes

manent stresses are created; these must be taken into account in the structural calculations. But, in comparison to most hot-bending techniques, they can be kept under control. This stressed glass always began as a flat sheet, for which there are precise guidelines for calculations. In contrast to hot-bent glass, for which there are no norms regulating strength, the Technical Rules for the Use of Glazing with Linear Supports (TRLV) stipulates the maximum deformation for all cold-bent glass: l/200 for glazing held on one or two sides (l/175 in international norms), l/100 for glazing held on four sides. Thicker sheets require a larger radius; the thinner the sheet, the more one can demand of it geometrically. The bending radius of cold-bent glass can be described as follows:

$$r_{all.} = E * z / \sigma_{all.}$$

$r_{all.}$ = allowable bending radius [mm]
E = modulus of elasticity of the glass [N/mm²]
$*z$ = maximum centroidal distance of tapered fibre [mm]
$\sigma_{all.}$ = stress which is allowed as permanent stress 1 [N/mm²]

Planners must take into account that every type of surface treatment – including etching and sand-blasting and, above all, enamelling – reduces the strength, yet this is not explicitly regulated.
Because the in-situ cold-bending technique has only been in use for a few years, there are relatively few examples: these include the Jinso Pavilion in Amsterdam and the glass roof at the Victoria & Albert Museum in London (see pp. 136–139). However, in future this technique will probably gain significance because it is usually less elaborate than hot-bending.

Laminated bends
In the fabrication of laminated bends, typically two panes of float glass and a plastic membrane (usually polyvinyl butyral, PVB) are attached to a bending frame and brought to a temperature of 140 °C in glass's elastic zone in the desired geometry (ill. 14). With a subsequent compress at a pressure of about 14 bar and at a constant 140 °C in an autoclave, a stiff laminate consisting of glass and membrane is brought about that hardens in the precise shape and can then be delivered to the construction site. At the moment laminated bends mostly work with single-axis curves and cylinders; however, first trials have been made with spherical shaping by utilising this process, and it is likely that in future firms will also be able to master curves with discontinuous radii. A major advantage over hot-bending is that the so-called softening point of glass at approx. 600 °C is not required, but rather the temperature and, above all, the pressure conditions at which the plastic membrane glues the panes together. Furthermore, through the use of low temperatures, the glass surfaces are more precise visually.
Because the bending occurs below the softening point of the glass, the cold-bending process is reversible. If the connecting membrane were to be removed, the glass would in large part return to its original shape.

Planning and interlinking the processes
In curved and bent glass, interlinking the individual manufacturing processes of all types of shaping plays a crucial role. Firstly, the geometry of the edges must be precisely defined. The act of bending flat panes deforms the edges in different ways. If the edges are visible in the finished product, as for example, in the balustrades of the spiral staircases in Apple Stores: in order to attain a smooth transition of the upper and lower edges, attention must be directed first of all to how the flat pane is manufactured.
Among the different techniques employed to finish the glass, edging must take place first, because it can bring about uniform distribution of the pre-stresses at the edges. Drill-holes behave similarly. These must be executed before the individual panes are laminated, taking into consideration the geometric shifts that will occur.
Nearly all types of coated glass can be curved; in some types the process reduces the material's strength. For example, to create enamel, colourful ceramic layers are stove-burned into the surface during the fabrication of the thermally pre-stressed glass. This process lowers the tensile bending strength by about 40 %, independent of the type of glass, and this can lead to major problems if cold-bending is attempted subsequently. Furthermore, the forming process has an influence on which side will be chosen for finishing. For laminated safety glass, for example, the imprinted side is mounted, as a rule, toward the PVB membrane in Position 2 to protect it from oxidation or other external influences (ill. 3). For insulated glazing the coating or imprint is normally situated in the space between the sheets to prevent soiling and other changes to the surface. When working with compound curves in multi-pane glazing units – as, for example, at the Hotel Wagram in Paris (ill. 1) – it can, in contrast, occur that the imprint must be applied to the outer side in Position 1, because the finish might otherwise be damaged during the curving process.
Generally speaking, because there are no norms for these structures, approval from the authorities is required on a case-by-case basis. In addition to an inspection of the glass thickness and the structural calculations, as a rule the so-called finite element method will be employed. This test makes it possible to approximate the precise thickness and stiffness of glass; it is used for glass which has been subject to either cold-bending or hot-bending techniques.

Outlook
The progress in the technological processes makes it possible to produce ever-more precise surfaces and edges, in ever-greater sizes. This gives the designer more freedom. By employing CAD/CAM software and automated production, in the future it will be possible to simplify and accelerate the processes, and the architect, in turn will gain more control over the overall process. Once the file-to-factory production is fully automated, curved glass will be employed much more often.

*Tina Wolf is an architect and professor. Since 2009 she has held the Chair of the Technology and Design of Shell Constructions Department at the University of Technology Munich.
Philipp Molter is an architect and research fellow at the Technology and Design of Shell Constructions Department at the University of Technology Munich.*

Ein Kristall im Hafen – Die Glasfassade der Elbphilharmonie

A Crystal in the Harbour – The Glass Facade of the Elbphilharmonie

Herzog & de Meuron
Ascan Mergenthaler, Stefan Goeddertz,
Ulrich Grenz, Kai Strehlke

Ascan Mergenthaler ist als Senior Partner verantwortlich für die Elbphilharmonie; Stefan Goeddertz (Associate) leitet – bis 2011 zusammen mit Ulrich Grenz (Projektarchitekt) – das Fassadenentwicklungsteam; Kai Strehlke steht der Digital Technology Group vor.

Ascan Mergenthaler is a Senior Partner in charge of the Elbphilharmonie; Stefan Goeddertz (associate) leads the facade development team (until 2011 with Ulrich Grenz, project architect); Kai Strehlke leads the digital technology group; all work with Herzog & de Meuron.

1 Computersimulation der Westansicht, 2006
2 Fassadenmontage, Nordost-Ansicht, 9.–12. OG, März 2010
3 Schnitt Maßstab 1:2000
4 Innenansicht der Fassade

1 Rendering, view from the west, 2006
2 Facade installation on levels 9 to 12, March 2010
3 Section scale 1:2000
4 Interior view, March 2010

Die Elbphilharmonie auf dem Kaispeicher inmitten der Hamburger HafenCity prägt einen Ort in der Stadt, der bisher zwar bekannt, aber nicht wirklich erlebbar war. In Zukunft soll dieser Ort für die Hamburger und Besucher aus aller Welt zu einem neuen Zentrum des gesellschaftlichen, kulturellen und täglichen Lebens werden. Der Kaispeicher A, nach einem Entwurf von Werner Kallmorgen von 1963 bis 1966 erbaut, wurde bis gegen Ende des letzten Jahrhunderts als Lagerhaus für Kakaobohnen genutzt. Der Neubau ist passgenau mit identischer Grundfläche aus der Form dieses Backsteinblocks extrudiert und auf ihn aufgesetzt (Abb. 1). Seine Dachsilhouette und Untersicht unterscheiden sich jedoch grundlegend von der ruhigen, archaischen Form des Speichers: In weiten Schwüngen vermittelt die Dachform zwischen dem höchsten Teil des Gebäudes an der Kaispitze mit 110 m Gesamthöhe und der bis zu 30 m tiefer liegenden Traufkante der Ostfassade. Entsprechend ist auch die Untersicht des aufgesetzten Neubaus bewegt – großzügige Gewölbe definieren spezifische Raumzonen. Im Gegensatz zu der stoischen Backsteinfassade des Kaispeichers verwandelt die Glasfassade den aufgesetzten Baukörper der Philharmonie in einen riesigen Kristall mit immer wieder neuem Erscheinungsbild. Durch seine in Teilbereichen gekrümmten und eingeschnittenen Glaspaneele fängt er die Reflexionen des Himmels, des Wassers und der Stadt ein und fügt sie zu einem Vexierbild der Umgebung zusammen.
Der Haupteingang liegt auf der Ostseite des Gebäudes. Von hier führt eine langgezogene Rolltreppe auf das Dach des Kaispeichers (Abb. 3). Deren Verlauf ist leicht gekrümmt, sodass vom Ausgangspunkt der Endpunkt nicht eingesehen werden kann. Die Fahrt wird zum überraschenden räumlichen Erlebnis durch die gesamte Tiefe des ehemaligen Speichergebäudes hindurch, vorbei an einem großen Aussichtsfenster. Oben angekommen, erstreckt sich eine weitläufige Terrasse als neuer Platz über der Stadt – die Plaza. Hier auf dem Kaispeicher und unter dem Neubau – gleichsam als große Fuge zwischen den Gebäudeteilen – entsteht ein neuer öffentlicher Raum mit einzigartigem Panorama. Gewölbeartige Aufweitungen sind aus der horizontalen Kante des Deckenrands ausgeschnitten, öffnen den Blick in den Himmel und schaffen spektakuläre, theatralische Prospekte über die Elbe und die Hamburger Innenstadt (Abb. 4). In der Mitte der Plaza gestaltet eine schmale aus dem Volumen geschnittene Halle Blickbeziehungen zu den darüberliegenden Foyerebenen. An der Plaza liegen Restaurant, Bar, Café und die Hotellobby, von hier aus gelangt man in die Foyers der Konzertsäle. Die Elbphilharmonie ist nicht nur ein Haus für die Musik, sondern umfasst einen ganzen Wohn- und Kulturkomplex: Eine Konzerthalle für 2100 und einen Kammermusiksaal für 550 Besucher. Als Kernstücke sind sie von einem 5-Sterne-Hotel, zugehörigen Einrichtungen wie Restaurants, Wellness- und Konferenzräumen sowie von Luxuswohnungen umgeben. Der Entwurf der neuen Philharmonie ist ein Projekt des 21. Jahrhunderts, das in dieser Art früher nicht denkbar gewesen wäre. Zwar ist die Grundidee eines Raums, in dem sich Orchester und Dirigent inmitten des Publikums befinden, eine bekannte Typologie. Auch die Tatsache, dass die Architektur und die Anordnung der Ränge sich aus der Logik von akustischer und visueller Wahrnehmung ableiten, gehört zum Stand der Technik. Hier führt diese Logik jedoch zu einem anderen Ergebnis: Die Ränge reichen hoch in den Gesamtraum hinein und bilden mit Wand und Decke eine räumliche Einheit. Dieser neue Raum, vertikal aufragend, beinahe wie ein Zelt, wird nicht primär von der Architektur bestimmt, sondern von den Musikern und Zuschauern, die sich gemeinsam versammeln, um Musik zu machen und zu hören. Die aufragende Geste des großen Saals ist die formgebende statische Struktur für den gesamten Baukörper und zeichnet sich dementsprechend in der Silhouette des Gebäudes ab.

Digital Technology Group
Das Anwachsen der Bürogröße von Herzog & de Meuron auf mehr als 340 Mitarbeiter und der zunehmende Umfang an Aufträgen haben in den vergangenen Jahren eine Anpassung der Bürostruktur erforderlich gemacht. Bei einigen Projekten nehmen die Komplexität und das Volumen der erforderlichen Daten exponentiell zu, zugleich werden die Entwurfszyklen immer kürzer. Um die projektspezifischen, jeweils unterschiedlichen Herausforderungen des konzeptionellen Entwurfsansatzes erfolgreich angehen zu können, haben Herzog & de Meuron eine in die Entwurfsteams integrierte Digital Technology Group eingerichtet. Diese Gruppe, die ausnahmslos aus Architekten besteht, begleitet den Entwurfsprozess und hilft bei komplexen Geometrien und Anfordungen, flexible, auf das Entwurfskonzept angepasste digitale Werkzeuge zu entwickeln. Dabei werden die Rechner als leistungsfähige Hilfsmittel betrachtet, um komplexe räumliche Beziehungen zeichnerisch darzustellen oder zu parametrisieren. Sie sind äußerst hilfreich, um in einer kontinuierlichen Prozesskette Daten vom Entwurf in die Produktion zu überführen, und selbstverständlich wird der digitale Datenaustausch zur Förderung des effizienten Gedankenaustauschs zwischen Architekten, Ingenieuren und Beratern verwendet. Niemals aber werden digitale Werkzeuge eingesetzt, um Formen zu finden oder gar um den kreativen Entwurfsprozess des Dialogs und gegenseitigen Austauschs im Projektteam zu ersetzen. Konzeptionelles Denken oder intuitive Visionen können selbst von den besten Computersystemen niemals ersetzt werden. Vielmehr dienen Computerprogramme lediglich als zusätzliche Werkzeuge der großen Palette an analogen Werkzeugen (Modelle, Handzeichnungen, Diagramme, Fotos) für den Entwurf und die Entwicklung der Projekte.
Um dem dynamischen Entwurfsprozess gerecht zu werden, muss ein Programm einerseits modular und flexibel aufgebaut werden, andererseits müssen die Entwurfsparameter einfach anpassbar sein. Die wesentliche Herausforderung besteht darin, ein architektonisches Entwurfskonzept zu einer parametrisierbaren Datenstruktur zu abstrahieren und Algorithmen zu entwickeln, die dieses abbilden.   DETAIL 05/2010

The Elbphilharmonie is located on a site that occupies a stoic presence in the consciousness of the residents of Hamburg, yet they rarely if ever visit it. But this will change and soon it will become a landmark building and a new vibrant centre for the city. The Kaispeicher A, designed by Werner Kallmorgen and constructed from 1963 to 1966, was originally used as a warehouse for cocoa beans. The new building has been extruded from the shape of the Kaispeicher A; it is perfectly congruent with the older building upon which it has been placed. The top and bottom of the new structure however are entirely different; the quiet, plain shape of the warehouse sits below a elevated crystalline shape characterised by an undulating roof. In contrast to the brick facade, the new building above has a glass facade, consisting in part of curved panels, some of them cut open. The glass facade transforms the new building into a gigantic, iridescent crystal whose textured appearance changes as it catches the reflections of its surroundings. From the main entrance, an elongated escalator leads to a spacious plaza located on top of the Kaispeicher. The curve in the escalator's path provides visitors with a spatial experience through the entire Kaispeicher and past a large panorama window. Upon reaching the top, visitors find a new plaza above the city located at the junction between the old and new. Restaurant, bar, café, and the hotel lobby are located here, as well as access to the lobby serving the concert halls. Along its edges, vault-shaped openings create theatrical views of the River Elbe and the city of Hamburg. Further inside, a deep vertical opening provides views between the plaza and the foyer of the philharmonic hall above.

The Elbphilharmonie is not only a music venue, it is also a residential and cultural complex for a wide range of activities. At its heart is the philharmonic concert hall seating 2100, and a chamber music hall for 550 listeners. The music halls are surrounded by luxury flats and a 5-star hotel with services such as restaurants, a spa, and conference facilities. The principle design idea of the philharmonic hall is to create a space in which the orchestra and director are in the centre of the audience. The space as a whole and the arrangement of the tiers are designed based on the acoustic and visual experience of the music from the perspective of both the audience and the musicians. The towering shape of the hall influences the structure of the entire building and is correspondingly reflected in the silhouette. Thus, the philharmonic itself does in fact represent the heart of the complex.

Digital Technology Group

The growth of Herzog & de Meuron and the increasing size and complexity of the projects demanded an adaptation of the office structure. The complexity and the amount of required data in some projects is increasing exponentially, while the design cycles tend to become shorter and faster. To be able to manage unique and different conceptual design approaches, a digital technology group was formed within the office which is integrated into the design teams to provide support and create tools that assist in achieving the design goals. The group's aim is to deal with complex geometries in a very flexible and adaptive manner.

The computer is used as a tool to facilitate an efficient exchange of our ideas with engineers and consultants. It is a powerful tool to draw and control complex spatial conditions, and streamlines the process from design to production as well. But it is never used as a tool that determines the form, nor does it ever replace the creative process nor to replace the creative process of dialogue and exchange within the design team. The computer cannot substitute conceptual thinking or intuitive vision; it is merely an addition to the broader set of tools used in the design process.

The process of developing digital tools for design is one of developing programmed strategies that are focused to a specific conceptual idea. Typically the output has to be parametric and adapt to the different cases and situations. Parametric tools must be created appropriately so as to ensure they can communicate the design intent. The main tasks are to create an abstraction of the design concept in order to map it into a digital data structure and create algorithms to process data.

5

Fassadenkonzeption

Neben der Erfüllung der vielfältigen technischen Anforderungen definiert die Fassade des Neubaus als »gläsernes Volumen« das dialektische Zusammenspiel mit der massiven Backsteinarchitektur des Speichergebäudes. Durch den Einsatz einer übergeordneten Materialität und Architektursprache vereint diese Hülle so unterschiedliche Nutzungen wie Hotelzimmer, Büros, Umkleiden, Stimm- und Proberäume, Bars, Wohnungen sowie Technikbereiche und Foyerflächen zu einem einheitlichen und dennoch differenzierten Erscheinungsbild (Abb. 5, 8). Den unterschiedlichen Anforderungen wird je nach Einbauort durch Variationen weniger Grundtypen Rechnung getragen. Geometrisch verformte Scheiben setzen den Glaskörper durch die sich ergebenden Oberflächenreflexionen in ein lebendiges, sich je nach Standort, Witterung und Blickwinkel wandelndes Wechselspiel zur Umgebung. Gleichzeitig betonen die Verformungen die Positionen, an denen Öffnungen in das sonst geschlossene, kristalline Volumen integriert wurden. Um die dahinterliegenden Nutzungen in Kontakt zum Außenraum zu bringen – neben der natürlichen Belüftung spielt dabei die Beziehung zu den lagespezifischen Geräuschen und Gerüchen der umgebenden Hafenbereiche und der Elbe eine entscheidende Rolle –, wird die Glashaut geschlitzt, modelliert oder aufgeschnitten. Die Fassade wurde Anfang 2006 als einschalige Glasfassade in Elementbauweise konzipiert (Abb. 14–16); in variierenden Ausbildungen kommen hierbei zwei Basistypen zur Anwendung:

Typ 1: Isolierverglasung

Neben den Backstage-Bereichen wird dieser Typ vorrangig in den Zimmern des sonst klimatisierten Hotelbereichs eingesetzt. Durch eine aus der Verglasungsebene »herausgezogene« Seitenkante entsteht an der Schnittkante zur benachbarten planen Scheibe eine bogenförmige Laibungsfläche (Abb. 6). Diese Schnittfläche senkrecht zur Fassade in der Materialität der schwarzen Aluminiumprofile der Elementrahmen ermöglicht die direkte Belüftung über einen eingelassenen ovalen Wendeflügel (siehe S. 50). Typ 1 erlaubt in den Ansichten einen variierenden Rhythmus durch unterschiedliche Rasterbreiten, konkave und konvexe Ausbildung sowie jeweils gespiegelte Anordnung (Abb. 7).

Typ 2: »Monoverglasung«

Die an der Gebäudeaußenkante durchlaufende Fassadenebene wird stellenweise durch eingeschnittene Loggien unterbrochen, deren Zugang von innen über raumhohe Glasschiebetüren erfolgt. Die konvex gewölbten Gläser der Fassade öffnen sich hier mit einem über jeweils zwei Scheiben verlaufenden u-förmigen Ausschnitt zur Umgebung (Abb. 9) und rahmen im Zusammenspiel mit dem umlaufenden abgerundet y-förmigen GFK-Element als Brüstung und Windschutz den Ausblick dieser exponierten klimatischen Zwischenbereiche (siehe S. 51). Typ 2 löst sich mit seiner asymmetrischen gerundeten Öffnung vom kartesischen System der Elementrahmen und trägt durch unterschiedliche Rasterbreiten sowie gespiegelte Anordnung zur weiteren Vielfalt der Fassade bei (Abb. 10).

Variationen der Grundtypen

In den anderthalbgeschossigen Foyerbereichen sind als Nachströmöffnungen für die Entrauchung anderthalbgeschossige Elemente in der unter Typ 1 beschriebenen Ausbildung vorgesehen, die darüber hinaus zur Querlüftung sowie gegebenenfalls zur Nachtauskühlung herangezogen werden können. Dort kommen auch, analog zu Typ 2, Loggiaelemente zum Einsatz, die eine über drei Scheiben verlaufende Öffnung sowie eine Elementhöhe von 5,025 m aufweisen. Die Beschränkung auf wenige Grundtypen erlaubt durch deren variierende Verteilung eine rhythmische Belebung der ansonsten mit planen Isoliergläsern ausgeführten Fassade und akzentuiert die unterschiedlichen Nutzungsbereiche, ohne diese als Brüche im Gesamtbild abzubilden.

Verformung der Gläser

Die Herstellung der gewölbten Gläser erfolgte durch Schwerkraftverformung. Diese Technik basiert auf der Anfertigung einer Vollform, in die eine zunächst plane Scheibe im Verformungsofen durch ihr Eigengewicht hineinsinkt (Abb. 11–13). Die Scheiben sind hierbei vorab so zu konfektionieren, dass nach der Verformung eine an den planen Kanten rechteckige Scheibe innerhalb der zulässigen Glastoleranzen entsteht. Bei der Isolierverglasung spielt darüber hinaus eine entsprechende Ausstattung des Ofens, die richtige Temperatur sowie ein bestimmtes Abkühlungsverfahren im Hinblick auf die Unversehrtheit der Beschichtungen eine maßgebliche Rolle.

6　7

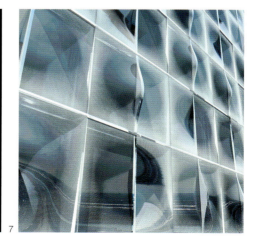

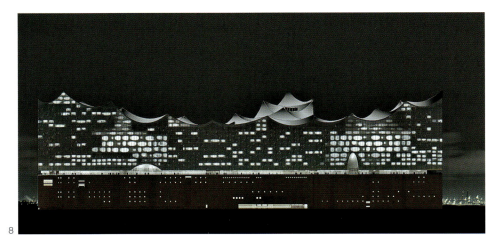

Facade Concept

The basic principles of the facade concept were conceived in early 2006. The new building is wrapped in a glass facade composed of modular units. Apart from fulfilling technical requirements, the volume of the glass facade contrasts with the monolithic brick warehouse upon which it sits. The uses include hotel rooms, offices, locker rooms, music rooms, bars, flats, technical rooms and lobbies. The broad range of functions are unified by the singular glass facade. By varying the use of two basic modular glass types, the architectural language reflects the different requirements depending on the location in the building. To create a relationship between the interior and exterior we sliced, shaped and opened the massive glass skin. The primary motivation was to provide natural ventilation, as well as to draw in the smells and sounds of the harbour and Elbe. The formal deformation of the glass creates openings in the facade and generates a rich play of reflections that transform according to the location, weather and perspective. Two modular types are used in varying designs:

The type 1 double glazing is made by raising an edge of the glass, as if to lift it away from the frame. A black aluminium reveal is formed and an oval window is inserted, allowing for direct ventilation. Apart from the backstage areas, this type is used primarily in the hotel area to allow for an opening in the otherwise air-conditioned guest rooms. The type 1 unit is located in the facade in different ways: varying grid widths; in concave and convex forms; and in each case by means of rotation with the curved glass on alternating sides. Thereby variation in the facade is created simply by using a single type in different ways.

The facade of the loggia is open to the outside through a U-shaped glass section extending over two panes of glass. The type 2 single glazing unit works as wind protecting parapet as well as frames the view with its convex glass geometry and Y-shaped parapet element made of fibreglass-reinforced plastic. In exposed positions, an intermediate area is created which is separated climatically by the double glazing recessed into the building. Access to the balcony is via floor-to-ceiling glass sliding doors. As with the type 1 unit, the type 2 unit is located in the facade achieving variation rather then repetition. This is done by varying grid widths; use of the same but mirror-inverted geometry; alternating formation, as well as the nature of the unit's off-centred opening. In the foyer areas, single glazing loggia elements are used similar to type 2, having an opening extending over three panes of glass and an element height of 5.025 m (instead of 3.35 m).

In the facades of the foyer area, additional one-and-a-half-storey elements of type 1 are used as air supply for smoke extraction, but which can also be used for cross-ventilation and, when necessary, for night-time cooling. Through their distribution, these different modular types allow for variation in the facade, despite the fact that there are only a small number of units to choose from. Positioning the glass types relative to the functional areas behind them produces a rhythmic animation of the facade, yet maintains a singular overall appearance.

The curved glass is manufactured by gravitational bending. This manufacturing technique is generally based on the production of a mould the size of a single modular unit. A flat pane of glass is placed into the mould and sent to the furnace; it then sinks due to its own weight and takes the form of the mould (ills. 11–13). The panes are initially produced in the shape that will – once the forming process is complete – be rectangular in elevation. In their final geometry, the outline of the element must correspond to the facade grid within the required and allowable tolerances of glass. In addition, to ensure the intactness of the different glass coatings (in this case double glazing), it is of prime importance to have accurate control of the specific furnace temperatures, as the rate at which the glass is heated and cooled affects the integrity of the glass unit.

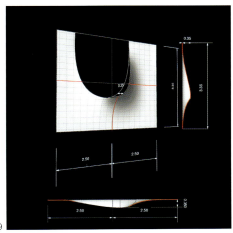

5 Diagrammatic unfolded elevation of all four facades showing foyer, backstage, technical service, luxury apartments and hotel
6 Type 1 double-glazed facade: basic geometry composed of both curved and planar surfaces
7 Rendering of the double-glazed facade, 2006
8 Night view of the unfolded elevations. The glass pattern allows for a blurring of functions and ties the entire building together
9 Type 2 single-glazed facade with loggia: basic geometry with U-shaped glass cut-out
10 Rendering of single-glazed facade, 2006

Glasaufbau

Die Isolierverglasung Typ 1 besteht aus zwei VSG-Scheibeneinheiten mit einer Stärke von jeweils 8 bzw. 6 mm pro Einzelscheibe. Bei der Monoverglasung Typ 2 im Bereich der Loggien kam eine VSG-Einheit aus drei Einzelscheiben mit je 8 mm Stärke zum Einsatz (Abb. 17).

Zusätzlich zur Sonnen- und Wärmeschutzbeschichtung weist die Verglasung eine graue Punktbedruckung und ein Punktraster aus Chromspiegelbeschichtung zur Optimierung der g-Werte der Verglasung um ca. 25 % auf. Um den unmittelbar an der West- und Südwestfassade vorbeifahrenden Binnenschifffahrtsverkehr nicht zu beeinträchtigen, ist eine Dämpfung der an den Glasscheiben reflektierten Radarwellen der Hafenanlage erforderlich. Aufgrund der elektrischen Leitfähigkeit der Chromspiegelbeschichtung im Zusammenspiel mit dem Glasaufbau konnte die erforderliche Radardämpfung durch Interferenzen mit einer spezifischen und je nach Ausrichtung unterschiedlichen Konfiguration der Verlaufsbilder der Punktraster erreicht werden.

Die Verlaufsbilder reagieren lokal auf die zusätzlichen Anforderungen und erübrigen sonst übliche technische Maßnahmen wie Drahteinlagen. In der Außenansicht wandelt sich die Chromspiegelbeschichtung in Intensität und Farbton in Abhängigkeit von der Witterung und dem Blickwinkel.

Die mit den Punktrastern erzeugten Druckbilder reagieren auf die jeweiligen dahinterliegenden Raumzusammenhänge und Nutzungen. Sie verlaufen dementsprechend über zwei bis fünf Scheiben und lösen sich damit von dem übergeordneten Profilraster der Elementfassade. Die Orientierung an der jeweiligen Raumgröße erzeugt eine Intimität des Innenraums, der sich in der Fassade abbildet. Die Bedruckung bildet einen Verlauf im Hinblick auf die Größe der Punkte sowie auf deren Verteilung – vom stark bedruckten Randbereich bis hin zur transparenten Mitte des jeweiligen Verglasungsbereichs. Der Ausblick ist somit durch das jeweilige Druckbild gerahmt. Aufgrund der Transluzenz der raumbezogenen Bedruckungsverläufe wird die Durchsicht jedoch selbst in den dicht bedruckten Randbereichen lediglich gefiltert, nie vollständig unterbrochen (Abb. 4). Variierende Verlaufsbilder überspielen die harten Brüche von einer Nutzung zur anderen und fassen die unterschiedlichen Bereiche durch das fassadenübergreifende Maschennetz der Bedruckung optisch zusammen. Da die graue Punktbedruckung und die Chromspiegelbeschichtung im Punktdekor auf unterschiedlichen Glasebenen angeordnet sind, erscheinen diese bei Betrachtung aus naher Distanz je nach Blickwinkel in variierender Überlagerung und führen zu einer verstärkten Tiefenwahrnehmung der Verglasung (Abb. 18–20).

Glass structure

The type 1 double glazing unit consists of two layers of laminated glass, each of the layers is composed of three single panes. In the type 2 single glazing unit, a laminated glass unit of two separate layers is used (ill. 17). Apart from the sun-protection and heat-insulation coating, there are two layers of coating that develop as a gradient of grey and chrome-mirror dots on different sides of the glass. From a technical perspective, the printed dots initially act as a sunscreen, improving the g-values of the glass by about 25 %. Moreover, due to the electrically conductive characteristics of the chrome coating, the dot gradient along with the glass width fulfils the requirements of the radar attenuation of the west and south-west facades. This allowed us to avoid using typical technical measures such as embedded wires in the glass.

Each glass unit has a gradient dot pattern applied to different layers of the glass: the pattern fades from the densely printed edge towards the transparent glass centre. Depending on the background use, contiguous printed patterns run over two to five glass units and thereby set themselves apart from the superior profile grid of the facade elements. The printed pattern responds to the contexts and the use of space behind them, which creates an intimacy relative to each room, and expresses the arrangement of the spaces in the facade. The view is framed by the printed pattern, but due

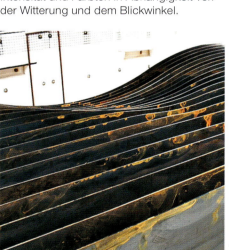
11

12

13

14

15

16

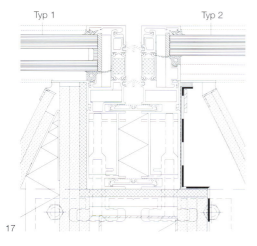

17

11, 12 Glasform
13 Glasscheibe nach der Schwerkraftverformung
14 Fassadenmuster der Machbarkeitsstudie, 2006
15 Überprüfung der Geometrie eines Fassaden-
    musters mittels Schablonen
16 Fassadenmuster beider Regelemente, März 2009
17 Detail Verglasung Regelgeschoss,
    Horizontalschnitt Maßstab 1:5
    Glasaufbau Typ 1 von außen:
    VSG 2× 8 mm extra clear, mit Chromspiegel-
    Punktdekor, grauer Punktbedruckung, Sonnen-
    schutzbeschichtung + SZR 16 mm +
    VSG 2× 6 mm extra clear mit Wärmeschutz-
    beschichtung Glasaufbau Typ 2:
    VSG 3× 8 mm extra clear mit Chromspiegel-
    Punktdekor, grauer Punktbedruckung und
    Sonnenschutzbeschichtung
18 Detailansicht der gebogenen Verglasung
19 Innenansicht der gebogenen Isolierverglasung
    mit geöffnetem Wendeflügel
20 Fassadenmontage, März 2010

11, 12 Glass-forming mould
13 Shaped glass after the gravitational forming process
14 Facade mock-up for feasibility study, August 2006
15 Geometry check of facade mock-up using a stand-
    ard template
16 Facade mock-up of both glass types, March 2009
17 Glass frame detail, horizontal section, scale 1:5
    glass assembly for type 1 beginning outside:
    laminated safety glass 2× 8 mm, with decorative
    chrome-mirror-coated dots, grey printed dots,
    sun-protection coating + 16 mm cavity + white
    laminated safety glass 2× 6 mm extra-clear with
    thermal-protection coating
    glass assembly for type 2:
    laminated safety glass 3× 8 mm, extra-clear
    with decorative chrome-mirror-coated dots,
    grey printed dots, sun-protection coating
18 Close-up of the curved glass
19 Internal view of a type 1 double glazing unit
    showing operable pivoting window
20 Facade assembly, March 2010

to the translucency of the dot printing and coating in the densely-printed border areas, the view is filtered but never completely interrupted (ill. 4). Through the use of varying patterns, hard breaks due to structural transitions are avoided and the different areas of use are revealed through the graphic network. By arranging the printing of the grey and chrome mirror dots on different layers of the glass, when viewed from close range they appear to have varying depth of cover depending on the angle of view; this creates an appearance of an increased thickness of glazing. From the outside the dots, with their reflective coating, vary in intensity and tone depending on the weather and perspective (ill. 20).

Bedruckung: Bedruckungsverläufe und Siebe
Das architektonische Gestaltungskonzept der Bedruckung als Gesamtbild führt zur Einzigartigkeit fast jeder Scheibe. Durch die unterschiedlichen Randparameter wie Zuordnung der Raumgrößen und Raumnutzungen, g-Wert, Radaranforderungen und unterschiedliche Scheibenhöhen und -breiten sind bei 2200 Scheiben und sich unterscheidenden Bedruckungen auf zwei Glasebenen theoretisch 4400 Drucksiebe erforderlich. Die Entwicklung einer Systematik hilft jedoch dabei, diese hohe Anzahl bei der Umsetzung des architektonischen Entwurfs auf ca. 200 Siebe zu reduzieren. Die formale Einzigartigkeit wird hierbei nicht durch die Einzigartigkeit der einzelnen Elemente, sondern durch Verteilung, Variation und Kombination sich wiederholender Elemente erreicht. Rein zeichnerisch ist die Komplexität dieser Aufgabe nicht mehr lösbar, sondern erfordert eine Parametrisierung auf mehreren Ebenen (Abb. 21–24).

1. Systematik
So wird zum Beispiel die Gestaltung der verschiedenen raumbezogenen Bedruckungsverläufe, die sich über mehrere Scheiben erstrecken, durch eine parametrisierte Zeichnung generiert. Mit einer typisierten Fassadenabwicklung werden die

18

19

20

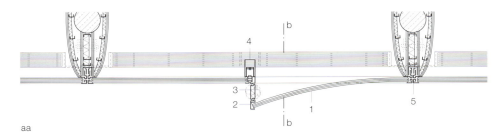

aa

Typ 1: Isolierverglasung, vorfabriziertes Fassadenelement
Type 1: double-glazed facade unit, prefabricated

Horizontalschnitte   Maßstab 1:50
Vertikalschnitte   Maßstab 1:20
Horizontal sections   scale 1:50
Vertical sections   scale 1:20

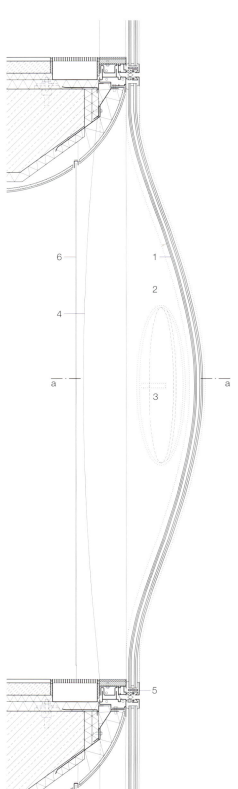

1 Sonnenschutz-/Wärmeschutzverglasung warmverformt, eben oder Wölbung nach außen bzw. nach innen, h = 3350 mm, b = 2150/2500 mm:
VSG 2× 8 mm + SZR 16 mm + VSG 2× 6 mm,
U_g = 1,1/1,3 W/m²K, g = < 25 %
2 Sandwichpaneel Aluminium Dämmung 80 mm
3 Öffnungsflügel manuell
4 Abdeckblech Mittelpfosten Edelstahl gebogen
5 Aluminiumprofil schwarz (RAL 9005)
6 Sonnen-/Blendschutzvorhang, aluminiumbedampft

1 *solar-protection/thermal glazing, warm-formed, flat or swell facing outward or inward, h = 3350 mm b = 2150/2500 mm (centre-to-centre):*
2× 8 mm lam. safety gl. + 16 mm cavity + 2× 6 mm lam. safety glass, U_g = 1.1/1.3 W/m² K, g = < 25 %
2 *80 mm aluminium/insulated sandwich panel*
3 *manually operated sash*
4 *stainless-steel cover plate centre post, curved*
5 *aluminium profile, black (RAL 9005)*
6 *sun-control and anti glare-protection curtain*

bb

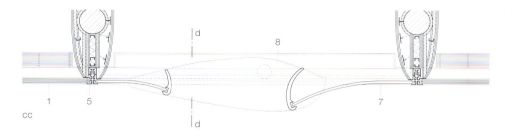

cc

Typ 2: Monoverglasung Loggia, vorfabriziertes Fassadenelement in der Halle der Firma Gartner in Gundelfingen

Type 2: Single-glazed loggia, prefabricated facade element in the workshop of the facade contractor Gartner in Gundelfingen

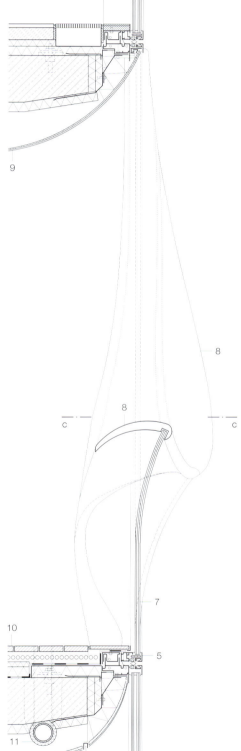

dd

7 Monoverglasung warmverformt, Wölbung nach außen, Achsmaß h = 3350 mm, b = 2150/2250/2500 mm: VSG 3× 8 mm
8 Brüstung mit integrierter Glashalteleiste, GFK-Fertigteil, Gelcoat-Beschichtung, weiß (RAL 9016)
9 abgehängte Decke organischer Feinstputz auf Putzträgerplatte
10 Bohlen Eiche gehobelt 30 mm
11 Entwässerung Loggia

7 single glazing warm-formed, swell facing outward, h = 3350 mm, b = 2150/2250/2500 mm (centre-to-centre): laminated safety glass 3× 8 mm
8 railing with integrated groove to fasten glass, GRP prefab unit gel-coat, white (RAL 9016)
9 suspended ceiling organic finishing plaster on plaster baseboard
10 30 mm oak planks
11 drainage loggia

21 Parametrisierung der Graustufenbilder, die als Grundlage der Siebberechnung dienen. Die innere Kurve definiert den unbedruckten, transparenten Bereich, die äußere den Bereich der maximalen Bedruckung.
22 CAD-Zeichnung der Nutzungsverteilung
23 Rotations- und Verschiebungsparameter
24 parametrisierter Fassadenausschnitt
25 Siebverteilung
26 Siebausschnitt mit Siebcodierung
27 Scheibenausschnitt, März 2010

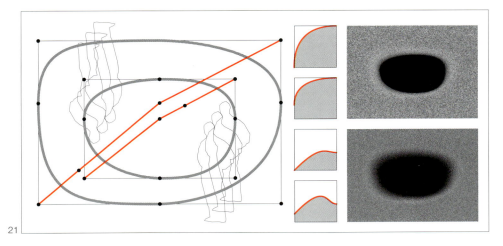

Nutzungen hinter den Scheiben definiert (Abb. 22). Jede Raumeinheit, bestehend aus zwei bis fünf Scheibenachsen, wird mit einem Druckbild zusammengefasst. Über zusätzliche Parameter können diese Bilder in der Fassade verschoben und rotiert werden, um die starre Rasterung in sich stark wiederholenden Bereichen aufzulockern (Abb. 23). Da die Drucksiebe größer als die Scheibenformate sind, lässt sich allein durch horizontales und vertikales Verschieben, die Rotation um 180° sowie durch unterschiedliche Kombinationen von Chromspiegelbeschichtung und grauer Punktbedruckung mit einer begrenzten Anzahl von Sieben ein individuelles Druckbild für nahezu jede Scheibe erreichen (Abb. 24).

2. Bedruckungsverläufe
Die in der Systematik definierten raumbezogenen Bedruckungsverläufe werden mit wenigen Kontrollpunkten und Kontrollkurven parametrisiert. Der innere transparente Bereich ist als elliptische Form definiert. Der Gradientenverlauf zum Randbereich des Bilds kann für jede Druckebene individuell eingestellt werden (Abb. 21). Daraus ergibt sich die Möglichkeit, dass die Bedruckungsdichte des Chromspiegels zum Randbereich zunimmt, während die Bedruckungsdichte der grauen Bedruckung sich im Randbereich wieder auflöst. Je nach erforderlichem relativen g-Wert bzw. Verlaufsdichte der Radardämpfung lässt sich durch Anpassung der entsprechenden Kurven die resultierende Gesamtbedruckung konfigurieren. Die parametrisierten Bedruckungsverläufe werden in Graustufenbilder umgerechnet und bilden die Grundlage zur Berechnung der Siebe.

3. Siebe
Die erforderlichen Angaben der zu bedruckenden bzw. beschichtenden Glasflächen werden als Vorgabe zur Verfügung gestellt. Für die Herstellung der Siebe sind dann in Abstimmung mit den Firmen die Produktionsdaten zu errechnen, die mit allen notwendigen Informationen und Passmarken als Druckdatei generiert werden. Aus den Pixelinformationen der Druckbilder lassen sich die Siebe berechnen. Der Punktverlauf wird über die Punktgrößen sowie die Wahrscheinlichkeit des Auftretens einzelner Punkte gesteuert und durch einen Zufallsfaktor ergänzt, um eine zu starke Rasterung und einen Moiré-Effekt zu vermeiden. Das Punktraster setzt sich zusammen aus größeren Punkten mit einem Durchmesser von bis zu 8 mm, die sich mit kleinen Punkten von bis zu 1 mm Durchmesser abwechseln. Durch den Versatz um ein halbes Rasterfeld kann eine hohe Dichte im Randbereich erzielt werden, ohne dass sich einzelne Punkte überlagern. Dies ermöglicht auch in den sehr dicht bedruckten Bereichen eine optimale Transparenz. Die Datenmenge mit bis zu einer halben Million Punkten pro Sieb kann nicht mehr als CAD-Zeichnung gehandhabt werden.

4. Logistik
Um den Produktionsablauf und die Montage zu unterstützen, wurde eine Logistik der Siebverteilung in der Fassade errechnet. In den Sieben ist ein Code eingerechnet, über den jedes für die Bedruckung bzw. Beschichtung verwendete Sieb identifiziert werden kann, um die Kontrolle der Druckbilder auf der Baustelle zu ermöglichen (Abb. 26). Neben den Druckdateien der Punktraster wurden für die Produktion eine zeichnerische Abwicklung mit allen Scheiben und den dazu gehörenden Sieben sowie eine Liste aller Glaselemente mit den je Scheibe zugeordneten Bedruckungsinformationen, den zugeordneten Siebdateien, Siebausschnitten und Rotationsangaben automatisch generiert. Für jedes Sieb beschreibt ein Dokument, in welchen Bereichen der Fassade es angewendet wird. Letztlich wurde zur Qualitätssicherung als interne Kontrolle der Daten, unabhängig von den Kontrollmaßnahmen der Hersteller, ein Programm entwickelt, das die für die Produktion verwendeten Dateien der Drucksiebe wieder zu einer kompletten Fassadenabwicklung zusammenrechnet (Abb. 24).

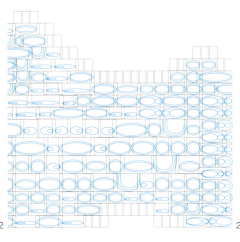
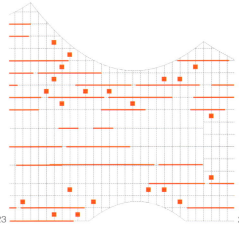
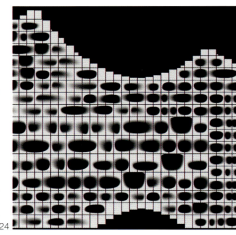

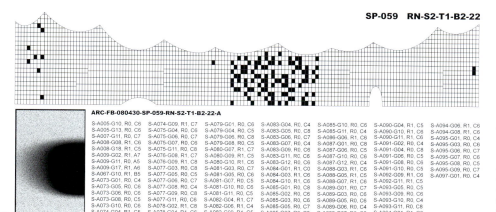

SP-059 RN-S2-T1-B2-22

ARC-FB-080430-SP-059-RN-S2-T1-B2-22-A

S-A005-G10, R0, C6	S-A074-G09, R1, C7	S-A079-G01, R0, C6	S-A083-G04, R0, C6	S-A085-G10, R0, C6	S-A090-G04, R1, C6	S-A094-G06, R1, C6
S-A005-G13, R0, C6	S-A075-G04, R0, C6	S-A079-G04, R0, C5	S-A083-G05, R0, C8	S-A085-G11, R0, C4	S-A090-G10, R1, C6	S-A094-G08, R1, C6
S-A007-G11, R0, C7	S-A075-G06, R0, C7	S-A079-G06, R0, C8	S-A083-G06, R0, C7	S-A086-G06, R1, C6	S-A090-G11, R1, C6	S-A095-G01, R0, C4
S-A008-G08, R1, C6	S-A075-G07, R0, C6	S-A079-G08, R0, C5	S-A083-G07, R0, C4	S-A087-G01, R0, C8	S-A091-G02, R0, C4	S-A095-G03, R0, C6
S-A008-G18, R1, C5	S-A075-G11, R0, C8	S-A080-G07, R1, C7	S-A083-G09, R0, C6	S-A087-G06, R0, C5	S-A091-G04, R0, C8	S-A095-G06, R0, C7
S-A009-G02, R1, A7	S-A076-G08, R1, C7	S-A080-G09, R1, C5	S-A083-G11, R0, C6	S-A087-G10, R0, C6	S-A091-G06, R0, C5	S-A095-G07, R0, C6
S-A009-G11, R0, A5	S-A076-G09, R1, C8	S-A080-G10, R1, C6	S-A083-G12, R0, C6	S-A087-G12, R0, C4	S-A091-G08, R0, C6	S-A095-G08, R0, C5
S-A009-G17, R1, A6	S-A077-G03, R0, C8	S-A081-G03, R0, C7	S-A084-G01, R1, C0	S-A088-G03, R0, C6	S-A091-G10, R0, C5	S-A095-G09, R0, C7
S-A067-G10, R1, B5	S-A077-G05, R0, C5	S-A081-G05, R0, C6	S-A084-G03, R1, C5	S-A088-G05, R1, C5	S-A092-G09, R1, C5	S-A097-G01, R0, C4
S-A073-G01, R0, C4	S-A077-G06, R0, C7	S-A081-G07, R0, C5	S-A084-G10, R1, C6	S-A088-G07, R1, C6	S-A092-G11, R1, C5	
S-A073-G05, R0, C6	S-A077-G08, R0, C4	S-A081-G10, R0, C6	S-A085-G01, R0, C8	S-A089-G01, R0, C7	S-A093-G05, R0, C5	
S-A073-G06, R0, C6	S-A077-G09, R0, C8	S-A081-G11, R0, C5	S-A085-G02, R0, C5	S-A089-G03, R0, C6	S-A093-G09, R0, C6	
S-A073-G08, R0, C5	S-A077-G11, R0, C6	S-A082-G04, R1, C5	S-A085-G03, R0, C6	S-A089-G05, R0, C6	S-A093-G10, R0, C4	
S-A073-G10, R0, C6	S-A078-G02, R1, C8	S-A082-G06, R1, C4	S-A085-G05, R0, C7	S-A089-G06, R0, C4	S-A093-G11, R0, C6	
S-A074-G04, R1, C5	S-A078-G04, R1, C5	S-A082-G09, R1, C5	S-A085-G07, R0, C5	S-A089-G07, R0, C8	S-A094-G01, R1, C3	
S-A074-G07, R1, C6	S-A078-G10, R1, C6	S-A083-G02, R0, C6	S-A085-G08, R0, C8	S-A090-G02, R1, C7	S-A094-G02, R1, C7	

25

21 Parametric definition of grayscale images for screen calculation. The inner curve defines the un-printed transparent area. The outer curve defines the maximum area of printing.
22 CAD drawing defining functions
23 Orientation and translation parameters
24 Parametrically generated facade drawing
25 Screen distribution
26 Screen detail with code
27 Glazing close-up, March 2010

Printing: Room images and screens

The architectural concept of the overall design of printing leads to a uniqueness in almost every glass unit. Due to the different parameters – such as the differing sizes and uses of the rooms, the g-value, the radar requirements for harbour traffic, the different widths and heights of the glass units, – for the 2200 panes, each printed on two levels, 4400 screen prints were required. A system was developed through which the implementation of the design could be achieved with only 200 screen prints. The formal singularity here is not achieved by the uniqueness of the individual elements, but by the distribution, variation and combination of repetitive elements. The complexity of this task can no longer be solved using drawings, but requires a series of different yet related parametric tools. The design of the various images, spread over several glass units, is generated by a parametric drawing. For the production of the screens, the complete production data is calculated in collaboration with the company carrying out the work. To support the production process installation, a system was established to locate the different screens in the facade. In each screen a discrete graphic code was included to be able to verify that the right glass unit is installed in the right place (ill. 26). Finally, for quality control a program was written to recalculate and redraw the facade from the submitted production data.

1. Systematics
The interface between the script and the architecture was done with a single drawing which indicated the uses behind the glass. Each room consists of a width of two to five glass units; they are combined into a single room image (ill. 22). Additional parameters allow these images in the facade to be moved and rotated in order to loosen the rigid grid system in very repetitive areas (ill. 23). Uniqueness of almost every glass unit is achieved with a limited number of screens distributed throughout the facade (ill. 24). The variation is achieved by printing screens larger than each glass unit, using horizontal and vertical displacement, rotating the screens 180 degrees, and different combinations of chrome-mirror coating and grey dot printing.

2. Room Images
The room images defined in the system are scripted with just a few parametric control points and control curves. The inner transparent area is defined as an elliptical shape. The transition of the gradient to the edge of the image can be set individually for each printed screen (ill. 21). The chrome dots increase in density as they reach the edge of the glass unit, while the grey dots have a gradient that decreases as it reaches the edge. Depending on the g-value required, as well as the required density in areas where radar attenuation is necessary, resulting overall printing can be configured by adjusting the corresponding curves. The parametric images are converted to grey scale images and form the basis for the calculation of the screens.

3. Screens
The print data is created in collaboration with the production company. The required percentage of glass surface to be printed is calculated and used as a starting point. The screen is calculated from the pixel information of the grey scale images. The gradient of the dots is controlled by the size of the dots and the probability of occurrence of individual dots, and applied with a random factor to avoid creating a moiré effect and to prevent the grid from becoming too strongly discernible. The dot grid is composed of large dots with a diameter of up to eight millimetres followed by a small dot of up to one millimetre in diameter. By offsetting by half the grid dimension, a high density can be achieved at the edges without the dots overlapping. This allows optimal transparency, even in very dense areas. With up to a half-million dots per screen, these data sets can no longer be handled as a CAD drawing. The production-ready print files for the screens are generated with all necessary information. To crosscheck the final glass units, a code is incorporated and printed into the dot pattern, making it possible to trace each screen (ill. 26).

4. Logistics
Elevations were produced for each glass unit that indicated the two screen patterns to be applied and their respective clipping areas. For production a list of all glass specifications is automatically generated with the printing information for each unit; this includes the allocated screen files, the screen clipping areas and the orientation. A document for each screen describes where in the facade it is to be applied (ill. 25). This document is provided to support the production process. Finally, a script was developed as an internal crosscheck, independent of the manufacturer's check, which again incorporates all of the production data used for the print screens in a complete facade elevation (ill. 24).

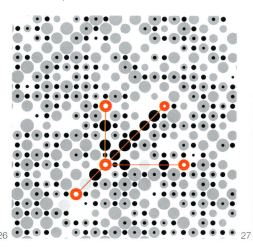

Tageslicht contra Sonnenschutz? – Zur Komplexität der Tageslichtplanung

Daylight Without Overheating? – On the Complexity of Designing for Daylight

Christian Jetzt

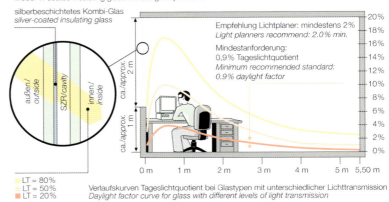

Berechnung 1: beschichtetes Kombi-Glas mit Blendschutz
Model 1: coated insulating glass without glare protection

1 Verlaufskurven Tageslichtquotient bei Glastypen mit unterschiedlicher Lichttransmission
Daylight factor curve for glass with different levels of light transmission

Als der Werkstoff Glas seinen Siegeszug in der Architektur begann, bestand seine größte Errungenschaft darin, Tageslicht durch die Gebäudehülle hindurch in dunkle Räume zu leiten. Daran hat sich bis heute nichts geändert. Glas ist nach wie vor nahezu konkurrenzlos, wenn es darum geht, die Außenhaut von Gebäuden transparent zu gestalten. Umso erstaunlicher ist es daher, dass die Tageslichtnutzung bei der Planung häufig nicht die Beachtung erfährt, die sie verdient. Eine Erklärung dafür ist, dass die rasanten Produktinnovationen der vergangenen Jahrzehnte das Thema im wahrsten Sinne des Wortes überschattet haben. Zu denken sei beispielsweise an den in den 1970er-Jahren entbrannten Wettbewerb um den besten k-Wert (heute U-Wert). Dieser wurde erst mit der Produktion von Isoliergläsern, die in ihren Dämmeigenschaften sogar Ziegelwände übertreffen, beendet. Als Antwort auf den großflächigen Einsatz von Glas in Fassaden fokussiert sich die Diskussion bis heute insbesondere auf Sonnenschutzgläser, um den hohen Energiekosten zur Kühlung aufgeheizter Gebäude entgegenzuwirken. Nach einem möglichst niedrigen U_g-Wert steht nun also ein niedriger g-Wert (Gesamtenergiedurchlassgrad) im Mittelpunkt. Nicht selten kommt es dabei zu einer Überbewertung, denn ein niedriger g-Wert geht auch mit einer Verringerung der Lichttransmission einher. Das Verhältnis dieser beiden Parameter drückt sich durch die sogenannte Selektivitätskennzahl aus. Dieser Wert errechnet sich aus der Lichttransmis-sion im Verhältnis zum g-Wert und hat seine physikalische Grenze heute bei einem Wert von 2,0 erreicht. Das bedeutet in der Praxis, dass ein beschichtetes Sonnenschutzglas mit einer Lichttransmission von 70 % im günstigsten Fall einen g-Wert von 35 % besitzen kann. Innovative Hersteller bieten mittlerweile für alle örtlichen Gegebenheiten und Anforderungen beschichtete Gläser mit optimaler Selektivität an. Unter diesen physikalischen Voraussetzungen stellt sich bei jedem Planungsprozess die Frage nach der Gewichtung dieser wichtigen Parameter: Mehr Hitzeschutz oder mehr Tageslicht? Es liegt auf der Hand, dass die Entscheidung nicht grundsätzlich, sondern immer unter Abwägung einer Vielzahl von Faktoren getroffen werden sollte. In einer aktuellen Studie des renommierten Bartenbach LichtLabors hat Glas Trösch diese Zusammenhänge näher untersuchen lassen. Bevor die Ergebnisse der Berechnungen vorgestellt und bewertet werden, gilt es jedoch, einige wichtige Rahmenbedingungen für die Tageslichtplanung näher zu skizzieren.

Kann Kunstlicht das Tageslicht ersetzen?
Untersuchungen haben ergeben, dass der Sehvorgang 25 % des menschlichen Energiehaushalts in Anspruch nimmt. Wenn wir sehen, arbeitet unser Körper also auf Hochtouren. Hinzu kommt, dass der weitaus größte Teil unserer Wahrnehmung visueller Natur ist. Wissenschaftler schätzen, dass wir 80–90 % der Informationen, die wir verarbeiten, über die Augen aufnehmen. Dabei entscheidet die Qualität des Lichts wesentlich mit darüber, wie gut wir Informationen aufnehmen. Erwiesen ist mittlerweile auch, dass Licht weit mehr als den Sehprozess unterstützt, sondern darüber hinaus viele Organfunktionen und Verhaltensweisen des Körpers regelt. Eine gute Belichtung ist also wichtiger, als wir im Allgemeinen annehmen. Doch was macht gutes Licht aus? In den vergangenen Jahren haben sich Humanbiologen, Allgemeinmediziner und Psychologen zunehmend mit den Wirkungen von Licht auf den Organismus und die Psyche des Menschen befasst. Das Ergebnis: Natürliches Licht scheint Kunstlicht überlegen zu sein, denn es ist maßgeblich für das Wohlbefinden des Menschen verantwortlich. Die Menge des Botenstoffs Serotonin im Körper – als Stimmungsaufheller eine Schlüsselsubstanz für das Glücksgefühl – hängt beispielsweise hauptsächlich davon ab, wie viel Tageslicht der Mensch aufnimmt. Erstaunlicherweise beeinflusst natürliches Licht die Gesundheit selbst dann positiv, wenn störende Faktoren wie Überhitzung oder Blendung auftreten. Umgekehrt ist die künstliche Beleuchtung eine der wichtigsten Ursachen des sogenannten »Sick Building Syndroms« (SBS). Und auch Rachitis oder Winterdepressionen zählen zu den Erkrankungen, die mit einem Mangel an Tageslicht zusammenhängen. Insgesamt lässt sich konstatieren, dass bisher zu stark an der Erkennbarkeit von Sehobjekten und dem Wohlbefinden unter künstlicher Beleuchtung geforscht wurde. Der Bedarf des Menschen an natürlichem Licht wird dagegen eher unterschätzt. Der Einsatz von Sonnen- und Tageslicht sollte folglich wegen seiner lebensfreundlichen und gesundheitsfördernden Wirkung stärker als bislang berücksichtigt werden.

Normen für Tageslichtnutzung
Für die Tageslichtplanung gibt es in Deutschland zwei relevante Normen: DIN 5034 Teil 1 bis 6 regelt die »Innenraumbeleuchtung mit Tageslicht« und gibt an, wie sich eine zufriedenstellende Lichtsituation erzielen lässt. Demnach gilt die Helligkeit in Wohn- und Arbeitsräumen als ausreichend, wenn der Tageslichtquotient auf einer horizontalen Bezugsebene, gemessen in einer Höhe von 0,85 m über dem Fußboden in halber Raumtiefe und in 1 m Abstand von den beiden Seitenwänden im Mittel wenigstens 0,9 %, also 90 Lux, beträgt. EN 12 464-1 regelt dagegen speziell die Beleuchtung von Arbeitsstätten. Demnach sollte eine geeignete und angemessene Beleuchtung vorgesehen werden, um es Menschen zu ermöglichen, Sehaufgaben effektiv und genau durchzuführen. Als erste Beleuchtungsnorm hebt sie die Tageslichtnutzung hervor: »Tageslicht kann die Beleuchtung einer Sehaufgabe ganz oder teilweise übernehmen.« Bisher war nur gefordert, durch Fensterflächen einen Tageslichtbezug herzustellen. Die Norm legt weder spezielle Lösungen fest, noch schränkt sie die Freiheit der Planer ein, neue Techniken zu erkunden oder innovative Techniken einzusetzen. Insgesamt bleibt festzuhalten, dass beide Normen lediglich Richtliniencharakter besitzen und der in der Praxis komplexen Realität nur

1 Beschichtete Kombi-Gläser ohne Blendschutz sorgen für eine maximale Lichtdurchlässigkeit bei gleichzeitigem Hitzeschutz. Selbst bei einer Lichttransmission von 50% wird der Tageslichtquotient von 2,0, den Lichtplaner für einen Arbeitsplatz empfehlen, weit überschritten.
2 Der innen liegende Blendschutz deckt die untere Hälfte der Verglasung ab und ermöglicht so ein entspanntes Arbeiten am Fenster. Darüber fällt immer noch genügend Tageslicht ins Rauminnere. Der Tageslichtquotient von 0,9 wird bei allen drei untersuchten Glastypen weit übertroffen.
3 Verwaltungsgebäude ABB in Baden (CH) 1996 Architekt: Theo Hotz, Zürich
4 Bei bedecktem Himmel und waagerecht gestellten Lamellen reduziert der außen liegende Blendschutz den Tageslichteinfall um ein Vielfaches. Bei beschichtetem Glas mit 80% Lichttransmission liegt der Tageslichtquotient jedoch mit circa 3,0 immer noch über der Empfehlung der Lichtplaner von 2,0.

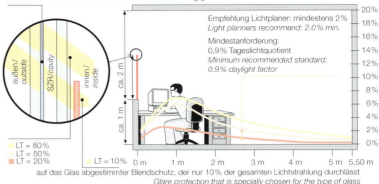

bedingt gerecht werden. Spezialisten wie das Bartenbach LichtLabor empfehlen insgesamt wesentlich höhere Werte beim Tageslichtquotienten (TQm) und zudem eine Orientierung an den Nutzungstypen der Arbeitsräume. Während die Lichtspezialisten aus Österreich für einen Computerarbeitsplatz einen Tageslichtquotienten von 2 bis 4% für optimal halten, empfehlen sie für Gruppenräume bereits einen Quotienten von 3 bis 4%, für Werkstätten sogar von 6 bis 8%. In einzelnen Fällen kann es sogar sinnvoll sein, die Werte noch höher anzusetzen, z.B. wenn die zu bewältigenden Arbeiten eine ganz besonders präzise Sehleistung erfordern.

Blendschutz als zusätzliche planerische Herausforderung
Eine intensive Nutzung des Tageslichts für die Beleuchtung von Gebäuden erfordert meist auch einen effizienten Blendschutz. Dieser kann primär, sekundär oder tertiär erfolgen. Zum primären Sonnen- und Blendschutz gehören die Ausrichtung des Gebäudes, die Anordnung des Arbeitsplatzes, die Stellung der Blenden und natürlich die Lichttransmission des Glasprodukts. Vorrichtungen, die außen am Gebäude angebracht sind wie Außenjalousien oder Lamellen zählen zum sekundären Sonnenschutz. Der tertiäre Blendschutz wird durch innen liegende Vorrichtungen gewährleistet und nachträglich raumseitig angebracht. Es sind verschiedene Varianten wählbar wie Rollos, Jalousien, Screens oder auch Vorhänge. Der tertiäre Blendschutz ist eine sinnvolle Ergänzung zum primären und sekundären Sonnenschutz.
Diese Doppelausstattung entfällt häufig aus Kostengründen. Eine vergleichbare Bewertung der einzelnen, sehr verschiedenen Blendschutzsysteme ist aufgrund unterschiedlicher Nachweisverfahren nur durch Spezialisten möglich. Die nachfolgend beschriebene Studie liefert jedoch Aufschlüsse über zwei unterschiedliche Systeme des Blendschutzes.

Grenzen des g-Werts
Die Aufgabenstellung der Tageslichtstudie des Bartenbach LichtLabors sah vor, anhand eines definierten Standardraums verschiedene Tageslichtlösungen an der Fassade zu simulieren und zu bewerten. Das »Musterbüro« verfügt über eine Grundfläche von 4,50 (Stirnseite) × 5,50 m (Längsseite) und eine Raumhöhe von 3 m. Die Fensterhöhe über der Betonbrüstung beträgt 2 m. Die Reflexionsgrade von Boden, Wand und Decken waren mit 30, 50 bzw. 80% festgelegt. Bei der Tageslichtberechnung wurden folgende drei Varianten betrachtet:
- Glasfassade ohne Blendschutz (Abb. 1)
- Glasfassade mit innen liegendem Blendschutzsystem (Screen, Abb. 2)
- Glasfassade mit außen liegendem Blendschutzsystem (Lamellen, Abb. 4)

Diese Varianten wurden jeweils für Gläser mit 80, 50 und 20% Lichttransmission berechnet. Dies entspricht g-Werten von 15 bis 60. Das heißt, das von der aufheizenden Sonnenenergie nur 15–60% hindurchgelassen werden. Die Symbiose aus optimaler Wärmedämmung im Winter, Hitzeschutz im Sommer und hoher Lichttransmission gelingt durch den Einsatz der sogenannten Kombi-Gläser. Mit ihrem intelligenten Schichtdesign verfügen diese Produkte heute über energetische Spitzenwerte. Für alle Berechnungen wurde eine horizontale Beleuchtungsstärke von 10 000 Lux zugrunde gelegt. Dies entspricht einem mittleren Tageslichteinfall bei bedecktem Himmel. Zusätzlich wurde für die Variante mit den außen liegenden Lamellen eine Sonnensituation simuliert. Die Berechnungen ergaben Folgendes: Bei der Variante ohne Blendschutz (Abb.1) erzielt eine Verglasung mit einer 80%igen Lichttransmission einen Tageslichtquotienten von ca. 6,4% und liegt damit deutlich über der Norm. Bei einer Lichttransmission von 50% verringert sich dieser Wert bereits auf ca. 4,0% und bei 20% Lichttransmission liegt dieser bei nur noch ungefähr 1,6%. Bereits bei dieser Variante wird deutlich, dass bei Verwendung einer Verglasung mit einer Lichttransmission

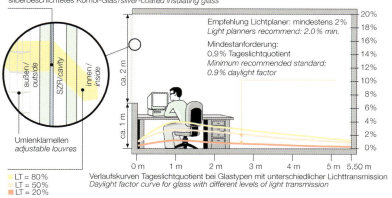

1 Coated insulating glass ensures maximum light transmission and thermal insulation. Even with light transmittance of 50% the daylight factor of 2.0, recommended by light planners for a workplace, is far exceeded.
2 Blinds on the inside cover the lower half of the window, enabling more relaxed working close by the window. Enough light can still penetrate the room. A minimum daylight factor of 0.9 is far exceeded with all three types of glass investigated.
3 ABB administration building in Baden, CH 1996, Architect: Theo Hotz, Zurich
4 On an overcast day and with louvres set horizontally, an external blind solution considerably reduces the amount of daylight penetrating a room. Coated insulating glass with 80% light transmission achieves a daylight factor of around 3.0, which is well above the minimum of 2.0 recommended by planners.

von 20% zwar noch die Norm erfüllt wird, die Empfehlungen der Lichtplaner von 2 bis 4% an einem Computerarbeitsplatz jedoch bereits unterschritten werden. Diese Tendenz verstärkt sich entsprechend beim Einsatz der Blendschutzsysteme. Zunächst wurde in der Simulation ein innen liegender Screen berechnet, der sich über die gesamte Fensterfläche erstreckt. In der Praxis ist diese Variante durchaus häufig anzutreffen – insbesondere bei älteren Gebäuden, bei denen kein außen liegender Blendschutz montiert ist. In der Berechnung wurde der Screenbehang derart ausgelegt, dass er die Lichttransmission des Kombi-Glases von 50% auf eine gerichtete Transmission mit einem Wert von 10% reduziert. Das Ergebnis: Mit einem TQm von lediglich ca. 0,8% bzw. 80 Lux wird sogar die niedrigere DIN-Norm unterschritten.

Wesentlich günstiger fallen die Berechnungen bei einem innen liegenden Blendschutz aus, der nur die untere Hälfte der Verglasung abdeckt (Abb.2). Eine intelligente Variante, die da wirkt, wo sie wirken soll: Während der Arbeitsplatz am Fenster blendfrei bleibt, profitiert der gesamte Raum von der hohen Lichttransmission durch die ungeschützte obere Fensterhälfte. Entsprechend positiv fallen die TQm aus: Bei 80% Lichttransmission im Isolierglas liegt er bei ungefähr 3,3%, bei 50% immerhin noch bei ca. 2,3%. Sogar die Verglasung mit 20% Lichttransmission übertrifft mit einem TQm von etwa 1,2% noch die Norm.

Im dritten Teil der Simulation stehen die Auswirkungen eines außen liegenden Blendschutzes im Mittelpunkt. Dafür wurde eine Lamellenlösung gewählt, die bei der Berechnung zunächst waagerecht (Abb.4) und in einem zweiten Schritt – unter Sonneneinstrahlung – in einem 45°-Winkel gegen die Sonneneinstrahlung gerichtet wurde. Die Ergebnisse bei bedecktem Himmel dokumentieren eine stärkere Tageslichtreduktion als bei den innen liegenden Lösungen. Der TQm sinkt in den drei Kategorien (80, 50, 20% Lichttransmission bei der Verglasung) von ca. 3,0 über 1,9 auf ungefähr 0,8%. Bei Sonnenschein schnellen die Werte dagegen trotz des Blendschutzes durch die Lamellen in die Höhe: Während bei der Verglasung mit 80% Lichttransmission ein Beleuchtungsstärkewert von ca. 520 Lux erreicht wird, liegt der Wert bei 50%iger Lichttransmission der Verglasung noch bei ca. 320 Lux und sogar bei extrem niedrigen 20% noch bei ca. 130 Lux. Zudem lohnt ein Blick über den definierten TQm hinaus auf die Lichtverteilung im gesamten Raum. Bei sämtlichen Berechnungen ist ein »Peak« etwa 0,5 m von der Fensterfläche entfernt zu erkennen. Hier werden TQms erreicht, die den Wert um ein Vielfaches übertreffen. Sie liegen bei bis zu ca. 6,4% ohne und bis zu etwa 5,2% mit Blendschutz. Daraus ist zu folgern, dass Arbeitsplätze möglichst nahe am Fenster eingerichtet werden sollten. Am anderen Ende des Raums sind hingegen entsprechend niedrige Werte festzustellen, die in fast allen Berechnungsbeispielen die empfohlenen TQm von 2% unterschreiten. Je nach Blendschutz wird in den meisten Fällen sogar nicht einmal die Schwelle von 0,9% erreicht. Das heißt, dass hier Arbeitsplätze nur unter Einsatz von Kunstlicht vernünftig genutzt werden können. Der Standort eignet sich somit höchstens für temporäre Arbeitsorte oder beispielsweise Regale.

Fazit und Ausblick

Welche Schlüsse lassen sich aus diesen Berechnungen ziehen? Eine klare Empfehlung, welches Kombi-Glas unter welchen Bedingungen die richtige Wahl ist, lässt sich aus der Studie nicht abgeleiten. Vielmehr ist es offensichtlich, dass es sich bei der Tageslichtplanung um einen äußerst komplexen Prozess handelt, der von zahlreichen Faktoren beeinflusst wird. Zudem hat sich gezeigt, dass die Intensität und Güte von Tageslicht in einem Raum eben nicht nur von der Wahl der Verglasung abhängt. Gleichwohl ist die Wahl des Glasprodukts ein entscheidender Faktor und bedarf damit einer gründlichen Analyse. Auch aus einer Gegenüberstellung von Lichttransmission und Hitzeschutz kann keine standardisierte Antwort abgeleitet werden. Zweifelsohne sind beide Parameter von großer Bedeutung. Denn was nützt eine optimale Tageslichtnutzung, wenn diese mit einem unbefriedigenden Hitzeschutz einhergeht und so hohe Kühlleistungen der Klimatechnik erforderlich macht. Auf der anderen Seite sehen sich Architekten und Planer immer wieder mit Forderungen der Haustechniker nach einem niedrigen g-Wert konfrontiert, die in so machen Fällen in keinem vernünftigen Verhältnis zu der damit einhergehenden schwachen Tageslichtausbeute stehen. Eine solche Entscheidung hat negative Folgen für die Gesundheit und Motivation der Mitarbeiter, die sicherlich nicht im Sinne des Bauherrn bzw. Arbeitgebers sind. Interessante Erkenntnisse lassen sich der Studie zudem in Bezug auf die berechneten Blendschutzsysteme entnehmen: Bei einer innen liegenden Lösung sorgt der halbe Screen für ein deutliches Plus an Tageslicht, sodass eine solche Lösung der immer noch häufig anzutreffenden Gesamtabdeckung vorzuziehen ist. Die Effektivität eines außen liegenden Sonnenschutzes nicht nur als Blendschutz, sondern vor allem auch in Bezug auf den hier nicht näher thematisierten sommerlichen Wärmeschutz ist unbestritten. Aber auch hier gilt: Entscheidend ist die Gesamtlösung unter genauer Berücksichtigung der zahlreichen Einflussfaktoren. Bei der Tageslichtplanung handelt es sich um eine anspruchsvolle Aufgabe, die eine fachliche Beratung durch Spezialisten unverzichtbar macht. Innovative Glashersteller bieten heute Produkte an, die Architekten fast uneingeschränkte planerische Freiheiten ermöglichen. Die Kunst besteht darin, daraus für die individuellen Anforderungen eine optimale Lösung zu definieren. Die Tageslichtnutzung sollte dabei eine wichtige Rolle spielen.
DETAIL 04/2006, verifiziert 12/2013

Christian Jetzt ist Bauingenieur mit wirtschaftlichem Aufbaustudium zum MBA. Seit 2004 leitet er die Glas Trösch Beratungs-GmbH, Ulm.

Still today glass's main contribution to architecture is in bringing daylight into the interior of buildings. Given the importance of this role, it is remarkable how little attention is paid to proper daylight planning. Perhaps this is because of the tremendous progress made in glass technology in recent decades, prompting a focus more on products than planning. Also, for years debate was dominated by U-values (thermal transmittance), but now that insulating glass has reached insulation levels better even than brick walls, attention can turn to other issues. Like solar glass, as a way of reducing the high energy cost of cooling buildings with extensively glazed facades. Efforts here are directed at obtaining as low a g-value, or solar heat gain coefficient (SHGC), as possible. However, a low g-value also means lower light transmission. In practice coated solar glass with 70% light transmission can in the best case have a g-value of 35%. A wide range of coated glass is now available – for each application planners have to weigh up the requirements of heat protection and daylight levels. Many factors come into play. Bartenbach LichtLabor commissioned Glas Trösch to conduct a study of this relationship, but before we investigate its findings, I should like to outline one or two important parameters in daylight planning.

Can artificial light replace daylight?
Our eyes are our window on the world. Studies have shown we use 25% of our energy on visual processes. 80–90% of the information our brains process is taken in through our eyes, and light quality plays a part in how well we take up this information. It also has demonstrable effects on organ function and behaviour. What, then, constitutes good light? Scientists have come to the conclusion that natural light is better than artificial light for our organism, our psyche and our general sense of wellbeing. In our brains, levels of serotonin, a neurotransmitter which promotes a feeling of happiness, depend on how much natural light we are exposed to. Conversely, a lack of daylight is linked with depression, and too much artificial lighting is one of the main causes of sick building syndrome. It's clearly time for a shift in emphasis, in research and in planning, from artificial light to natural light.

Daylight standards
In Germany two standards apply to the use of daylight in buildings: DIN 5034 Parts 1 to 6 sets out acceptable daylight levels in interiors. For homes and offices a daylight factor of a minimum of 0.9% or 90 lux is recommended, measured at a given point in the room. EN 12464-1 governs lighting in workplaces. It underlines the importance of proper lighting to enable people to carry our visual tasks effectively and precisely, highlighting in particular the use of daylight. This standard does not offer specific solutions, nor does it restrict the freedom of planners to explore new, innovative techniques. It is important to note that both standards are only guidelines, and that in practical applications they can only offer limited support. Specialists like Bartenbach LichtLabor recommend considerably higher daylight factors, distinguishing between the types of room involved – offices, computer workplaces, meeting rooms, workshops etc. – and the demands placed on visual acuity.

Glare protection – another challenge
Intensive use of daylight in buildings generally also entails efficient glare protection – primary, secondary and tertiary. Primary glare protection has to do with general conditions, such as the orientation of the building, the position of the workplace and any screens, and the light transmission properties of the window glass. Secondary protection is in the form of fixtures on the outside of the building. Tertiary protection is inside the building – internal blinds or curtains. A combination of all three types brings the best results. The study described in the following investigated two different systems of glare protection.

Limits of the g-value
This daylight study set out to simulate and evaluate the effects on a defined space of various daylight solutions on the facade of a building. This standard space, or office, measured 4.50 m × 5.50 m × 3 m (height). The window over the concrete parapet was 2 m high. The degree of reflection from the floor, walls and ceiling was put at 30, 50 and 80% respectively. Three models were observed in calculating daylight levels: glass facade without glare protection (ill. 1); glass facade with internal glare protection (screen, ill. 2); and glass facade with external glare protection (louvre blind, ill. 3). These models were calculated for glass with 80, 50 and 20% light transmittance, equivalent to a solar heat gain coefficient (g-value) of between 15 and 60, i.e. only 15 to 60% of the solar heat passes through the glass. All the calculations were based on a horizontal lighting strength of 10,000 lux, equivalent to average light levels on an overcast day. In addition, for the model with external blinds, a sun situation was simulated. The calculations revealed the following: In the model without glare protection, glass with 80% light transmission achieved a daylight factor of around 6.4%, which is considerably higher than the level set out in the standard. At 50% light transmission the factor reduces to around 4%, and at 20% it is only around 1.6%. Thus glass with 20% light transmission meets the recommended minimum standard, but it falls short of the factor light planners recommend, namely 2–4% for a computer workplace. This trend is even more evident when glare protection is in place. First the calculations were made for a situation where an internal screen covers the entire window surface. The result: With a daylight factor of just 0.8% or 80 lux, even the lower DIN standard is not met. Much better daylight levels inside are achieved with an interior blind that covers only the bottom half of the window. This keeps the workplace by the window free of glare while still allowing light to enter through the upper half, to benefit the whole room. Daylight factors in such a case are 3.3% for 80% light-transmitting glass, and 2.3% for 50% glass. Even 20% glass meets the recommended levels, with a daylight factor of 1.2%.
The third part of the simulation focused on the effects of using an external blind. Two examples were studied – louvre blinds set horizontally, and then, in direct sunshine, set at a 45° angle to the sun's rays. The results for an overcast sky show a sharper reduction in daylight than in the case of internal solutions. The daylight factor falls in the three categories (80, 50, 20% light transmission) from 3.0 to 1.9 and 0.8%. In sunshine, however, the values rise rapidly, despite the protection given by the louvres: 80% glass reaches illuminance of around 520 lux, 50% glass around 320 lux and even the very low 20% light-transmission glass still manages to achieve 130 lux. What do these daylight factors mean for light distribution in the whole room? In all the calculations a peak is reached at about half a metre away from the window. Here daylight factors are reached that far exceed the recommended levels – up to 6.4% without glare-protection and up to 5.2% with protection. This prompts the conclusion that the workplace should be positioned close to windows. Space at the back of the room, where daylight levels are low (below the recommended levels of 2%, and down as low as 0.9% depending on type of screen) is only suited for work of a temporary nature or for shelving.

Conclusion and outlook
What these results tell us is not which type of glass to choose, but that daylight planning is a highly complex process, dependent on many factors and requiring careful analysis. The type of glass is only one factor in achieving the right intensity and quality of daylight in a room. Even when comparing light transmission and heat protection, no standard answer can be given. Both parameters are important. Architects and planners must balance the demands of owners, employers and HVAC engineers for ever lower g-values, which can lead to inadequate levels of daylight, with the health and motivation of the occupants. Daylight planning is a complex challenge, and one that calls for specialist consultants. Innovative glass manufacturers are offering products nowadays that give architects tremendous scope. The art lies in finding the optimum solution for the particular requirements.

Christian Jetzt is a construction engineer with a Master's in Business Administration. Since 2004 he is responsible for Glas Trösch Beratungs-GmbH, Ulm.

Auf den zweiten Blick – Glaspavillon am Broadfield House in Kingswinford

Revisiting the Glass Pavilion at Broadfield House, Kingswinford

Christian Schittich

Architekten • *Architects:*
Design Antenna, Richmond
Brent G. Richards, Robert Dabell
Tragwerksplanung • *Structural Engineers:*
Dewhurst Macfarlane and Partners, London
Tim Macfarlane, Gary Elliot, David Wilde
siehe/*see* Detail 01/1995, S./*p.* 59ff.

1

Der 1994 fertiggestellte Museumspavillon in Westengland verkörpert die bauliche Manifestation eines ewigen Wunschtraums: der Sehnsucht nach vollkommener Auflösung der Gebäudehülle und damit der totalen Transparenz. Seit Jahrhunderten ist diese in der Architektur ein Thema, spätestens mit dem Beginn der Moderne in den 1920er-Jahren wird sie zum Mythos. Inspiriert von Dichtern und Philosophen wie dem Berliner Paul Scheerbart, der in einer aufgelösten Bauweise gar das Fundament für eine offene Gesellschaft sieht, entwerfen Architekten der damaligen Avantgarde wie Mies van der Rohe oder Bruno Taut gläserne Visionen, die aber überwiegend, mangels technischer Umsetzbarkeit, auf dem Papier bleiben mussten.

In der zweiten Hälfte des 20. Jahrhunderts aber erfährt die Glastechnologie einen enormen Entwicklungsschub und erreicht zu Beginn der 1990er-Jahre einen Stand, der nichts mehr unmöglich erscheinen lässt. Aus dem einst spröden, zerbrechlichen Material ist nun ein Hochleistungsbaustoff für kühne, filigrane Konstruktionen geworden, der bei Bedarf auch Lasten abtragen und aufgrund raffinierter, weitgehend unsichtbarer Beschichtungen zusätzlich noch Funktionen der Klimakontrolle übernehmen kann.

Zu dieser Zeit gleicht die Entwicklung der Glasarchitektur einer regelrechten Jagd nach Rekorden. Nach den spektakulären verglasten Netzschalen oder Seilnetzkonstruktionen der späten 1980er-Jahre versuchen nun zahlreiche Protagonisten, auch auf die letzten, noch so kleinen Verbindungsteile aus Metall zu verzichten.

Innerhalb kürzester Zeit tauchen die ersten gläsernen Träger oder Stützen auf, zunächst bei kleineren Projekten, bald aber auch bei stark belasteten Dächern und öffentlich genutzten Gebäuden.

Als Höhepunkt dieser Entwicklung geht dann Mitte der 1990er-Jahre der vollkommen aufgelöste Eingangspavillon eines Museums in England durch die Presse und erregt weltweit die Aufmerksamkeit der Fachwelt. Trotz seiner eher bescheidenen Abmessungen von 11 m Länge, 5,70 m Breite und 3,50 m Höhe gilt er nach wie vor als die größte Ganzglaskonstruktion und gleichzeitig als die erste bei einem öffentlichen Gebäude. Ganzglaskonstruktion meint in diesem Zusammenhang, dass außer dem transparenten Material und den notwendigen Klebern auf alle anderen Baustoffe, vor allem auf Punkthalter oder sonstige Verbindungsteile aus Metall, verzichtet wird.

Metapher auf den Mythos Glas
Geplant als Erweiterung eines Glasmuseums – bei den Sammlungen handelt es sich um kunsthandwerkliche Gläser aus dem 17. und 18. Jahrhundert – wollten die Architekten mit dem Pavillon ein modernes Gegenstück zu dem historischen Bauwerk, einer georgianischen Villa und seiner Sammlung, schaffen und gleichzeitig die Leistungsfähigkeit zeitgenössischer Glastechnologie demonstrieren. Nach eigener Aussage schwebte ihnen vor, ein technisches Glanzstück und darüber hinaus eine Metapher auf den Mythos Glas zu schaffen. Sie strebten einen vollkommen entmaterialisierten Raum an, in dem – durch die bewusste Manipulation von Licht und Schatten – die Schwerkraft aufgehoben scheint und innen und außen verschmelzen. Dazu griffen Brent Richards und sein Team von Design Antenna auf eine Konstruktion zurück, wie sie von den beteiligten Ingenieuren Dewhurst Macfarlane (zusammen mit Rick Mather) schon vorher für eine ähnliche, aber kleinere Struktur – einen privaten Wohnhausanbau – entwickelt worden war. Stützen und Träger des rückseitig an den Altbau angelehnten Gefüges bestehen dabei aus dreilagigem Verbundglas und sind vor Ort über Schlitz- und Zapfenverbindungen zusammengefügt, die anschließend mit Gießharz geschlossen und fixiert wurden.

Vorbild mit Schwächen
Der Glaspavillon am Broadfield House ist die Verwirklichung einer bahnbrechenden Idee. Darin sind sich auch heute noch die Experten einig. Nach wie vor gilt er als Schlüsselprojekt im Konstruktiven Glasbau, bei dem das Material auch wesentliche tragende Funktionen übernimmt. Gleichzeitig trug er ganz entscheidend dazu bei, die Entwicklung der Klebeverbindungen voranzutreiben – eine Art des Fügens, die dem spröden Material Glas weit mehr entgegenkommt als über Bohrungen befestigte Punkthalter. Insgesamt gesehen hat der Museumspavillon, der damals (und auch noch lange Zeit danach) in Deutschland aus zulassungstechnischer Sicht überhaupt nicht möglich gewesen wäre, den Glasbau entscheidend vorangebracht, indem er eindrucksvoll vor Augen führte, was mit dem Baustoff überhaupt möglich ist. Gleichermaßen als Vorbild beeinflusste er zahlreiche Glaskonstruktionen der nachfolgenden Zeit.

So sieht der Ingenieur Tim Macfarlane, der an beiden Projekten beteiligt war, auch das eindrucksvolle Dach über der Mittelalter-Abteilung im Londoner Victoria and Albert Museum (siehe S. 136ff.) in einer Linie mit Kingswinford und als unmittelbare Weiterentwicklung der damaligen Prinzipien. Denn auch hier griffen die Planer auf die seinerzeit entwickelte Methode, die Lasten aus der Dachhaut direkt über eine Klebeverbindung einzuleiten, zurück. Schlanke, kaum sichtbare Metallklammern sind am Victoria and Albert Museum nur notwendig, um die Spannungen zu übertragen, die aus dem relativ neuartigen Verfahren, die gekrümmten Scheiben vor Ort in Form zu pressen, resultieren.

Wer das erste Mal ins Broadfield House kommt, den Pavillon aber aus den zahlreichen Veröffentlichungen kennt, ist zunächst von seiner fast unscheinbaren Größe und der Lage an der Rückseite des stattlichen ehemaligen Herrschaftshauses überrascht. Nach übereinstimmender Aussage von Planern und Nutzern hat sich die (Trag-)Konstruktion selbst bewährt. Auch bei der Inaugenscheinnahme sind kaum Mängel festzustellen, abgesehen von Luftblasen in den geklebten Verbindungen zwischen Stützen und Trägern. Diese bestehen allerdings von Anfang an und sind der seinerzeit ungenügenden Ausführung vor Ort geschuldet.

1, 3 Zustand 1994
2   Entwurfskizze der Architekten

1, 3 Condition in 1994
2   Conceptual sketch by the architects

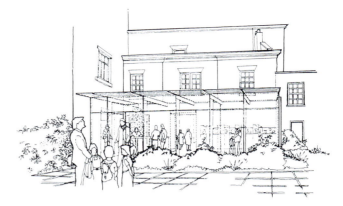

2

Als gescheitert aber muss die ursprüngliche Vorstellung der Planer bezeichnet werden, lediglich mit einer Sonnenschutzbeschichtung (innenseitig auf der äußeren Scheibe angebracht) und einem zarten, auf das Glas gedruckten Raster auf dem Dach die Probleme der sommerlichen Überhitzung des südwestorientierten Innenraums in den Griff zu bekommen. Nachdem die Mitarbeiter des Museums jahrelang über viel zu hohe Temperaturen während der warmen Jahreszeit geklagt hatten – der Pavillon ist permanenter Arbeitsplatz für ein bis zwei Personen –, ließ die Museumsleitung vor einigen Jahren die Innenflächen der Fassade und die Außenflächen des Dachs mit einer lichtreflektierenden Folie bekleben. Leider beeinträchtigt diese Veränderung die beabsichtigte ästhetische Wirkung und damit die Gesamterscheinung enorm. Vor allem von außen wirkt der Anbau bei Tag nun nicht mehr leicht und transparent, sondern dunkel und eher abweisend, und von oben, aus den Fenstern des Altbaus betrachtet, erscheint das Dach wie eine spiegelnde Fläche. Dass sich die Angestellten in den direkt darüber angeordneten Büros nun über störende Blendeffekte beklagen, verwundert nicht.

Gebautes Manifest
Derartige funktionale Mängel leisten aber der Bedeutung dieses faszinierenden Experiments für den Glasbau kaum Abbruch. Als gebautes Manifest hat der Pavillon am Broadfield House zahlreiche Glasprojekte der vergangenen zwei Jahrzehnte direkt oder indirekt beeinflusst oder gar initiiert. Dass er aber trotz der heute deutlich verbesserten technischen Möglichkeiten – die von größeren Trägerlängen bis zu leistungsfähigeren Klebern reichen – in seinen Ausmaßen als Ganzglaskonstruktion nicht überboten wurde, lässt Raum zur Spekulation. Kann es sein, dass die technische Herausforderung fehlt, wenn der Reiz des vollkommen Neuen nicht mehr da ist? Bestimmt aber hat auch die totale Transparenz, einmal erreicht, viel von ihrer ursprünglichen Faszination verloren. Das

3

4, 5 Zustand Ende 2010
6 Konstruktionsschema:
   A waagerechte Isolierverglasung
   B senkrechte Isolierverglasung
   C Glasstütze
   D Silikonversiegelung
   E Distanzhalter
   F Glasträger Verbundglas 300 × 32 mm

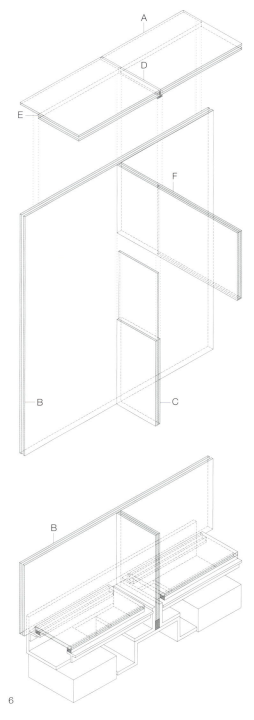

gilt vor allem für permanent von Menschen genutzte Räume. Schließlich sind vollkommen verglaste Bauwerke klimatisch gesehen nur sehr schwierig und nur mit hohem technischen Aufwand in den Griff zu bekommen. Darüber hinaus wirkt Glas, bei aller Ausstrahlung, die es hat, oftmals auch abweisend und kalt. In einer Zeit, in der die sinnlichen Qualitäten der Materialien zunehmend wieder an Bedeutung gewinnen, versuchen immer mehr Architekten und Gestalter, den an sich durchsichtigen Baustoff zu materialisieren, indem sie ihn sandstrahlen oder ätzen, beschichten oder einfärben. Auch in dieser Hinsicht zeigt das neue Dach über dem Victoria and Albert Museum eine tatsächliche Weiterentwicklung. Hier brechen die transluzenten Träger das Licht, erzeugen raffinierte Effekte und schließen, schräg von unten betrachtet, den Raum, während sich bei direkter Aufsicht von unten der Blick zum Himmel öffnet.
DETAIL 01–02/2011

The museum pavilion, completed in 1994, is the physical manifestation of a recurring dream: the desire to completely dissolve the building envelope and to thereby achieve total transparency. For centuries this has been a theme in architecture, and by the early 1920s it had become something of a sought-after myth. Inspired by poets and philosophers such as Paul Scheerbart of Berlin, who goes so far as to see dematerialised structures as the foundation of an open society, the avant-garde architects of the era – including Mies van der Rohe and Bruno Taut – devised crystalline designs, which, however, for lack of technological support, remained visions on paper. But during the second half of the 20th century, glass technology experienced a tremendous boost in its development, and by the early 1990s it had attained a level in which nothing seemed beyond reach. What had once been a brittle, delicate substance was now a high-performance building material for audacious, airy structures which, when necessary, could also bear loads and, thanks to the sophisticated coatings that are for the most part invisible,

4, 5 Condition in late 2010
6   Structural diagramm:
    A Horizontal insulating glass
    B Vertical insulating glass
    C Glass column
    D Silicone sealant
    E Spacer
    F 300/32 mm laminated-glass beams

5

could also function as climate control. During this era, the development of glass architecture resembled a race to set records. Following the development of the spectacular (glazed) grid shells and tensile structures of the late 1980s, many of the leaders in the field sought to do away with every last metal connection component – even the very smallest of them. In no time at all, the first glass beams and columns turned up, first in smaller private projects, but shortly thereafter in roofs subject to greater loads and buildings accessible to the public.

Then in the mid-1990s, at the height of this development, the completely de-materialised entrance pavilion at a museum in England made the rounds in the press and attracted the attention of the profession. Despite its modest dimensions (11.0 × 5.7 × 3.5 m), it is to this day the largest all-glass structure ever erected. It was also the first of its kind to be realized for a public building. An all-glass structure is composed of no other building material whatsoever than the transparent matter itself and the necessary adhesives.

Metaphor for the fascination with glass
Planned as an addition to a glass museum – the collection contains items of applied arts made of glass dating to the 17th and 18th centuries – the pavilion was intended as a modern counterweight to the historic building, a Georgian villa. At the same time, the architects and engineers wanted to showcase modern glass technology. They stated that their aim was to create a metaphor for the prolonged fascination with glass. They sought to completely dematerialise space – to overcome gravity by manipulating light and shadow. To this end, Brent Richard and his team at Design Antenna drew on the experiences their engineers – Dewhurst Mcfarlane with Rick Mather – had made with the realisation of a similar, but smaller, private residence. The columns and beams of the pavilion, whose back side buts up to the original building and is in part supported by it, are composed of three layers of laminated glass and were assembled on site by means of mortise-and-tenon joints, which were then filled in with casting resin.

Role model with weaknesses
The glass pavilion at Broadfield House is the embodiment of a pioneering idea: to this very day, that is the consensus of the experts. It is still considered a key work with respect to structural glazing. But it also played a crucial role in spurring the development of adhesive connections – a type of connection that is much more amenable to glass than are the drilled holes required for point fixing. Seen as a whole, the design of the museum pavilion gave glass construction a big lift by impressively demonstrating how much potential the material holds. Many buildings were inspired by – or, in some cases, even copied – this prototype.

Jim Mcfarlane, who was involved both in the Broadfield House addition and the new impressive roof over the medieval department at London's Victoria & Albert Museum (see pp. 136–139), sees the latter as the direct continuation of the principles that were prevalent in the 1990s: the planners once again drew on the method in which the glass panels are glued directly to the glass downstand beams. At the Victoria & Albert Museum, only slender, barely visible metal clamps are required to direct the stresses that result from the relatively new procedure in which glass is curved on site.

When visiting Broadfield House for the first time, those who have seen some of the many articles on the pavilion will be surprised at its unpretentious scale and its siting at the rear of the stately former residence. According to the planners and occupants, the (load-bearing) structure has successfully withstood the test of time. And upon inspection on site, with the exception of air bubbles in the adhesive connections – which were present from the very beginning due to poor execution – one is hard-pressed to find defects.

But the original concept foresaw contending with summer sun with nothing more than a solar protection coating (on the inner side of the outermost pane) and a delicate dot matrix printed on the glass: it must be deemed a failure. Following years of employees' complaints regarding the high summer temperatures, the museum's administration decided a number of years ago to add a light-reflecting membrane to the inner surface of the facade and the outer surface of the roof. This alteration compromises the intended aesthetic effect, and, correspondingly, the pavilion's overall appearance. Particularly from the exterior, during the daytime the addition no longer seems airy and transparent, but is dark and foreboding instead. From above – as viewed from the villa's windows – the roof appears to have a mirrored surface. It does not come as a surprise that employees in the offices directly above it complain of the bothersome glare.

Built manifesto
However, such functional shortcomings will hardly bring about the end of this fascinating experiment. The pavilion, as a built manifesto, has directly or indirectly influenced – or even provided the impetus for – many of the glass projects realised in the last fifteen years. The fact that despite the improved technology – which includes longer beam spans and more affordable adhesives – the pavilion's dimensions have not been outdone is grounds for speculation. Could it be that technological advancement is fuelled by the attraction to something altogether new, and that otherwise the ambition fades away? It is certain that once complete transparency was achieved, the original fascination with it dissipated.

This is true first and foremost of spaces which are in constant use by people. Ultimately, in completely glazed buildings it is very difficult to get a grip on the climate control. On top of that, despite all of its allures, glass often seems forbidding and cold. In an era in which sensual qualities are gaining ground, more and more architects and designers are attempting to materialise a substance that is inherently transparent by having it sand-blasted, etched, coated or coloured. In this respect, the Victoria & Albert Museum does indeed take the development a step further: the translucent beams break the light, creating sophisticated effects, and seen obliquely from below, terminate the space. But when one looks straight up, the view to the sky is unimpeded.

projektbeispiele
case studies

64	Hochzeitskapelle in Osaka • *Wedding Chapel in Osaka*
68	Restauranterweiterung in Olot • *Restaurant Extension in Olot*
73	L'Opéra Restaurant in Paris • *L'Opéra Restaurant in Paris*
76	Bankgebäude in Kopenhagen • *Bank Building in Copenhagen*
81	Bank in Bilbao • *Bank in Bilbao*
84	Verwaltungsgebäude in Istanbul • *Administration Building in Istanbul*
88	Regierungsgebäude in Zamora • *Government Building in Zamora*
92	Eingangsbau in London • *Entrance Structure in London*
96	Forschungszentrum in Ulm • *Research Centre in Ulm*
102	Berufskollegs in Recklinghausen • *Vocational Schools in Recklinghausen*
106	Mobiler Ausstellungspavillon • *Mobile exhibition pavilion*
110	Museum in Kansas City • *Museum in Kansas City*
114	Galerie in La Pizarrera • *Gallery in La Pizarrera*
117	Galerie und Kunstschule in Waiblingen • *Art Gallery and Arts Educational Centre in Waiblingen*
121	Poetry Foundation in Chicago • *Poetry Foundation in Chicago*
126	Louvre Lens • *Louvre Lens*
132	Besucherzentrum Joanneum in Graz • *Joanneum Visitors' Centre in Graz*
136	Glasdach im Victoria and Albert Museum in London • *Glazed Roof at the Victoria and Albert Museum in London*
140	Kaufhaus in Vancouver • *Department Store in Vancouver*
143	Temporäres Terminalgebäude in Wien • *Temporary Airport Terminal in Vienna*
146	Tramdepot in Bern • *Tram Depot in Berne*
150	Lichtinstallation für eine Unterführung in Berlin • *Light installation for a railway underpass in Berlin*
153	Stadion in Kaohsiung • *Main Stadium in Kaohsiung*
156	Gewerbehof in München • *Mixed-use Hall in Munich*
159	Wohnhaus in Hiroshima • *Residence in Hiroshima*
162	Villa in Holland • *Villa in Holland*
167	Wochenendhaus in Karuizawa • *Weekend House in Karuizawa*
171	Erweiterung eines Doppelhauses in Heverlee • *Extension to Semi-Detached House in Heverlee*
174	Erweiterung eines Wohnhauses in New Canaan/Connecticut • *Addition to a Home in New Canaan/Connecticut*
178	Wohnhaus in Zürich • *House in Zürich*
182	Wohntürme in Antwerpen • *Apartment Towers in Antwerp*
186	Wohnhaus in Dublin • *House in Dublin*
190	Baumhotel in Harads • *Tree Hotel in Harads*

Hochzeitskapelle in Osaka

Wedding Chapel in Osaka

Architekten • *Architects:*
Jun Aoki & Associates, Tokio
Tragwerksplaner • *Structural Engineers:*
Space and Structure Engineering Workshop Inc., Tokio

Meist in luxuriöse Hotellandschaften eingebettet, geht es bei den jüngst in Japan beliebt gewordenen Hochzeitskapellen weniger um liturgische Gesichtspunkte als darum, einen einprägsamen emotionalen Rahmen für Trauungszeremonien zu schaffen. Geheimnisvoll scheint die White Chapel in leuchtendem Weiß über einem Teich vor dem Hyatt Regency Hotel zu schweben und symbolhaft Aspekte der Unschuld und Reinheit zu zelebrieren. Sichtbare konstruktive Details wurden konsequent vermieden, sodass auch die unsichtbare Dachentwässerung nicht überrascht. Für Hotelgäste der oberen Stockwerke kaum wahrnehmbar erfolgt diese innen liegend über eine schmale Fuge am umlaufenden Rand der weißen Dachfläche.

Angesichts dieser Zurückhaltung umso auffälliger ist das hinter einer rahmenlosen Verglasung liegende Geflecht von Stahlreifen entlang der Südfassade der White Chapel. Das Besondere daran ist nun nicht etwa nur die zeichenhafte Symbolik, als vielmehr die Tatsache, dass Dekoration und Konstruktion hier keine separaten Schichten ausbilden, sondern zu einer homogenen Einheit verschmelzen. Die geometrisch zu einer Vielzahl von regelmäßigen Tetraederflächen gruppierten Ringe wurden in einer Werkstatt zu insgesamt neun Teilstücken vorgefertigt und vor Ort mit der nach rein zweckmäßigen Gesichtspunkten konzipierten Stahlkonstruktion des Dachs verknüpft.

Ebenso wie das Äußere der Hochzeitskapelle erscheint auch der Innenraum ganz in Weiß. Völlig entmaterialisiert wirken die Wandflächen aus straff gespanntem Baumwollstoff, auf denen sich die 6 m hohe tragende Ringkonstruktion untertags als schemenhaftes Schattenspiel abzeichnet. Umgekehrt spiegelt sich die allabendlich illuminierte Kapelle auf der Wasserfläche vor dem Hotel. Vor allem dieser sinnliche Umgang mit dem Licht dürfte für den überwältigenden Erfolg der Kapelle verantwortlich sein: Im ersten Jahr haben dort bereits über 200 Trauungen stattgefunden.   DETAIL 10/2007

The White Chapel seems to hover mysteriously above the lake in front of the Hyatt Regency Hotel. Visible constructional details were avoided wherever possible. The roof drainage, for example, runs in a narrow joint around the eaves. All the more striking is the mesh of steel rings behind the frameless glazing along the south face. Here, decoration and construction form a homogeneous whole. The rings are geometrically arranged in numerous regular tetrahedrons joined together to form nine elements. These were prefabricated at works and fixed on site to the roof structure, which was designed on a purely functional basis. The internal wall surfaces, lined with tautly stretched cotton fabric, create a dematerialised effect. During the day, the shadows of the six-metre-high ring construction can be seen indistinctly on the fabric. In the evening, when the building is illuminated, it is mirrored in the surface of the lake. These sensuous qualities probably account for the great success of the chapel: in its first year, more than 200 weddings have taken place there.

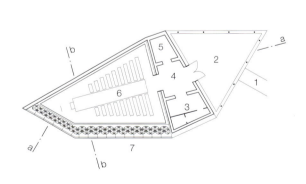

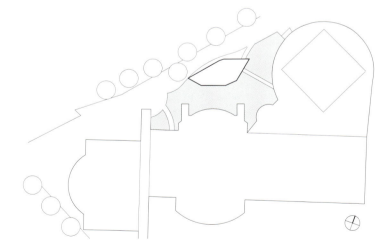

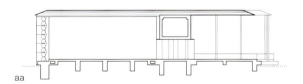

Grundriss • Schnitt
Maßstab 1:500
Lageplan Maßstab 1:2000

*Floor plan • Section
scale 1:500
Site plan scale 1:2000*

1 Brücke
2 Terrasse
3 Warteraum
4 Foyer
5 Medienraum
6 Kapelle
7 Wasserfläche

*1 Bridge
2 Terrace
3 Waiting room
4 Foyer
5 Media space
6 Chapel
7 Lake*

1	Dachabdeckung Stahlblech mit PUR-Anstrich 2,3 mm Abstandshalter		Stahlringe verschweißt ⌀ 600 mm ⧄ 25/25 mm, Oberflächenbeschichtung Acryl-Silikon weiß
2	wasserführende Schicht Trapezblech 0,8 mm 1 % Gefälle Schallisolierung PU-Schaum 20 mm	9	Spiegel vollflächig verklebt Sperrholz 19 mm
3	Akustikdecke abgehängt	10	Marmorwürfel verklebt 20/20/20 mm Ausgleichsschicht 15 mm
4	Floatglas 22 mm		
5	Beleuchtungskörper	11	Lüftungskanal
6	Stoffbefestigung mit Klettverschluss	12	Mosaikfliesen ⌀ 19 mm Mörtelbett 15 mm
7	»Organdy« (Baumwollstoff feuerhemmend)	13	Stoffbefestigung mit Magneten
8	Tragkonstruktion	14	Wasseroberfläche

1	2.3 mm sheet-steel roof covering with polyurethane coating; distance pieces	8	load-bearing structure: 25/25 mm hollow section welded steel rings ⌀ 600 mm with white acrylic-silicone coating
2	0.8 mm trapezoidal-section sheet-metal water-bearing layer with 1 per cent falls 20 mm polyurethane-foam sound insulation	9	mirror, adhesive fixed over full area 19 mm plywood
3	suspended acoustic soffit	10	20/20/20 mm marble cubes adhesive fixed 15 mm levelling layer
4	22 mm float glass		
5	light fitting	11	ventilation duct
6	fabric fastening with Velcro strip	12	⌀ 19 mm mosaic tiles 15 mm bed of mortar
7	"Organdy" (fire-retarding cotton)	13	magnetic fabric fastener
		14	surface of water

Axonometrie Ring-Tetraeder Vertikalschnitt Maßstab 1:20

Axonometric of ring tetrahedrons Vertical section scale 1:20

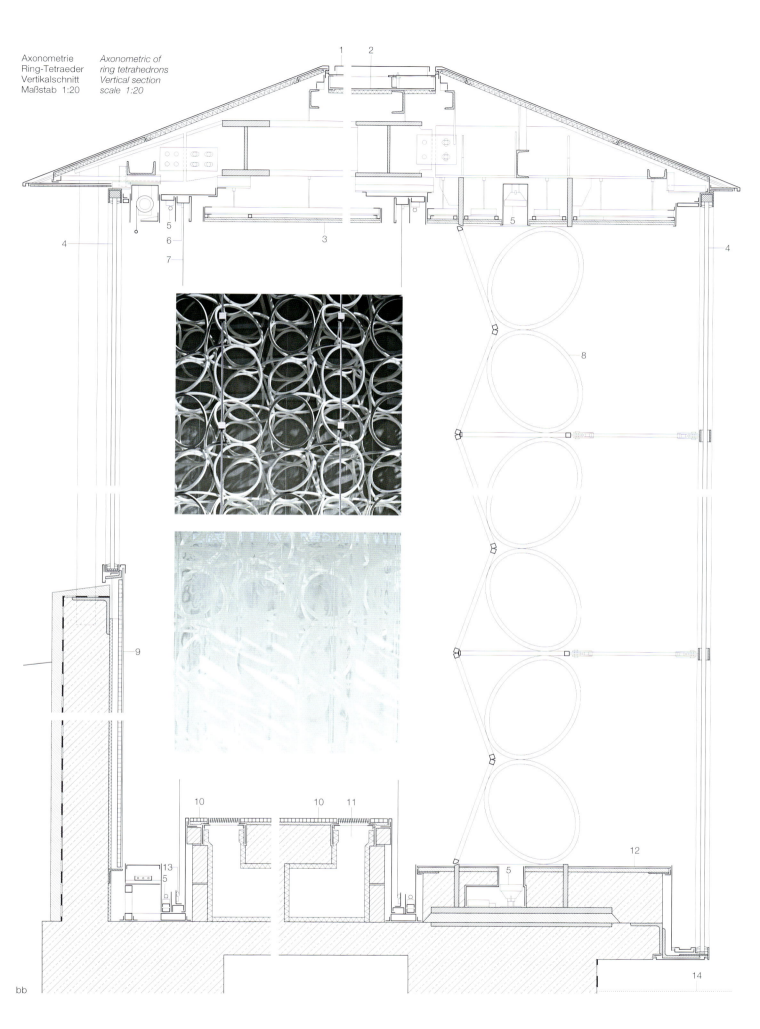

bb

Restauranterweiterung in Olot

Restaurant Extension in Olot

Architekten • *Architects:*
RCR Arquitectes, Olot
R. Aranda, C. Pigem, R. Vilalta
Tragwerksplaner • *Structural Engineers:*
Blázquez-Guanter arquitectes, Girona

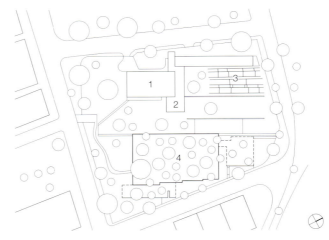

Lageplan
Maßstab 1:3000

1 ehemaliges Gehöft
2 Restaurant (2002)
3 Pavillons (2005)
4 »Zelt« (2011)

Site plan
scale 1:3000

1 Former farmstead
2 Restaurant (2002)
3 Pavilions (2005)
4 "Tent" (2011)

Schon seit Längerem arbeitet das Büro RCR in seinem katalanischen Heimatort Olot mit dem überregional bekannten Restaurant »Les Cols« zusammen. Die Architekten planten bereits den Ausbau eines alten Gehöfts zum modernen Lokal und ergänzten das Areal später um minimalistisch-sinnliche Pavillons mit Übernachtungsmöglichkeiten. Das Bild eines Picknicks im Grünen bestimmt diese Erweiterung: In unregelmäßigem Rhythmus überspannen Stahlrohre eine Senke im Osten des Grundstücks und geben so die Grundstruktur für das neue »Zelt« vor. Transluzente Dachbahnen sowie transparente Raumteiler dienen eher als Wetterschutz denn als Raumabschluss.

Gäste können, schon wenn sie sich der Senke nähern, längs durch das Restaurant hindurchblicken und den Gegenhang am anderen Ende erahnen. In Querrichtung entlang der Tragrohre abgehängte PVC-Bahnen zonieren den Raum und bilden zugleich schmale Atrien, aus denen Bäume emporwachsen. Im Lauf der Jahre wird über dem »Picknick« ein Blätterdach entstehen. Auch die eigens entworfenen Möbel aus Acrylglas ordnen sich dem Konzept des nahezu entmaterialisierten Raums unter. Schwerer Basalt aus der Umgebung prägt hingegen die »Wanne« aus Boden und Wänden. Während die Steine auf den begehbaren Flächen sowie an der beinahe senkrechten Westwand mit Mörtel gebunden sind, finden sich in den Atrien und am bis unter das Dach reichenden Osthang grobe Bruchsteine.

Alle technischen und dienenden Funktionen sind nicht sichtbar oder zumindest möglichst unaufdringlich platziert. So belichten lineare LEDs mit Hütchenreflektoren auf den Oberseiten der Stahlkabel das »Zelt« und lassen es nachts von innen erstrahlen. Die Klang- und Klimatechnik ist in Bodenkanälen untergebracht. Unterhalb des modellierten Geländes verbergen sich Küche und Sanitärräume, schmale verglaste Atrien bzw. die ansteigende Böschung stellen hier den Außenbezug her. DETAIL 01–02/2013

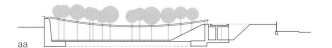
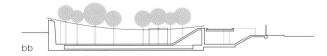
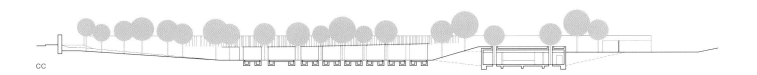

The working relationship between Les Cols, the reknowned restaurant and RCR architects began years ago in their howntown of Olot, Catalonia. First an old farmstead was converted into a modern dining establishment, and later pavilions, both minimal and sensual, offering overnight accommodations were added. The idea of a bucolic picnic sparked this most recent extension: irregularly spaced steel tubing spans a hollow on the east of the site and is the ordering device for the new "tent". Translucent roof membranes and transparent partitions serve more as protection from the elements than as spatial definition. As guests approach the hollow and get a glimpse of the entire length of the restaurant, they spot the slope on the other end. Perpendicular to that vista, running parallel to the structural tubing, the suspended PVC membranes zone the space and line the narrow atria. In the years to come, the picnics will take place beneath the trees' canopy. Even the acrylic-glass furniture conforms to the architects' quest for dematerialised space. In contrast, the earthbound "vessel" – the floor and walls – is characterised by basalt collected nearby. While the cobblestones, which serve as paving and cloak the steep west berm, are embedded in mortar, rough quarry stones were used in the atria and on the east slope. Linear LED bulbs with cone reflectors positioned on top of the steel cables make the "tent" glow at night.
All technical and services are hidden, or at least made as unobstrusive as possible. Also concealed beneath the sculpted terrain are the kitchen and restrooms: narrow glazed atria and an upward slope are the link to the world beyond.

Schnitte • Grundriss
Maßstab 1:750

1 Zugangsrampe
2 Aperitif
3 Tanz
4 Speisesaal
5 Sanitärräume
6 Garderobe
7 Lager
8 Nebeneingang
9 Lastenaufzug
10 Ladehof
11 Küche
12 Cafeteria Personal

Sections • Layout plan
scale 1:750

1 Access ramp
2 Pre-dinner drink
3 Dance floor
4 Dining hall
5 Washrooms
6 Cloakroom
7 Storage
8 Side entrance
9 Freight elevator
10 Delivery
11 Kitchen
12 Employee cafeteria

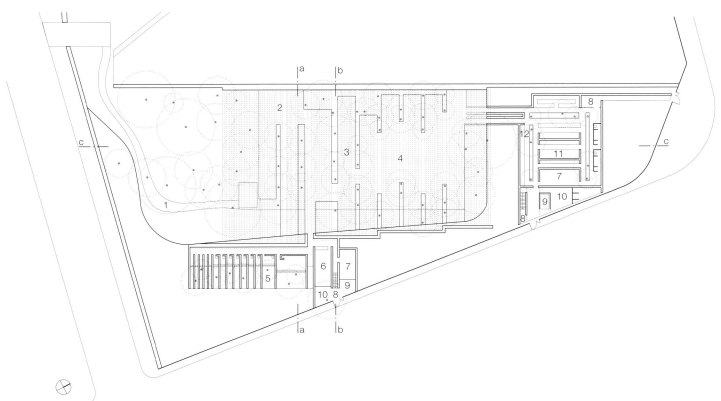

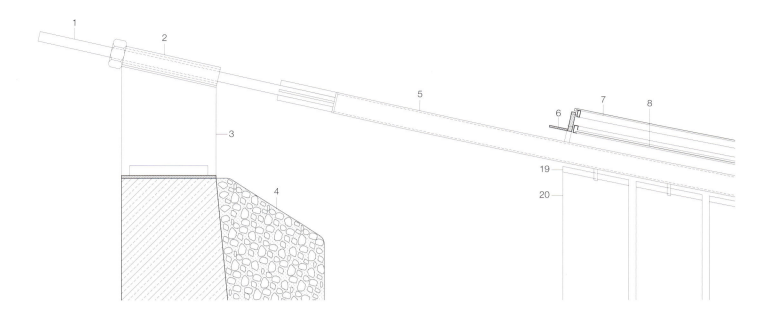

1 Stahlstab mit Gewinde zum Justieren der Tragrohre	6 Tropfblech/Dachrandprofil L aus Flachstahl 100/20 mm und Flachstahl 90/8 mm	Randprofil umlaufend Aluminium extrudiert
2 Aufhängung Tragrohr: Hülse Stahlrohr	7 obere Dachbahn Membran ETFE 0,25 mm, bedruckt mit Punktraster aluminiumfarben ⌀ 4,2 mm	11 Flachstahl 96/20 mm
3 Auflager Stahlplatte verschweißt mit Tragrohr/Hülse	8 untere Dachbahn ETFE transparent 0,25 mm	12 Abstandhalter/Stahlstab mit Gewinde ⌀ 16 mm (Achsabstand 180 cm)
4 Basaltsteine mörtelgebunden	9 Basaltsteinschüttung	13 Abstandhalter Stahl ⌀ 20 mm
5 Stahlrohr (tragend) ⌀ 70 bzw. 90 bzw. 111 mm, 26–30 m lang (geschweißt aus kürzeren Rohren)	10 Verankerung der ETFE-Membran:	14 Stahlrohr ▭ 60/30/3 mm
		15 Beilagscheibe Metall 2,5 mm

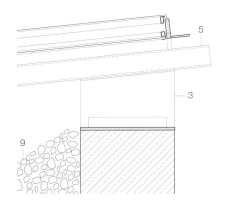

16 Beilagscheibe Silikon 2 mm
17 Hütchenreflektor
18 LED linear weiß in Aluminiumprofil extrudiert
19 Edelstahlprofil 1,5 mm mittig drehbar befestigt
20 PVC-Bahn transparent 3 mm

1 threaded rod to adjust structural steel tube
2 suspension of steel tube: steel-tube sleeve
3 steel-plate bearing surface welded to structural tubing
4 basalt cobblestones in mortar bed
5 Ø 70 or 90 or 111 mm steel CHS (load-bearing), 26–30 m long (shorter segments welded together)
6 roof edge profile: steel angle

100/20 mm and 90/8 mm steel flats
7 0.25 mm upper ETFE roof membrane, imprinted with Ø 4.2 mm dot matrix, colour: aluminium
8 0.25 mm lower ETFE roof membrane, transparent
9 basalt filling
10 ETFE membrane anchor: edge profile, all sides extruded aluminium

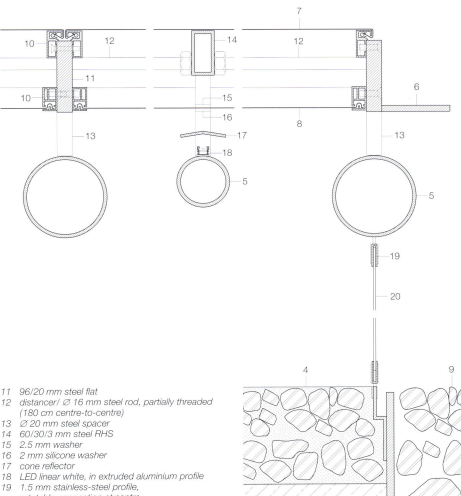

11 96/20 mm steel flat
12 distancer/ Ø 16 mm steel rod, partially threaded (180 cm centre-to-centre)
13 Ø 20 mm steel spacer
14 60/30/3 mm steel RHS
15 2.5 mm washer
16 2 mm silicone washer
17 cone reflector
18 LED linear white, in extruded aluminium profile
19 1.5 mm stainless-steel profile, rotatable connection at centre
20 3 mm PVC membrane, transparent

Schnitte »Zelt«   Maßstab 1:20 • 1:5
Sections of "tent"   scale 1:20 • 1:5

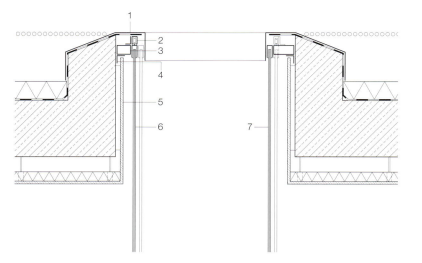

Atrium Küchentrakt
Schnitt
Maßstab 1:20

1 Abdeckblech verzinkt 3 mm
2 Führungsschiene Glasschiebetür
3 Stahlrohr ⌑ 90/50 mm
4 Stahlwinkel L 40/40 mm
5 Verkleidung Gipskartonplatte 15 mm
6 Schiebetür VSG transparent 2× 6 mm
7 Festverglasung VSG transparent 2× 6 mm
8 Atriumboden Basaltsteinschüttung
9 Bodenbelag Basaltsteine mörtelgebunden

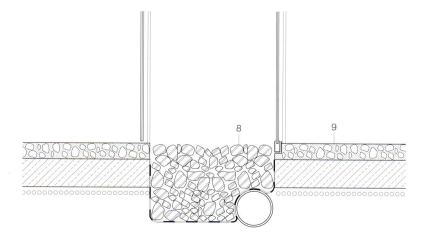

Atrium in kitchen wing
Section
scale 1:20

1 3 mm flashing, galvanised
2 guilde rail of glass sliding door
3 90/50 mm steel RHS
4 40/40 mm steel angle
5 15 mm plasterboard cladding
6 sliding door: lam. safety glass, transparent 2× 6 mm
7 fix glazing: lam. safety glass, transparent 2× 6 mm
8 atrium floor: basalt filling
9 flooring: basalt stones in mortar bed

L'Opéra Restaurant in Paris

L'Opéra Restaurant in Paris

Architekten • *Architects:*
Odile Decq Benoit Cornette
Architectes Urbanistes, Paris
Tragwerksplaner • *Structural Engineers:*
Batiserf Ingénierie, Fontaine

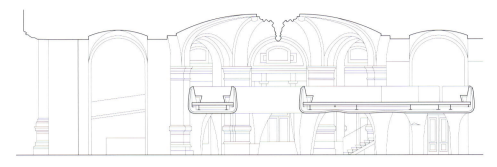

Schnitt Maßstab 1:250   *Section scale 1:250*

Die »Opéra Garnier« ist eines der bekanntesten Pariser Bauwerke, das im gesellschaftlichen Leben der Stadt eine wichtige Konstante darstellt – nur ein Restaurant gab es bisher nie. Seit einigen Monaten besitzt die »Opéra Garnier« nun ein solches, dessen dynamisch geschwungene Formen in spannungsvollem Dialog mit dem historischen Gebäude stehen. In der Ostrotunde, dort wo einst die Opernbesucher in Pferdekutschen vorfuhren, zieht das rot-weiße Interieur hinter der schwerelos wirkenden Glashülle die Blicke auf sich. Ausgehend von den Denkmalschutzauflagen, an keiner Stelle in den Bestand einzugreifen, wurde die gebogene Glasfassade entwickelt, die hinter den Arkadenpfeilern wie ein gläserner Vorhang verläuft. Auch die neue, auf schlanken Stützen stehende Galerieebene schwingt in fließenden Formen in den Raum und gliedert das Restaurant in unterschiedliche Bereiche: lichtdurchflutet und mit Blick auf das städtische Leben an der Fassade, introvertiert in der Lounge, blickgeschützt auf der Galerie.   DETAIL 03/2012

For some months now, a new restaurant – the first ever to exist in the Opéra Garnier – has been causing a sensation. Behind the seemingly weightless glazed skin to the eastern rotunda, the red-and-white interior catches all eyes. Conservation orders required that no part of the existing structure was to be affected. The Parisian architect Odile Decq therefore developed the curved facade that today runs behind the piers of the arcade like a curtain of glass. The flowing forms of the new gallery level, supported on slender columns, articulate the restaurant into different realms: areas flooded with light and with a view of the urban life beyond the facade; and an introverted lounge screened from prying eyes on the mezzanine. The two levels afford space for up to 160 guests. The restaurant, from which there is direct access to the opera house, is open to the general public. The architecture and the gastronomic concept speak a common language: the classical modern kitchen is as compelling, subtle and fresh as the architecture itself.

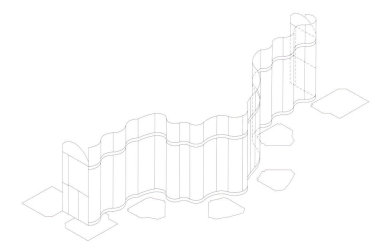

Zur Konstruktion der Glasfassade
Die geschwungene Glasfassade bildet ein eigenständiges neues Element im historischen Opernhaus. Als elegante Hülle schließt sie den ursprünglich offenen Kuppelraum ab, lässt den Bestand jedoch unangetastet: Wie ein Vorhang aus Glas umspielt ihr »Faltenwurf« die Pfeiler. Die 33 m lange, bis zu 8 m hohe Glaswand fasziniert durch ihre Transparenz und minimalistischen Details. Sie besteht aus 17 unterschiedlichen, gebogenen VSG-Segmenten, deren Krümmungen so optimiert wurden, dass die Fassade sich selbst aussteift. Die Gläser sind am Fußpunkt in ein Edelstahlprofil geklemmt, der obere Glasrand schließt mit einer Silikonfuge an das Kuppelgewölbe an. Auch vertikal sind die Glaselemente mit Silikonfugen verbunden. Zunächst war geplant, die Gläser in der gesamten Höhe anzufertigen; um die Montage zu erleichtern, wurden sie in zwei übereinanderliegende Teile geteilt. Auf Höhe des Kämpfers in 6 m verläuft ein horizontales Band aus Edelstahl, in dem die Gläser befestigt sind. Das Band ist am Gesimskranz der Pfeiler mit einem Stahlstab fixiert. Die Glaselemente bestehen aus 12 mm VSG aus Weißglas; ein Mehrscheiben-Isolierglas wäre zu aufwendig gewesen. Die im fassadenbegleitenden Bodenkanal integrierten Konvektoren verhindern Kondensation und eine zu starke Abkühlung des Raums.

Construction of the Glass Facade
The new glass facade closes off the open rotunda. This 33-metre-long and up to 8-metre-tall outer skin is self-supporting and consists of 17 different, curved segments, which are fixed at the base to a stainless-steel section. The abutment at the upper edge with the vaulting is sealed with silicone, as are the vertical joints between elements. To simplify assembly, the units were divided into two sections, with an 8 × 250 mm stainless-steel transom between them. This is fixed at the cornices of the piers. The elements consist of 12 mm laminated safety glass. Convectors in the floor duct along the facade prevent condensation and any overcooling of the indoor temperature.

Schnitte Fassade
Maßstab 1:5
Isometrie Fassade
ohne Maßstab

1 Verbundsicherheitsglas 2× 11 mm Weißglas
2 Edelstahl ▭ 8/250 mm
3 Edelstahlstab Ø 20 mm zur Fixierung
  der Glasfassade
4 Pfeiler (Bestand)
5 Kuppel (Bestand)
6 Silikonfuge farblos
7 Zweikomponenten-Silikon/Elastomer
8 Edelstahl ▭ 150/65/3 mm
9 Edelstahl Ø 20 mit Gewinde eingeschnitten
10 Edelstahl ▭ 8/385 mm
11 Stahlprofil L 120/135/10 mm

Section through facade
scale 1:5
Isometric of facade
(not to scale)

1 2× 11 mm low-iron lam. safety glass
2 8/250 mm stainless-steel flat
3 Ø 20 mm stainless-steel facade
  fixing rod
4 existing pillar
5 existing domed soffit
6 colourless silicone seal
7 two-component silicone/elastomer mastic
8 3 mm stainless-steel plate 150/65 mm
9 Ø 20 mm stainless-steel sleeve
10 8/385 mm stainless-steel with thread
11 120/135/10 mm steel angle

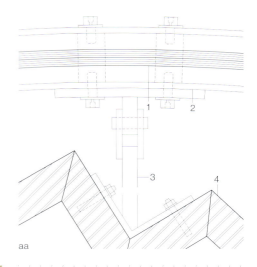

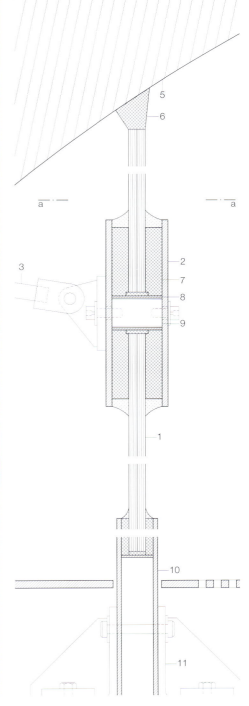

Bankgebäude in Kopenhagen

Bank Building in Copenhagen

Architekten • *Architects:*
schmidt hammer lassen architects, Aarhus
Kim Holst Jensen (verantwortlicher Partner/
Partner in charge)
Tragwerksplaner • *Structural Engineers:*
Buro Happold, London
Grontmij, Glostrup (Ausführung/*Execution*)

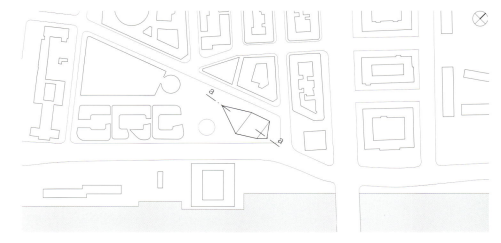

»Der Kristall«, ursprünglich nur Arbeitstitel für ein Entwurfskonzept der Architekten, hat sich mittlerweile als Name für die 2011 fertiggestellte Erweiterung eines Finanzinstituts in Kopenhagen etabliert. Der Bau präsentiert sich am Übergang zwischen Altstadt und Hafen als durchlässiger, skulpturaler Solitär, der einen trapezförmigen Platz dominiert und sich dennoch durch die Aufnahme von Bauhöhen und Sichtbezügen in das städtebauliche Umfeld integriert.
Der scharfkantig geschnittene, prismatische Baukörper zeigt aus jeder Blickrichtung ein überraschend unterschiedliches Erscheinungsbild. Seine zweifach gefaltete Unterseite löst das Gebäude von der Platzebene und begrenzt zusammen mit dem parallel verlaufenden Dach die sechs vertikalen Fassadenflächen. Entlang der Schnittkanten ergeben sich je drei Hoch- und Tiefpunkte, der geometrische Körper berührt den Boden nur mit einer Linie und einem Punkt. Diese abstrakte Figur wird ergänzt um zwei Kerne, die die Untersicht des Gebäudes durchdringen und die Obergeschosse mit der Platzebene sowie der darunterliegenden Tiefgarage verbinden. Über einen gläsernen, dreieckigen Eingangsbereich betritt man das Gebäude durch die mit spiegelnden Blechschindeln verkleidete Unterseite. Von hier gelangt man über eine großzügige Treppe auf die eigentliche Foyerebene und von dort weiter in die über die Atrien einsehbaren, offenen Bürogeschosse. Da Kerne und Eingang hinter die Fassadenebene zurückgesetzt sind, bleibt die Idee des fast schwebenden Körpers gut ablesbar.
Das Tragwerk besteht aus sich kreuzweise überlagernden, diagonal verlaufenden Stahlprofilen mit zusätzlichen horizontalen Trägern vor den Deckenkanten. Sie bilden unmittelbar hinter der Fassade ein vertikales Gitter mit Scheibenwirkung aus und leiten die Gebäudelasten in nur drei Auflagerpunkte. Zusammen mit den beiden Kernen tragen sie die Deckenplatten und eine fast geschosshohe, sich nach außen verjüngende Dachkonstruktion aus sternförmig angeordneten Fachwerkträgern. Von hier sind die Kanten der zwei dreieckigen Atrien

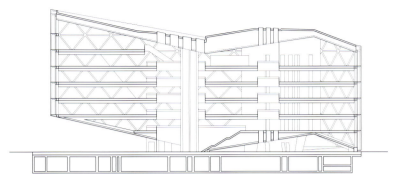

aa

Lageplan
Maßstab 1:5000
Schnitt
Maßstab 1:750

Site plan
scale 1:5000
Section
scale 1:750

mit Zugseilen abgehängt, die flexibel nutzbaren Geschossebenen bleiben frei von Stützen.

Die aufwendig konstruierte Fassade ist zweischichtig aufgebaut: Vor eine großformatige Dreischichtverglasung ist in fein profilierten Rahmenelementen eine Verbundglasschicht mit unterschiedlichen Siebdruck-Punktrastern als Sonnenschutz gehängt. Der 70 cm breite Zwischenraum schützt die Lamellenraffstores vor der Witterung und wird in zweigeschossige klimatische Abschnitte unterteilt. Horizontal angeordnete, schmale Belüftungselemente mit fest stehenden Lamellen erlauben eine natürliche Ventilation der Büros bei sehr gutem Schallschutz ebenso wie die Nachtauskühlung durch Dachöffnungen über den Atrien. Photovoltaikelemente auf dem Dach, Regenwassernutzung für die Toilettenspülungen und eine Gebäudekühlung über Meerwasser sind weitere Bestandteile eines Energiekonzepts, das den Verbrauch auf 70 kWh/a begrenzt – ein niedriger Wert für ein komplett verglastes Gebäude.

Die Mehrschichtigkeit der Fassade hat aber ebenso eine gestalterische Bedeutung. Die gegeneinander versetzten, unterschiedlichen Elemente überspielen die Geschossebenen und verleihen dem Gebäude die für die skulpturale Wirkung angestrebte Körperhaftigkeit.

Der Entwurf thematisiert das Thema der Transparenz auf verschiedenen Ebenen: Sie ist zunächst vom Bauherrn gewünschtes Leitbild einer Corporate Architecture, die mit Offenheit um das Vertrauen ihrer Kunden wirbt. Im Inneren genießen die Mitarbeiter einen hohen Anteil an Tageslicht, Sichtbezüge durch das gesamte Gebäude und einen ungehinderten Blick auf die umgebende Stadt. Aus der Fußgängerperspektive eröffnet der vom Boden gelöste Baukörper Durchblicke in verschiedene Richtungen, man kann unter dem gläsernen Volumen hindurchgehen. Von außen betrachtet bietet die Fassade je nach Tages- und Jahreszeit immer wieder unterschiedliche An- und Durchblicke und kommt so dem Bild des Kristalls denkbar nahe. DETAIL 01–02/2013

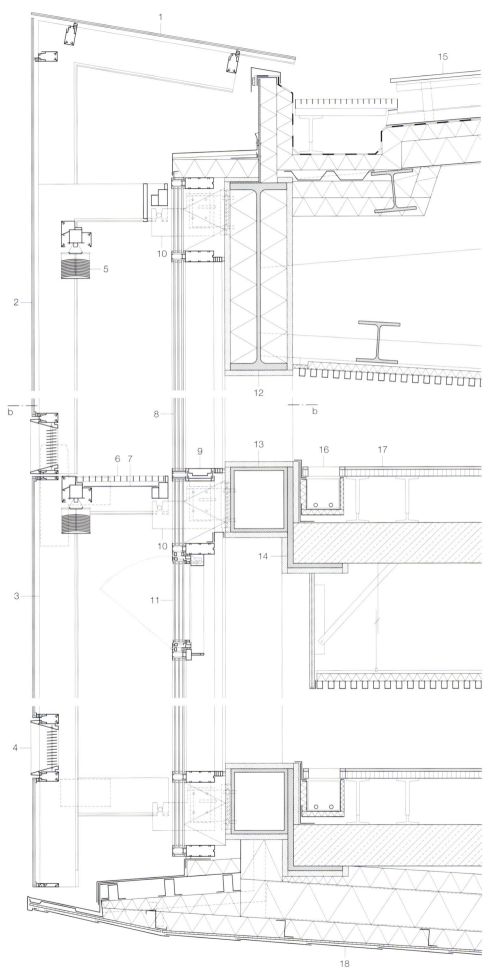

Vertikalschnitt
Horizontalschnitt
Maßstab 1:20

1 VSG aus 2× ESG 5 mm geklebt
2 VSG aus 2× ESG 5 mm geklebt, außenseitig keramischer Siebdruck mit verschiedenen Punktrastern weiß
3 Fassadenelement vorgefertigt Aluminium, Randprofile geteilt mit integrierter Führungsschiene für Sonnenschutz
4 Zuluftöffnung, fest stehende Lamellen in Aluminiumrahmen
5 Lamellenraffstore Aluminium perforiert
6 Gitterrost Stahl feuerverzinkt
7 Aluminiumblech 3 mm
8 Dreifachverglasung: Float 8 mm mit Sonnenschutzbeschichtung + SZR 15 mm + Float 5 mm + SZR 16 mm + VSG aus 2× Float 3 mm mit Beschichtung niedriger Emissivität, im Deckenbereich opak beschichtet
9 Stoß Fassadenelement Aluminium vorgefertigt, geschosshoch, Randprofile geteilt
10 Kragkonsole Aluminium
11 Öffnungskippflügel
12 Träger Dachrand Stahlprofil IPE 500 mit Brandschutzverkleidung Kalziumsilikatplatte gestrichen
13 Träger Geschossdecke Stahlrohr ▭ 300/350 mm mit Brandschutzverkleidung Kalziumsilikatplatte gestrichen
14 Auflager Decke Stahlwinkel
15 Photovoltaikmodul auf Aluminium-Unterkonstruktion mit Klemmverbindern
Stehfalzdeckung Stahlblech verzinkt 1 mm
Abdichtung bituminös
Dämmsystem Schaumglas 90 mm
Trapezblech/Wärmedämmung 150 mm
Stahlkonstruktion Dach 500–2500 mm, Profile nach statischem Erfordernis
Akustikplatte Mineralwolle 40 mm/Unterkonstruktion
abgehängte Decke Aluminiumblechprofile 30/40 mm
16 Unterflurkonvektor
17 Stabparkett Esche geölt 10/150 mm
Doppelboden Kalziumsulfatplatte, 600/600/36 mm aufgeständert
Stahlbetonfertigteil 220 mm, Installationszone
Akustikplatte Mineralwolle 40 mm/Unterkonstruktion
abgehängte Decke Aluminiumblechprofile 30/40 mm
18 Aluminiumschindeln blank gewalzt, 1000/400 mm, auf Spanplatte zementgebunden 10 mm

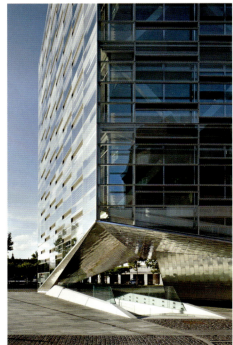

Vertical section
Horizontal section
scale 1:20

1. laminated safety glass of 2× 5 mm toughened glass
2. laminated safety glass of 2× 5 mm toughened glass, glued,
   outer surface ceramic silk-screened with different matrices, white frit
3. prefabricated aluminium facade element edge profile split, with integrated guide rails for solar protection
4. vent, fixed louvres in aluminium frame
5. accordion shades, aluminium, perforated
6. grating, steel, hot-dip galvanised
7. 3 mm aluminium sheet
8. triple glazing: 8 mm float glass with solar protection coating
   + 15 mm cavity + 5 mm float glass
   + 16 mm cavity + laminated safety glass of 2× 3 mm float glass with
   low-E coating,
   opaque coating at ceiling deck
9. joint, prefabricated aluminium facade element, storey-high, edge profile split
10. aluminium bracket
11. tilting sash
12. IPE 500 steel edge beam with calcium silicate board fire-protection cladding, painted
13. 300/350 mm RHS steel beam at ceiling deck with calcium silicate board fire-protection cladding, painted
14. steel angle support at ceiling
15. photovoltaic module on aluminium supporting structure
    with clamp connections
    1 mm standing-seam sheet-steel roofing, galv.
    bituminous sheeting
    90 mm foam-glass insulation system
    150 mm corrugated metal/ thermal insulation
    500–2500 mm load-bearing steel roof members, dimensioning and type as specified by engineer
    40 mm mineral-wool acoustic panel/supporting structure
    30/40mm suspended aluminium-sheet louvres
16. underfloor convector
17. 10/150 mm wood block parquet, ash, oiled
    600/600/36mm calcium sulfate panel raised floor
    220 mm precast unit
    installations zone
    40 mm mineral-wool acoustic panel/supporting structure
    30/40mm suspended aluminium-sheet profiles
18. 1000/400/0.5 mm aluminium shingles, uncoated, rolled, on 10 mm cement-bound chipboard

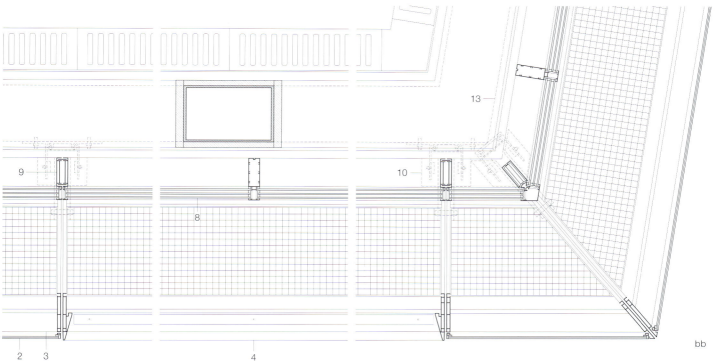

From the onset, the design team called this project Crystal, and the name has stayed with the building. This solitaire, an extension of a financial institution at the threshold between the historic centre and the port, dominates the trapezoidal square it inhabits, yet, because it pays heed to the height of the existing buildings as well as visual relationships, is well integrated. The impression the sharp-edged, prismatic building massing makes varies significantly according to the observer's standpoint. The double-folded underside disengages the structure from the plaza's surface, and, in combination with the parallel roof, defines the six vertical facade surfaces. Where the planes intersect, three high points and three low points arise: only at one point and one line does the form meet the ground.

The structural system consists of criss-crossing steel sections running diagonally, with supplementary horizontal beams edging the ceiling decks. Together they form, directly behind the facade surface, a vertical lattice that acts as a diaphragm and directs the loads to just three supports. In combination with the two cores it supports the floor slabs and the roof structure. The latter consists of steel trusses positioned radially and which are nearly storey-high, tapering toward the building's outer edges. The edges of the two triangular atria are supported by tension cables suspended from the roof structure. The levels are column-free, allowing for a variety of floor plans and uses. The elaborate facade has two distinct layers: the triple glazing, employing large panes of glass, faces the interior, while the staggered elements in slender frames – incorporating laminated safety glass and a variety of silk-screened, ceramic dot-matrix frits as solar protection – face outward. The 70 cm interstitial space protects the accordion shades from wind, rain and snow, and is subdivided climatologically into two-storey segments. Thanks to the horizontally arranged, narrow ventilation elements with fixed louvres, the offices have both natural ventilation and favourable acoustics. Special apertures in the roof allow the heat to dissipate via the atria, cooling the building at night. Further components of the comprehensive conservation concept are: photovoltaic elements on the roof, rainwater collection for use in toilets, and building cooling that extracts energy from seawater. The facade's stratification also plays an important role in the design. The arrangement of the elements blurs the number of storeys and bestows a sense of volume enhancing the sculptural effect. Transparency is a recurrent theme in the overall design. The client associates openness with its understanding of corporate architecture. Employees benefit from ample sunlight, lines of sight extending the entire length of the buildings, and unimpeded views of the surrounding city. For pedestrians, the open ground floor provides views through – and chances to pass beneath – the Crystal in different directions.

Bank in Bilbao

Bank in Bilbao

Architekten • *Architects*:
NO.MAD Arquitectos, Madrid
Eduardo Arroyo
Tragwerksplaner • *Structural Engineers*:
Alfonso Robles

Die Räume der neuen Filiale der Bank für Architekten erstrecken sich über Erd- und Untergeschoss eines Bestandsgebäudes im Zentrum von Bilbao. Der Haupteingang im Erdgeschoss, bestehend aus einer opaken schwarzen Glasschiebetür und zwei sie flankierenden transparenten Schaufenstern, hinter denen Bambusbäume emporwachsen, präsentiert sich als neutrale Glasfront und erweckt gleichzeitig Neugierde bei den Passanten. Nichts deutet darauf hin, dass es sich hier um eine Bank handelt. Ziel war es, eine klare und gleichzeitig subtile Trennung zwischen dem öffentlichen Kundenbereich und den Büros der Bankangestellten herzustellen. Die Leitidee der Transparenz im Bankwesen wird durch eine außergewöhnliche gläserne, amorphe Form verkörpert, die den Besucher durch die Filiale leitet. Diese ist aus aneinandergereihten raumhohen Glasröhren gebildet, deren gewölbte Oberfläche eine optische Verzerrung bewirkt, zugleich jedoch Transparenz und Helligkeit des Raums wahrt. Die zylindrische Form der Borosilikatglasröhren wirkt akustisch wie eine doppelte Verglasung, die nur dort durchbrochen wird, wo zwei Serviceschalter die Verbindung zwischen Kunden und Angestellten herstellen. Eine strenge Farbsignifikanz verstärkt den Dualismus: Die Farbe Schwarz definiert den öffentlichen Raum, während die Bürozonen komplett in Grau gehalten sind.   DETAIL 07–08/2009

This new branch of a bank occupies the ground floor and basement of an existing building in central Bilbao. The main entrance, an opaque black sliding glass door, flanked by two windows with bamboo plants, presents a neutral but intriguing face to the street. The aim was to achieve a clear yet subtle separation between public and private space. Inside, the message of transparency is expressed in a snaking glass membrane. Floor-to-ceiling borosilicate glass tubes are aligned vertically in a continuous wall. The glass keeps light levels high, while its curved surfaces distort the view into the meeting rooms. The only gaps are for two service counters. Black is used for the public areas, grey for the offices.

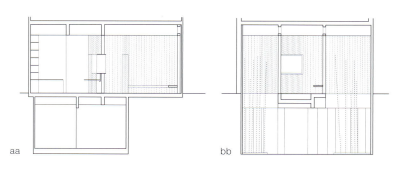

aa   bb

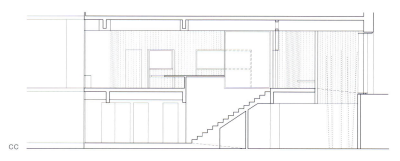

cc

Schnitte • Grundriss
Maßstab 1:200

1 Kundenbereich
2 Informationsbereich
3 Wartebereich
4 Büro Direktor
5 Büro und Schalter
6 Büro vertraulich
7 Luftraum Besprechung

*Sections • Floor plan
scale 1:200*

1 *Customer area*
2 *Information area*
3 *Waiting area*
4 *Director's office*
5 *Office and counters*
6 *Meeting room*
7 *Void over meeting room*

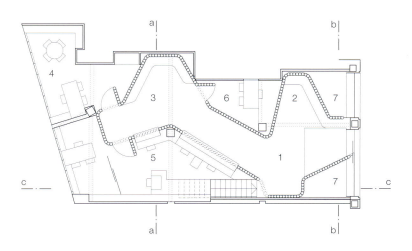

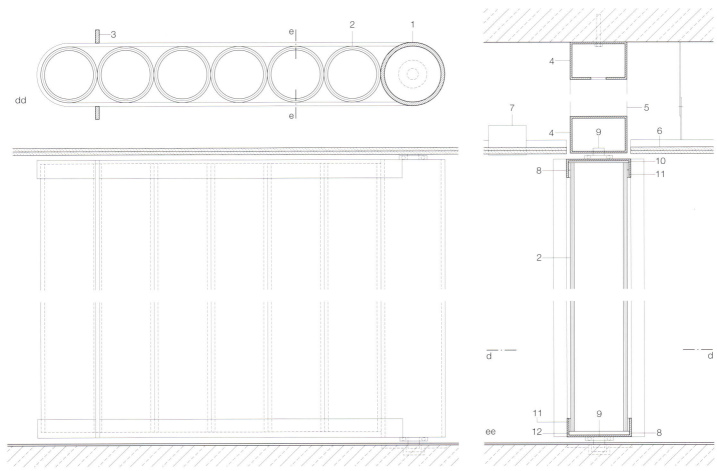

Detailschnitte
Drehtür · Serviceschalter
Maßstab 1:10

Sectional details
Pivoting door · Counter
scale 1:10

1 Edelstahlrohr ⌀ 170/10 mm
2 Glasröhre Borosilikatglas ⌀ 150/9 mm
3 Türgriff Edelstahlprofil 10 mm
4 Stahlrohr ▯ 150/100/5 mm
5 Aussteifung Stahlrohr ▯ 150/100/5 mm alle 2 m
6 Gipskartondecke 2× 9 mm
7 Einbauleuchte
8 Edelstahlprofil gekantet und gebürstet 170/50/5 mm
9 Drehachse Tür mit Kugellager auf Edelstahlblech verschweißt
10 Dichtung Neopren 5 mm auf Glasröhre als Staubschutz
11 Dichtung Neopren 5 mm zwischen Glas und Stahlblech
12 Dichtung Neopren 10 mm unter Glasröhre als Staubschutz
13 Stahlprofil L 50/50/5 mm mit Stahlrohr verschweißt bzw. über Imbusschraube eingespannt
14 Edelstahlblech gebürstet 6 mm mit Stahlrohr verschweißt
15 Edelstahlrahmen gebürstet 10 mm
16 Stahlrohr ▯ 40/40/4 mm
17 Edelstahlplatte gebürstet 10 mm teilweise mit Leder verkleidet
18 Glasscheibe VSG 2× 4 mm auf Stahlprofil geklebt
19 Fußplatte Edelstahl 10 mm auf Stahlbetondecke geschraubt
20 Bodenbeschichtung Epoxidharz 5 mm Stahlbetondecke 200 mm

1 ⌀ 170/10 mm stainless-steel tube
2 ⌀ 150/9 mm glass tube, borosilicate glass
3 door handle, 10 mm stainless-steel profile
4 150/100/5 mm steel RHS
5 bracing, 150/100/5 mm steel RHS every 2 m
6 2× 9 mm plasterboard ceiling
7 recessed light
8 170/50/5 mm brushed stainless-steel profile, bent to shape
9 pivot hinge with ball bearings welded onto stainless-steel sheet
10 5 mm neoprene seal on glass tube as dust guard
11 5 mm neoprene seal between glass and steel sheet
12 10 mm neoprene seal under glass tube as dust guard
13 50/50/5 mm steel angle welded to steel tube or fixed with hexagon socket screw
14 6 mm brushed stainless-steel sheet welded to steel tube
15 10 mm brushed stainless-steel frame
16 40/40/4 mm steel SHS
17 10 mm brushed stainless-steel plate, with leather insert
18 glass panel, 2× 4 mm lam. safety glass glued to steel section
19 footplate, 10 mm stainless steel screwed to reinf.-conc. floor slab
20 floor finish: 5 mm epoxy resin, 200 mm reinf.-conc. floor slab

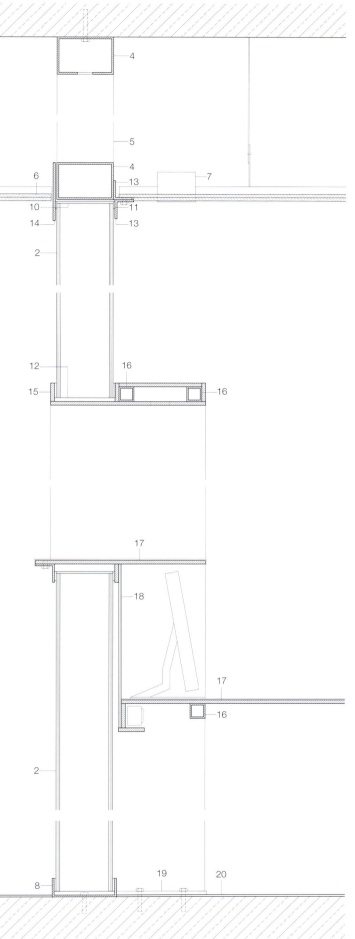

Verwaltungsgebäude in Istanbul

Administration Building in Istanbul

Architekten • *Architects:*
REX, New York
Tragwerksplaner • *Structural Engineers:*
Büro Statik Mühendislik, Istanbul

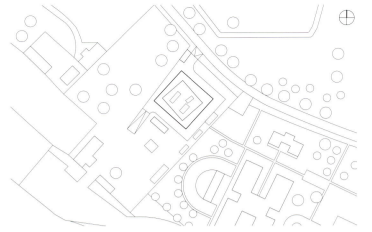

Lageplan
Maßstab 1:3000
Horizontalschnitt
Vertikalschnitt
Maßstab 1:20

*Site plan
scale 1:3000
Horizontal section
Vertical section
scale 1:20*

X-förmige Wölbungen in der Oberfläche der Glasfassade sind der Blickfang des Vakko Fashion Centers. Entwickelt aus dem Betonskelett eines nicht fertiggestellten Hotels, nimmt ein aufgeständerter zweigeschossiger, fast quadratischer Ring konventionelle Büroflächen auf. Im Inneren fasst eine fünfgeschossige, skulpturale Konstruktion aus schräg zueinander angeordneten Stahlfachwerkkuben die vertikalen Erschließungsstränge, Nebenräume sowie Ausstellungs- und Besprechungsbereiche zusammen. Das oberste Geschoss mit den Vorstandsräumen kragt leicht verdreht über die begehbare Dachfläche aus, wodurch zwischen beiden Gebäudeteilen ein Atrium entsteht.

Der gläserne Vorhang um die beiden Bürogeschosse kommt vollständig ohne lineare Tragelemente aus. Die 3,35 m hohen Isolierglasscheiben erhalten die notwendige Steifigkeit durch eine thermische Verformung der äußeren Scheibe in Form eines geschosshohen X. Diese Figur wurde in einem eigens konstruierten Ofen hergestellt, in dem die entsprechenden Bereiche des Glases mit Heizspiralen beidseitig erhitzt werden und sich unter dem Eigengewicht um 3,5 bis 4,0 cm aus der Ebene wölben. Die statische Wirksamkeit wurde in Testreihen nachgewiesen. Die relativ breiten Silikonfugen zwischen den Scheiben tragen der erhöhten Erdbebengefahr in Istanbul Rechnung.

Here the central feature is the X-shaped cambering on the surface of the glass facade, a curtain around the two office levels, free of linear structural elements. The required stiffness of the 3.35-m-high, double-glazed panes is attained by thermally shaping the respective outermost pane. The X-figure was produced with a specially constructed oven in which the glass was heated locally on both sides and allowed to camber – under its own weight – 3.5 to 4 cm away from the surface. The structural effectiveness of this structural ornament was verified in a series of tests.

DETAIL 01–02/2011

A Der bestehende U-förmige Rohbau wird durch punktuelle Ergänzungen und das Beschneiden einer Deckenkante begradigt und durch das Einfügen der vierten Seite zu einem Ring geschlossen.

A To achieve a uniform geometry, the existing U-shaped building carcass was filled out and the edge of a ceiling deck removed; the fourth side was inserted to create a closed figure.

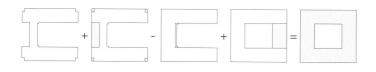

A

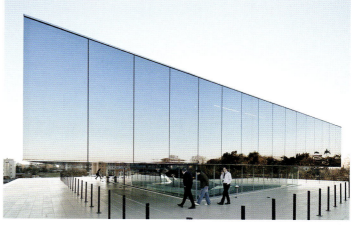

1 Attikablech Edelstahl
2 Wärmeschutzverglasung ESG 6 silberbeschichtet + SZR 17 + VSG 2× 6 mm
3 Pfosten Aluminiumstrangpressprofil
4 Pfostenhalterung Stahl geschweißt
5 Stahlprofil HEA 220 mm
6 Aluminiumblech gekantet 2 mm
7 Sonnenschutz textil
8 Stahlblech 2 mm
9 Lüftungsgitter Edelstahl
10 Lüftungsleitung flexibel, gedämmt
11 Stahlprofil geschweißt 12 mm
12 Edelstahlblech gekantet, poliert gedämmt
13 VSG 6 +10 mm, silberbeschichtet und rückseitig lackiert
14 Dämmung Steinwolle 100 mm
15 Wärmeschutzverglasung: VSG 2× 12 + SZR 16 + ESG 6 mm
16 Eckpfosten Aluminium gedämmt

1 stainless-steel coping
2 thermal glazing: 6 mm toughened glass, silver-coated + 17 mm cavity + 2× 6 mm laminated safety glass
3 post: extruded-aluminium profile
4 anchor: steel, welded
5 220 mm HEA steel stection
6 2 mm aluminium sheet, bent to shape
7 solar shading, textile
8 2 mm steel sheet
9 air vent, stainless steel
10 flexible ventilation duct, insulated
11 12 mm steel section, welded
12 stainless-steel sheet, bent to shape, polished, insulated
13 6 +10 mm laminated safety glass, silver-coated, lacquered on back
14 100 mm rockwool mat
15 thermal glazing: 2× 12 mm lam. safety gl. + 16 mm cav. + 6 mm tough. gl.
16 post at corner: aluminium, insulated

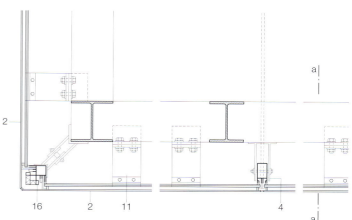

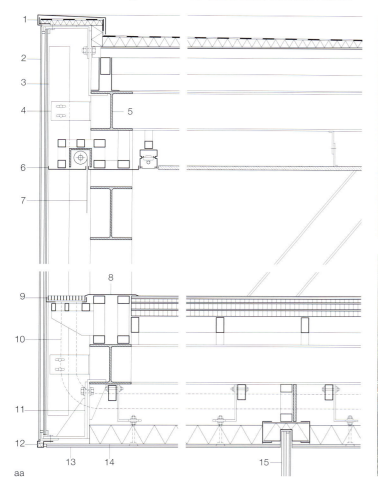

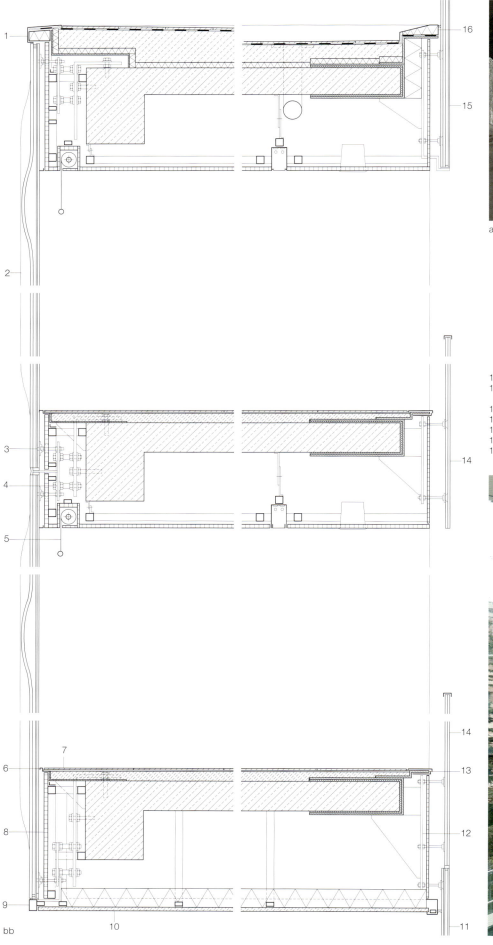

a

1. Attikablech Aluminium eloxiert gedämmt
2. Wärmeschutzverglasung:
   Float 12 mm thermisch verformt + SZR 16–40 mm + VSG 6 + 10 mm mit Low-E-Beschichtung
   $U = 2{,}0$ W/m²K, g-Wert = 0,67
3. Punkthalter mit Kugelgelenk
4. justierbare Konsole Flachstahl ⌑ 15/10/8 mm geschweißt, Schrauben Edelstahl
5. Sonnenschutz textil
6. Fugenblech Aluminium gekantet 2 mm
7. Flachstahl geschweißt ⌑ 4 mm
8. Furniersperrholz weiß beschichtet 19 mm
9. Aluminiumblech eloxiert gedämmt 2 mm
10. zementgebundene Holzspanplatte 15 mm
11. Isolierverglasung:
    ESG 6 mm + SZR 16 mm + VSG 6 + 10 mm
12. Konsole Flachstahl ⌑ 10 mm
13. Flachstahl geschweißt ⌑ 6 mm
14. Brüstung VSG 2× 12 mm
15. ESG 6 mm + SZR 16 mm + VSG 2× 12 mm
16. Anschlussblech Aluminium gekantet 2 mm

Vertikalschnitt • Horizontalschnitt
Maßstab 1:20

Vertical section • Horizontal section
Scale 1:20

a Auflagerung der Scheibe auf justierbaren Konsolen und Befestigung mit Punkthaltern
b In dem x-förmigen Ausschnitt in der Auflagefläche des Glases sind die programmierbaren Heizspiralen zu erkennen.
c Durch das Eigengewicht des unter definierten Bedingungen erhitzten Glases entsteht die profilierte Oberfläche.

a The glass panel is supported by adjustable brackets and point-fixing
b The programmable heating elements are discernible in the x-shaped cut-out upon which the glass will be placed
c The glass was heated under controlled conditions and allowed to camber under its own weight.

1 anodized-aluminium covering, insulated
2 thermal glazing: 12 mm hot-bent glass + 6–40 mm cavity + 6 + 10 mm laminated safety glass with low-E coating, U-value = 2.0 W/m²K, g = 0.67
3 point-fixing with ball-and-socket joint
4 adjustable bracket: 15/10/8 mm steel flat, welded, stainless-steel screws
5 solar shading, textile
6 seam sheet: 2 mm aluminium, bent to shape
7 4 mm steel flat, welded
8 19 mm veneer plywood, white hard-facing
9 2 mm anodised aluminium sheet, insulated
10 15 mm cement-impregnated chipboard
11 double glazing: 6 mm toughened glass + 16 mm cavity + 6 + 10 mm laminated safety glass
12 bracket: 10 mm steel flat
13 6 mm steel flat, welded
14 balustrade: 2× 12 mm laminated safety glass
15 thermal glazing: 6 mm toughened glass + 16 mm cavity + 2× 12 mm laminated safety glass
16 2 mm aluminium joining plate, bent to shape

b

c

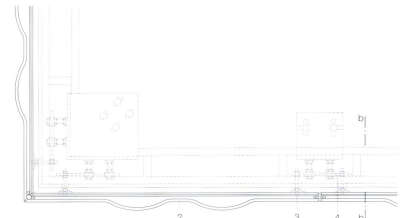

Regierungsgebäude in Zamora

Government Building in Zamora

Architekten • *Architects:*
Alberto Campo Baeza, Pablo Fernández Lorenzo, Pablo Redondo Díez, Alfonso González Gaisán, Francisco Blanco Velasco, Madrid
Tragwerksplaner • *Structural Engineers:*
Eduardo Díez (IDEEE), Alicante

Hinter den 1 m dicken Mauern des neuen Regierungsgebäudes von Zamora verbirgt sich ein äußerst filigraner Glaskubus. Die Mauern folgen der Kontur des ehemaligen Klostergartens und sind aus dem gleichen hellen Sandstein wie die benachbarte Kathedrale. Nur wenige Öffnungen verbinden die Umgebung mit dem »Hortus conclusus«. An manchen Stellen berührt der Glaskörper die Mauer, an anderen begleitet er ihren Verlauf, zuweilen weitet sich der Zwischenraum zu einem Hof und Bäume erinnern an die ursprüngliche Nutzung. Der entmaterialisierte Eindruck entsteht durch die umlaufende zweischalige Hülle aus VSG-Scheiben in einem Abstand von 75 cm und den gläsernen horizontalen Dachrand. Kein sichtbares Profil stört die minimalistische Ausführung, da die Scheiben mit Silikonfugen verbunden und im Boden in versenkten Schienen eingelassen sind. Im Obergeschoss steifen elegant in die Deckenstirnseiten eingefügte VSG-Schwerter an den Scheibenstößen die Konstruktion aus. Dort verbirgt sich ein System aus Stahlprofilen, die die gläserne Hülle mit den massiven Rippendecken verbinden. Neben dem innen liegenden Sonnenschutz sorgen die Bäume im Hof und die Mauerflächen für eine Verschattung der Glasfassade. Im Inneren setzt sich die reduzierte Gestaltung mit homogenen weißen Oberflächen und Milchglasscheiben fort. DETAIL 05/2013

A glass box is contained within the one-metre-thick walls that follow the contours of a former cloister garden and are built of the same sandstone as the neighbouring cathedral. Only a few openings link the hortus conclusus to its surroundings. The dematerialised impression of the box is achieved through the double skin of laminated safety glass. There are no profiles disturbing the minimalist design, which includes silicone joints between the glass panes and lower guide-rails recessed in the ground. On the upper level, glass fins between the panes of glass stiffen the structure. They seem to disappear in the edges of the floor slabs, where an intricate system of steel profiles connects the glazing to the solid core.

Dachgeschoss / *2nd floor*

Obergeschoss / *1st floor*

Erdgeschoss / *Ground floor*

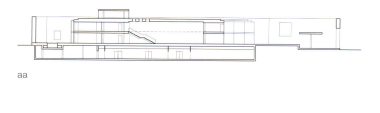

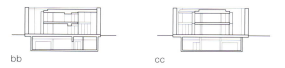

| Grundrisse · Schnitte | Layout plans · Sections |
| Maßstab 1:1000 | scale 1:1000 |

1. Eingang Hof — Entrance courtyard
2. Anwaltsbüro — Attorney's office
3. Foyer — Foyer
4. Technik — Building services
5. Bibliothek — Library
6. Verwaltung — Administration
7. Seminarraum — Seminar room
8. Garten — Garden
9. Wartebereich — Waiting area
10. Beratung — Consultation office
11. Versammlungsraum — Assembly room
12. Terrasse — Terrace

A Axonometrie der Unterkonstruktion für die innere
Verglasung an der Deckenstirnseite   Maßstab 1:50
B Axonometrie der Befestigung des Glasschwerts
an der Deckenstirnseite   Maßstab 1:20

*A Axonometric of the supporting structure for the inner glazing
at the edge of the floor slab   scale 1:50*
*B Axonometric of the connection of the glass fin to the edge of
the floor slab   scale 1:10*

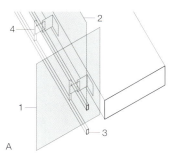
A

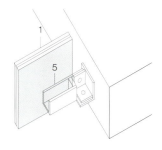
B

1 Glasschwert VSG 15 + 10 + 15 mm
2 innere Verglasung VSG 15 + 6 mm
3 Rahmensystem für innere
  Verglasung: Stahlrohr ▭ 30/60 mm
4 Befestigung Stahlrahmen:
  Flachstahl 150/100/8 mm
  Stahlprofil L 150/150 mm
5 Befestigung Glasschwert:
  Edelstahlprofil ⨆ 150/60/65 mm
  Stahlprofil L 80/60/67 mm +
  65/70/105 mm
6 Betonstein 900/900/50 mm
  Aufständerung Betonstein
  Estrich bewehrt 40 mm
  Wärmedämmung 40 mm
  Geotextil, Dichtungsbahn PVC
  Geotextil, Leichtbeton
  im Gefälle
  Stahlbeton-Rippendecke 250 mm
  Gipskartondecke abgehängt 15 mm

7 Aluminiumpaneel mit
  Polyethylenkern 3 mm
  Polystyrol-Hartschaumplatte 30 mm
  Dichtungsbahn PVC 1,2 mm
  Geotextil
  Tropfblech Edelstahl 3 mm
8 VSG begehbar 2× 10 mm
9 Epoxidharz weiß 5 mm
  Epoxidharz-Silizium-Grundierung
  Estrich 90 mm
10 Sandstein 900/900/80 mm
   Aufständerung Betonstein
   Estrich bewehrt 40 mm
   Geotextil, Dichtungsbahn PVC
   Geotextil, Leichtbeton im Gefälle
   Stahlbeton-Rippendecke 300 mm
11 äußere Verglasung VSG 19 + 6 mm
12 Sandstein 450/450/30 mm
   Heizestrich 100 + 200 mm
   Stahlbeton-Rippendecke 300 mm

*1 15 + 10 + 15 mm laminated safety
  glass fin*
2 15 + 6 mm laminated safety glass
*3 frame system for inner glazing:
  60/30 mm steel RHS*
*4 steel frame connection:
  150/100/8 mm steel flat
  150/150 mm steel angle*
*5 glass fin connection:
  150/60/65 mm stainless-steel channel
  80/60/67 mm + 65/70/105 mm
  steel angle*
*6 900/900/50 mm concrete block
  raised concrete block
  40 mm screed, reinforced
  40 mm thermal insulation
  geotextile; plastic sealing layer
  geotextile; lightweight concrete to falls
  250 mm ribbed reinforced-concrete
  floor; 15 mm susp. plasterboard ceiling*

*7 aluminium panel with
  3 mm polythene core
  30 mm polystyrene rigid-foam board
  1.2 mm plastic sealing layer; geotextile
  3 mm stainl.-steel-sheet weather drip*
8 2× 10 mm lam. safety glass, walkable
*9 5 mm epoxy resin, painted white
  silicone epoxy-resin primer
  90 mm screed*
*10 900/900/80 mm sandstone
   raised concrete block
   40 mm screed, reinforced
   geotextile; plastic sealing layer
   geotextile; lightweight concrete
   to falls; 300 mm ribbed reinforced-
   concrete floor*
11 19 + 6 mm laminated safety glazing
*12 450/450/30 mm sandstone
   100 + 200 mm heating screed
   300 mm ribbed reinforced-concrete floor*

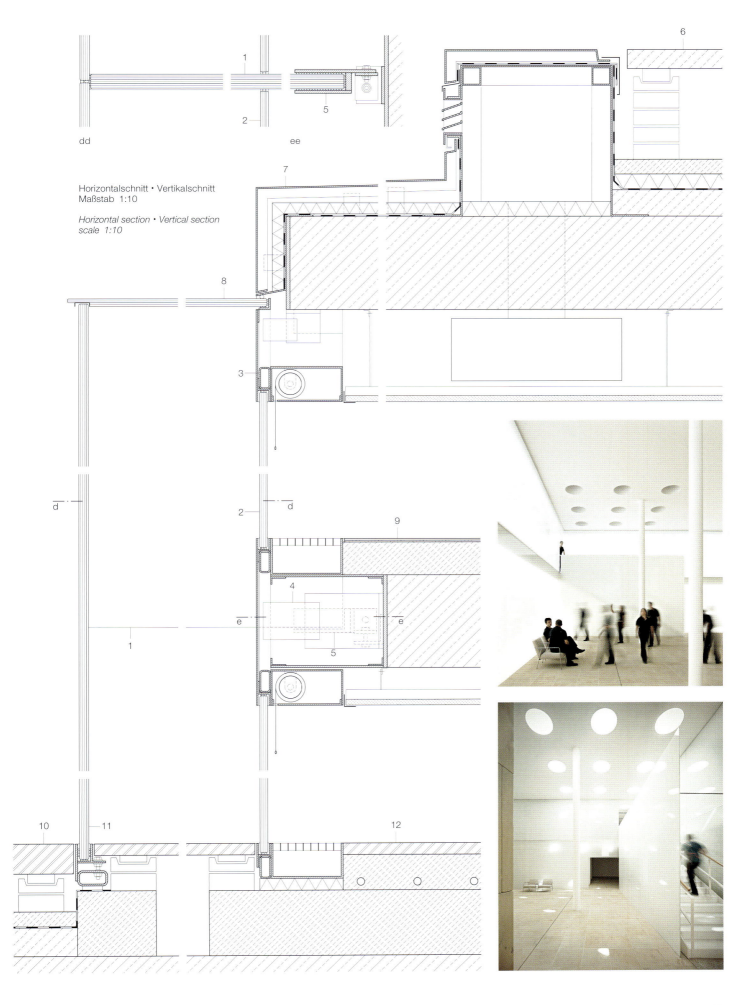

Horizontalschnitt · Vertikalschnitt
Maßstab 1:10

*Horizontal section · Vertical section
scale 1:10*

Eingangsbau in London

Entrance Structure in London

Architekten • *Architects:*
Walker Bushe Architects, London
Tim Bushe
Tragwerksplaner • *Structural Engineers:*
Jaspal Sehmi, London Borough of Newham

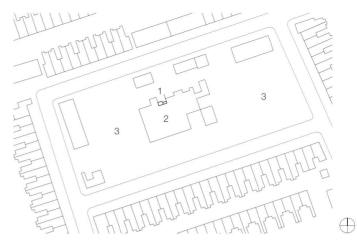

Lageplan Maßstab 1: 2000
Schnitte • Grundrisse
Maßstab 1:200

*Site plan scale 1:2000
Sections • Plans
scale 1:200*

1 Eingang
2 Credon Centre (Bestand)
3 Parkplatz
4 Lichtwand
5 Lift
6 Luftraum

*1 Entrance
2 Credon Centre: existing structure
3 Parking area
4 Back-lit wall
5 Lift
6 Void*

Das Credon Centre, ein Weiterbildungsinstitut für Lehrer, nutzt ein viktorianisches Schulgebäude im östlichen Londoner Stadtbezirk Newham. Um den behindertengerechten Zugang zu den drei Etagen zu ermöglichen, war ein Lifteinbau erforderlich. Zugleich bot sich die Gelegenheit, den Eingangsbereich neu zu gestalten und der städtischen Institution eine stärkere Prägnanz zu verleihen. Liftturm und Windfang sind als klar geschnittene Glaskörper an den Altbau angefügt, ihre Transparenz und schlank dimensionierte Tragstruktur bilden den Kontrast zum Sichtmauerwerk des Bestands. Die 12 mm starke Einscheibenverglasung des Liftturms trägt beidseitig grafische Muster. Auf die Glasaußenseite sind Buchstaben emailliert, an der Innenseite Ziffern weiß auf eine transparente Vinylfolie gedruckt, die nach der Montage der Glaselemente vor Ort paneelweise aufgeklebt wurde. Die sich überlagernden Texturen wirken wie ein feiner Vorhang und lassen je nach Blickwinkel und Lichtsituation die Glashülle transparent oder transluzent erscheinen. Verstärkt wird diese Wirkung durch die zweiseitig verglaste Liftkabine und die Beleuchtung aus senkrechten Leuchtstoffröhren. Als Kontrapunkt zum vertikalen Glasturm markiert die langgestreckte, 1,90 m hohe Lichtwand aus hinterleuchteten, mit farbiger Folie beklebten Polycarbonatplatten den Zugang. DETAIL 10/2007

This further-education centre for teachers is housed in a Victorian school building. Installing a lift for disabled people presented an opportunity to redesign the entrance area. The lift tower and lobby are clearly defined glass volumes attached to the existing building, yet contrasted with it. The lift-tower glazing is decorated on both faces with graphic patterns: externally with enamelled letters of the alphabet, and internally with white numerals printed on a transparent vinyl film. The resulting diaphanous effect is reinforced by the glazed lift cabin and lighting in the form of vertical fluorescent tubes. The entrance is distinguished by a back-lit wall of polycarbonate sheets covered with coloured film.

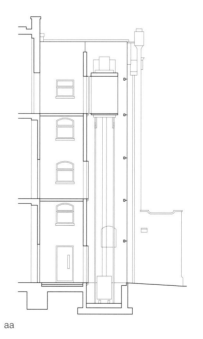

aa

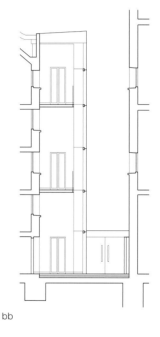

bb

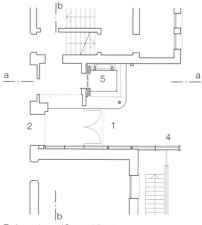

Erdgeschoss/*Ground floor*

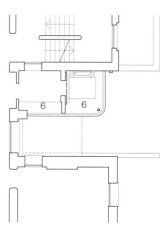

1. Obergeschoss/*First floor*

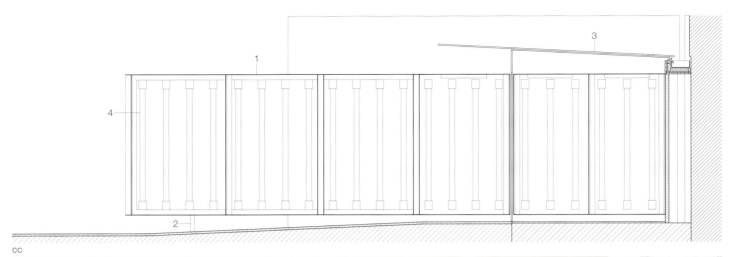

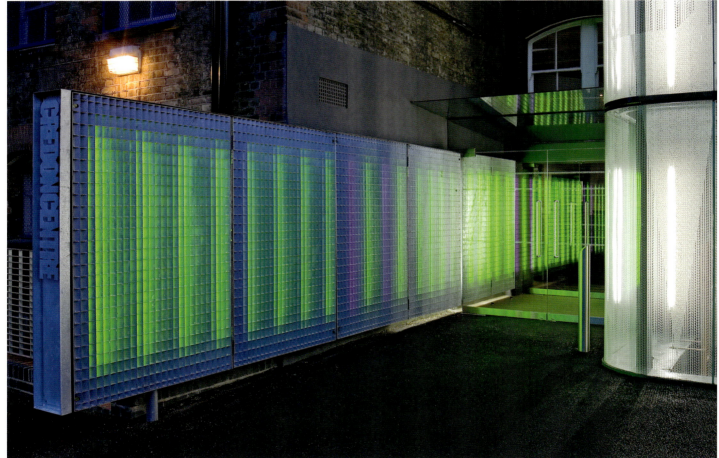

Lichtwand Eingang Illuminated wall at entrance
Längsschnitt Longitudinal section
Maßstab 1:50 scale 1:50

Grundriss Plan
Maßstab 1:20 scale 1:20

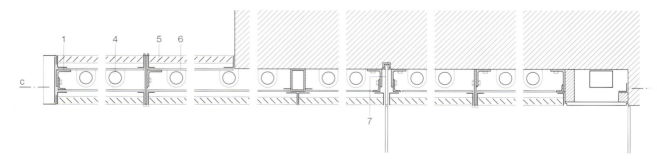

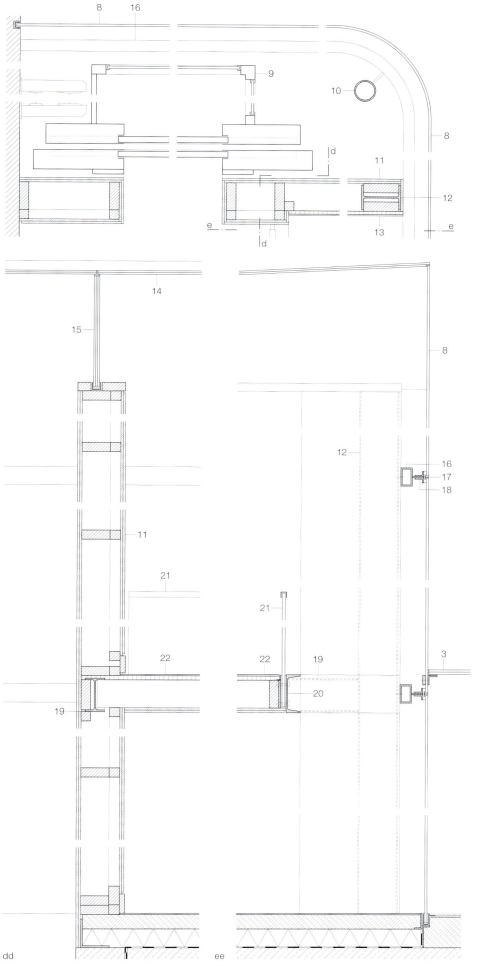

Liftturm Horizontalschnitt · Vertikalschnitte
Maßstab 1:20

1 Rahmen Stahlprofil verzinkt L 1900/152/89 mm
2 Stütze Stahlprofil ⌀ 74/4 mm
3 Glasdach Windfang VSG aus ESG 2× 10 mm, Neigung 5°
4 Leuchtstoffröhre
5 Lamellenrost Flachstahl verzinkt 10/40/50 mm
6 Polycarbonatplatte 6 mm mit selbstklebender farbiger Folie
7 Verglasung Windfang ESG 12 mm
8 Verglasung Liftturm ESG 12 mm, vertikale Silikonfuge grau 10 mm; Glasaußenseite: Buchstabenmuster emailliert, Innenseite: Ziffern weiß auf transparenter Vinylfolie
9 Liftkabine zweiseitig verglast
10 Eckstütze Stahlrohr ⌀ 114,3/5 mm
11 Gipskarton 2× 12 mm weiß beschichtet
12 Stütze Stahlprofil I 203/133 mm
13 Spiegel 6 mm auf Sperrholz 18 mm
14 Glasdach VSG aus ESG 2× 10 mm, Neigung 3°
15 Glasträger VSG aus ESG 3× 10 mm in Aluminiumschiene
16 Fassadenträger Stahlprofil ▭ 60/100 mm
17 Auflager Glas Aluminiumprofil T 51/15/3 mm
18 Aluminiumprofil L 51/25/6 mm
19 Träger Stahlprofil I 178/102 mm
20 Träger Stahlprofil ⊔ 203/75 mm
21 Glasbrüstung VSG 15 mm, mit Handlauf Aluminiumschiene
22 Kautschukbelag 3,5 mm, Sperrholzplatte 18 mm, Träger Kantholz 150/50 mm, Gipskarton 2× 12 mm

*Lift tower: horizontal and vertical sections
scale 1:20*

1 1,900/152/89 mm galvanised steel angle frame
2 ⌀ 74/4 mm tubular steel column
3 lam. safety glass roof over entrance lobby: 2× 10 mm toughened glass to 5° falls
4 fluorescent tube
5 10/40/50 mm galvanised steel louvres
6 6 mm polycarbonate with coloured adhesive film
7 12 mm toughened glass to wind lobby
8 12 mm toughened glass to lift tower; vertical abutments silicone jointed; enamelled letters of alphabet externally; white numerals on transparent vinyl film internally
9 lift cabin glazed on two sides
10 ⌀ 114.3/5 mm tubular steel corner column
11 2× 12 mm plasterboard, painted
12 steel I-column 203/133 mm
13 6 mm mirror on 18 mm plywood
14 lam. safety glass roof: 2× 10 mm toughened glass to 3° falls
15 lam. safety glass beam: 3× 10 mm toughened glass in aluminium section
16 60/100 mm steel RHS facade bearer
17 51/15/3 mm aluminium T-section glazing support
18 51/25/6 mm aluminium angle
19 steel I-beam 102/178 mm
20 steel channel beam 75/203 mm
21 15 mm lam. safety glass balustrade; alum. handrail
22 3.5 mm latex flooring on 18 mm plywood 50/150 mm timber joists 2× 12 mm plasterboard, painted

Forschungszentrum in Ulm

Research Centre in Ulm

Architekten • *Architects*:
bizer architekten, Stuttgart
Katharina Bizer (Projektleitung/*Project Manager*), Dirk Herker, Jürgen Hess, Werner Melber
Tragwerksplaner • *Structural Engineers*:
Mayr + Ludescher, Stuttgart

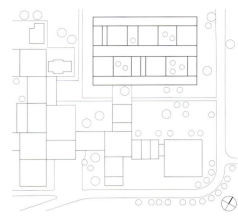

Lageplan Maßstab 1:3000 *Site plan scale 1:3000*

Ende der 1960er-Jahre zog die Universität Ulm auf den Oberen Eselsberg. Zeitgleich siedelten sich auch mehrere Kliniken sowie das Bundeswehrkrankenhaus dort an. Rund 15 Jahre später wurde die Wissenschaftsstadt Ulm gegründet und mehrere Hightech-Firmen ließen sich nieder. Auch heute noch wächst das Gebiet und fällt durch rege Bautätigkeit auf. Das neue Forschungsgebäude ist das bedeutendste Projekt der Universität Ulm seit vielen Jahren. In hochmodernen biologischen, biochemischen und biomedizinischen Laboren arbeiten Forschergruppen interdiziplinär an Grundfragen der Stammzellbiologie. Ein wesentlicher Bestandteil des Gebäudekonzepts war daher die zentrale, über drei Geschosse offene Kommunikationszone. Gläserne Besprechungsboxen, offene Teeküchen sowie bequeme Sofas erlauben den zwanglosen und schnellen Wissensaustausch. Ort der Ruhe und Konzentration hingegen sind die Labortrakte, die über insgesamt sechs Höfe natürlich belichtet sind. Diese sind teils mit Glas gedeckt, teils offen und mit Stein, Moos oder Efeu gestaltet.

Da für die Arbeit im Labor gleichmäßiges Licht und Blendfreiheit essenziell sind, wurde ein Fassadensystem mit im Scheibenzwischenraum liegenden Sonnenschutzlamellen gewählt. Die Lamellen bleiben permanent herabgefahren und schützen auch bei Wind vor Überhitzung und Blendung. Ihre Winkelstellung kann in festgelegten Stufen manuell oder zentral nachgeführt werden. Die Bürospangen hingegen sind mit raumseitigen, hochreflektierenden Lichtlenklamellen ausgestattet. Durch ihre spezielle Geometrie wird eine gleichmäßige Einleitung des Tageslichts in die Raumtiefe erreicht. Die Räume sind mit einer manuell steuerbaren Nachtlüftung ausgestattet. Hierbei werden im Sommer per Schieber Zuluftelemente in der Fassade geöffnet. Ein spezielle Verriegelungsmechanismus ermöglicht es, die Raumtüren einen Spalt offen stehen zu lassen. So zieht die Warmluft über die Flure ab und kalte Außenluft strömt nach. DETAIL 07–08/2009

The new high-tech science building at the University of Ulm was built as a place for interdisciplinary research in biology, biochemistry and biomedicine. A key component in the concept is the central circulation zone, spanning three floors. Glazed meeting pods, open-plan tea kitchens and seating groups all combine to facilitate interaction and exchange between the scientists. By contrast the atmosphere in the laboratory wings is calm and concentrated. Six inner courtyards, some roofed, some open, ensure good levels of natural lighting.
For the work in the labs, evenly distributed, glare-free light is important. Solar shading louvres integrated into the glazing stay down, providing permanent protection against overheating and glare. The angle of the louvres can be adjusted. In the offices, highly reflecting louvres are fitted on the room side, their special geometry reflecting daylight evenly across the space. Manually controllable night-time ventilation is provided: sliding vents in the facade are opened at night to draw fresh air in.

1 Labor
2 Büro
3 Besprechung

1 laboratory
2 office
3 meeting

Schnitte • Grundrisse Maßstab 1:1000 *Sections • Floor plans scale 1:1000*

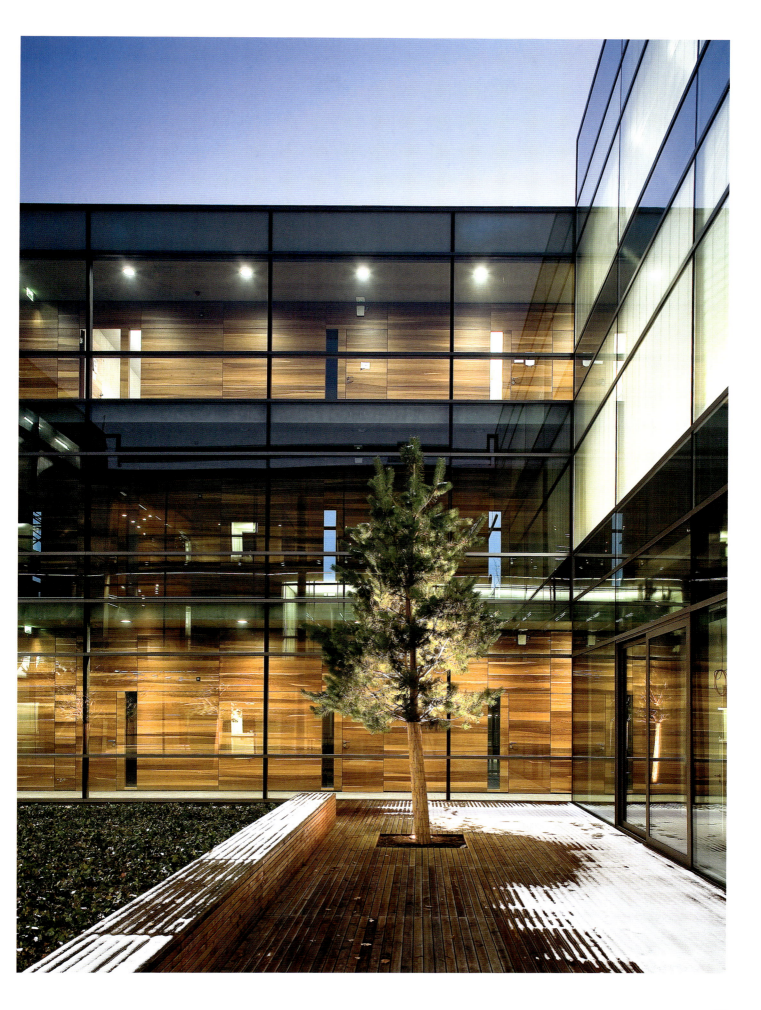

1	Festverglasung VSG 2× 8 mm	
2	geschosshohe aufgeklebte Griffleiste aus Aluminiumprofil 45/30/3, 30/30/3 und 15/15/3 mm	
3	Schiebetüre ESG 12 mm	
4	Aluprofil L 20/20/3 mit Bürstendichtung	
5	Bodenführung	
6	Kantenschutz U-Profil Aluminium 20/20/3 mm	
7	Vorhangschiene	
8	textiler Sicht- und Blendschutz	
9	Schwelle Aluminiumprofil ⧄ 130/10 mm	
10	Kantenschutz U-Profil Edelstahl 20/32/20/2 mm	
11	Glasbrüstung 2× ESG-H 12 mm PVB-Folie 1,52 mm	
12	Deckenrandprofil aus Flachstahlprofilen 166/12 mm und 300/12 mm mit Stahlprofil ⧄ 50/30 mm verschweißt	
13	Bekleidung Deckenkante Stahlblech 3 mm, verschliffen, lackiert	
14	Lichtleiste auf Stahlprofil L 40/40/4 mm	
15	Festverglasung: ESG-H (Heatsoaktest) 10 + SZR 16 + ESG-H 8 mm, U-Wert = 1,1 W/m²K	
16	Abhängung Stahlprofil T 60/60/8 mm	
17	Edelstahlrohr Ø 40/3 mm	
18	Flachstahl 2× 180/15 mm, dazwischen Stahlprofil ⧄ 60/30 mm und ⧄ 40/30 mm Oberfläche lackiert	
19	Edelstahlstab Ø 10 mm	
20	Verbundstütze mit Stahlmantelrohr Ø 350 mm	
21	Parkett Eiche gedämpft 10 mm Heizestrich 70 mm, Trennlage Trittschalldämmung 20 mm	
22	Großformatplatten Betonwerkstein gebürstet 70 mm im Mittelbett verlegt Stahlbetonbodenplatte 400 mm mit Betonkernaktivierung (Bodenheizung)	
23	untere Befestigung Abhängung Stahl U 160/65	
24	Vakuumisolationspaneel 20 mm	
25	Elementfassade Labor: Fassadenpfosten Aluminium geteilt Randpfosten mit Flachstahl verstärkt Verglasung: ESG-H 12 mm + Sonnenschutzlamellen im SZR 32 mm + ESG-H 10 mm	

1 fixed glazing: 2× 8 mm laminated safety glass
2 full-height slider grip, glued, of 45/30/3, 30/30/3 and 15/15/3 mm aluminium profiles
3 sliding door, 12 mm toughened glass
4 20/20/3 alu. angle with brush seal
5 floor track
6 edge protector, 20/20/3 mm alu. channel section
7 curtain rail
8 textile blind for visual and glare protection
9 sill, 130/10 mm aluminium profile
10 edge protector, 20/32/20/2mm stainless-steel channel section
11 glass parapet: 2× 12 mm toughened glass 1.52 mm PVB foil
12 floor-edge profile: 166/12 and 300/12 mm steel-flat profiles welded to 50/30 mm steel profile
13 floor-edge cladding: 3 mm steel sheet, polished and coated
14 lighting strip on 40/40/4 mm steel angle
15 fixed glazing: 10 mm + 8 mm heat-soaked toughened glass with 16 mm cavity, U-value = 1.1 W/m²K

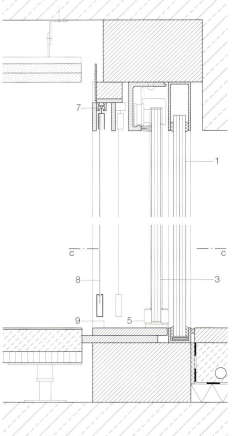

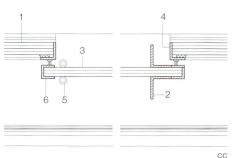

cc

Detailschnitte   Maßstab 1:5
Sectional details   scale 1:5

16 bracket, 60/60/8mm T-section
17 40/3 mm stainless-steel tube
18 60/30mm and 40/30mm coated solid steel between 2× 180/15 mm steel flats
19 Ø 10 mm stainless-steel bar
20 composite column: reinforced-concrete encased in Ø 350 mm steel pipe
21 10 mm steamed-oak parquet
70 mm heated screed, separation layer
20 mm footstep-sound insulation
22 large-format 70 mm brushed cast-stone pavers in medium-set mortar, 400 mm reinforced-concrete floor slab with underfloor heating
23 lower fixing, 160/65 mm steel channel-section bracket
24 20 mm vacuum insulation panel
25 prefabricated facade on laboratory:
alu. facade posts, thermally separated, edge post reinforced with steel flat; 12 + 10 mm heat-soaked toughened glass with 32 mm cavity with louvred sunblind

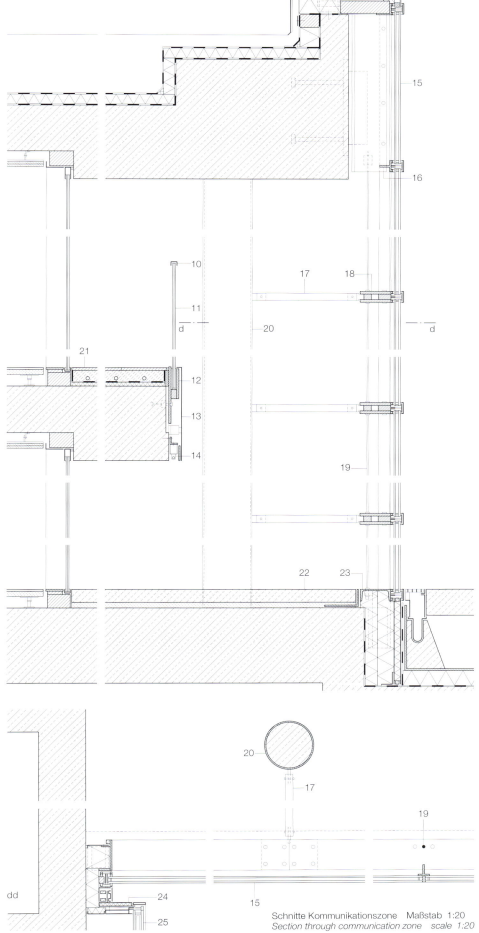

Schnitte Kommunikationszone   Maßstab 1:20
Section through communication zone   scale 1:20

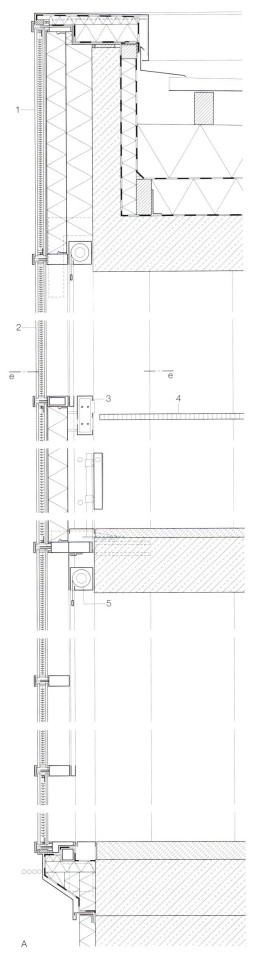
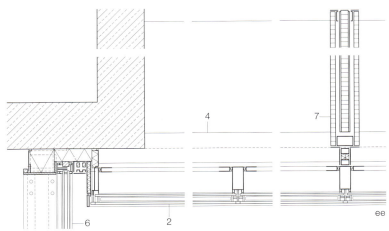

A	Laborfassade
B	Bürofassade
C	Gebäudeecke
D	Lüftungselement
A	Laboratory facade
B	Office facade
C	Corner of building
D	Ventilation unit

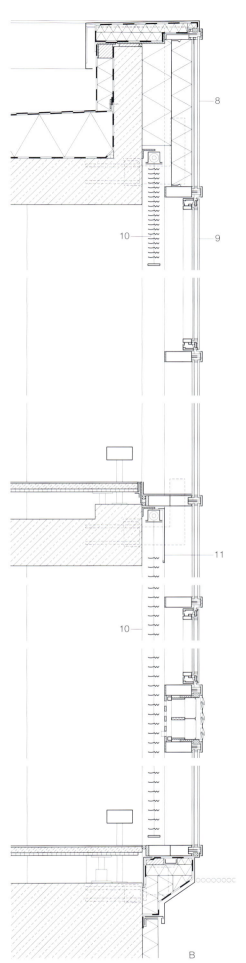
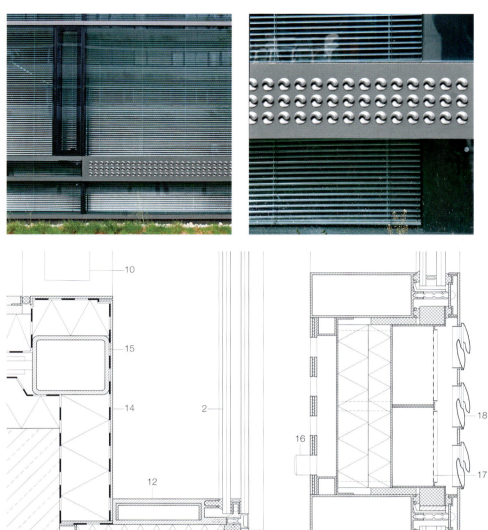

Schnitte Maßstab 1:20
Detailschnitte Maßstab 1:5

1 ESG-H (Heatsoaktest) 12 mm + Sonnenschutzlamellen im SZR 32 mm + ESG-H 10 mm, Emailschicht innen, U = 1,2 W/m²K Wärmedämmung 100 mm, Aluminiumblech 3 mm
2 ESG-H 12 mm + Sonnenschutzlamellen im SZR 32 mm + ESG-H 10 mm, U = 1,2 W/m²K
3 Elektrokanal
4 Laborarbeitstisch
5 Vollverdunkelung hinter Blende Aluminium
6 Festverglasung: ESG-H 10 mm + SZR 16 mm + ESG-H 8 mm, U = 1,1 W/m²K
7 Wandtasche für Schiebetür aus Dreischichtplatte, Oberfläche Aluminiumlaminat
8 ESG-H 10 + SZR 16 + ESG-H 8 mm, Emailschicht innen, Wärmedämmung 100 mm, Alublech 3 mm, Mineralwolle 120 mm, Stahlbeton 150 mm
9 ESG-H 10 mm + SZR 16 mm + ESG-H 8 mm
10 Sonnenschutz Lichtlenklamelle Aluminium verspiegelt
11 Blende Aluminium abnehmbar 2 mm
12 Elementfassade Fassadenpfosten Aluminium geteilt, Randpfosten z.T. mit Stahlprofil verstärkt
13 Vakuumisolationspaneel 20 mm
14 Aluminiumblech pulverbeschichtet 2 mm, Dampfsperre, Dämmung Mineralwolle 60 mm
15 Stahlrohr verzinkt ⌷ 100/80/5,6 mm
16 Schlitzschieber für Lüftungsklappe
17 Zuluftelemente 2× 110/55/1100 mm Einströmöffnungen mit Insektenschutzgitter Ausströmöffnung mit Rückstauklappe
18 regensichere Kunststoff-Sinus-Düsen in Aluminiumblech gelocht 2 mm, lackiert

Sections scale 1:20
Sectional details scale 1:5

1 12 + 10 mm heat-soaked toughened glass, fritted inner face, louvred sunblind in 32 mm cavity, U-value = 1.2 W/m²K; 100 mm thermal insulation, 3 mm alu. sheet
2 12 + 10 mm heat-soaked toughened glass, louvred sunblind in 32 mm cavity, U-value = 1.2 W/m²K
3 electrical duct
4 lab table
5 full black-out blind behind aluminium cover
6 fixed glazing: 10 + 8 mm heat-soaked toughened glass with 16 mm cavity, U-value = 1.1 W/m²K
7 recess for sliding door of 3-ply board, aluminium-laminate finish
8 10 + 8 mm heat-soaked toughened glass with 16 mm cavity, fritted inner face, 100 mm thermal insulation, 3 mm alu. sheet, 120 mm mineral wool, 150 mm reinforced concrete
9 10 + 8 mm heat-soaked toughened glass with 16 mm cavity
10 light-deflecting, mirror-finished aluminium louvre
11 removable cover, 2 mm aluminium
12 prefab. facade: alu. facade post, thermally separated, edge posts partly reinforced with steel profiles
13 20 mm vacuum insulation panel
14 2 mm aluminium sheet, powder-coated vapour barrier, 60 mm mineral wool insulation
15 100/80/5.6 mm steel RHS
16 slider to open vent
17 2× 110/55/1100 mm ventilation units, inlets fitted with insect screen, outlets fitted with reflux valve
18 2 mm perforated, coated aluminium sheet with rainproof plastic sinus jets

Berufskollegs in Recklinghausen

Vocational Schools in Recklinghausen

Architekten • *Architects*:
Scholl Architekten Partnerschaft
scholl balbach walker, Stuttgart
Rainer Scholl, Wolfgang Balbach,
Michael Walker
Tragwerksplaner • *Structural Engineers*:
B+G Ingenieure, Frankfurt am Main

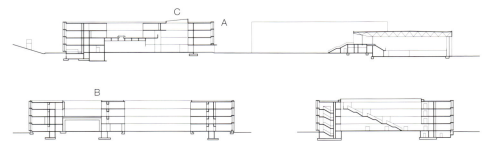

Schnitte Maßstab 1:1500
Sections scale 1:1500

Zeichen sollten gesetzt werden für die vom Strukturwandel betroffene Region, als sich der Kreis Recklinghausen 2001 entschloss, für die beiden eigenständigen Berufskollegs einen neuen Gebäudekomplex auf einem brachliegenden Zechengelände zu errichten. Eine Fünf-Feld-Sporthalle für öffentliche Veranstaltungen und ein Grubengaskraftwerk ergänzen das Ensemble der beiden Schulen für etwa 4500 Schüler und 200 Lehrkräfte. Charakteristisch für beide Schulbaukörper ist die doppelschalige Glasfassade mit geschosshohen, schräg stehenden ESG-Scheiben als äußere luftdurchlässige Schicht vor der Pufferzone. Sie schützen die innen liegende, hölzerne Pfosten-Riegel-Konstruktion mit Festverglasung vor Vandalismus und Verwitterung. Die schmalen Öffnungsflügel sind lediglich als Rauchentlastungsöffnungen und für Wartungsarbeiten vorgesehen, da die Räume mit einer kontrollierten Lüftung mit Wärmerückgewinnung ausgestattet sind. Diese ist als Bauteiltemperierung in die Betondecke integriert. Eine entlang der Flurwände verlaufende Einbauschrankzone beherbergt die Technik für Lüftungs- und Heizungsverteilung. Blickbeziehungen über die Innenhöfe hinweg erleichtern die Orientierung. Die großzügige Eingangshalle des Max-Born-Berufskollegs wurde vollflächig mit beschichtetem Sonnenschutzglas überdacht, die Absturzsicherung der Galerien in VSG ausgeführt. DETAIL 01–02/2011

In 2001, two vocational schools decided to erect a new campus on the grounds of an abandoned coal mine. In addition to the separate classroom buildings – for 4500 pupils and 200 teachers – the ensemble also boasts a gymnasium with 5 courts and a power plant utilising coal-mine methane. Both classroom buildings have double-skin glass facades with storey-high panes of toughened glass – this outer layer of the naturally ventilated buffer zone protects the fixed glazing in oak post-and-rail fenestration from vandalism and weathering. The operable sashes serve as smoke vents and allow access for maintenance: controlled ventilation with heat recovery is integrated in the tempered ceiling slabs.

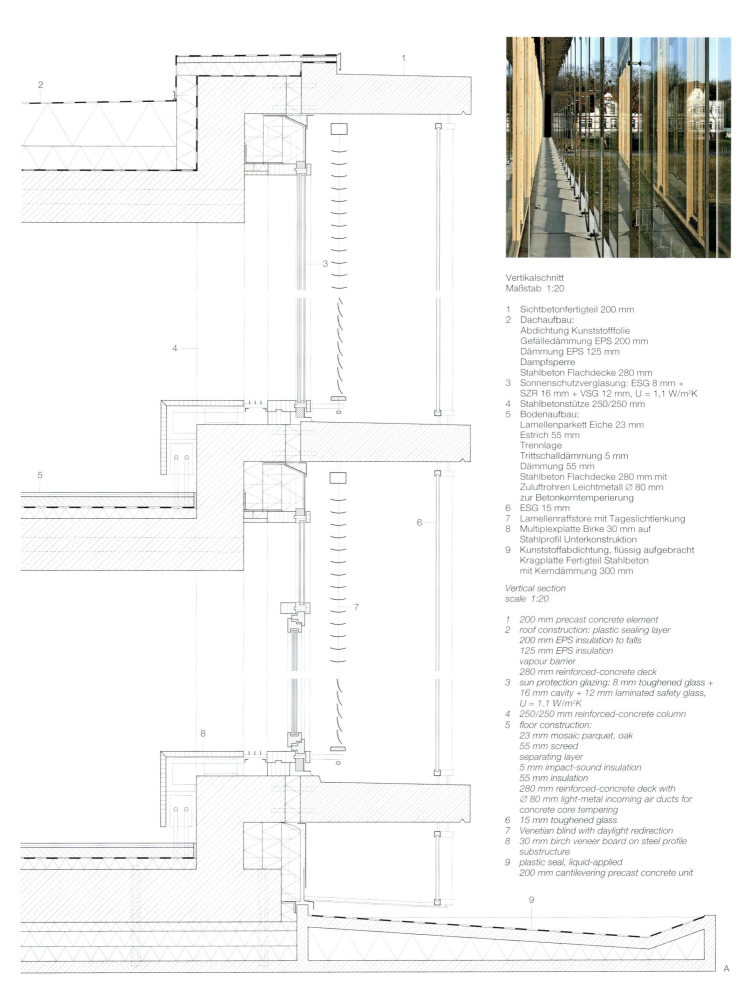

Vertikalschnitt
Maßstab 1:20

1 Sichtbetonfertigteil 200 mm
2 Dachaufbau:
  Abdichtung Kunststofffolie
  Gefälledämmung EPS 200 mm
  Dämmung EPS 125 mm
  Dampfsperre
  Stahlbeton Flachdecke 280 mm
3 Sonnenschutzverglasung: ESG 8 mm +
  SZR 16 mm + VSG 12 mm, U = 1,1 W/m²K
4 Stahlbetonstütze 250/250 mm
5 Bodenaufbau:
  Lamellenparkett Eiche 23 mm
  Estrich 55 mm
  Trennlage
  Trittschalldämmung 5 mm
  Dämmung 55 mm
  Stahlbeton Flachdecke 280 mm mit
  Zuluftrohren Leichtmetall ⌀ 80 mm
  zur Betonkerntemperierung
6 ESG 15 mm
7 Lamellenraffstore mit Tageslichtlenkung
8 Multiplexplatte Birke 30 mm auf
  Stahlprofil Unterkonstruktion
9 Kunststoffabdichtung, flüssig aufgebracht
  Kragplatte Fertigteil Stahlbeton
  mit Kerndämmung 300 mm

Vertical section
scale 1:20

1 200 mm precast concrete element
2 roof construction: plastic sealing layer
  200 mm EPS insulation to falls
  125 mm EPS insulation
  vapour barrier
  280 mm reinforced-concrete deck
3 sun protection glazing: 8 mm toughened glass +
  16 mm cavity + 12 mm laminated safety glass,
  U = 1.1 W/m²K
4 250/250 mm reinforced-concrete column
5 floor construction:
  23 mm mosaic parquet, oak
  55 mm screed
  separating layer
  5 mm impact-sound insulation
  55 mm insulation
  280 mm reinforced-concrete deck with
  ⌀ 80 mm light-metal incoming air ducts for
  concrete core tempering
6 15 mm toughened glass
7 Venetian blind with daylight redirection
8 30 mm birch veneer board on steel profile
  substructure
9 plastic seal, liquid-applied
  200 mm cantilevering precast concrete unit

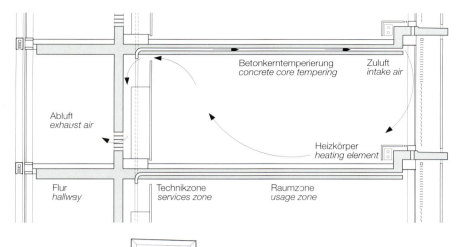

Schemaschnitt
Maßstab 1:100
Vertikalschnitte
Maßstab 1:20

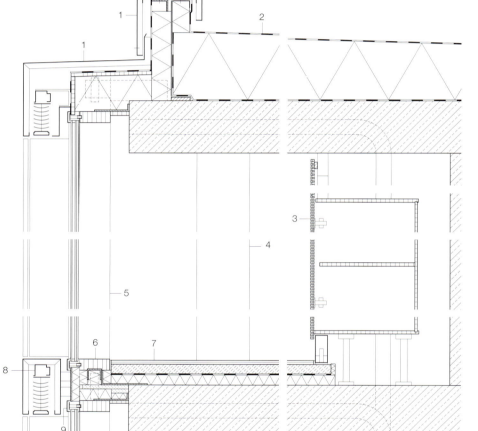

1 Aluminiumblech gekantet 3 mm
2 Dachaufbau:
 Abdichtung Kunststofffolie
 Gefälledämmung EPS 200–320 mm
 Dampfsperre
 Stahlbeton Flachdecke 280 mm mit
 Zuluftrohren Leichtmetall ⌀ 80 mm
 zur Betonkerntemperierung
3 Einbauschrank:
 Birke Multiplex 19 mm
 mit integrierter Technikzone
 und Lüftungsüberströmung
4 Stahlbetonstütze ⌀ 280 mm
5 Pfosten BSH Eiche
 150/60 mm
6 Riegel BSH Eiche
 150/60 mm
7 Bodenaufbau:
 Lamellenparkett Eiche 23 mm
 Estrich 55 mm
 Trennlage
 Trittschalldämmung 5 mm
 Dämmung 55 mm
 Stahlbeton Flachdecke 280 mm mit
 Zuluftrohren Leichtmetall ⌀ 80 mm
 zur Betonkerntemperierung
8 Lamellenraffstore
 mit Tageslichtlenkung
9 Deckleiste Aluminium 30/60 mm
10 Sonnenschutzverglasung:
 ESG 8 mm + SZR 16 mm +
 2× VSG 12 mm, U = 1,1 W/m²K
11 Aluminiumpaneel eingehängt
12 Regenrinne Betonfertigteil
13 Aluminiumblech gekantet 3 mm
 an Dämmpaneel
14 Sonnenschutzverglasung begehbar:
 ESG 10 mm + SZR 16 mm +
 VSG 14 mm, U = 1,1 W/m²K
15 Aluminiumprofil 115/60 mm
16 Träger Stahlbetonfertigteil 310/925–1800 mm
 mit Hohlkörperdämmung
17 Klemmprofil mit
 Aluminiumdeckleiste 60/12 mm
18 Lichtbandleuchten versetzt angeordnet
19 VSG aus 2× ESG 4/175 mm
 Folie transluzent
20 Rauchschutzverglasung G30 VSG aus
 ESG 5 mm + PVB 0,8 mm + ESG 5 mm

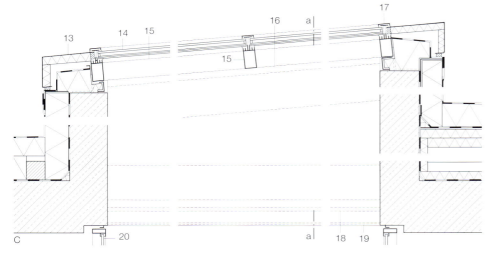
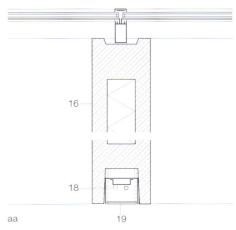

Sectional diagram
scale 1:100
Vertical sections
scale 1:20

1 3 mm aluminium sheet, bent to shape
2 roof construction:
   plastic sheeting
   200–320 mm EPS insulation to falls
   vapour barrier
   280 mm reinforced concrete slab with
   ⌀ 80 mm light-metal incoming air ducts for
   concrete core tempering
3 built-in cabinet:
   19 mm birch veneer plywood with
   integrated services zone
   and air overflow
4 ⌀ 280 mm reinforced-concrete column
5 150/60 mm glue-laminated oak post
6 150/60 mm glue-laminated oak rail
7 floor construction:
   23 mm mosaic parquet, oak
   55 mm screed
   separating layer
   5 mm impact-sound insulation
   55 mm insulation
   280 mm reinforced concrete deck with
   ⌀ 80 mm light-metal incoming air ducts for
   concrete core tempering
8 Venetian blind with
   daylight redirection
9 30/60 mm aluminium cap
10 sun protection glazing:
   8 mm toughened glass + 16 mm cavity +
   2× 12 mm laminated safety glass,
   $U = 1.1 \; W/m^2K$
11 aluminium panel, suspended
12 prefabricated gutter
13 3 mm aluminium sheet, bent to shape
   on insulation panel
14 sun-protection glazing, walkable:
   10 mm toughened glass + 16 mm cavity +
   14 mm laminated safety glass,
   $U = 1.1 \; W/m^2K$
15 115/60 mm aluminium profile
16 310/925–1800 mm precast concrete beam with
   insulation of hollow building component
17 clamp profile with
   60/12 mm aluminium cap
18 strip lights, offset arrangement
19 laminated safety glass of 2× 4/175 mm toughened
   glass,
   translucent membrane
20 laminated safety glass smoke seal G30 of
   5 mm toughened glass + 0.8 mm PVB + 5 mm
   toughened glass

Mobiler Ausstellungspavillon

Mobile exhibition pavilion

Architekten · *Architects*:
Jürke Architekten, München
Joachim Jürke
Tragwerksplaner · *Structural Engineers*:
Imagine Structure, Frankfurt am Main

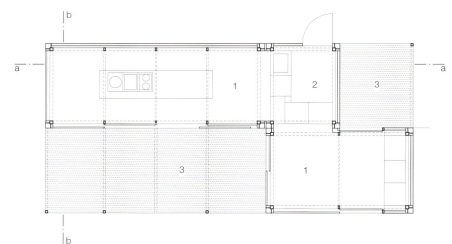

Der mobile Showroom basiert auf einem patentierten Bausystem, das vom Konstrukteur Rainer Huxel als selbsttragende Raumzelle mit vorgehängter Fassade konzipiert und mit Jürke Architekten weiterentwickelt wurde. Weitere Varianten sind geplant, etwa mit thermisch getrennter Fassade, Vakuumdämmung oder Solarpaneelen.
Der kubische Pavillon gliedert sich in zwei Terrassenelemente und drei komplett mit Glasfassade, Küchenbausteinen und Installationen in der Werkstatt vorgefertigte Module. So ist eine hohe Präzision der Ausführung nicht an lokale Produktionsbedingungen gebunden. Ein zentrales Energiemodul verbindet die zwei Ausstellungsräume und stellt die Klimatechnik sowie die Strom-, Wasser- und Abwasserversorgung bereit. Die räumliche Konfiguration ist für den Transport in einem 45'-ISO-High-Cube-Container maßgeschneidert. Nur 2 cm Spielraum bleiben beim Verladen zwischen den Außenkanten und der Öffnung der Containertür. Nach Abzug der Stärke von Boden und Decke ergibt sich eine lichte Raumhöhe von 2,36 m.
Der Aufbau vor Ort dauert lediglich einen Tag. Die Module werden auf einem Schienensystem aus dem Container gezogen, das später als Unterkonstruktion für die Terrassenelemente dient. Beim Positionieren mit dem Kran entstehen die mit Abstand größten Beanspruchungen für Rahmen und Glasscheiben. Um diese aufzunehmen, lassen sich demontierbare Diagonalen mit Kopfplatten an die Rahmeninnenseiten schrauben. Für Windlasten genügen die biegesteifen Rahmenecken. Die Einzelmodule werden auf 20 präzise in den Boden geschraubte, in der Höhe justierbare Fundamente gesetzt und punktuell miteinander verbunden. Zusätzliche Stahlplatten im Bodenbereich dienen als Lagesicherung. Um den Bauplatz nach dem Abtransport wieder in den ursprünglichen Zustand zu versetzen, müssen nur die Schraubfundamente herausgedreht werden. Deren Hersteller hat Erfahrung in der Installation temporärer Strukturen: Sein Sortiment umfasst auch Christbaumständer. DETAIL 11/2010

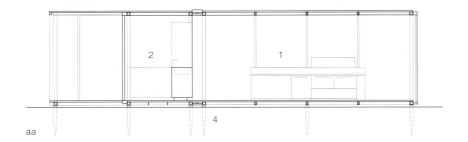
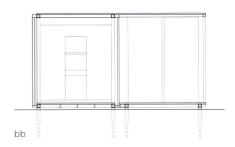

| Grundriss • Schnitte | Floor plan • sections |
| Maßstab 1:100 | scale 1:100 |

1 Ausstellungsmodul 1 Exhibition module
2 Technikmodul 2 Utility module
3 Terrasse 3 Terrace
4 Schraubfundament 4 Screw pile foundation

This mobile showroom serves for a kitchen appliance manufacturer's worldwide product presentations. It is based on a patented construction system for a self-supporting spatial cell with curtain wall facade created by Rainer Huxel and developed further in collaboration with Jürke Architekten. Additional variants are planned for the future, e.g. with thermally separated facade, vacuum insulation, and solar panels. The rectangular pavilion is structured into two terrace elements and three prefabricated modules assembled in a workshop. It features a glass facade, kitchen elements, and installations. Thus, high precision in manufacturing becomes independent from local production circumstances. A central energy module connects the two exhibition rooms and provides climate control and electricity, water, and drainage. The spatial configuration is tailor-made for transport in a 45' ISO High Cube container. The loading clearance between module surface and container hatch is only 2 cm. Clear room height is 2.36 m. The pavilion can be assembled on site in only one day. A rail system that later serves as subframe for the terrace elements is used to unload modules from their containers. The by far greatest stress for frame and glazing occurs when cranes lift modules into position. In order to bear related loads, removable diagonal bracing with base plates can be bolted to frame reveals. Rigid frame joints proved sufficient for wind impact. The individual modules are placed on top of and connected via bolt connections to 20 precisely drilled pile foundations that are adjustable in height. Steel plates in the floor area serve to lock the modules in position. In order to return the site to its original condition after removal of modules, the screw foundations can be retracted as well. Their manufacturer is experienced in the installation of temporary structures: the product range includes Christmas tree holders.

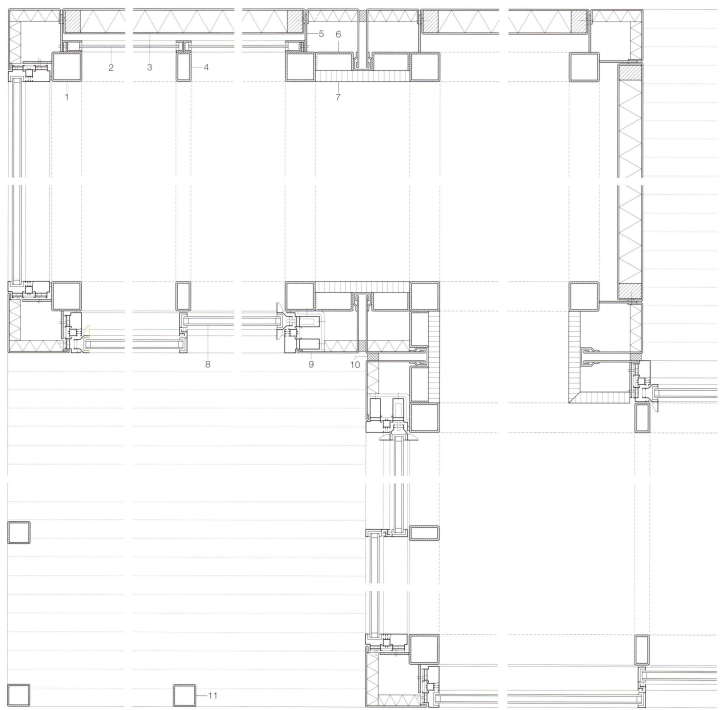

1	Rahmeneckprofil Stahlrohr ⌀ 80/80/5 mm
2	ESG satiniert 6 mm in Aluminiumrahmen
3	Paneel: Aluminiumblech eloxiert gekantet 3 mm Wärmedämmung PS-Hartschaum 60 mm Randverbund Holzleiste 40/60 mm Aluminiumblech eloxiert gekantet 3 mm
4	Rahmen Fassadenprofil Stahlrohr ⌀ 40/80/5 mm
5	Fassadenbefestigung Flachstahl ⌀ 5 mm
6	Stahlprofil ⌴ 50/100/6 mm
7	Furniersperrholz 25 mm
8	Schiebetüre mit Isolierverglasung 4/16/4 mm in Aluminiumrahmen
9	Aluminiumblech eloxiert gekantet 3 mm
10	Schlauchdichtung EPDM-Zellgummi
11	Stütze Stahlrohr ⌀ 60/60/4 mm
12	Gipskartonplatte beschichtet 12,5 mm Lattung 25 mm Wärmedämmung 60 mm Furniersperrholzplatte 20 mm Alkydharz-Buntlack
13	Linoleum 3 mm Hartfaserplatte 8 mm Furniersperrholzplatte 20 mm Stahlrohr ⌀ 60/60/4 mm
14	Stahlplatten (Beschwerung)
15	Gewindeschraube M 30
16	Lastverteilungsplatte Stahlblech 10 mm, mit aufgeschweißtem Lagesicherungsring
17	Anti-Rutsch-Matte
18	Schraubfundament Stahl

1	80/80/5 mm steel SHS frame corner profile
2	6 mm toughened glass, satin finish, alum. frame
3	panel: 3 mm aluminium sheet metal, galvanised, canted 60 mm rigid thermal insulation PS foam 40/60 mm wood framing 3 mm aluminium sheet metal, galvanised, canted
4	40/80/5 mm steel RHS facade profile
5	5 mm facade connector flat steel
6	50/100/6 mm steel channel
7	25 mm plywood veneer
8	sliding door, 4/16/4 mm insulation glass in aluminium frame
9	3 mm aluminium sheet metal, galvanised, canted
10	tube sealant EPDM cellular rubber
11	60/60/4 mm steel SHS terrace post
12	12.5 mm gypsum board, coated 25 mm framing 60 mm thermal insulation 20 mm plywood veneer alkyd resin paint finish
13	3 mm linoleum 8 mm hardboard 20 mm plywood veneer 60/60/4 mm steel SHS
14	steel plates (weighting)
15	bolt M 30
16	10 mm load distribution plate, steel sheet metal welded position lock ring
17	anti-slip mat
18	steel screw pile foundation

Horizontalschnitt
Vertikalschnitt
Maßstab 1:10

Horizontal section
vertical section
scale 1:10

Museum in Kansas City

Museum in Kansas City

Architekten • *Architects*:
Steven Holl Architects, New York
Steven Holl, Chris McVoy
Architekten vor Ort • *Site architects*:
Berkebile Nelson Immenschuh McDowell Architects, Kansas City

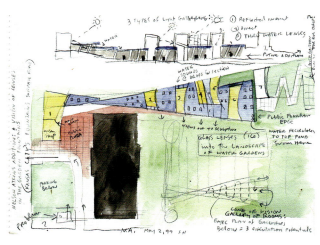

Bis vor wenigen Jahren präsentierte sich das Nelson Atkins Museum noch als traditionell-konservatives Kunstmuseum, erstarrt in den baulichen Strukturen eines neoklassizistischen Museumspalasts aus dem Jahr 1933. Den 1999 ausgeschriebenen Architektenwettbewerb um einen Erweiterungsbau für die Sammlung moderner und zeitgenössischer Kunstwerke begriff Steven Holl daher vor allem als Chance, das Museum gegenüber Besuchern wie auch dem kulturellen Leben der Stadt zu öffnen. Im Gegensatz zu seinen fünf geladenen Mitstreitern hatte er den neuen Museumsflügel nicht als monolithischen Baukörper auf der nördlichen Haupteingangsseite des Altbaus platziert, sondern als langgestreckte Architekturlandschaft entlang der östlichen Grundstücksgrenze entwickelt. Größtenteils unter Rasenflächen verborgen, ist der rund 16 000 m² große Erweiterungsbau heute integraler Bestandteil des Skulpturenparks und als solcher an den fünf hoch aufragenden Glaskuben erkennbar. Wegen ihrer tageslichtlenkenden Eigenschaften im Inneren des Museums bezeichnet Holl die Glaskuben gerne als »Linsen«.

Erscheint der Neubau von außen auf den ersten Blick als Komposition unabhängiger Einzelbaukörper, so präsentiert sich dessen Inneres als durchgängige, der sanft abfallenden Topografie des Geländes folgende Einheit. Den Auftakt hierzu bildet die größte der Linsen, das Eingangsgebäude. Es fungiert zum einen als neue Raumkante des nördlichen Haupteingangsplatzes, unter dem sich die neue Tiefgarage erstreckt. Zum anderen befindet sich hier auch der Startpunkt einer ausgedehnten »Promenade architecturale«, die den Besuchern die Wahl lässt, entweder auf einer Folge von langen flachen Rampen oder durch die jeweils leicht höhenversetzten Ausstellungsräume abwärts zu wandeln. Beide Wege werden dabei gegliedert durch die sorgsam inszenierte Raum- und Lichtdramaturgie im Inneren der Linsen. Schnell wird an dieser Stelle klar, dass ihre nach oben abgerundeten, T-förmigen Wandelemente nicht etwa nur Lüftungsleitungen oder das Tragwerk der stählernen Dachkonstruktion aufnehmen. Vielmehr wird mit ihrer Hilfe Tageslicht aus allen Himmelsrichtungen eingefangen und umgelenkt auch an die dunkleren Innenräume weitergegeben. Die entsprechenden Glasfassaden bestehen jeweils aus einer äußeren Schicht mit transluzentem Profilglas und einer inneren Einfachverglasung, wobei der zweischalige Aufbau nicht nur günstige bauphysikalische Eigenschaften, sondern auch einen umfassenden Schutz vor schädlicher UV-Strahlung bietet. Direktes Sonnenlicht wird durch sandgestrahlte, geätzte oder mit Texturen versehene Gläser je nach Tageszeit und Lage gestreut, umgelenkt, reflektiert, gebrochen oder absorbiert. Erscheint Profilglas aufgrund von Eisenoxidbeimengungen üblicherweise grünlich, so wurde dieser Zusatz beim Nelson Atkins Museum stark reduziert. Die Folge ist eine strahlend weiße Glashülle, die untertags vor allem in den an der Außenfassade liegenden Erschließungsbereichen zu einer geradezu übernatürlich mystischen Lichtstimmung führt. Eine ähnliche Wirkung entsteht umgekehrt, wenn die als »Instrumente des Lichts« konzipierten Linsen nach Einbruch der Dämmerung wie abstrakte Skulpturen zu leuchten beginnen.

Mit dem Leitmotiv »Stein und Feder« beschreibt Steven Holl die unterschiedlichen Eigenschaften von Alt- und Neubau. Einem wuchtigen und introvertierten Musentempel mit starrer Wegeführung steht heute ein feingliedriges, lichtdurchflutetes und von emotionalen Impulsen geprägtes Museumsgebäude mit offenen Raumfolgen und intensiver Verknüpfung mit dem Museumspark gegenüber. Dass sowohl Skulpturengarten wie auch das Museum frei zugänglich sind, kam dem offenen Konzept des Architekten sicherlich entgegen. Trotz dieser eklatanten Gegensätze und obwohl der Erweiterungsbau das symmetrische Gefüge von Altbau und Garten aufbricht: Am Ende wird das Bestandgebäude erstaunlicherweise enorm aufgewertet – vielleicht weil es neben der zeitgenössischen Architektur Steven Holls nun selbst wie ein altehrwürdiges Ausstellungsstück wirkt. DETAIL 10/2007

Until recently, the Nelson Atkins Museum looked like a conservative, neoclassical palace for the arts. Eight years ago, when an architectural competition was held to create an extension for modern art, Steven Holl took the opportunity of opening the museum to new visitors and to the cultural life of the city by creating an architectural landscape. Concealed in large part beneath grass lawns, the roughly 16,000 m² extension is recognisable in the form of five glass cubes rising boldly from the sculpture park. Because of their ability to deflect daylight into the interior, Holl refers to these glass cubes as "lenses". Internally, a continuous sequence of spaces follows the gentle slope of the site. The entrance structure marks the beginning of an extensive "promenade architecturale". Visitors can choose between a downward route via a sequence of long ramps or through the exhibition spaces, which are stepped down slightly from each other. With the aid of T-shaped wall elements that arch out at the top, daylight is drawn in from all sides and deflected into the internal spaces. The glazed facades consist of an outer layer with translucent U-section glass elements and an inner layer of single glazing. This form of construction has advantages in terms of the building physics and also provides comprehensive protection against UV radiation. Depending on the time of day and position, direct sunlight is diffused, deflected, reflected, diffracted or absorbed by glazing with various textures. U-section glass elements usually have a green tinge because of the iron-oxide added to them. In the Nelson Atkins Museum, this was avoided completely. As a result, the building has a gleaming white glass skin that creates an almost mystical lighting mood, especially in the circulation areas next to the facade. A converse effect occurs when the "lenses" begin to gleam at night like abstract sculptures. A solid, introverted temple of the muses with fixed routes is now contrasted with a finely articulated new museum flooded with light. The existing building is, in fact, enormously enhanced in status – perhaps because it now resembles a time-honoured exhibition piece itself alongside Steven Holl's modern architecture.

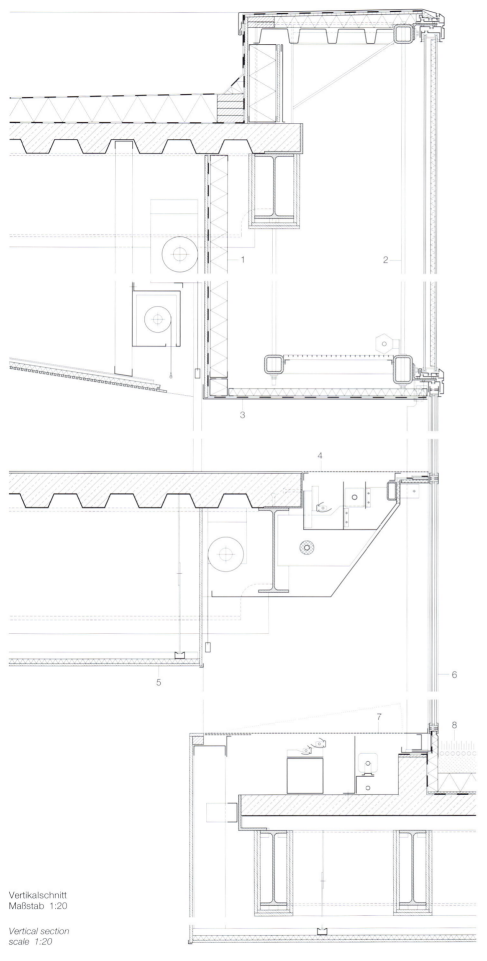

1 Wärmedämmung Glasfaser 92 mm
  zwischen Ständer Stahlprofil ⌶ 92 mm
  Dampfbremse, Gipskartonplatte 16 mm
2 Abhängung Stahlstab ∅ 19 mm
3 Stahlblech weiß lackiert 1,5 mm
  Dampfbremse
  Wärmedämmung 40 mm
4 Heizungsrinne:
  Stahlblech perforiert 2 mm
  Heizung, Aluminiumblech lackiert 2 mm
5 Akustikputz gesprüht ca. 3 mm
  Gipskartonplatte 12,5 mm, Dämmplatte 25 mm
  Unterkonstruktion Stahlprofil 35 mm
6 Isolierverglasung:
  VSG 2× 4,7 mm + SZR 12,7 mm + ESG 6,3 mm
  Rahmen Flachstahl gestrichen 75 / 16 mm
7 Stahlblech perforiert 6 mm
8 Vegetationsschicht 200 mm, Kiesschicht
  Wärmedämmung Polyurethan 100 mm
  Drainagebahn, Dichtungsbahn Bitumen
  Stahlbeton 100 mm auf Trapezblech 90 mm

1 92 mm glass-fibre thermal insulation between
  92 mm steel channel posts
  vapour-retarding layer; 16 mm plasterboard
2 ∅ 19 mm steel suspension rod
3 1.5 mm sheet steel, painted white
  vapour-retarding layer
  40 mm thermal insulation
4 heating duct: 2 mm perforated sheet steel
  heating pipe; 2 mm sheet aluminium, painted
5 3 mm (approx.) spray-applied acoustic plaster
  12.5 mm plasterboard; 25 mm insulation slab on
  35 mm steel supporting structure
6 double glazing: lam. safety glass (2× 4.7 mm) +
  12.7 mm cavity + 6.3 mm toughened glass
  3× 16 mm steel-flat frame, painted
7 6 mm perforated sheet steel
8 200 mm planted layer; bed of gravel
  100 mm polyurethane thermal insulation
  drainage layer; bituminous sealing layer
  100 reinforced concrete on 90 mm trapezoidal-
  section sheet metal

Vertikalschnitt
Maßstab 1:20

Vertical section
scale 1:20

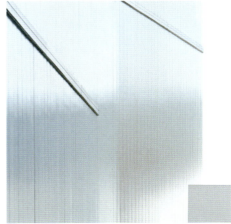

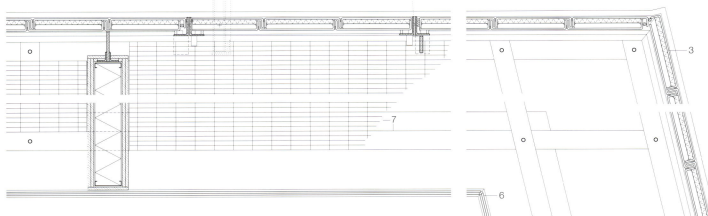

1 Aluminiumblech 0,8 mm, Dachdichtungsbahn
 OSB-Platte 13 mm, Wärmedämmung Hartschaum
 zweilagig 75 mm, Trapezblech Stahl 75 mm
 Stahlprofil T 65 mm
2 Bitumenbahn zweilagig mit Mineralgranulat
 Wärmedämmung Polyurethan ca. 150 mm
 Dichtungsbahn, Stahlbeton 90 mm
 auf Trapezblech Stahl 75 mm
3 U-Profilglas außen 57/400/10 mm
 Textur geätzt, reduzierter Eisenanteil
 Kapillareinlage PMMA, beschichtet 24 mm
 Luftschicht 27 mm, U-Profilglas innen sand-
 gestrahlt, reduzierter Eisenanteil 57/400/6 mm
 in Aluminiumrahmen 110 mm
4 Akustikplatte Holzwerkstoff gelocht 10 mm
 Wärmedämmung Glasfaser 25 mm
 Unterkonstruktion Aluminiumprofil
5 Projektionsleinwand
6 Verglasung VSG 2× 9,5 mm, innen geätzt
7 Stahlrost verzinkt 25 mm, Stahlrohr ⌀ 100/100 mm
8 Parkett Esche 25/100 mm
 Anstrich Polyurethan schwarz, Stahlbeton 90 mm
 auf Trapezblech Stahl 75 mm
9 Akustikputz gesprüht ca. 3 mm
 Gipskartonplatte gebogen 12,5 mm
 Dämmplatte gebogen 25 mm auf
 Unterkonstruktion Stahlprofil 35 mm
10 Gipskartonplatte gestrichen 12,5 mm
 Sperrholzplatte 12,5 mm
 Gipskartonplatte 12,5 mm
 Ständer Stahlprofil U 92 mm, Dampfbremse
 Wärmedämmung Glasfaser 92 mm
 Gipskartonplatte 16 mm

1 0.8 mm sheet aluminium covering
 roof sealing layer; 13 mm oriented-strand board
 75 mm two-layer rigid foam thermal insulation
 steel trapezoidal-section sheeting 75 mm deep
2 two-layer bituminous seal with mineral granules
 150 mm (approx.) polyurethane thermal insulation
 sealing layer; 90 mm reinforced concrete on
 steel trapezoidal-section sheeting 75 mm deep
3 57/400/6 mm U-section glass elements, sand-
 blasted internally, with reduced iron-oxide content;
 27 mm cavity; 24 mm capillary insert PMMA, coated
 57/400/10 mm U-section glazing units with etched
 surface and reduced iron-oxide content in 110 mm
 aluminium frame
4 10 mm perforated composite wood acoustic slab
 25 mm glass-fibre thermal insulation
 aluminium system
5 projection screen
6 lam. safety glass (2× 9.5 mm) etched internally
7 25 mm galvanised steel grating
 100/100 mm steel SHS frame
8 ash parquet 25/100 mm
 black polyurethane coat on 90 mm reinf. concrete
 on trapezoidal-section steel sheeting 75 mm deep
9 3 mm (approx.) spray-applied acoustic plaster
 12.5 mm plasterboard, bent to shape
 25 mm insulating mat, bent to shape
 35 mm steel-section supporting structure
10 12.5 mm plasterboard, painted
 12.5 mm plywood; 12.5 mm plasterboard
 92 mm steel channel posts; vapour-retarding layer
 92 mm glass-fibre thermal insulation
 16 mm plasterboard

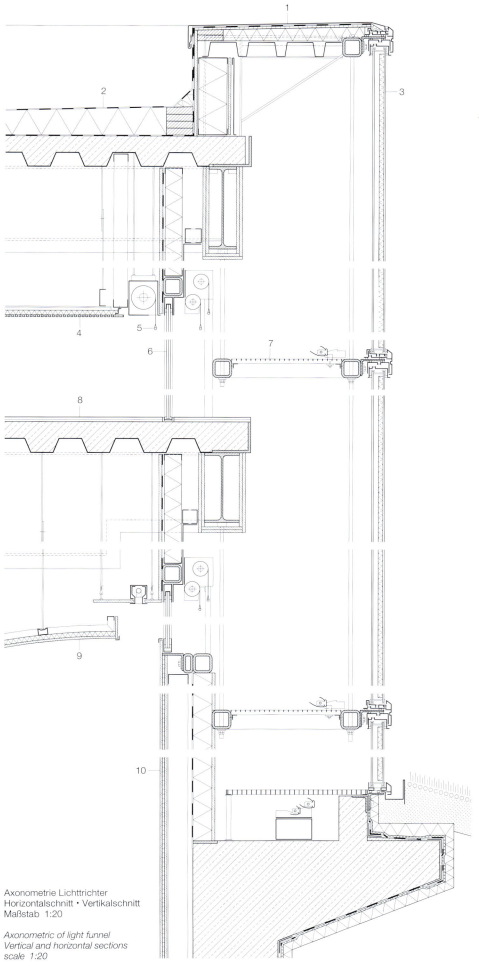

Axonometrie Lichttrichter
Horizontalschnitt · Vertikalschnitt
Maßstab 1:20

Axonometric of light funnel
Vertical and horizontal sections
scale 1:20

Galerie in La Pizarrera

Gallery in La Pizarrera

Architekt • *Architect*:
Elisa Valero Ramos, Granada

Kaum zu glauben, dass sich unter den glänzenden, geometrisch in der Rasenfläche platzierten Glasplatten eine private Galerie mit bedeutenden Werken der spanischen Kunstszene versteckt. Nur 10 km von der königlichen Schlossanlage El Escorial entfernt liegt das Anwesen des Kunstsammlers Plácido Arango, der hier über zwei Wohngebäude verfügt, die er nun um Ausstellungsflächen für seine umfangreiche Sammlung erweitert hat. Um den unter Naturschutz stehenden Eichenbestand des Gartens zu erhalten, verlegten die Architekten die neuen Räume gänzlich unter die Erde und schufen so gleichzeitig eine Verbindung der beiden Wohngebäude. Die freie Grundrissform des Ausstellungsbereichs resultiert aus der Lage einiger schützenswerter Bäume, deren Wurzelwerk nicht beschädigt werden durfte. Die größte Herausforderung des Projekts war die Versorgung der Ausstellung mit natürlichem Licht. 45 nahezu horizontal verlegte Oberlichtfelder gleicher Größe sorgen nun für eine gleichmäßige Belichtung der Werke. Die Aussparungen im Flachdach sind hierfür mit einem stählernen Rahmen ummantelt, auf dessen oberen Abschluss die VSG-Verglasung mit Winkeln flächenbündig angebracht ist. Zum Schutz vor direkter Sonneneinstrahlung kann im Sommer ein System aus Aluminiumlamellen temporär in die Deckenöffnungen eingefügt werden.
DETAIL 07–08/2009

The gleaming glass slabs, geometrically laid out in the grass, look like land art, but they are skylights over a private gallery of important works of Spanish art. The new exhibition space, its underground location and floor plan dictated by the need to preserve the garden's oak trees, connects two existing residential buildings.
Getting as much natural, evenly distributed light as possible into the exhibition space was the biggest challenge. The solution was to incorporate 45 almost flat skylights of equal size into the flat roof. The laminated safety glass is fitted flush with the upper surface of the steel window frame. A removable system of aluminum louvres can be inserted for shading.

Schnitt • Grundrisse
Maßstab 1:500
1 Wohnraum
2 Büro
3 Garten mit Stein- und Korkeichen
4 Ausstellung
5 Vorraum
6 Küche
7 Haustechnik
8 Lager
9 Lastenaufzug

Section • Floor plans
scale 1:500
1 Lounge
2 Office
3 Garden with evergreen and cork oaks
4 Exhibition
5 Lobby
6 Kitchen
7 Installations
8 Storage
9 Goods lift

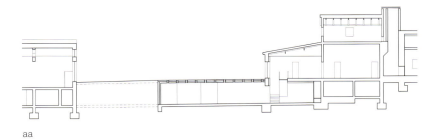

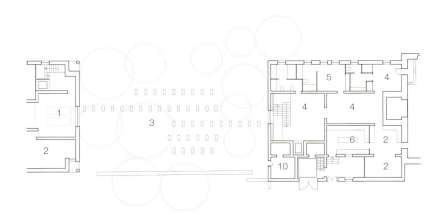

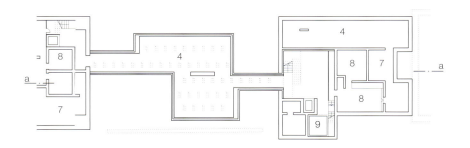

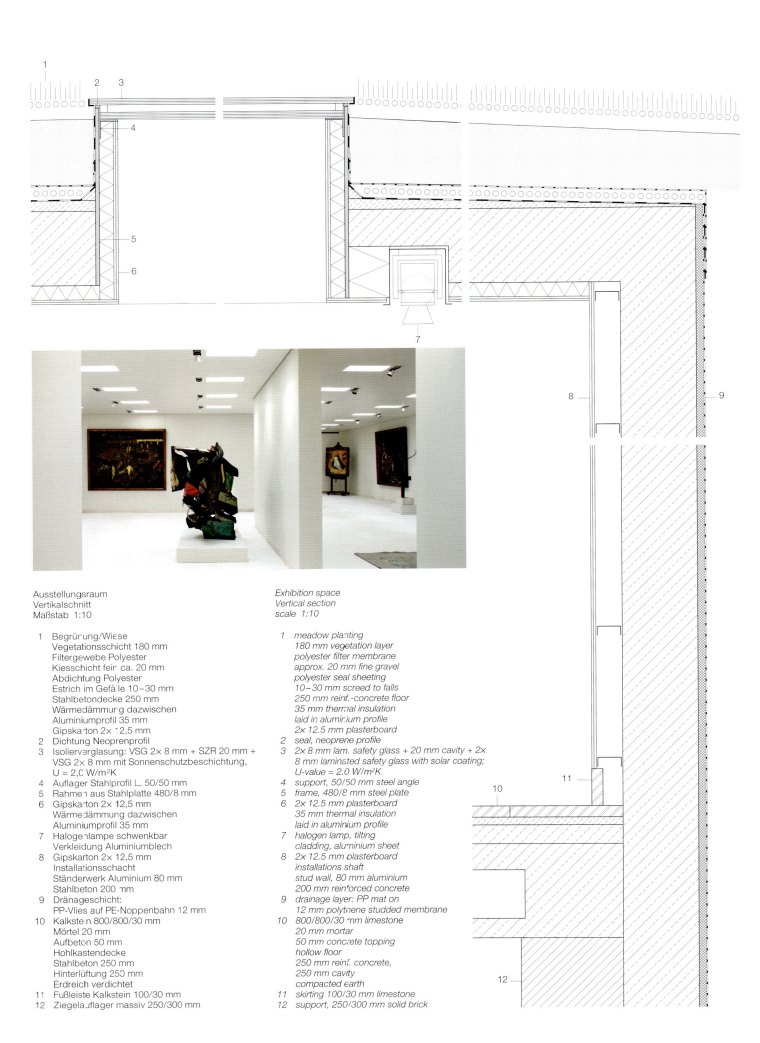

Ausstellungsraum
Vertikalschnitt
Maßstab 1:10

1. Begrünung/Wiese
   Vegetationsschicht 180 mm
   Filtergewebe Polyester
   Kiesschicht fein ca. 20 mm
   Abdichtung Polyester
   Estrich im Gefälle 10–30 mm
   Stahlbetondecke 250 mm
   Wärmedämmung dazwischen
   Aluminiumprofil 35 mm
   Gipskarton 2× 12,5 mm
2. Dichtung Neoprenprofil
3. Isolierverglasung: VSG 2× 8 mm + SZR 20 mm + VSG 2× 8 mm mit Sonnenschutzbeschichtung, U = 2,0 W/m²K
4. Auflager Stahlprofil L 50/50 mm
5. Rahmen aus Stahlplatte 480/8 mm
6. Gipskarton 2× 12,5 mm
   Wärmedämmung dazwischen
   Aluminiumprofil 35 mm
7. Halogenlampe schwenkbar
   Verkleidung Aluminiumblech
8. Gipskarton 2× 12,5 mm
   Installationsschacht
   Ständerwerk Aluminium 80 mm
   Stahlbeton 200 mm
9. Dränageschicht:
   PP-Vlies auf PE-Noppenbahn 12 mm
10. Kalkstein 800/800/30 mm
    Mörtel 20 mm
    Aufbeton 50 mm
    Hohlkastendecke
    Stahlbeton 250 mm
    Hinterlüftung 250 mm
    Erdreich verdichtet
11. Fußleiste Kalkstein 100/30 mm
12. Ziegelauflager massiv 250/300 mm

Exhibition space
Vertical section
scale 1:10

1. meadow planting
   180 mm vegetation layer
   polyester filter membrane
   approx. 20 mm fine gravel
   polyester seal sheeting
   10–30 mm screed to falls
   250 mm reinf.-concrete floor
   35 mm thermal insulation
   laid in aluminium profile
   2× 12.5 mm plasterboard
2. seal, neoprene profile
3. 2× 8 mm lam. safety glass + 20 mm cavity + 2× 8 mm laminated safety glass with solar coating; U-value = 2.0 W/m²K
4. support, 50/50 mm steel angle
5. frame, 480/8 mm steel plate
6. 2× 12.5 mm plasterboard
   35 mm thermal insulation
   laid in aluminium profile
7. halogen lamp, tilting
   cladding, aluminium sheet
8. 2× 12.5 mm plasterboard
   installations shaft
   stud wall, 80 mm aluminium
   200 mm reinforced concrete
9. drainage layer: PP mat on
   12 mm polythene studded membrane
10. 800/800/30 mm limestone
    20 mm mortar
    50 mm concrete topping
    hollow floor
    250 mm reinf. concrete,
    250 mm cavity
    compacted earth
11. skirting 100/30 mm limestone
12. support, 250/300 mm solid brick

Galerie und Kunstschule in Waiblingen

Art Gallery and Arts Educational Centre in Waiblingen

Architekten • *Architects*:
Hartwig N. Schneider Architekten, Stuttgart
Gabriele Schneider, Hartwig N. Schneider
Tragwerksplaner • *Structural Engineers*:
Fischer und Friedrich, Waiblingen

Wie zwei Kieselsteine liegen die Gebäude der Kunstschule Unteres Remstal und der Galerie Stihl der Stadt Waiblingen am Ufer der Rems. Mit ihrer abstrakten Anmutung schaffen sie einen Übergang vom weiten Landschaftsraum zum engen Gassengewirr der Altstadt. Vom Fluss kommend bildet die Engstelle zwischen den ovalen Profilbauglasfassaden eine Neuinterpretation eines historischen Stadttors. Auf den ersten Blick scheinen beide Gebäude identisch, doch die horizontale Mittenteilung der Fassade der Kunstschule lässt auf die Differenzierung im Inneren schließen: Eine Zwischenebene orientiert sich hier zur zentralen zweigeschossigen Halle. Die gegenüberliegende Kunstgalerie ist als Einraum konzipiert, der lediglich durch die tragenden Kerne in Foyer, Ausstellungsfläche und Depot zoniert ist. Am Haupteingang wird die Glashülle durch ein transparentes Drehtor aus Streckmetall unterbrochen, das über die gesamte Gebäudehöhe geöffnet werden kann. Hier weitet sich der 0,50 m schmale Zwischenraum der zweischaligen Fassade zu einem 2 m tiefen Vorraum auf, der als Filter auf den modernen Kunsttempel einstimmt. Das mit Glasgespinst gefüllte transluzente Profilbauglas erzeugt ein neutrales Licht. Verschattungsrollos im Fassadenzwischenraum erlauben eine Tageslichtsteuerung geeignet für Skulpturen oder abgedunkelt für sensible grafische Exponate. DETAIL 07–08/2009

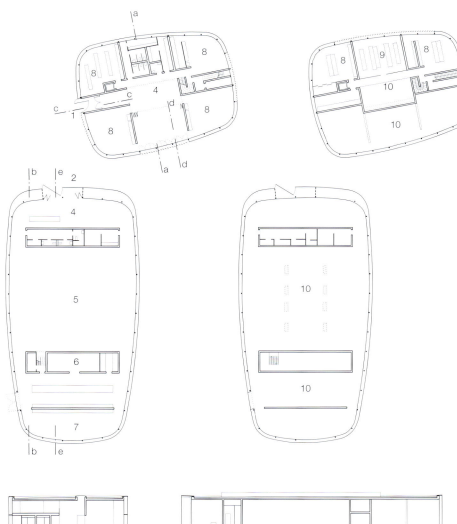

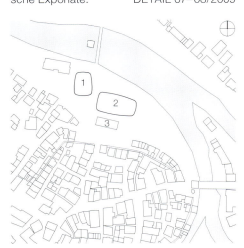

aa bb

Lageplan Maßstab 1: 5000
Grundrisse • Schnitte
Maßstab 1:750

Site plan scale 1:5000
Floor plans • Sections
scale 1:750

1 Kunstschule
2 Galerie
3 Cafe, Verwaltung
4 Foyer, Halle
5 Ausstellung
6 Depot
7 Werkstatt
8 Unterrichtsräume
9 Büro
10 Luftraum

1 Arts educational centre
2 Art gallery
3 Cafe, administration
4 Foyer, hall
5 Exhibition
6 Stores
7 Workshop
8 Teaching rooms
9 Office
10 Void

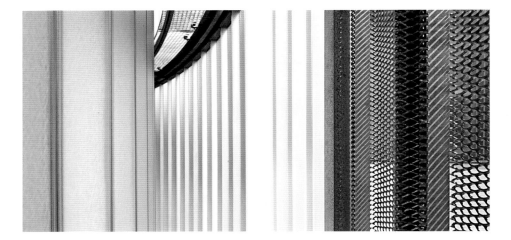

Vertikalschnitte • Horizontalschnitt Kunstschule
Maßstab 1:20

Vertical section • Horizontal section through arts educational centre
scale 1:20

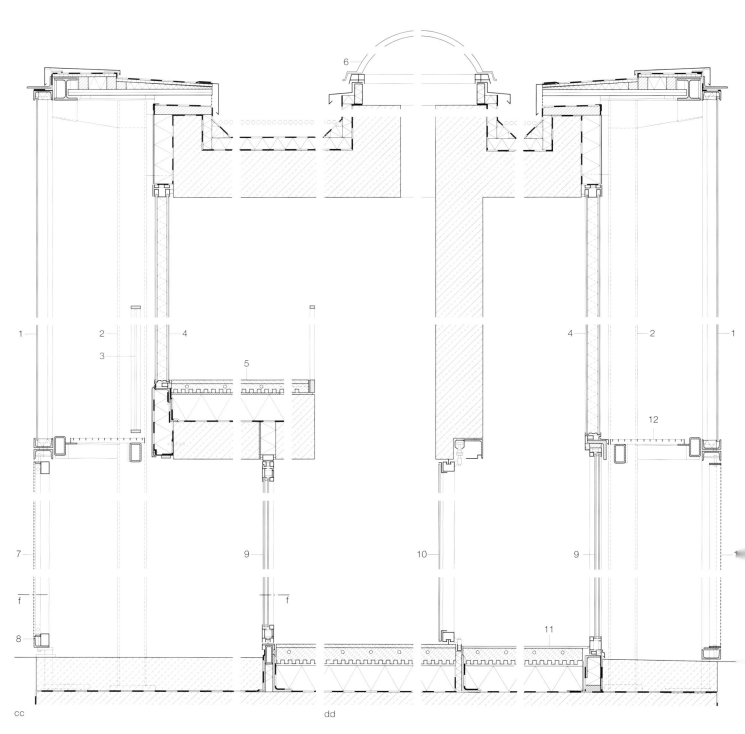

1 Profilbauglas 60/7 mm
2 Stütze Stahlrohr ⌀ 152 mm
3 Absturzsicherung Flachstahl 25/8 mm
4 Profilbauglas 60/7 mm Wärmeschutzbeschichtung + SZR transluzente Wärmedämmung Glasgespinst 60 mm + Sonnenschutzbeschichtung Profilbauglas 60/7 mm, thermisch vorgespannt nicht absturzsichernd, U = 1,1 W/m²K, g = 0,28
5 Magnesit-Estrich 20 mm, Heizestrich Kalziumsulfat kurzfaserbewehrt 64 mm
Wärmedämmung EPS 11 mm, EPS 150 mm
Dampfsperre, Stahlbeton 250 mm
6 Oberlicht Polycarbonat kaltgebogen transluzent
7 Eingang Drehtor Streckmetall 4 mm auf Stahlrohr ⊡ 90/60 mm bzw. 60/40 mm verzinkt
8 Schiene Stahlprofil ⌶ 70/30 mm
9 Verglasung: 6 + SZR 16 + 6 mm, U_g ≤ 1,1 W/m²K
10 Falttür: ESG auf Rahmen Stahlprofil Z 50/25/18/3 mm geklebt
11 Raum für Tanz und Performance:
elastischer Oberbelag 8 mm, PUR 2 mm
Heizestrich Kalziumsulfat 94 mm
Wärmedämmung EPS 11 mm, EPS 150 mm
Bitumenschweißbahn einlagig, Stahlbeton 250 mm
12 Gitterrost, 33 × 33 mm
13 Sonnenschutzlamellen aus gekantetem Streckmetall auf Stahlrahmen manuell drehbar
14 Stahlbeton 250 mm, Wärmedämmung 80 mm
Stahlbeton 160 mm
15 Tür in Fassadenzwischenraum Streckmetall 6 mm auf Stahlrohr ⊡ 40/30/3 mm verzinkt

1 60/7 mm channel glass
2 column, ⌀ 152 mm steel CHS
3 safety bar, 25/8 mm steel flat
4 60/7 mm channel glass with thermally insulating coating + translucent thermal insulation, 60 mm spun glass in cavity + 60/7 mm channel glass with solar coating, tempered, not safety glass; U-value: 1.1 W/m²K, g-value = 0.28
5 20 mm magnesite screed, 64 mm calcium sulphate heated screed reinf. with short fibres
thermal insulation, 11 mm EPS, 150 mm EPS vapour barrier, 250 mm reinforced concrete
6 skylight, translucent cold-formed polycarbonate
7 pivoting entrance door of 4 mm expanded metal on 90/60 mm and 60/40 mm galvanised steel RHS
8 rail, 70/30 mm steel channel profile
9 2× 6 mm glass with 16 mm cavity; U_g ≤ 1.1 W/m²K
10 folding door, toughened glass bonded to 50/25/18/3 mm steel Z-section profile
11 performance space:
8 mm elastic finish, 2 mm PUR
heated screed, 94 mm calcium sulphate
11 mm EPS, 145 mm EPS, bituminous sheeting, single layer, 250 mm reinforced concrete
12 grating, 33 × 33 mm mesh size
13 solar-shading louvre blinds of bent expanded metal on steel frame, rotatable manually
14 250 mm reinf. concrete, 80 mm thermal insulation 160 mm reinforced concrete
15 door in facade cavity, 6 mm expanded metal on 40/30/3 mm galvanised steel RHS

The Unteres Remstahl Arts Educational Centre and the Stihl Gallery of the town of Waiblingen in southwest Germany rest like two pebbles on the banks of the River Rems. Their slightly abstract air softens the transition between the narrow alleyways of the old town and the broad open spaces beyond. Viewed from the river, the narrow point between the two polygonal channel-glass facades of the buildings looks like a modern interpretation of a historic town gateway.

At first glance the two buildings seem identical, but the horizontal division of the facade of the arts centre gives a hint of the differences in the interior: it marks the line of the mezzanine overlooking a central hall extending over two floors. The art gallery opposite is designed as a single, free-flow space, zoned only by the load-bearing cores into a foyer, exhibition area and storage space.

At the main entrance a translucent expanded-metal gate pivots open along the full height of the building. At this point the architects have broadened the 0.5 m narrow cavity in the double-skin facade into a 2-m-wide lobby that acts like a filter, preparing the visitors to enter this modern art temple. The translucent curtain of spun-glass-filled channel glass creates a neutral lighting situation, sunblinds in the facade cavity enable lighting levels to be adjusted for sculptures and sensitive graphic art exhibits.

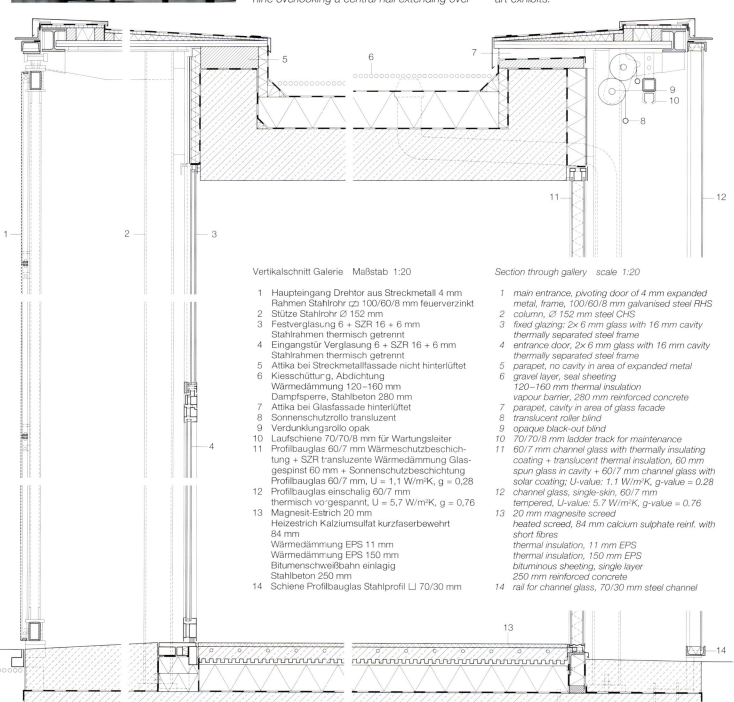

Vertikalschnitt Galerie Maßstab 1:20

1 Haupteingang Drehtor aus Streckmetall 4 mm Rahmen Stahlrohr ⌷ 100/60/8 mm feuerverzinkt
2 Stütze Stahlrohr ⌀ 152 mm
3 Festverglasung 6 + SZR 16 + 6 mm Stahlrahmen thermisch getrennt
4 Eingangstür Verglasung 6 + SZR 16 + 6 mm Stahlrahmen thermisch getrennt
5 Attika bei Streckmetallfassade nicht hinterlüftet
6 Kiesschüttung, Abdichtung Wärmedämmung 120–160 mm Dampfsperre, Stahlbeton 280 mm
7 Attika bei Glasfassade hinterlüftet
8 Sonnenschutzrollo transluzent
9 Verdunklungsrollo opak
10 Laufschiene 70/70/8 mm für Wartungsleiter
11 Profilbauglas 60/7 mm Wärmeschutzbeschichtung + SZR transluzente Wärmedämmung Glasgespinst 60 mm + Sonnenschutzbeschichtung Profilbauglas 60/7 mm, U = 1,1 W/m²K, g = 0,28
12 Profilbauglas einschalig 60/7 mm thermisch vorgespannt, U = 5,7 W/m²K, g = 0,76
13 Magnesit-Estrich 20 mm Heizestrich Kalziumsulfat kurzfaserbewehrt 84 mm Wärmedämmung EPS 11 mm Wärmedämmung EPS 150 mm Bitumenschweißbahn einlagig Stahlbeton 250 mm
14 Schiene Profilbauglas Stahlprofil ⌴ 70/30 mm

Section through gallery scale 1:20

1 main entrance, pivoting door of 4 mm expanded metal, frame, 100/60/8 mm galvanised steel RHS
2 column, ⌀ 152 mm steel CHS
3 fixed glazing: 2× 6 mm glass with 16 mm cavity thermally separated steel frame
4 entrance door, 2× 6 mm glass with 16 mm cavity thermally separated steel frame
5 parapet, no cavity in area of expanded metal
6 gravel layer, seal sheeting 120–160 mm thermal insulation vapour barrier, 280 mm reinforced concrete
7 parapet, cavity in area of glass facade
8 translucent roller blind
9 opaque black-out blind
10 70/70/8 mm ladder track for maintenance
11 60/7 mm channel glass with thermally insulating coating + translucent thermal insulation, 60 mm spun glass in cavity + 60/7 mm channel glass with solar coating; U-value: 1.1 W/m²K, g-value = 0.28
12 channel glass, single-skin, 60/7 mm tempered, U-value: 5.7 W/m²K, g-value = 0.76
13 20 mm magnesite screed heated screed, 84 mm calcium sulphate reinf. with short fibres thermal insulation, 11 mm EPS thermal insulation, 150 mm EPS bituminous sheeting, single layer 250 mm reinforced concrete
14 rail for channel glass, 70/30 mm steel channel

Poetry Foundation in Chicago

Poetry Foundation in Chicago

Architekten • *Architects*:
John Ronan Architects, Chicago
Tragwerksplaner • *Structural Engineers*:
Arup, Chicago

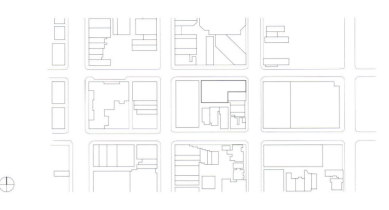

Lageplan
Maßstab 1:5000

*Site plan
scale 1:5000*

Die Poetry Foundation in Chicago ist als unabhängige nicht kommerzielle Literaturstiftung eine der weltweit größten Organisationen zur Unterstützung von Dichtkunst. Ihr neues Gebäude ist vom Dialog des Hauses mit einem zugehörigen Gartenhof bestimmt. Dieser Garten entstand durch die Aussparung eines Teils des L-förmigen Gebäudevolumens entlang der Grundstücksgrenze zur Straße. Auf diese Weise ist der Garten als zusätzlicher »Raum« in die sich ruhig entfaltende innere räumliche Abfolge des Hauses einbezogen.

Besucher erreichen das Gebäude, indem sie den Garten durchschreiten, wodurch eine harte Abgrenzung zwischen öffentlichem und privatem Bereich vermieden wird. Im Inneren sind alle öffentlichen Funktionen im Erdgeschoss angeordnet. Eine Galerie verbindet die Bibliothek mit dem Vorlesesaal, in dem eingeladene Schriftsteller ihre Werke in intimer Atmosphäre, ohne zwischengeschaltete Anlagentechnik, einem Publikum vorstellen können. Um die akustischen Qualitäten des Vorlesesaals an die Anforderungen anzupassen, setzten die Architekten im Inneren des Raums eine Reihe unterschiedlicher Materialien wie Glas, Beton und Gewebe ein. Im Obergeschoss befinden sich Büroflächen, die in drei Aufgabenbereiche gegliedert sind: Stiftungsverwaltung, die von der Stiftung herausgegebene Zeitschrift »Poetry Magazine« samt Online-Redaktion und die Programmgestaltung. Die Anordnung der Büroflächen erlaubt überall im Gebäude einen Blick in den Garten. Das räumliche Konzept beruht auf einer Überlagerung verschiedener Schichten, zwischen denen sich der Besucher bewegt. Diese Schichten aus Zinkblech, Glas und Holz lösen sich voneinander, um die unterschiedlichen Bereiche des Raumprogramms zu definieren. Die äußerste Schicht, eine Bekleidung aus voroxidiertem gewelltem Zinkblech, verleiht dem Gebäude von außen eine fast monolithische Erscheinung. Die Bekleidung ist dort, wo sie den Garten umschließt, perforiert und nimmt eine schleierartige, diaphane Qualität an, die den Einblick von der Straße ermöglicht und die

Schnitte · Grundrisse
Maßstab 1:750

Sections · Layout plans
scale 1:750

1 Vorlesesaal
2 Eingangshalle
3 Empfang
4 Lager
5 Arbeitsraum
6 Technikraum
7 Aufnahmestudio
8 Audioraum
9 Bibliothek
10 Garten
11 offene Bürofläche
12 Zellenbüro
13 Besprechungsraum
14 Kopierraum
15 Luftraum

1 Reading room
2 Lobby
3 Reception
4 Storage
5 Workroom
6 Mechanical
7 Recording studio
8 Listening
9 Library
10 Garden
11 Open office
12 Office
13 Conference room
14 Copy room
15 Void

Neugier der Passanten weckt. Gleichzeitig grenzt sie den Garten von der Straße und dem umgebenden Stadtraum ab und verleiht ihm eine gewisse Ruhe und Zurückgezogenheit als Einstimmung auf die Veranstaltungen und die konzentrierte, der Literatur gewidmete Atmosphäre im Gebäudeinneren. Vor den Fensteröffnungen des Hauses ist die gewellte Blechhaut ebenfalls perforiert und bildet hier einen fest stehenden Sonnenschutz. Am Übergang zum Garten endet die eigentliche Gebäudehülle, die Zinkblechbekleidung läuft jedoch weiter auf einem tragenden Skelett aus aluminiumummantelten Stahlprofil-Stützen um das gesamte Grundstück.

Die Glasfassade, die mäandernd in den Gartenraum vor- und zurückschwingt, ist als speziell konfektionierte Vorhangfassade ausgebildet, die über 11 m Höhe spannt. Die eloxierten Aluminiumprofile der Verglasung sind mit eigens angefertigten Werkzeugen produziert, um eine feine, minimalistische Erscheinung zu erreichen. Am östlichen Gartenende ist durch die Anordnung eloxierter Aluminiumtafeln hinter der Verglasung ein geschlossener Fassadenbereich ausgebildet. Eines der Fassadenelemente dient hier als Gedenktafel für Ruth Lilly, die Stifterin des Projekts, und ist mit verspiegelter Verglasung und eingeätzter Beschriftung versehen.

DETAIL 01–02/2013

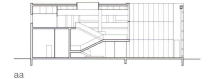
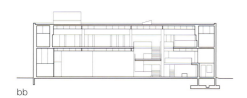
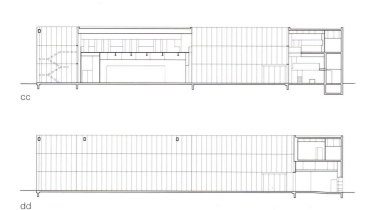

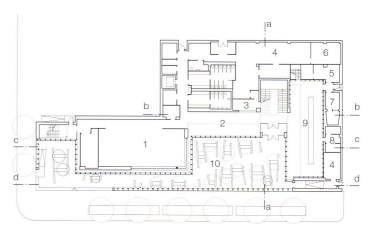

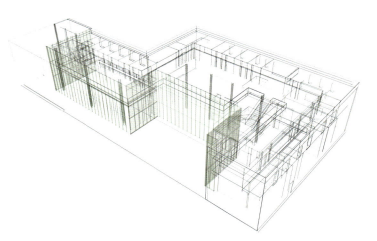

The Poetry Foundation is one of the world's largest independent, non-profit literary organisations. Its new home is a building in dialogue with a garden. The garden space is created through erosion of an implied volume as described by the L-shaped property boundary of the site. In this manner, the garden is implied as another "room" and part of the building's slowly unfolding spatial sequence.

Visitors reach the building by walking through the garden, an approach that blurs hard distinctions between the public and private realms. Inside the building an exhibition gallery connects the library to the poetry reading room, where poets read their work to audiences in an intimate atmosphere, unmediated by technology. The architects employed a variety of materials – glass, concrete, fabric – to fine-tune the reading room's acoustic qualities. Conceptually the building is made up of a series of layers through which visitors move. These layers – made of zinc, glass, and wood – peel apart to define the various programmatic zones. The outer layer, a cladding of corrugated oxidised zinc, lends the building a monolithic appearance from the outside. Where it borders the garden the cladding becomes perforated and takes on a veil-like, diaphanous quality, allowing visual access from the street. Where there are window openings it mutates into a sun-shading element. At the garden, the building enclosure terminates, but the zinc cladding continues over a series of aluminium-clad support members in a truss-like configuration.

The meandering glass facade delineating the garden is comprised of a custom-designed, curtain-wall system spanning 11 metres. The anodised aluminium framing is from custom dies specially made for the project to achieve a minimalist appearance. At the eastern end of the garden, there is a "shadow box", consisting of the glazing system with an anodised aluminium back plate behind the framing to create the illusion of depth. Set within this wall and etched into the mirror-coated, back-lit glass is a tribute to Ruth Lilly, the project benefactor.

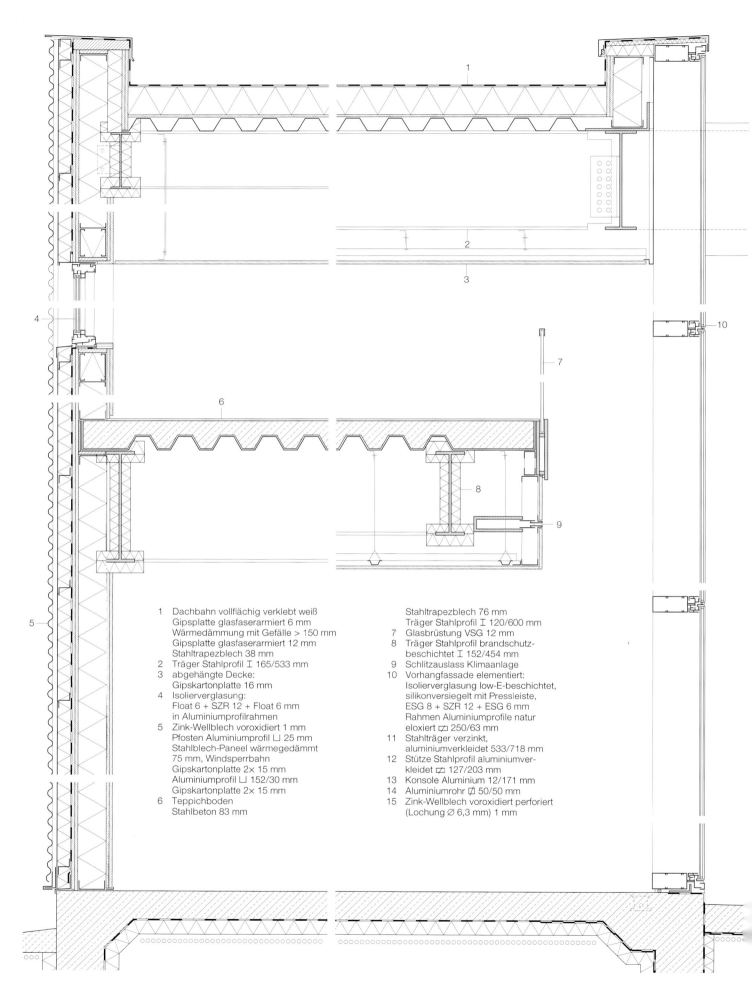

1. Dachbahn vollflächig verklebt weiß
   Gipsplatte glasfaserarmiert 6 mm
   Wärmedämmung mit Gefälle > 150 mm
   Gipsplatte glasfaserarmiert 12 mm
   Stahltrapezblech 38 mm
2. Träger Stahlprofil I 165/533 mm
3. abgehängte Decke:
   Gipskartonplatte 16 mm
4. Isolierverglasung:
   Float 6 + SZR 12 + Float 6 mm
   in Aluminiumprofilrahmen
5. Zink-Wellblech voroxidiert 1 mm
   Pfosten Aluminiumprofil ⌐ 25 mm
   Stahlblech-Paneel wärmegedämmt
   75 mm, Windsperrbahn
   Gipskartonplatte 2× 15 mm
   Aluminiumprofil ⌐ 152/30 mm
   Gipskartonplatte 2× 15 mm
6. Teppichboden
   Stahlbeton 83 mm
   Stahltrapezblech 76 mm
   Träger Stahlprofil I 120/600 mm
7. Glasbrüstung VSG 12 mm
8. Träger Stahlprofil brandschutz-
   beschichtet I 152/454 mm
9. Schlitzauslass Klimaanlage
10. Vorhangfassade elementiert:
    Isolierverglasung low-E-beschichtet,
    silikonversiegelt mit Pressleiste,
    ESG 8 + SZR 12 + ESG 6 mm
    Rahmen Aluminiumprofile natur
    eloxiert ⌑ 250/63 mm
11. Stahlträger verzinkt,
    aluminiumverkleidet 533/718 mm
12. Stütze Stahlprofil aluminiumver-
    kleidet ⌑ 127/203 mm
13. Konsole Aluminium 12/171 mm
14. Aluminiumrohr ⌑ 50/50 mm
15. Zink-Wellblech voroxidiert perforiert
    (Lochung ∅ 6,3 mm) 1 mm

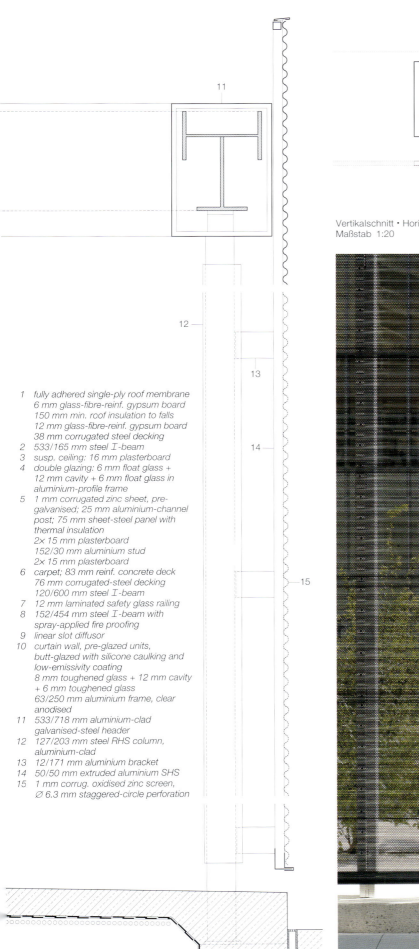
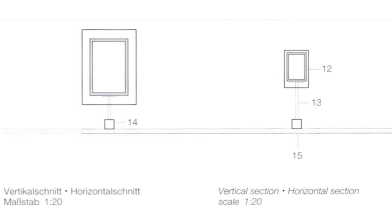

Vertikalschnitt · Horizontalschnitt
Maßstab 1:20

Vertical section · Horizontal section
scale 1:20

1 fully adhered single-ply roof membrane
  6 mm glass-fibre-reinf. gypsum board
  150 mm min. roof insulation to falls
  12 mm glass-fibre-reinf. gypsum board
  38 mm corrugated steel decking
2 533/165 mm steel I-beam
3 susp. ceiling: 16 mm plasterboard
4 double glazing: 6 mm float glass +
  12 mm cavity + 6 mm float glass in
  aluminium-profile frame
5 1 mm corrugated zinc sheet, pre-
  galvanised; 25 mm aluminium-channel
  post; 75 mm sheet-steel panel with
  thermal insulation
  2× 15 mm plasterboard
  152/30 mm aluminium stud
  2× 15 mm plasterboard
6 carpet; 83 mm reinf. concrete deck
  76 mm corrugated-steel decking
  120/600 mm steel I-beam
7 12 mm laminated safety glass railing
8 152/454 mm steel I-beam with
  spray-applied fire proofing
9 linear slot diffusor
10 curtain wall, pre-glazed units,
  butt-glazed with silicone caulking and
  low-emissivity coating
  8 mm toughened glass + 12 mm cavity
  + 6 mm toughened glass
  63/250 mm aluminium frame, clear
  anodised
11 533/718 mm aluminium-clad
  galvanised-steel header
12 127/203 mm steel RHS column,
  aluminium-clad
13 12/171 mm aluminium bracket
14 50/50 mm extruded aluminium SHS
15 1 mm corrug. oxidised zinc screen,
  Ø 6.3 mm staggered-circle perforation

Louvre Lens

Louvre Lens

Architekten • *Architects*:
SANAA, Tokio
Kazuyo Sejima + Ryue Nishizawa
mit Imrey Culbert, New York / Paris
und Catherine Mosbach, Paris (Landschaftsplanung • *Landscape Design*)
Tragwerks- und Fassadenplaner • *Structural Engineers and Facade Planning*:
B+G Ingenieure, Frankfurt am Main / Paris
SAPS / Sasaki and Partners, Tokio
(Vorentwurf / *preliminary design*)

Grundrisse
Maßstab 1:2000
Lageplan
Maßstab 1:8000

*Floor plans
scale 1:2000
Site plan
scale 1:8000*

Mit einer schimmernden Aluminiumhülle, in der sich Umgebung und schnell wechselnde Lichtstimmungen schemenhaft widerspiegeln, wirkt der neue Louvre Lens auf den ersten Blick wie ein abstraktes Land-Art-Objekt, das mit dem Himmel zu verschmelzen scheint. Hier im einstigen Kohlerevier hat das bekannteste französische Museum eine Dependance eröffnet und präsentiert Meisterwerke des Pariser Louvre in einer kunstvoll minimalistischen Architektur. In der strukturschwachen Region Nord-Pas-de-Calais, in der die letzten Zechen in den 1980er-Jahren geschlossen wurden, setzt das neue Kulturgebäude ein Zeichen. Fünf Städte der Region hatten sich für das Museumsprojekt beworben, die Wahl fiel auf die 35 000-Einwohner-Stadt Lens, ein Grund dafür war auch die TGV-Anbindung, über die Paris, Lille und London schnell erreichbar sind. Den internationalen Architekturwettbewerb gewann das Planungsteam um SANAA im Jahr 2005 mit einem Entwurf, dessen Schwerelosigkeit fasziniert. Umgeben von schlichten Häusern der Arbeitersiedlungen und eingebettet in einen neu geschaffenen Park reihen sich fünf annähernd rechteckige, subtil gebogene Baukörper auf dem ehemaligen Zechengelände aneinander. Das rundum verglaste Eingangsgebäude ist als zentrale »Piazza« von mehreren Seiten zugänglich. Von hier flaniert der Besucher zu den beidseits anschließenden Ausstellungsbauten. Um diese großzügigen, fließenden Raumfolgen zu schaffen, sind Nebenräume, Werkstätten, Depot und Technik im Untergeschoss angeordnet, Restaurant und Verwaltung befinden sich in separaten Gebäuden im Park.

Die lichtdurchflutete 68,5 × 58,5 m große Eingangshalle ist ein transparenter Pavillon mit schlanken Stahlstützen und frei platzierten gläsernen »Bubbles« für das Café, die Mediathek und den Museumsshop. Hinter der erstaunlichen Leichtigkeit und minimierten Dimensionierung der tragenden Konstruktion verbergen sich raffinierte Detaillösungen. Auch die 6 m hohen Glasfassaden wirken fast immateriell, als filigraner Raumabschluss verbinden sie innen und außen. Den Kontrast dazu bilden die beiden introvertierten Ausstellungssäle, die über partiell verglaste Dachflächen mit Tageslicht versorgt werden. Die Dachkonstruktion mit den speziell entwickelten schmalen T-Trägern in dichter Abfolge ist ungewöhnlich leicht. Trotz ihrer Spannweite von 26 m ähneln die Stahlträger eher Lamellen, die das Licht raffiniert streuen, als einem klassischen Dachtragwerk.

Beide Ausstellungssäle bieten optimal anpassbare Bedingungen für die Kunstwerke, die in regelmäßigem Turnus wechseln. Doch während die temporäre Galerie westlich des Foyers ganz klassisch in Kabinette unterteilt ist, werden in der 120 m langen, stützenfreien Halle »Galerie du Temps« die Exponate in neuer Form inszeniert – als chronologischer Parcours durch 5000 Jahre Kunstgeschichte. Die eloxierten Aluminiumpaneele, die hier auch die Innenwände verkleiden, verleihen dem Raum eine unbestimmte Tiefe.

Abgeschlossen wird das Ensemble nach Westen mit dem Auditorium, nach Osten mit einem Glaspavillon, dessen opake Einbauten das Motiv der »Glasbubbles« der Eingangshalle variieren. Am Ende des Museumsrundgangs gibt der Glaspavillon den Blick frei auf die Stadt und die hohen Kegel der Abraumhalden und ermöglicht damit auch eine neue Art der Beziehung zwischen Kunstwerken und Kontext.
DETAIL 05/2013

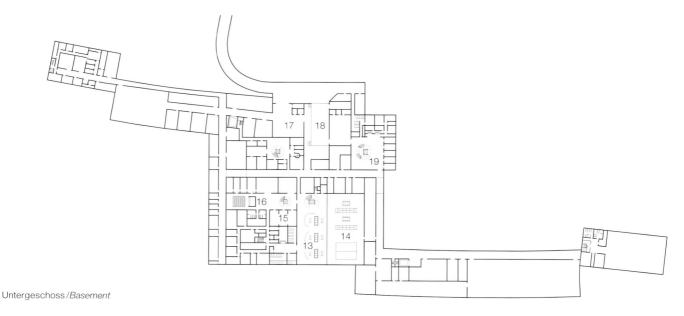

Untergeschoss / *Basement*

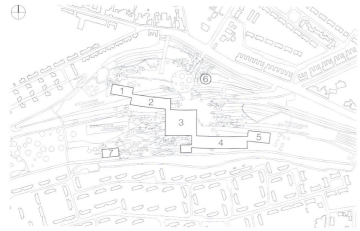

1	Auditorium	14	Depot
2	Wechselausstellung	15	Schulung
3	Eingangshalle	16	kleines Auditorium
4	ständige Ausstellung »Galerie du Temps«	17	Personal
5	Glaspavillon	18	Anlieferung Exponate
6	Restaurant	19	Empfang Gruppen
7	Verwaltung		
8	Eingang	1	Auditorium
9	Buchladen	2	Temporary exhibition
10	Mediathek	3	Entrance hall
11	Cafeteria	4	Permanent exhibition 'Galerie du Temps'
12	Werkstatt		
13	Information		

5	Glass pavilion	14	Depot
6	Restaurant	15	Training
7	Administration	16	Personal
8	Entrance	17	Small auditorium
9	Book shop	18	Delivery of artwork
10	Mediatheque	19	Reception for groups
11	Cafeteria		
12	Atelier		
13	Information		

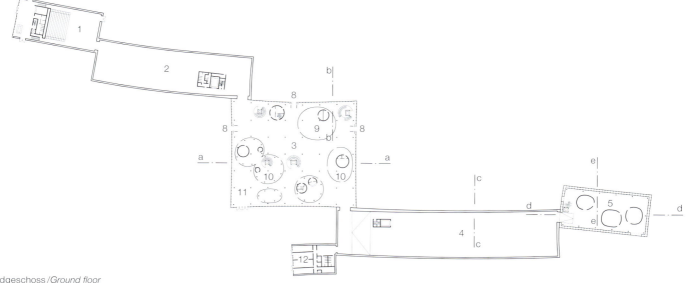

Erdgeschoss / Ground floor

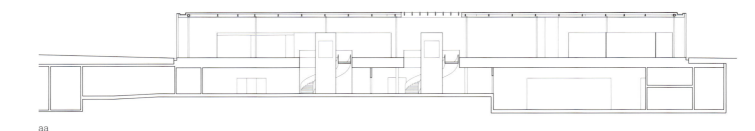

aa

Schnitt Eingangshalle
Maßstab 1:500
Fassadenschnitt
Maßstab 1:20

Section of entrance pavilion
scale 1:500
Section through facade
scale 1:20

These shimmering boxes have been the centre of attention in Lens, an unadorned city in northern France, for the past few months: here, in a former coal-mining district, the country's most renowned museum is presenting some of its masterpieces. Five of the region's cities competed for the museum project, and Lens, a city with a population of 35 000 that – thanks to its location on the TGV route – is well connected to Paris, Lille and London, was selected. In 2005 the architecture firm SANAA won the international competition with a design that captivated the architectural world with its weightlessness. Surrounded by the blue-collar-workers' simple homes and nestled in a new park, the five nearly rectangular, subtly curved segments of the building line up next to each other amid the former coal fields. With their shimmering aluminium skins – in which both the surroundings and the different moods created by the changing light are reflected chimerically – at first glance they bring to mind a large land art installation that merges with the sky. Yet the ensemble does make an unapproachable imprssion: as central 'piazza', the entrance building, whose four walls are glazed, can be entered from different sides. From here the visitor may proceed to the exhibition buildings on both sides of it, and may continue onto the auditorium or the glass pavilion. To create this spacious, flowing sequence of spaces, the architects situated the auxiliary rooms, workshops, depot, and building services on the lower level; the restaurant and administration each occupy a freestanding structure in the park. The lofty 68.5 × 58.5 m entrance hall is a transparent pavilion with slender steel columns and freely placed glass 'bubbles' containing the café, bookstore, and museum shop. An intricate, hidden structural system makes the building's astonishing delicateness possible. The 6-metre-high glass facades also seem to be on the verge of dematerialising: the ephemeral spatial definition they provide links exterior and interior. The two introverted exhibition halls, which receive light from the partially glazed roof, constitute the foil to the

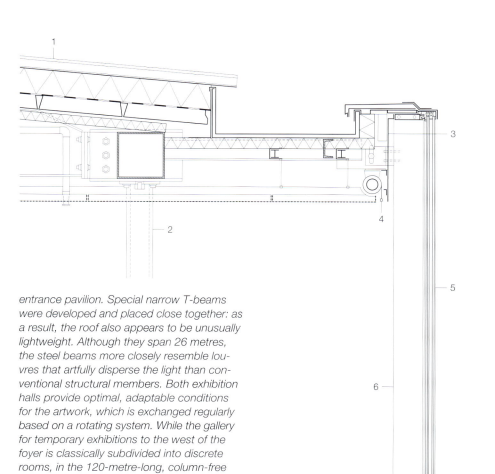

entrance pavilion. Special narrow T-beams were developed and placed close together: as a result, the roof also appears to be unusually lightweight. Although they span 26 metres, the steel beams more closely resemble louvres that artfully disperse the light than conventional structural members. Both exhibition halls provide optimal, adaptable conditions for the artwork, which is exchanged regularly based on a rotating system. While the gallery for temporary exhibitions to the west of the foyer is classically subdivided into discrete rooms, in the 120-metre-long, column-free 'Galerie du Temps' the works on display are arranged chronologically and cover a 5000-year time span.

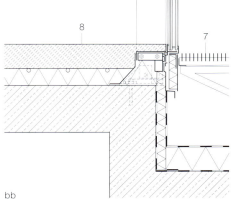

1 Dachaufbau:
  Stehfalzdeckung Aluminium, Wärmedämmung 125 mm, Dampfsperre, Profilblech,
  Träger Stahlprofil I 280 mm
  Akustikdämmung
  abgehängte Decke Lochblech 1,8 mm
2 Stütze Stahlrohr weiß beschichtet
  Ø 140/20 mm
3 Verkleidung Deckenstirn
  Aluminiumblech 2 mm
4 Sonnenschutzrollo
5 Isolierverglasung:
  Scheibengröße 1500/6050 mm,
  ESG 10 mm + SZR 12 mm + VSG 2× 8 mm
6 Fassadenpfosten Stahlblech 40/120 mm mit
  Aluminiumblech poliert 2,5 mm verkleidet
7 Stahlrost verzinkt
8 Bodenaufbau:
  Estrich bewehrt poliert 130 mm, Wärmedämmung mit Heizrohren 90 mm
  Stahlbeton 250 mm

1 roof construction:
  aluminium standing-seam roofing; 125 mm thermal insulation
  vapour barrier; profiled sheet metal
  280 mm steel I-beam
  acoustic insulation
  suspended ceiling: 1.8 mm perforated metal
2 column: Ø 140/20 mm steel CHS, coated white
3 cladding at edge of floor deck:
  2 mm aluminium sheet
4 solar blind
5 double glazing
  pane size: 1500/6050 mm,
  10 mm toughened glass + 12 mm cavity + 2× 8 mm laminated safety glass
6 facade post: 40/120 mm steel sheet
  2.5 mm aluminium-sheet cladding, polished
7 steel grating, galvanised
8 floor construction:
  130 mm screed, reinforced, polished
  90 mm thermal insulation with heating pipes
  250 mm reinforced concrete

1 Sonnenschutz fest stehend
  Gitterrost 50 mm
  Isolierverglasung ESG 10 mm +
  SZR 12 mm + VSG 2× 8 mm
2 Sekundärtragwerk Rahmen
  Stahlrohr ▭ 40/60 mm
3 Verdunkelung drehbare Lamellen
4 Träger Stahlprofil
  T 200/600–1100 mm, Steg 12 mm
  beschichtet
5 Sandwichelement 1500/6050/23 mm
  Kern Aluminiumwabe
  Aluminiumblech eloxiert 1,5 mm
  Agraffenbefestigung Aluminium
  Wärmedämmung 140 mm
  Stahlbeton 280 mm
6 Sandwichelement
  1500/6050/21 mm
7 Estrich bewehrt poliert 150 mm
  Wärmedämmung mit Heizrohren
  90 mm, Stahlbeton 240 mm
	1 fixed solar protection
	  50 mm grating
	  double glazing: 10 mm toughened
	  glass + 12 mm cavity + 2× 8 mm
	  laminated safety glass
	2 secondary structure:
	  40/60 mm steel RHS frame
	3 adjustable louvres to darken interior
	4 200/600–1100 mm steel T-beam with
	  12 mm web, coated
	5 1500/6050/23 mm sandwich element,
	  aluminium honeycomb core
	  1.5 mm aluminium sheet, anodised
	  cramp iron, aluminium
	  140 mm thermal insulation
	  280 mm reinforced concrete
	6 1500/6050/21 mm sandwich element
	7 150 mm screed, reinforced, polished
	  90 mm thermal insulation with heating
	  pipes
	  240 mm reinforced concrete

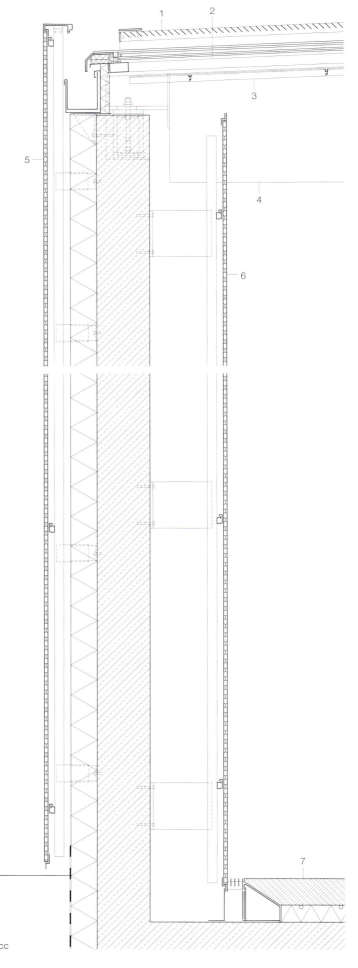

cc

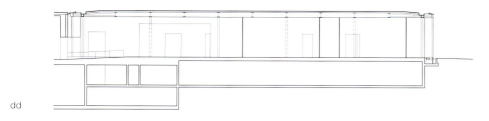

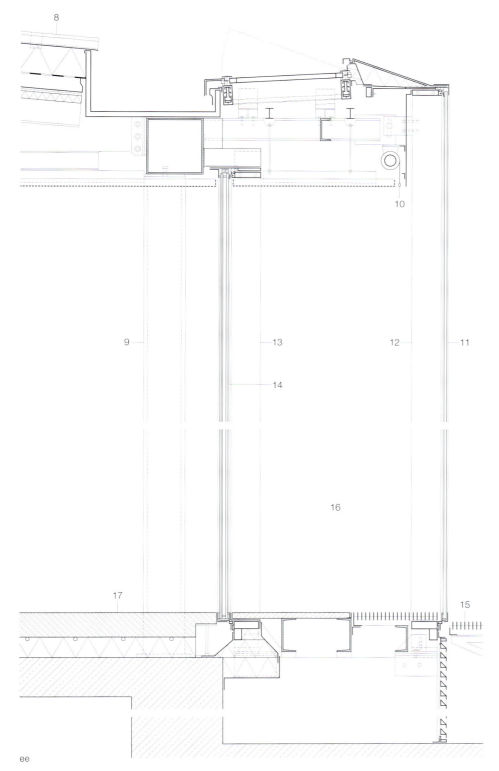

Ausstellungsraum Glaspavillon
Schnitt   Maßstab 1:500
Fassadenschnitt   Maßstab 1:20
 8 Stehfalzdeckung Aluminium, Wärmedämmung 125 mm, Dampfsperre, Profilblech Fachwerkträger Stahl 440–1100 mm Akustikdämmung
    abgehängte Decke Lochblech 1,8 mm
 9 Stütze Stahlrohr weiß beschichtet ⌀ 219 mm
10 Sonnenschutzrollo
11 Verglasung VSG 2× 6 mm
12 Fassadenpfosten Stahlblech 120/20 mm mit Aluminiumblech poliert 2,5 mm verkleidet
13 Fassadenpfosten Stahlblech 120/30 mm mit Aluminiumblech poliert 2,5 mm verkleidet
14 Isolierverglasung: ESG 10 mm + SZR 12 mm + VSG 2× 8 mm
15 Stahlrost verzinkt
16 natürliche Belüftung Fassadenzwischenraum
17 Estrich bewehrt poliert 130 mm, Wärmedämmung mit Heizrohren 90 mm, Stahlbeton 210 mm

Exhibition space in glass pavilion
Section   scale 1:500
Section through facade   scale 1:20
 8 aluminium standing-seam roofing; 125 thermal insulation; vapour barrier; profiled sheet metal 440–1100 mm steel truss; acoustic insulation suspended ceiling: 1.8 mm perforated metal
 9 column: ⌀ 219 mm steel CHS, coated white
10 solar blind
11 glazing: 2× 6 mm laminated safety glass
12 120/20 mm steel-sheet facade post clad in 2.5 mm aluminium sheet, polished
13 120/30 mm steel-sheet facade post clad in 2.5 mm aluminium sheet, polished
14 double gl.: 10 mm toughened gl. + 12 mm cavity + 2× 8 mm laminated safety glass
15 steel grating, galvanised
16 natural ventilation in facade cavity
17 130 mm screed, reinforced, polished; 90 mm thermal insulation with heating pipes; 210 mm reinforced concrete

Besucherzentrum Joanneum in Graz

Joanneum Visitors' Centre in Graz

Architekten • *Architects*:
Nieto Sobejano Arquitectos, Berlin
Fuensanta Nieto, Enrique Sobejano
mit eep architekten, Graz
Gerhard Eder, Christian Egger, Bernd Priesching
Tragwerksplaner • *Structural Engineers*:
Manfred Petschnigg, Graz

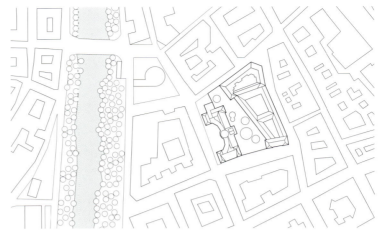

Lageplan
Maßstab 1:5000

*Site plan
scale 1:5000*

To mark the 200th anniversary of the founding of the Joanneum, a museum that is dispersed across various locations, a visitors' centre was recently opened in Graz. The concept envisaged the creation of a focal point for three existing buildings grouped about a rear courtyard. The new facilities were to include a foyer and auditorium, service areas, a museum shop and a library reading room and depot. The architects did not succumb to the temptation of creating a visually striking new object between the carefully rehabilitated existing structures. Instead, they focused their attention on the intermediate space between them, a gesture that was effective both architecturally and in terms of the urban planning, and which re-sulted in an upgrading of the surroundings. Extending between the older buildings is a homogeneous area, beneath which the new spatial programme was realised. The area is punctuated by inverted, truncated glass cones scattered seemingly at random about the square. These elements are the central feature of the design. The round glass forms projecting from the ground allow a glimpse of the spaces in the basement below. In the largest of the sunken courtyards, two escalators lead to and from the visitors' centre. The glass cones are also the dominant feature of the underground level with its otherwise restrained design. Between these light wells, one finds fascinating, fluid spatial situations. The glazing on the cones, which are of various dimensions, is vertical at one point, from where it splays out at an increasing angle about the circumference, lending these volumes a dynamic quality. First and foremost, though, they allow the ingress of daylight into the visitors' centre and library, as well as creating many visual links upwards; for example, from the study places in the library reading room, which are laid out about the deeper courtyards. The facades of the existing buildings are also reflected in the sloping glass surfaces. At night, in contrast, the urban space is illuminated from below through the cones. These bear a certain resemblance to modern art installations, so that the presentation of works by contemporary artists here, as proposed, would establish a dialogue with them.

Zum 200-jährigen Bestehen des Joanneums eröffnete das Herzstück dieses auf diverse Standorte verteilten ältesten öffentlich zugänglichen Museums Österreichs im neu gestalteten Joanneumsviertel von Graz. Für drei um einen ehemaligen Hinterhof gruppierte historische Gebäude – die Steirische Landesbibliothek sowie die nun für die Neue Galerie und das Naturkundemuseum genutzten Museumsbauten – galt es eine gemeinsame Mitte zu schaffen mit Foyer und Auditorium, Servicebereichen und Museumsladen sowie Lesesaal mit Freihandbestand und Depot der Bibliothek. Die Architekten erlagen nicht der Versuchung, zwischen dem behutsam sanierten Bestand mit einer objekthaften Landmarke aufzutrumpfen. Stattdessen befassen sie sich mit dem Zwischenraum, öffnen den Hinterhof und entwickeln das Projekt aus dessen Platzfläche heraus – eine architektonisch wie städtebaulich wirksame Intervention, die das gesamte Umfeld aufwertet.

Wie ein großer Teppich spreizt sich eine homogen graue Fläche zwischen die Bebauung, darunter verbirgt sich das neue Raumprogramm. Scheinbar zufällig verteilte, umgedrehte Kegelstümpfe aus Glas, die die Oberfläche aus grobkörnigem Granulat perforieren, bilden das zentrale Element des Entwurfs. Besucher oder auch Passanten, die den neu geschaffenen Stadtraum queren, nehmen zuerst ihre runden Glasbrüstungen als zeitgenössichen, aber wenig aufdringlichen Eingriff wahr. Beim Herantreten lassen sich dann die konischen Trichter vollständig erfassen, der Betrachter bekommt eine Ahnung von den Räumen im Untergeschoss. Im größten Tiefhof führen zwei Rolltreppen nach unten in das Besucherzentrum zur Informations- und Kasseninsel. Die Glaskegel prägen das sonst eher schlicht gehaltene Untergeschoss, zwischen den Trichtern ergeben sich spannende, fließende Raumsituationen. Die Scheiben der unterschiedlich dimensionierten Kegel sind jeweils an einer Stelle annähernd senkrecht angeordnet, die von hier aus in beiden Richtungen um den Kreisbogen zunehmende Neigung verleiht ihnen besondere Dynamik. Vor allem aber versorgen sie Besucherzentrum und Bibliothek mit Tageslicht und schaffen vielfältige Blickbezüge nach oben, etwa an den direkt an die Tiefhöfe angelagerten Arbeitsplätzen im Lesesaal. Wechselnde Wetterstimmungen sind auch hier unten erlebbar, die Fassaden der Altbauten spiegeln sich in immer neuen Perspektiven in den geneigten Glasflächen. Nachts belichten die Trichter den zentralen Platz des Joanneumsviertels von unten. Im Dialog mit den Kegeln, die selbst wie eine moderne Installation wirken, sollen mit der Zeit ortsspezifische Interventionen zeitgenössischer Künstler diesen neu geschaffenen öffentlichen Raum bereichern. DETAIL 04/2012

Schnitt • Grundriss
Maßstab 1:750

1 zentraler Platz
2 Zugangstrichter
3 Neue Galerie
4 Steirische Landes-
  bibliothek
5 Naturkundemuseum

Section • Floor plan
scale 1:750

1 Central square
2 Access cone
3 New Gallery
4 Styrian State Library
5 Museum of Natural
  History

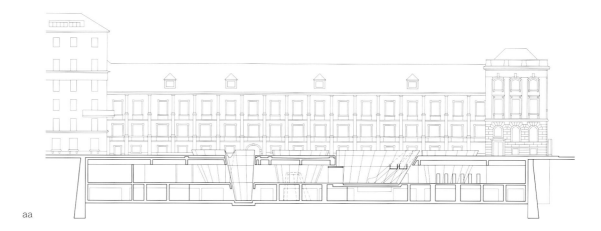

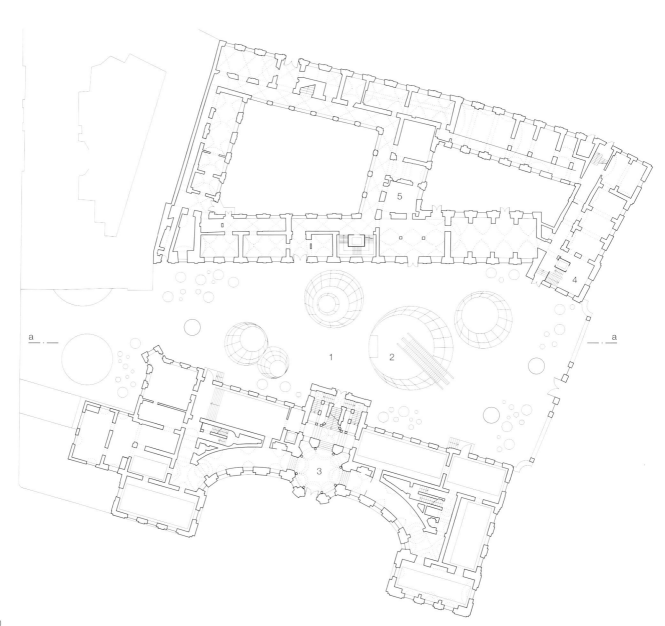

Ebene/Level 0

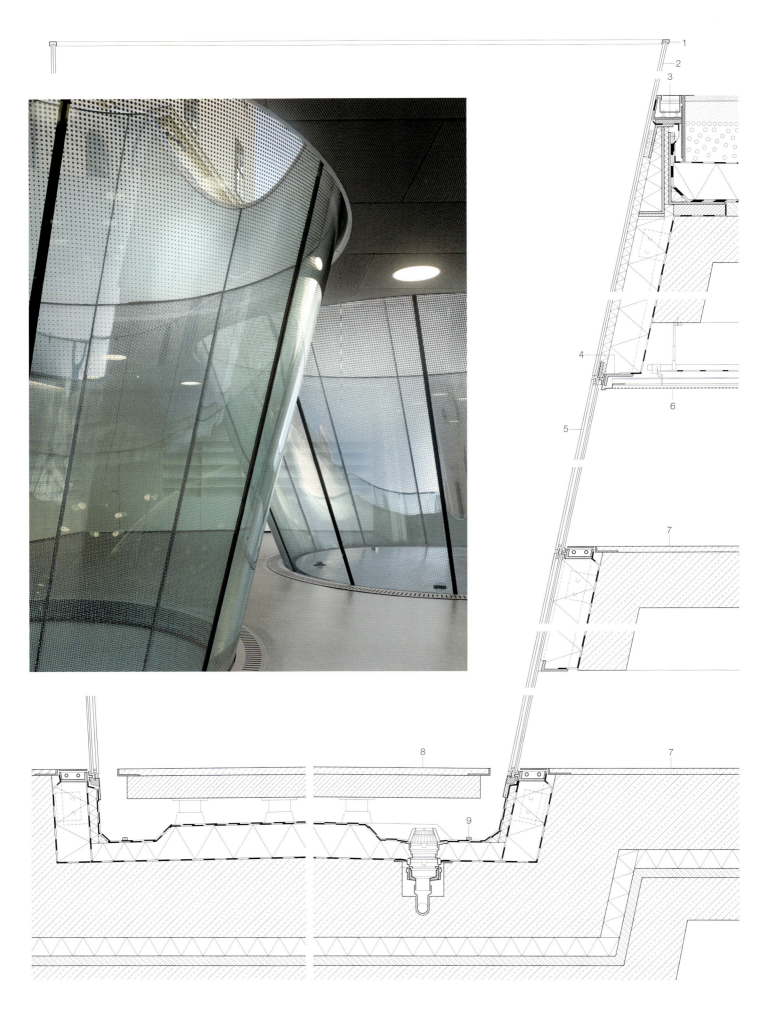

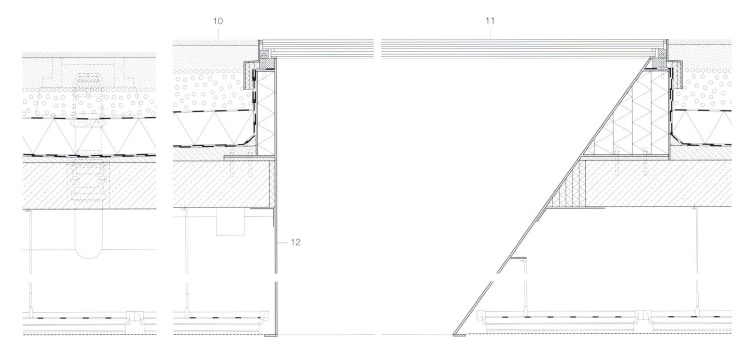

Schnitt Glaskegel · Oberlicht
Maßstab 1:20

1 Handlauf Edelstahl geschliffen 35/23/3 mm, aus Flachstahl ⌀ 3 mm lasergeschweißt
2 Glasbrüstung/Kegelsegmente: VSG gebogen aus Float Weißglas 2× 12 mm; Pos. 2 mit Punktraster bedruckt (Radien nach unten zunehmend), Pos. 4 im Bereich des Deckenaufbaus vollflächig bedruckt; zweiseitig horizontal gelagert mit Verklebung/Agraffenprofil auf Stahlunterkonstruktion befestigt (Structural Glazing)/Silikonverfugung 24 mm; Aussteifung oben durch Handlauf
3 Edelstahlwinkel, Dichtflansch
4 Unterkonstruktion ringförmig aus Stahlblech, Befestigung über justierbare Konsolen am umlaufenden STB-Unterzug, aufgesetzte Profile zur Befestigung der Glassegmente
5 Kegelsegmente/Wärmeschutzverglasung gebogen: Float Weißglas 12 mm + SZR 16 mm + VSG aus Float Weißglas 2× 8 mm; Pos. 2 mit Punktraster bedruckt (Radien nach unten abnehmend), Pos. 4 im Bereich des Deckenaufbaus vollflächig bedruckt, Kanten matt geschliffen; zweiseitig horizontal gelagert ohne Pfostenprofil und Deckleisten (Structural Glazing)/Silikonverfugung 24 mm
6 Deckenverkleidung Streckmetall Heiz-/Kühlelemente Unterkonstruktion abgehängt/Akustikvlies
7 Gussasphalt geschliffen
8 Gussasphalt, Betonfertigteil aufgeständert
9 Rinnenheizkabel
10 Bodenbelag Platzfläche: Granulat mineralisch asphaltgebunden
11 Oberlicht begehbar, Oberfläche geätzt rutschhemmend: Wärmeschutzverglasung VSG aus 4× Float Weißglas 12 mm + SZR 16 mm + VSG aus 2× Float Weißglas 12 mm, untere VSG-Verglasung beheizt
12 Oberlichtkonus Stahl lackiert, Neigung 55–90°

Die Glassegmente der Kegel sind mit einem Punktraster mit nach unten abnehmender Dichte bedruckt und im Bereich der Deckenstirn vollflächig opak. Bündig in die Platzebene eingelassene Oberlichter erlauben teilweise natürliche Belichtung der dunkleren Bereiche.

The glazing segments of the cones are printed with a dotted grid that decreases in density downwards. In the depth of the floor, the glazing is completely opaque. The skylights set flush with the pavings to the square allow natural lighting in part of the darker areas below.

Section: Glazed cone · Skylight
scale 1:20

1 35/23/3 mm polished stainless-steel handrail, laser-welded from 3 mm sheet steel
2 glass balustrade/segments of cone: lam. safety glass bent to curve, c.o. 2× 12 mm low-iron float glass; surface 2 printed with dotted grid (radii of dots increasing downwards); surface 4 in floor depth fully printed; borne horizontally on two sides with adhesive/clasps fixed to steel supporting structure (structural glazing); 24 mm silicone joints; braced by handrail at top
3 stainless-steel angle sealing flange
4 circular sheet-steel supporting structure fixed with adjustable brackets to peripheral reinf. conc. downstand beam; attached metal sections for fixing glazing segments
5 segments of cone/curved low-E glazing: 12 mm low-iron float glass + 16 mm cavity + lam. safety glass, c.o. 2× 8 mm low-iron float glass; surface 2 printed with dotted grid (radii decreasing towards base); surface 4 in floor depth fully printed; edges ground matt; supported horizontally on two sides; without posts and cover strips (structural glazing); 24 mm silicone joints
6 expanded-metal-mesh soffit cladding heating/cooling elements suspended supporting structure/acoustic mat
7 mastic asphalt, smoothed
8 mastic asphalt on raised precast concrete unit
9 cable for heating gutter
10 paving to square: asphalt-bonded mineral granules
11 skylight to bear foot traffic, surface etched to reduce danger of slipping: low-E lam. safety glass, c.o. 4× 12 mm low-iron float glass + 16 mm cavity + lam. safety glass, c.o. 2× 12 mm low-iron float glass; lower lam. glazing heated
12 steel cone to skylight, painted; 55–90° angle

Glasdach im Victoria and Albert Museum in London

Glazed Roof at the Victoria and Albert Museum in London

Architekten • *Architects*:
MUMA (McInnes Usher McKnight Architects), London
Tragwerksplaner • *Structural Engineers*:
Dewhurst Macfarlane & Partners, London

Lageplan Maßstab 1:5000

Site plan scale 1:5000

Das Victoria and Albert Museum (V&A) gehört zu den bedeutendsten Museen für Design und Kunsthandwerk weltweit. 45 000 m² Ausstellungsfläche verteilen sich auf 145 Räume, die Sammlung umfasst ca. 4 Millionen Objekte. Im Jahr 2001 startete »FuturePlan«, ein Programm zur Renovierung des seit gut 150 Jahren genutzten Standorts im Londoner Stadtteil South Kensington, das die Umgestaltung zahlreicher Galerien, aber auch Café und Garten sowie Eingangssituation, Leitsystem und Räume für Museumspädagogik umfasste.
Zuvor hatte sich etwa der Zugang zu den sogenannten Perimeter Galleries im Südosten des Museumskomplexes vor allem aufgrund diverser Höhenversprünge schwierig gestaltet. Es gab nur unzureichende Wegeverbindungen und kaum Blickbeziehungen zu den benachbarten Ausstellungen; größtenteils war kein barrierefreier Zugang gewährleistet. In diesem Flügel präsentiert die Mittelalter- und Renaissance-Abteilung anhand von rund 1800 Artefakten – darunter Notizbücher Leonardo da Vincis – Kunst und Kultur Europas vom Niedergang des Römischen Reichs bis zum Beginn der Neuzeit. Zehn Galerien wurden hier in den Originalzustand zurückversetzt, Maßstab, Proportionen und Rhythmus der ursprünglichen Raumfolge wiederhergestellt sowie ein klares Erschließungskonzept umgesetzt. Durch den Abbruch bestehender Treppen zwischen den Bauteilen des Bestands ließen sich die Hofräume neu nutzen. Neben einem Treppen- und Aufzugsturm, der barrierefrei sechs Ebenen des Museums anbindet, entstand eine mit Tageslicht belichtete Halle für große Architekturfragmente. Die gekurvte Rückwand der Apsis der East Hall sowie die leicht aus dem orthogonalen Raster gedrehten, geraden Außenwände der benachbarten Gebäudeteile definieren diesen neu geschaffenen, vier Geschosse hohen Raum. Darüber spannt ein bemerkenswertes Glasdach. Transluzente Träger erzeugen in Kombination mit transparenten Scheiben vielfältige Licht- und Schattenstimmungen, je nach Blickwinkel erscheint der Raum nach oben offen oder geschlossen.

Geometrie, Konstruktion und Montage
Radial angeordnete Träger aus transluzentem Glas vermitteln zwischen den unterschiedlichen Geometrien der raumbegrenzenden Flächen. Ihre Auflager bleiben dem Besucher verborgen: Auf der Seite zur Apsis liegen sie hinter dem bestehenden Mauersims verdeckt, gegenüber verschwinden sie in Wandschlitzen. Zu diesem Zweck wurden die entsprechenden Mauerwerksabschnitte erst abgetragen und nach Montage der Glasträger samt dahinterliegender Auflager wieder aufgebaut. Die Hoch- und Tiefpunkte der Träger verlaufen jeweils entlang einer geraden Höhenlinie. Dies ergibt aufgrund der Bestandsgeometrie unterschiedliche Neigungen der diversen Träger und Dachelemente – mit doppelt gekrümmten Scheiben in den Eckbereichen als Folge. Aufgrund der geringen Krümmungsradien war die Konstruktion prädestiniert für bei der Montage kaltgebogene Glaselemente. Passgenau vorgefertigte, warmgebogene Scheiben hätten eine deutlich aufwendigere Herstellung bedeutet. Die Dachelemente aus Isolierglas wurden dementsprechend flach angeliefert und erst vor Ort bei der Montage in Position gepresst. Bis zu 150 mm weichen dabei die Eckpositionen von der Scheibenebene ab. Trotz der auftretenden Spannungen bleiben die Kanten gerade, die Krümmung erfolgt in der Scheibenfläche. Dies musste anhand von Mustern im Maßstab 1:1 nachgewiesen werden, um die Gewährleistung des Herstellers der Isolierglaselemente sicherzustellen. Punktuelle Befestigungen in regelmäßigen Abständen entlang der Träger fixieren die Dachelemente. Über ein mit Silikon linear auf die Trägeroberkante geklebtes Stahlprofil werden die auftretenden Kräfte in die Glasträger eingeleitet.
Die neuen Elemente wie etwa das Glasdach oder der Treppenturm sind klar und zurückhaltend gestaltet, aber eindeutig als moderne Eingriffe ablesbar; aufgrund ihrer Formgebung und Materialität sowie der konzeptionellen Logik harmonieren sie dennoch gut mit dem Bestand.   DETAIL 01–02/2011

The Victoria and Albert Museum is one of the world's most important museums of design and applied arts. The floor area of the exhibition space totals 45 000 m², divided among 145 rooms, and the musuem has about 4 million items in its collection. In 2001 the Future Plan was implemented, including a renovation phase expected to last about ten years. The site, in South Kensington, has been in use for over 150 years; it had become necessary to remodel several galleries, but also to come up with new ideas for the café and garden as well as for the entrance situation, signage system and pedagogical concept. Access to the so-called Perimeter Galleries on the museum complex's southeast side was difficult because of the many different levels. In addition, there was almost no visual connection between adjacent exhibitions. In this wing, the Medieval and Renaissance Collection provides a glimpse of Europe's art and culture, from the decline of the Roman Empire to the beginning of the modern era, in an exhibit of 1800 artefacts – among them Leonardo da Vinci's notebooks.

Ten galleries were returned to their original state; the scale, proportions and rhythm of the original sequence of rooms were reinstated and a clear circulation concept was implemented. The architects removed existing stairways between the different wings so that the courtyards could be used in new ways. In addition to the new vertical circulation tower, which makes these six levels of the museum accessible to all visitors, they created a hall bathed in daylight to house large fragments of historic buildings. The curved back wall of the apse in the East Hall and the slightly skewed exterior walls of the adjacent wings provide the spatial definition of the new, four-storey-high space. Now, a notable glass roof spans the space. In combination with transparent panes of glass, the translucent beams create a great variety of moods and, depending on one's standpoint in the room, it appears to be either open to the sky or enclosed. Beams of translucent glass fan out, mediating between the different geometries of the surfaces defining the space. Their supports are hidden to museum visitors: originating in the curved surfaces behind the entablature, the beams disappear on the other side in slits in the walls. To this end, brickwork was removed where necessary, and once the glass beams were installed, the gaps were filled in again. The apex and nadir of the beams are always at the same elevation, inscribing straight lines. Due to the geometry of the existing structures and the different angles of the beams and roof elements, curved panes of glass were necessary in the corners. Because the curves are gentle, the glass was cold-bent. Prefabricated, hot-bent panes would have required a more elaborate production sequence. The roof elements, of insulating glass, were still flat when delivered to the building site; during assembly they were pressed to shape.

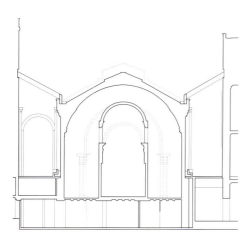

Schnitte
Maßstab 1:500
Maßstab 1:10

1 Klemmplatte Edelstahlguss 120/60 mm, zum Fixieren der kaltgebogenen Isolierglaselemente
2 Deckung Isolierglaselement transparent, kaltgebogen: ESG 6 mm + SZR 12 mm + VSG aus 2× ESG 5 mm
3 Abstandshalter Edelstahlguss gebürstet, 100/35 mm
4 Stahlprofil ⌶ mit Silikon kraftschlüssig auf Oberkante Glasträger geklebt
5 Glasträger VSG transluzent 455–545/39 mm aus 3×12 mm ESG Weißglas mit weißen PVB-Folien
6 Abdeckblech Edelstahl schwarz 2 mm
7 Aluminiumpaneel perforiert abnehmbar (Rückseite mit schwarzem Filz beklebt, Unterkonstruktion Winkelrahmen)
8 Aufbau Attika (neu):
Sperrholzplatte wasserfest schwarz 18 mm
Lattung 12/50 mm im Abstand 400 mm
Holzrahmen 100/50 mm (an Stahlschuh/Auflager Glasträger befestigt), dazwischen Wärmedämmung Mineralfaser
Sperrholzplatte wasserfest 25 mm
Dampfbremse
Lattung 40/50 mm im Abstand 400 mm, dazwischen Wärmedämmplatte Hartschaum 40 mm
Sperrholzplatte wasserfest 12 mm
Windsperre diffusionsoffen
Lattung 10/50 mm im Abstand 400 mm
Sperrholzplatte wasserfest 12 mm
Verkleidung Zinkblech vlieskaschiert
9 Stahlschuh/Auflager Glasträger
10 Ziegelmauerwerk (Bestand) gesäubert
11 Ziegel (Bestand) zur Montage der Glasträger abgetragen und anschließend neu ausgefacht
12 Verkleidung Edelstahl matt abnehmbar 2 mm
13 Nische in Mauerwerk (Bestand) 235 mm tief/900 mm hoch, Oberfläche verputzt

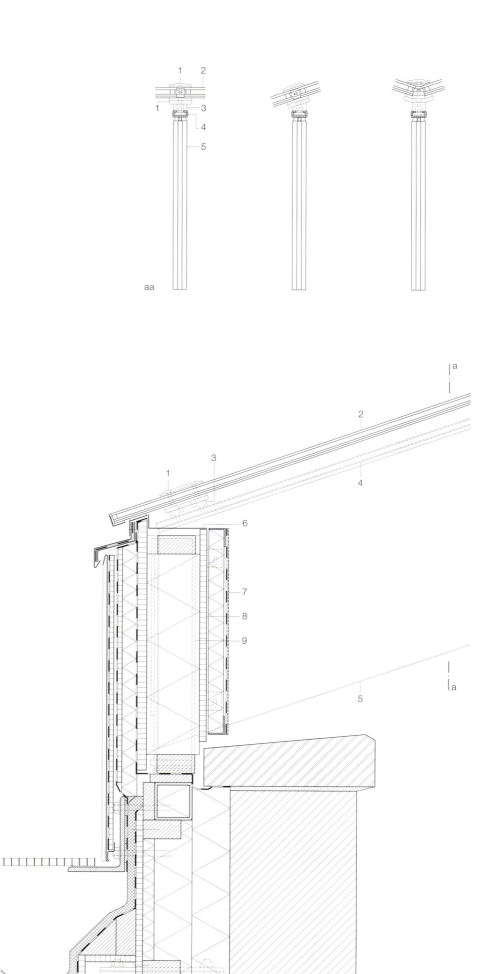

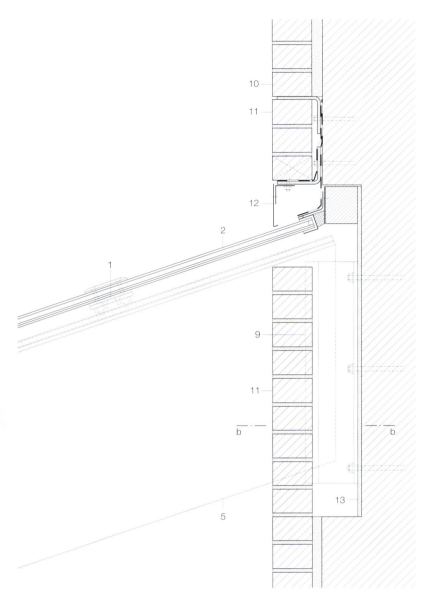
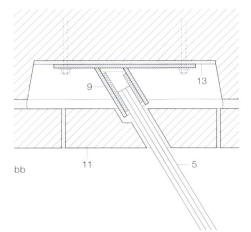

Sections
scale 1:500
scale 1:10

1. 120/60 mm cast stainless-steel clamping plate holding cold-bent insulating glass elements in place
2. roof enclosure: insulated glazing element, transparent, cold-bent: 6 mm toughened glass + 12 mm cavity + laminated safety glass of 2× 5 mm toughened glass
3. spacer: 100/35 mm stainless-steel, satin-polished
4. steel channel adhered with silicone to top edge of glass beam
5. 455–545/39 mm laminated-safety-glass beams, translucent, of 3× 12 mm toughened white glass with white PVB interlayer
6. cover plate: 2 mm stainless steel, black
7. aluminium panel, perforated (black felt backing, metal angle substructure)
8. parapet construction (new):
   18 mm water-resistant plywood, black
   12/50 mm battens, 400 mm centre-to-centre
   mineral fibre thermal insulation between
   100/50 mm timber frame (fixed to steel shoe/glass beam support)
   25 mm water-resistant plywood
   vapour retarder
   40 mm rigid foam thermal insulation between
   40/50 mm battens, 400 mm centre-to-centre
   12 mm water-resistant plywood
   weather-proofing membrane, moisture diffusing
   10/50 mm battens, 400 mm centre-to-centre
   12 mm water-resistant plywood
   zinc-coated cladding, fleece backing
9. steel shoe to receive glass beam
10. brick masonry (existing), cleansed
11. brick (existing) removed to mount the glass beams and later filled in
12. 2 mm stainless-steel cladding, matt, removable
13. niche in masonry (existing)
    235 mm deep/900 mm high, surface rendered

Kaufhaus in Vancouver

Department Store in Vancouver

Architekten • *Architects*:
Janson Goldstein, New York
Mark Janson, Hal Goldstein, Steven Scuro
IBI Group, Vancouver
Tragwerksplaner • *Structural Engineers*:
Read Jones Christoffersen, Vancouver
Fassade • *Facade Engineers*: Front Inc.,
New York

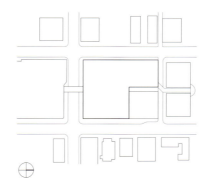

Lageplan	Site plan
Maßstab 1:5000	scale 1:5000

Grundriss OG / Plan of 1st floor
Maßstab 1:1000 / scale 1:1000
1 Designerkleidung / Designer wear
2 Schuhe / Shoes
3 Schmuck / Gold jewellery
4 Dessous / Dessous
5 Kinderbekleidung / Childrenswear
6 Änderungsschneiderei / Alterations
7 Personal shopper / Personal shopper
8 Wartebereich / Waiting area
9 Personal / Personnel
10 Büro/Besprechung / Office/meeting
11 Umkleide / Fitting area

Mitten in Vancouver eröffnete 2007 die neue Filiale der kanadischen Warenhauskette Holt Renfrew. Auf drei Etagen und 13 000 m² Fläche erwartet den Kunden ein Warenangebot der gehobenen Klasse. Auch an die Architektur stellte der Bauherr hohe Ansprüche, um der Prominenz des Ortes und dem Image seiner Marke gerecht zu werden. Statt sich der gängigen Formensprache der Kaufhausarchitektur zu bedienen, brachen die Architekten mit einigen Regeln. So verwendeten sie als Bodenbelag heimisches Holz, das weder zu abweisend noch zu heimelig wirkt und schufen damit einen angenehmen Rahmen für die Gestaltung der einzelnen Shops. Die Besonderheit des Gebäudes drückt sich allerdings in der Fassade aus: Nicht massive Wände, die die Verkaufsräume vom Rest der Welt abschotten, bilden hier die Außenhaut, sondern Glas in unterschiedlichen Formen. Neben geschosshohen, planen Verglasungen auf Straßenniveau fällt vor allem der Bereich der ersten Etage auf. Gerasterte Paneele aus transparentem oder milchig-transluzentem Glas lassen Blickbeziehungen zwischen innen und außen zu. Ihre fast halbkugelförmigen Wölbungen verzerren die Sicht, zaubern ungewöhnliche Lichtreflexionen und machen neugierig – ein Gefühl, als blicke man auf die gekräuselte Oberfläche eines klaren Sees. Genau diesen Effekt wollten die Architekten, inspiriert durch die zahlreichen Vancouver umgebenden Wasserflächen, erreichen. Mithilfe eines renommierten Glasherstellers entwickelten sie die selbsttragenden dreidimensionalen Elemente, die hohen Windlasten und Erdbeben standhalten müssen. Als Ausgangsbasis diente ein eisenoxidarmes Flachglas, das auf ein Edelstahlgitter gelegt wurde. Im Schmelzofen verformte es sich und bildete Ausbuchtungen in der Größe der Gittermaschen. Diese Verformung ließ sich so exakt berechnen, dass es möglich war, eine zweite Scheibe mit identischen Abmessungen herzustellen. Beide Gläser wurden dann mittels Kunstharz zu einem fast 30 mm starken Verbundsicherheitsglas verklebt.   DETAIL 07–08/2009

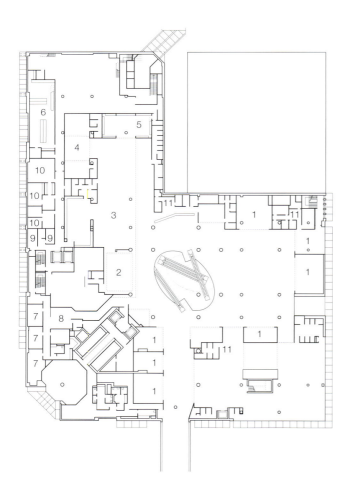

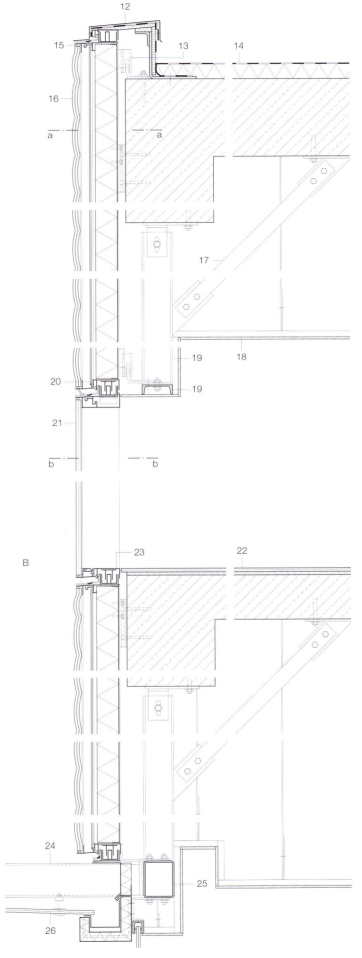

Horizontalschnitt
Vertikalschnitt
Maßstab 1:20

Horizontal section
Vertical section
scale 1:20

12 Attikablech Aluminium 3 mm
13 Rückverankerung Aluminium
14 Dachaufbau:
   Dichtungsbahn EPDM
   Wärmedämmung 80 mm
   Stahlbetondecke 420 mm
15 dauerelastische Versiegelung
   Silikon schwarz eingefärbt
16 Glaselement:
   VSG gewölbt, satiniert 2× 13,5 mm
   ESG verspiegelt 8 mm
   Wärmedämmung
   Mineralwolle 115 mm
   Stahlblech verzinkt 3 mm
17 Stahlprofil 2× L 76/76/6,5 mm
18 abgehängte Decke
   Gipskartonplatte 16 mm
19 Stahlprofil ⌴ 150 mm
20 Rahmen Aluminiumprofil
21 VSG eisenoxidarm
   2× 13,5 mm
22 Bodenaufbau:
   Parkett kanadische Eiche 20 mm
   Ausgleichsschicht 15 mm
   Stahlbetondecke 240 mm
23 Abdeckplatte Aluminium 2 mm
24 Stahlrohr ▫ 150/50/5 mm
25 Stahlrohr ▫ 260/200/10 mm
26 Vordach VSG Klarglas 2× 10 mm
27 Festverglasung Erdgeschoss
   VSG 2× 10 mm
28 Aluminiumprofil L 25/25/3 mm
29 Glaselement VSG gewölbt,
   eisenoxidarm 2× 13,5 mm

12 coping, 3 mm aluminium
13 dead load anchor, aluminium
14 roof construction:
   EPDM roofing
   80 mm thermal insulation
   420 mm reinforced-concrete slab
15 permanent elastic seal
   black-coloured silicone
16 glazing: 2× 13.5 mm frosted,
   slumped laminated safety glass
   8 mm toughened glass, mirror finish
   thermal insulation
   115 mm mineral wool
   3 mm galvanised steel sheet
17 2× 76/76/6.5 mm steel angles
18 suspended ceiling,
   16 mm plasterboard
19 150 mm steel channel section
20 frame, aluminium profile
21 2× 13.5 mm low-iron laminated
   safety glass
22 flooring: 20 mm Canadian oak
   15 mm levelling layer,
   240 mm reinforced-concrete slab
23 cover plate 2 mm aluminium
24 steel RHS, 150/50/5 mm
25 steel RHS, 260/200/10 mm
26 canopy, 2× 10 mm clear laminated
   safety glass
27 fixed glazing ground floor
   2× 10 mm laminated safety glass
28 25/25/3 mm aluminium angle
29 2× 13.5 mm low-iron slumped
   laminated safety glass

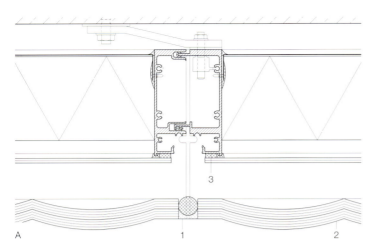
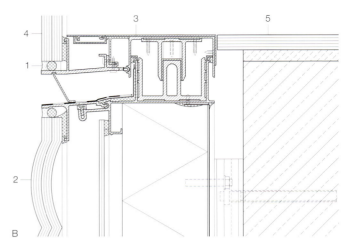

A 1 2 B

The facade of the new Holt Renfrew store in Vancouver forms the main feature of the design. Instead of solid masonry walls shielding the sales space from the world outside, the outer skin here is of glass in a variety of forms. Above the storey-high, street-level glazing, the eye is drawn to the glass front on the cantilevered first floor. Here a grid of pillowed glass, clear in the central zone, opaque to translucent around the parapets, sets up a visual link between inside and outside. The slumped convex curves of the glass distort the perspective, generating unusual light reflections and awakening the curiosity of passers-by. It's like looking at the surface of a clear lake disturbed slightly by the movement of air.

Working with a specialist glass manufacturer, they developed three-dimensional, self-supporting glass blocks capable of withstanding high wind loads and seismic movement. The process involved laying a pane of flat glass, low in iron oxide, onto a grid of stainless steel. In the furnace the glass softens, moulding itself into the gaps in the grid to form variously curved, rectangular "pillows". This deformation process, which can be precisely calculated and controlled, is repeated on a second pane of identical dimensions. The two finished panes are then bonded together using synthetic resin to form an almost 30-mm thick panel of laminated safety glass. These panels clad 650 m² of the exterior.

Horizontalschnitt
Vertikalschnitt
Maßstab 1:5

1   dauerelastische Versiegelung Silikon
2   VSG gewölbt, satiniert 2× 13,5 mm
    ESG verspiegelt 8 mm;
    Mineralwolle 115 mm;
    Stahlblech verzinkt 3 mm
3   Rahmen Aluminiumprofil
4   VSG eisenoxidarm 2× 13,5 mm
5   kanadische Eiche 20 mm; Ausgleichsschicht 15 mm
    Stahlbeton 240 mm

Horizontal section
Vertical section
scale 1:5

1   permanent elastic seal silicone
2   2× 13.5 mm frosted, slumped laminated safety glass
    8 mm toughened glass, mirror finish
    115 mm mineral wool
    3 mm galvanised steel sheet
3   aluminium profile
4   2× 13.5 mm low-iron laminated safety glass
5   20 mm Canadian oak
    15 mm levelling layer,
    240 mm reinforced-concrete slab

Temporäres Terminalgebäude in Wien

Temporary Airport Terminal in Vienna

Architekten • *Architects*:
Itten+Brechbühl, Baumschlager Eberle
P.ARC, Wien
Tragwerksplaner • *Structural Engineers*:
Thumberger und Kressmeier, Wien

Grundriss • Schnitte
Maßstab 1:750
1 Parkdeck (Bestand)
2 Windfang
3 Ticketverkauf
4 Wartehalle
5 Check-in-Schalter
6 Gepäckband
7 Technik
8 Treppe (Bestand)

*Floor plan • Sections
scale 1:750
1 Existing parking deck
2 Wind lobby
3 Ticket sales
4 Waiting area
5 Check-in counter
6 Luggage conveyor belt
7 Mechanical services
8 Existing stairs*

Als Übergangslösung bis zur Fertigstellung der ersten Erweiterungsphase des Wiener Flughafens wurde das temporäre Terminalgebäude 1A errichtet. Geringes Gewicht auf dem bestehenden Parkdeck und eine kurze Planungs- und Bauzeit von fünf Monaten waren die wichtigsten Parameter. Die 51 × 29 m große Halle besteht aus einer konventionellen Stahlkonstruktion mit einer transluzenten Gebäudehülle aus Polycarbonat-Stegplatten, die alle vier Seiten vollflächig umgibt. Je nach den Anforderungen an die Innenräume wird der Außenwandaufbau um eine Gipskartonständerwand ergänzt. So ergibt sich von außen eine Mehrschichtigkeit zwischen den dunkleren transluzenten Öffnungen und den helleren Bereichen, wo die opaken Wandteile hinter der Kunststoffhülle liegen. Zwei zusätzliche Schichten verleihen dem archaischen Gebäude weitere Komplexität. Auf der Außenseite sind Flugzeuglogos und die Beschriftung auf die Fassade gedruckt, auf der Innenseite schimmert die vage Struktur sich scheinbar bewegender Gräser durch die Hülle. Die Gräser wurden auf eine Folie gedruckt und bereits im Werk auf die Paneele aufgezogen. Da sich keines der Muster wiederholt, mussten die Platten nummeriert und bei der Montage zur richtigen Zeit an den richtigen Ort gebracht werden. Die Eckausbildung ist denkbar einfach: Die Platten werden bis auf die äußerste Schale eingekerbt und auf Gehrung umgebogen. Die Polycarbonat-Platten für die vollflächige Lichtdecke sind optisch identisch mit den Fassadenpaneelen, weisen jedoch vier anstatt sechs Schalen auf, da hier keine dämmenden Eigenschaften erforderlich sind. Dadurch sind sie leichter und kostengünstiger. Um ein Herausrutschen durch die Verformung im Brandfall zu verhindern, wurden Punkthalter im Abstand von 90 cm vorgesehen. Das Gebäude ist über Fernwärme voll klimatisiert und entfeuchtet. Die 38 cm starke Wärmedämmung des Dachs (U = 0,15 W/m²K) gleicht den höheren Wärmegang durch die Fassade (U = 1,1 W/m²K) in der Gesamtbilanz aus. Nach dem Abbau ist eine Nachnutzung als Lagerhalle möglich.
DETAIL 10/2007

Erected on a parking deck as an interim solution until the first phase of Vienna's airport extension was completed, Terminal 1A – 51 × 29 m in plan – consists of a conventional steel structure with a translucent skin of polycarbonate hollow cellular slabs on all sides. Depending on the functions of the spaces within, the outer skin is supplemented at certain points by an internal plasterboard stud wall, which creates multilayered effects. Printed on the facade are aircraft logos, numerals and lettering; and shimmering through the wall on the inside is an indistinct pattern of grasses that seem to move. These were printed on a film that was applied to the panels at works. The polycarbonate slabs over the full area of the light-diffusing soffit look the same as the facade panels, but they are made up of four instead of six layers, since they do not have to incorporate insulation. That is provided in the roof construction. To prevent the panels slipping out of position in the event of deformation caused by fire, point fixings were foreseen at 90 cm centres. The building is fully air conditioned and dehumidified by means of a district-heating system. Overall, the 38 cm thermal insulation in the roof construction (U = 0.15 W/m²K) makes up for the greater thermal losses through the walls (U = 1.1 W/m²K). After the structure was no longer needed it was intended for deployment as a warehouse.

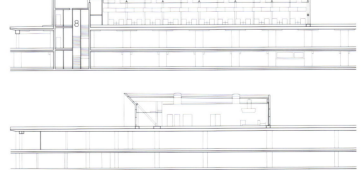

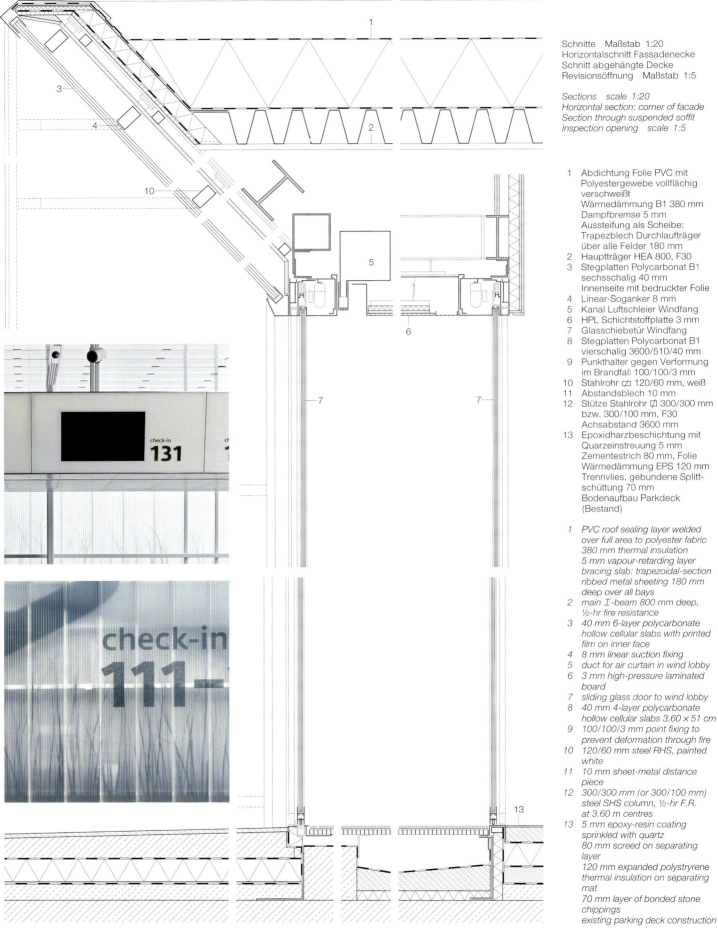

Schnitte Maßstab 1:20
Horizontalschnitt Fassadenecke
Schnitt abgehängte Decke
Revisionsöffnung Maßstab 1:5

Sections scale 1:20
Horizontal section: corner of facade
Section through suspended soffit
Inspection opening scale 1:5

1 Abdichtung Folie PVC mit Polyestergewebe vollflächig verschweißt
  Wärmedämmung B1 380 mm
  Dampfbremse 5 mm
  Aussteifung als Scheibe: Trapezblech Durchlaufträger über alle Felder 180 mm
2 Hauptträger HEA 800, F30
3 Stegplatten Polycarbonat B1 sechsschalig 40 mm
  Innenseite mit bedruckter Folie
4 Linear-Soganker 8 mm
5 Kanal Luftschleier Windfang
6 HPL Schichtstoffplatte 3 mm
7 Glasschiebetür Windfang
8 Stegplatten Polycarbonat B1 vierschalig 3600/510/40 mm
9 Punkthalter gegen Verformung im Brandfall 100/100/3 mm
10 Stahlrohr ⌷ 120/60 mm, weiß
11 Abstandsblech 10 mm
12 Stütze Stahlrohr ⌷ 300/300 mm bzw. 300/100 mm, F30
   Achsabstand 3600 mm
13 Epoxidharzbeschichtung mit Quarzeinstreuung 5 mm
   Zementestrich 80 mm, Folie
   Wärmedämmung EPS 120 mm
   Trennvlies, gebundene Splittschüttung 70 mm
   Bodenaufbau Parkdeck (Bestand)

1 *PVC roof sealing layer welded over full area to polyester fabric*
  380 mm thermal insulation
  5 mm vapour-retarding layer
  bracing slab: trapezoidal-section ribbed metal sheeting 180 mm deep over all bays
2 *main I-beam 800 mm deep, ½-hr fire resistance*
3 *40 mm 6-layer polycarbonate hollow cellular slabs with printed film on inner face*
4 *8 mm linear suction fixing*
5 *duct for air curtain in wind lobby*
6 *3 mm high-pressure laminated board*
7 *sliding glass door to wind lobby*
8 *40 mm 4-layer polycarbonate hollow cellular slabs 3.60 × 51 cm*
9 *100/100/3 mm point fixing to prevent deformation through fire*
10 *120/60 mm steel RHS, painted white*
11 *10 mm sheet-metal distance piece*
12 *300/300 mm (or 300/100 mm) steel SHS column, ½-hr F.R. at 3.60 m centres*
13 *5 mm epoxy-resin coating sprinkled with quartz*
   80 mm screed on separating layer
   120 mm expanded polystryrene thermal insulation on separating mat
   70 mm layer of bonded stone chippings
   existing parking deck construction

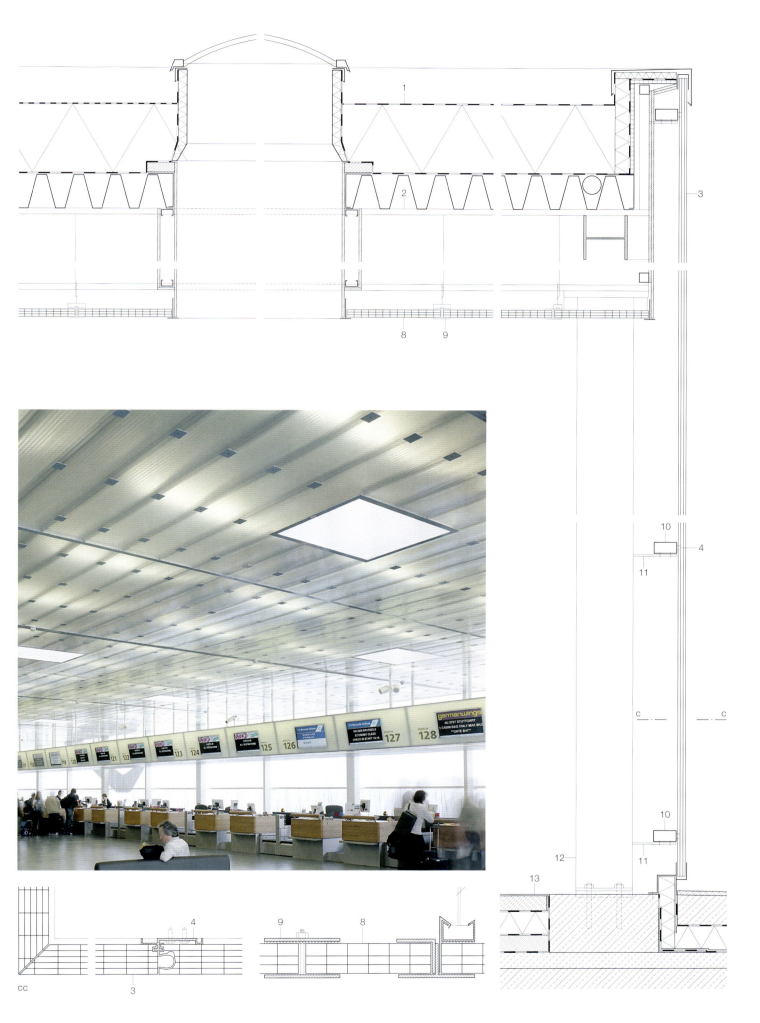

Tramdepot in Bern

Tram Depot in Berne

Architekten und Tragwerksplaner •
Architects and Structural Engineers:
Penzel Valier, Zürich

In Bern soll das Tramnetz in den kommenden Jahren weiter ausgebaut werden, der wachsende Fuhrpark erforderte daher ein größeres Depot. Mit dem neuen Gebäude am Stadtrand gelang dank der interdisziplinären Zusammenarbeit von Architekt und Ingenieur eine harmonische Symbiose von architektonischem Entwurf und Tragwerk. Die Abstell- und Wartungshalle für 28 Trambahnen muss bereits heute alle Voraussetzungen für stützenfreie Erweiterungen in zwei Bauabschnitten bieten. Die Planer entwickelten ein Tragwerk, das in allen drei Phasen, trotz Verdoppelung der Grundfläche, den Bauvorschriften entspricht und die sich ändernden statischen Anforderungen erfüllt. Die Wettbewerbsjury überzeugte vor allem die klare Organisation und gute Nutzbarkeit cer Halle mit großen stützenfreien Bereichen und modularen Einbauten. Das enge Grundstück, die Länge einer Trameinheit von 42 Meter und der Mindestradius der Wendekurve ergaben Maße und L-Form des rund 200 Meter langen Baukörpers. 26 quer verlaufende Fachwerkträger bilden eine g eichmäßige Shedstruktur, über die Tageslicht einfällt. Im Inneren gliedert eine zentrale Reihe von Stahlkastenstützen die Halle und trennt wie ein Rückgrat den Abstell- vom Arbeitsbereich. Die Stützen verlaufen leicht geneigt, sodass sich paarweise eine V-förmige Anordnung zur Längsaussteifung ergibt. Jede Achse ist in sich querstabil, da die Sekundärträger zwischen den Fachwerken biegesteif verschraubt als Vierendeelsystem wirken. In der Hülle wechseln sich wie im Dach transluzente und opake Bereiche ab: Profilbauglas sorgt für eine gleichmäßig diffuse Belichtung, während die geschlossenen Flächen mit Aluminiumblech verkleidet sind. Eine Beheizung der Halle ist dank des solaren Wärmeeintrags über die Glasflächen nicht nötig. Die Lüftung erfolgt über RWA-Klappen im unteren Fassadenbereich und in den Sheds. In der ersten Erweiterungsetappe erfolgt die Verbreiterung der Halle um ca. 26 Meter. Dazu wird der biegesteife Dachträger über

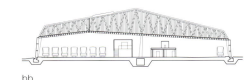

Schnitte · Grundriss Maßstab 1:1500	Sections · Floor plan scale 1:1500
1 Abstellanlage	1 Parking area
2 Waschanlage	2 Washing bay
3 Reparaturbereich	3 Repair area
4 Besandungsanlage	4 Sanding plant
5 Lager	5 Store
6 Betriebsgebäude	6 Operations area

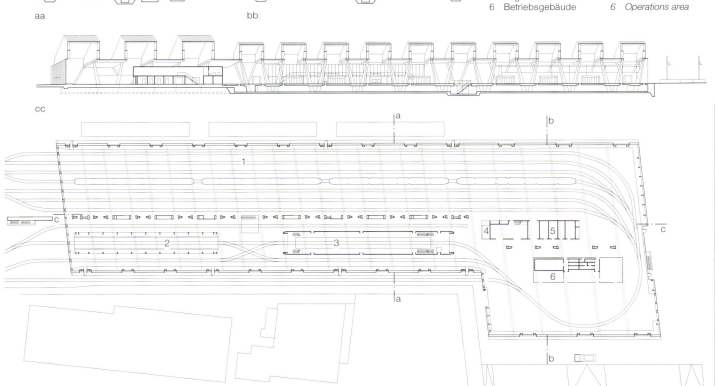

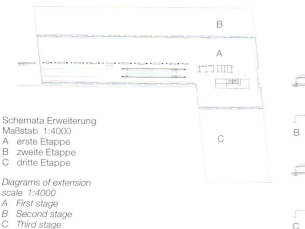
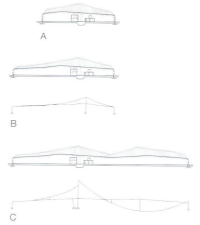
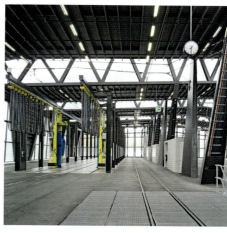

Schemata Erweiterung
Maßstab 1:4000
A erste Etappe
B zweite Etappe
C dritte Etappe

*Diagrams of extension
scale 1:4000
A First stage
B Second stage
C Third stage*

der Mittelstütze wie ein Kranausleger verlängert, die Fassade entfernt und versetzt. Die Hauptlast des Fachwerks liegt daher auf den eingespannten Stützen, die Fassade wird entlastet. Auf die gegenüberliegende Fassade wirkt derzeit Drucklast, nach der Erweiterung verwandelt sich diese querschnittsneutral in Zuglast, die Fassadenstützen sind daher von Anfang an im Boden verankert. In der letzten Etappe soll an der Stirnseite des abgeknickten Schenkels ein großer Werkstattbereich entstehen, womit sich die Spannweite um 68 Meter vergrößert und die Halle ihre endgültige Form und die statischen Grenzen des Tragwerks erreicht.
DETAIL 10/2012

In Berne, the city tram network is to be extended in the coming years, calling for an enlarged depot. The hall for 28 vehicles is to be increased in area in two construction stages. The dimensions and the L-shaped layout of the roughly 200-metre-long building were determined by the tight site conditions, the minimum turning radius and the 42-metre length of a tram. The 26 lateral trussed girders form a uniform, lattice structure. Internally, the hall is articulated by a central spine of steel box columns laid out in V-shaped pairs. These provide longitudinal bracing. Each lateral axis is stable, as the secondary beams between the trussed girders are rigidly bolted and function as part of a Vierendeel system. In the outer skin, as in the roof, translucent and opaque areas alternate, ensuring even, diffuse lighting. In the first stage of the extension, the hall is to be widened by roughly 26 m, whereby the rigid roof beams over the central columns will be extended like a crane boom, and the facade removed and repositioned. The main loads from the trussed girders will thus bear on the rigid columns, and the facade will be relieved. The opposite facade will be subject to compression loading for the moment. After the extension, however, this will be transformed into tension loading in a cross-sectionally neutral form. In the final stage, a large workshop area is to be created along the end face of the extension, with an increased span of 68 m.

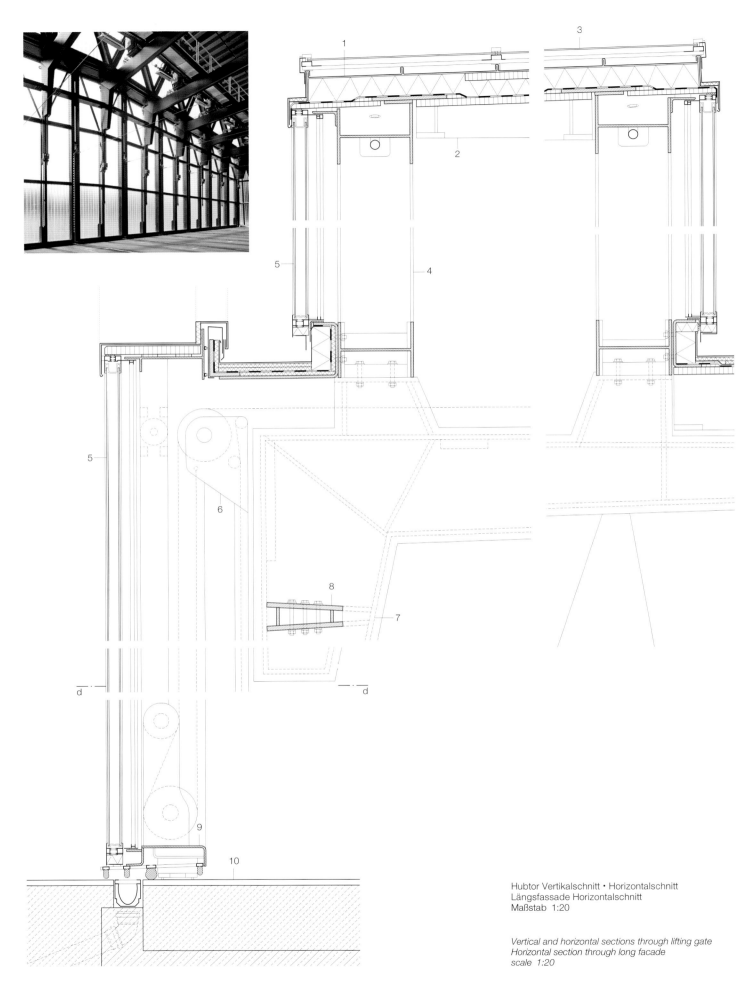

Hubtor Vertikalschnitt · Horizontalschnitt
Längsfassade Horizontalschnitt
Maßstab 1:20

*Vertical and horizontal sections through lifting gate
Horizontal section through long facade
scale 1:20*

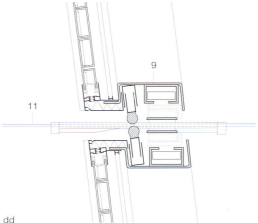

dd

1	Aluminiumblech mit Schnappfalz 1 mm Wärmedämmung Mineralwolle 60–200 mm Dichtungsbahn verklebt Furnierschichtholz 39 mm	7	Torkonsole abgehängt Kastenprofil verschweißt aus Flachstählen 12–50 mm
2	Furnierschichtholzrippe 300/51 mm	8	Queraussteifung Konsole Kastenprofil verschweißt aus Flachstählen 12–25 mm
3	Photovoltaikmodul	9	Torrahmen Stahlprofil gekantet 420/110 mm
4	Fachwerkträger biegesteif maximale Höhe ca. 9 m I-Profil 500/300 mm verschweißt aus Flachstählen	10	Asphalt 30 mm Beton 350 mm Stahlbeton 380 mm
5	Profilbauglas 2× 32/60/7 mm	11	Fahrleitungshalterung
6	Seilantrieb mit Umlenkrollen		

1	1 mm sheet alum. with friction joints 60–200 mm mineral-wool thermal insulation sealing layer, adhesive fixed 39 mm lam. timber sheeting	7	suspended lifting gate support: welded steel box section from 12–50 mm sheets
2	51/300 mm lam. timber rib	8	cross-bracing to lifting-gate supporting frame: welded steel box section from 12–25 mm sheets
3	photovoltaic module	9	gate surround: 420/110 mm steel section bent to shape
4	rigid trussed girder max. height approx. 9 m: 300/500 mm I-sections welded from steel flats	10	30 mm asphalt 350 mm concrete 380 mm reinforced concrete
5	2× 32/60/7 mm profiled glass sections	11	rail fixing
6	operating cable with pulley		

Lichtinstallation für eine Unterführung in Berlin

Light installation for a railway underpass in Berlin

Architekten • *Architects*:
Dietz Joppien Architekten, Potsdam
Lichtdesign • *Lighting Design*:
luna.lichtarchitektur, Karlsruhe
Künstlerische Gestaltung • *Artist*:
Roland Stratmann, Berlin

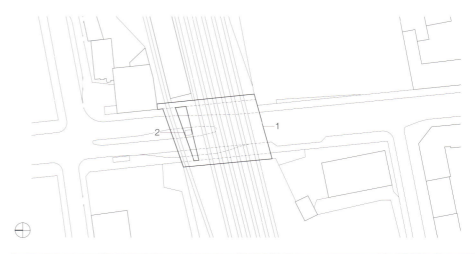

Der S- und U-Bahnhof Neukölln ist ein wichtiger Verkehrsknotenpunkt im Berliner Stadtgebiet und entsprechend stark frequentiert. Jahrzehntelang war die 30 m breite, 34 m lange Unterführung ein nur mäßig beleuchteter Durchgangsbereich. Eine Lichtgestaltung wertet nun den ehemals unübersichtlich und dunkel wirkenden Tunnel auf und erhöht das Sicherheitsgefühl der Passanten. Zwei wandbegleitende Bänder aus hinterleuchteten Glaselementen – Lichtgestaltung und Kunstinstallation zugleich – betonen die Rippenstruktur der Brückenkonstruktion aus dem Jahr 1930. Das nuancenreiche Spektrum an Grüntönen der Gläser schafft eine freundliche Atmosphäre und verbindet die 38 genieteten Rahmenbinder aus Stahl optisch zu einer Einheit. Die 74 Glaselemente ersetzen die früheren Verkleidungsbleche in den Stützenzwischenräumen. Sie bestehen aus 12 mm VSG-Glas mit innen liegender PVB-Folie. Diese ist bedruckt mit Fotos der Rindenstruktur von Bäumen des Stadtviertels sowie dem Namen der jeweiligen Straße. Zudem ist das Glas rückseitig mit einem 50 %-Punktmuster siebbedruckt. Sechs kreisrunde »Bullaugen«, bei denen die Bedruckung ausgespart wurde, ermöglichen den Blick in die Stahlkonstruktion der Brücke. Gehalten wird jede Glasscheibe an drei Seiten von einem Stahl-U-Profil, das mit Schrauben an den Stützen befestigt ist; diese sind in der bestehenden Konstruktion versenkt, gespachtelt und gestrichen, sodass sie nicht in Erscheinung treten. Der Rahmen ist nur am Fußpunkt sichtbar, er schützt das Glas vor mechanischer Beanspruchung. Den oberen Abschluss bildet eine Stahlblende. Gegen Vandalismus sind die Fugen zwischen Stützen und Glaselementen mit Zellgummi geschlossen. Die Gläser wurden nicht speziell versiegelt. Ihre glatte Oberfläche lässt sich nur schwer zerkratzen, Graffiti sind leicht zu entfernen. Bislang gab es nur wenige mutwillige Beschädigungen. Wie bei anderen Objekten im Stadtraum zeigt sich auch hier: Je hochwertiger Material und Oberfläche, desto größer ist die Hemmschwelle, sie zu zerstören.
DETAIL 07–08/2009

Lageplan Maßstab 1:2000 Schnitt · Grundriss Maßstab 1:50	Site plan scale 1:2000 Section · Ground plan scale 1:50

1. Unterführung
2. Aufzug zu den Bahnsteigen
3. Rahmenbinder (Bestand)
4. hinterleuchtetes Glaselement
5. Leuchtstoffröhre

1. Underpass
2. Lift to platforms above
3. Existing bridge truss
4. Back-lit glass panel
5. Fluorescent tube

Neukölln station is an important interchange on Berlin's urban transport system, handling many passengers every day. For decades the 30-m-wide, 34-m-long underpass below the tracks had been gloomy and poorly lit. The lighting in this tunnel-like thoroughfare has now been redesigned to give a more secure feel, benefiting the pedestrians and car drivers who use it. Strips of back-lit glass panels – a combination of lighting and art installation – now emphasise the ribs of the bridge structure, which was erected in 1930. A rich palette of greens was chosen for the colour scheme of the glass, to create a more inviting atmosphere. It also brings visual unity to the 38 riveted steel trusses.

The 74 glass panels replace the metal sheet that was previously used in the spaces between the columns. Each glass panel is made up of 12 mm laminated safety glass interleaved with PVB foil on which are printed photographs of the bark structure of trees in the district – complete with the name of the street where the tree is to be found. On the back of the panel is a screen-printed dot pattern with 50 % coverage. By looking six circular "bull's eyes" (areas where the screen printing was not applied), passers-by can look further inside the steel structure of the bridge.

Each glass panel is held in place on three sides by a steel channel-section frame screwed to the columns of the bridge construction. The screws are countersunk into the columns, filled and painted, so that they are no longer. The frame is only visible at the base, where it protects the glass against mechanical stress. The upper edge is finished with a steel facing panel. To avoid damage through vandalism, the side joints between the existing columns and the glass panels are finished with expanded rubber. The glass has no special surface coating. Its smooth surface is very difficult to scratch and graffiti is easily removed. So far there have been few incidences of malicious damage. Here as elsewhere in urban areas, it has been found that vandals are less likely to damage objects made from high-quality materials and with a quality finish.

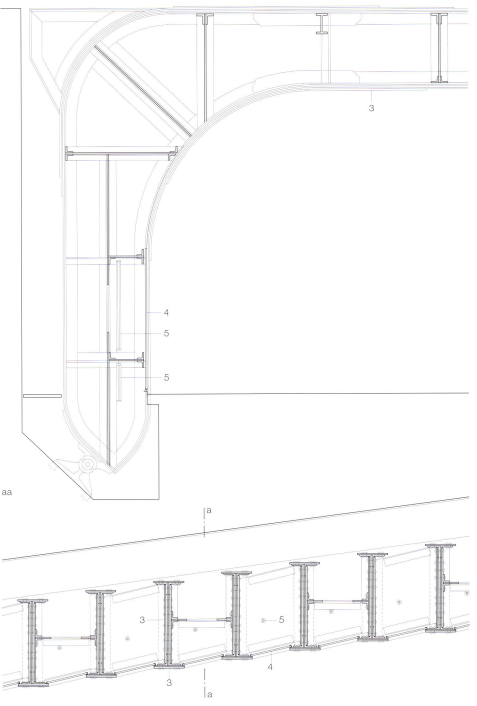

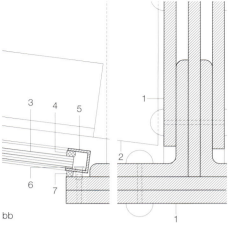
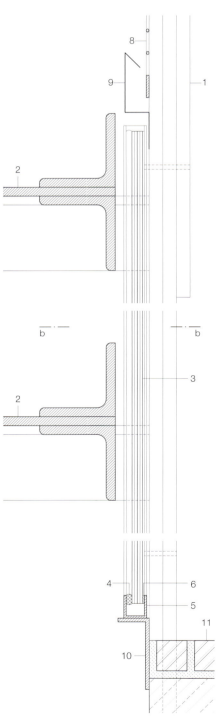

Detailschnitte Maßstab 1:5
1 Rahmenbinder Stahl (Bestand)
2 Aussteifung Stahlplatte (Bestand)
3 Verglasung VSG aus 2× ESG 6 mm, Zwischenschicht PVB-Folie farbig bedruckt, Innenscheibe rückseitig mit Punktmuster siebbedruckt (50 % Lichttransmission), Elementgröße 560/2170 mm, Element für Revision herausnehmbar
4 Kompriband schwarz
5 Glashalterung Stahlprofil ⌐ 30/30/2 mm feuerverzinkt pulverbeschichtet, befestigt mit Schraube M6 an Stütze
6 Versiegelung Silikon schwarz
7 Fugenband Zellgummi
8 Taubenschutz Metallgitter (Bestand)
9 Blende Stahlblech 1 mm feuerverzinkt pulverbeschichtet
10 Flachstahl 3 mm gekantet, feuerverzinkt pulverbeschichtet
11 Belag Gehweg Kleinsteinpflaster (Bestand)

Sectional details scale 1:5
1 steel truss (existing)
2 reinforcing, steel plate (existing)
3 lam. safety glass: 2× 6 mm toughened glass interleaved with colour-printed PVB, back of rear pane screen-printed with dot pattern (50 % light transmission), panel size 560/2170 mm, removable for inspection
4 black compression strip
5 glass fixing, 30/30/2 mm steel channel section, powder-coated, galvanised, fixed with M6 screw to column
6 sealant, black silicone
7 joint strip, expanded rubber
8 bird screen, metal grid (existing)
9 facing panel, powder-coated 1 mm galvanised steel sheet
10 3 mm galvanised steel flat, powder-coated, bent to shape
11 paving setts (existing)

Stadion in Kaohsiung

Main Stadium in Kaohsiung

Architekten • *Architects*:
Toyo Ito, Tokio
Takenaka
RLA Kaohsiung Main Stadium for 2009
World Games Design Team
Tragwerksplaner • *Structural Engineers*:
Takenaka Corporation
Hsin-Yeh Engineering Consultants Inc.

Lageplan
Maßstab 1:5000

*Site plan
scale 1:5000*

Als Austragungsort der Weltspiele 2009 forderte Kaohsiung, die zweitgrößte Stadt Taiwans, ein zukunftsweisendes und nachhaltiges Konzept für die Hauptarena der alle vier Jahre stattfindenden Wettkämpfe. Toyo Ito gewann den ausgelobten Wettbewerb mit einem Entwurf, der sich von der klassischen Struktur eines Stadions – bestimmt durch Symmetrie und Geschlossenheit – löst. Er wählte stattdessen eine fließende, dynamische Form, die an die Gestalt eines Drachens erinnert. Bleibt man bei diesem Vergleich, so befinden sich am niedrigen Schwanzende die Ticketschalter und Restaurants. Von dort steigt das Dach kontinuierlich an, schmiegt sich um das Oval des Spielfelds und gipfelt im Süden im Drachenkopf, der Haupttribüne. Hier schließt sich der offene, ebenerdige Eingangsbereich an, der das Gebäude visuell zu einem Teil des öffentlichen Parks werden lässt, während die eigentliche Arena geschützt ca. 7 m unter dem Geländeniveau liegt.
Das Tragwerk des Stadions besteht aus organisch geformten Stahlbetonscheiben, an die 159 in der Geometrie variierende Stahlfachwerkträger montiert sind. Sie nehmen die Last der 22 000 m² großen Dachfläche auf und leiten sie in den zweigeschossigen Betonsockel. Ein spiralförmiges Geflecht aus Stahlrohren steift die Primärkonstruktion aus. Neben der ästhetischen Funktion übernimmt diese in sich flexible Hülle auch die Abtragung der Lasten durch Wind oder Erdbeben. Über 8800 blau schimmernde Solarpaneele, optisch einer Reptilienhaut nicht unähnlich, sind in die transparente Fassaden-Dachstruktur eingefügt. Es stellte eine bauliche Herausforderung dar, die 2,5 bis 3,5 m breiten, planen Elemente auf dem gekrümmten Dach anzubringen. Die unweigerlich entstehenden Zwischenräume wurden mittels gefalteter Dichtungen überbrückt, um eine einheitlich wirkende Oberfläche zu erreichen. Die Neigung jedes einzelnen Solarpaneels basiert auf intensiver Rechenarbeit: Optimal zur Sonne ausgerichtet, werden im Jahr 1,1 MWh Strom erzeugt – 75 % des Energiebedarfs des Stadions.   DETAIL 10/2011

Teilschnitt Maßstab 1:250
1 Foyer/Zugang Tribüne
2 Eingang West
3 Parkplätze VIP und Personal
4 Lobby für Zuschauer mit reservierten Sitzen
5 Aufenthalt VIP
6 Parkplätze Athleten
7 Sanitärraum
8 Lobby Athleten
9 Primärkonstruktion Stahlfachwerkträger
10 Stahlrohr Ø 318,5 mm
11 Solarpaneel

Part section scale 1:250
1 Concourse, access to stands
2 Western entrance
3 VIP and staff parking
4 Lobby for spectators with reserved seats
5 VIP area
6 Athletes' parking
7 Medics' area
8 Athletes' lobby
9 Primary structure: steel trussed girders
10 Ø 318.5 mm steel tube
11 Solar panels

aa

Schnitt Maßstab 1:2500

Section scale 1:2500

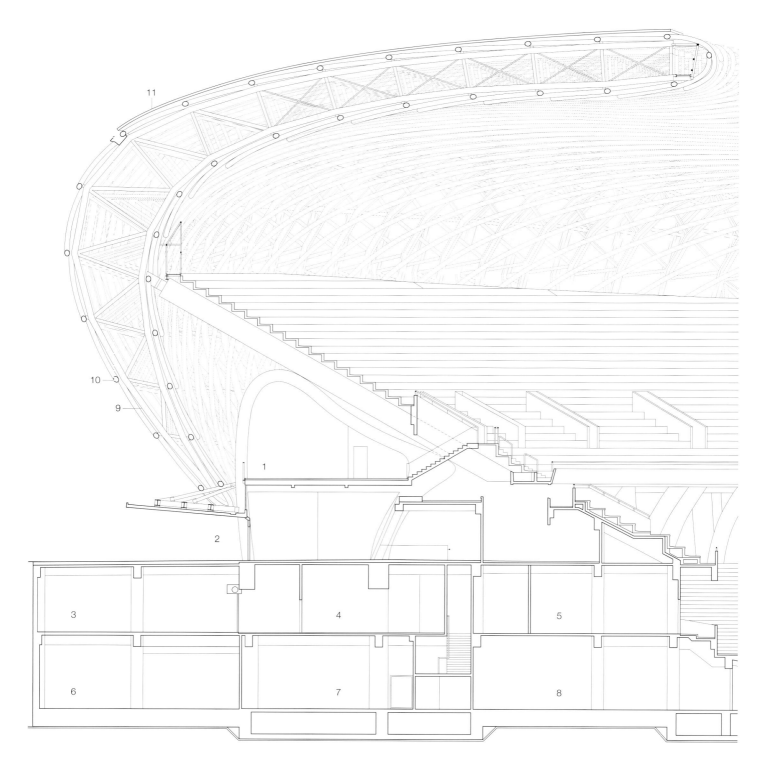

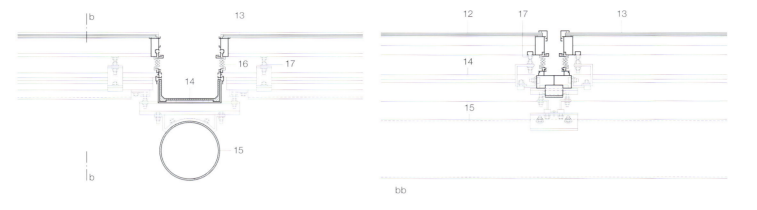

In 2009, the World Games were held in Kaohsiung in Taiwan. The architectural competition for the main stadium was won by Toyo Ito with a flowing, dynamic design that has been compared to the form of a dragon.
Situated at the lower, tail end are the ticket counters and restaurants. From there, the roof rises continuously, hugging the oval of the playing field and reaching its highest point in the main stand at the southern end – the dragon's head. Adjoining this is the open entrance area, which merges with a park at ground level. The actual sports arena lies roughly seven metres lower, protected from the wind.
The stadium structure consists of organically shaped reinforced-concrete ribs, to which 159 steel trussed girders of various forms are fixed. These bear the permanent load of the 22,000 m² roof area and conduct it to the two-storey concrete plinth.
The primary structure is enclosed in a tubular-steel spiralling latticework. The more than 8,800 shimmering blue solar panels bear a certain resemblance to the skin of a reptile. Assembling these 2.5 to 3.5-metre-wide two-dimensional elements on the organically shaped roof posed a constructional challenge. The intermediate spaces that were inevitably formed were bridged by gasket seals to create a uniform surface appearance. The angle at which each solar panel is set is the outcome of a demanding calculation process. Optimally aligned to the angle of the sun, the panels generate 1.1 MWh of electricity a year – 75 per cent of the stadium's energy needs.

Schnitte
Maßstab 1:20

12 VSG aus ESG vorgespannt
    6 + 6 mm
13 Solarzelle polykristallin
14 Regenrinne Edelstahl 1,5 mm
15 Stahlrohr ⌀ 318,5 mm
16 Faltdichtung
17 Edelstahlbolzen

Sections
scale 1:20

12 lam. safety glass, consisting of
    6 × 6 mm toughened glass
13 polycrystalline solar cell
14 1.5 mm stainless-steel rainwater gutter
15 ⌀ 318.5 mm steel tube
16 gasket seal
17 stainless-steel bolt

Gewerbehof in München

Mixed-use Hall in Munich

Architekten • *Architects*:
bogevischs buero architekten & stadtplaner, München
Tragwerksplaner • *Structural Engineers*:
Sailer Stepan und Partner, München

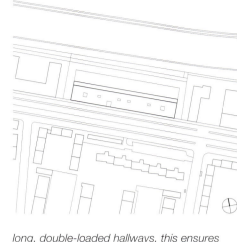

Lageplan
Maßstab 1:5000

*Site plan
scale 1:5000*

Der neue Gewerbehof zwischen einer stark befahrenen Ausfallstraße und der Bahnstrecke München–Augsburg bietet kleineren und mittelständischen Handwerks- und Gewerbebetrieben kleinteilige Mieteinheiten in Innenstadtnähe. Aus der Entfernung prägt vor allem das Wechselspiel aus horizontalen und vertikalen Aussparungen die helle Fassade aus weiß mattierten Industrieglasscheiben, die das Tageslicht reflektieren und eine Art »Strichcode« erzeugen. Erst auf den zweiten Blick erscheint hinter dieser Glasschicht das strenge Raster einer Stahlbetonkonstruktion, die im zurückgesetzten Sockelbereich mit anthrazitfarbenen Faserbetonplatten sowie mit grün eloxierten Aluminiumblechen verkleidet ist.

Ein mittig situiertes Foyer verbindet Straße und Lieferhof auf der den Bahngleisen zugewandten Seite – zwei weitere Eingänge im Westen und Osten sind jeweils nur vom Hof aus erreichbar. Über drei schlicht in Sichtbeton gehaltenene und glasüberdeckte Treppenräume führt der Weg nach oben. Große Fenster zwischen diesen Erschließungskernen und den langgestreckten innen liegenden Fluren sorgen für eine einfache Orientierung und eine natürliche Belichtung. In den Fluren kennzeichnen verschiedene Wandfarben die einzelnen Funktionen – Himmelblau steht für Nebenräume und Toiletten, Grasgrün für Mieteinheiten. Mithilfe flexibler Trennwände lassen sich die Flächen an die individuellen Platzbedürfnisse der Mieter anpassen.

Während der Dämmerung zeichnet sich ein lebhaftes Spiel aus beleuchteten und unbeleuchteten Fenstern sowie horizontalen und vertikalen Aussparungen ab. Neben dem ästhetischen Aspekt bringt das rhythmisierende Aufbrechen der zweischaligen Fassade auch funktionale Vorteile. Es ermöglicht eine direkte und schallgeschützte Lüftung hinter dem Profilglas, streut das Tageslicht weit in die Innenräume und sorgt für blendfreie Arbeitsplätze. Mit relativ einfachen Mitteln entstand ein wirtschaftliches und ästhetisch anspruchsvolles Gebäude, das sich für Werkstätten ebenso eignet wie für Büronutzungen. DETAIL 01–02/2013

This new commercial building situated on a narrow strip between a busy thoroughfare and the train tracks connecting Munich to Augsburg offers rental space in a variety of sizes to different types of small and mid-sized businesses. From a distance, the bright facade of white-frosted profiled glass attracts attention – particularly due to the interplay of horizontal and vertical recesses. When these recesses reflect sunlight, they generate a pattern reminiscent of a bar code. On second glance the stark reinforced-concrete grid behind the glazed skin becomes visible. At ground level, the recessed plinth zone is clad in grey fibrated-concrete slabs and green anodised aluminium sheet. A central foyer links the street and the delivery bay – the two further entrances in the east and west are only accessible from the courtyard. To reach the upper levels, tenants and customers may go up one of the three pared-down, exposed-concrete stairwells. These cores' ceilings are open to the sky, and in combination with the extensive glazing between the cores and the long, double-loaded hallways, this ensures that the spaces have ample daylight, and ease of orientation. In these hallways the different colours of the walls designate the individual functions – sky blue denotes auxiliary spaces and restrooms, and grass green signals rental units. Because the partition walls can be set up in different positions, the sizes of the units can be adapted to the needs of the tenants. At dawn and dusk the facade becomes particularly animated through the alternation of illuminated and non-illuminated windows, and horizontal and vertical recesses. In addition to its aesthetic appeal, the rhythmic articulation of the double-skin facade has immediate functional advantages. It facilitates direct ventilation (protected behind the profiled glass from the ambient noise), directs daylight deep into the interiors and ensures glare-free workspaces. With relatively simple means the architects have arrived at a building that meets high standards, both economically and aesthetically, and is equally well equipped to accommodate workshops and office space.

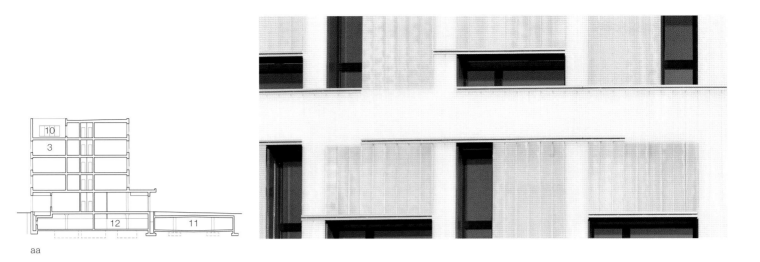

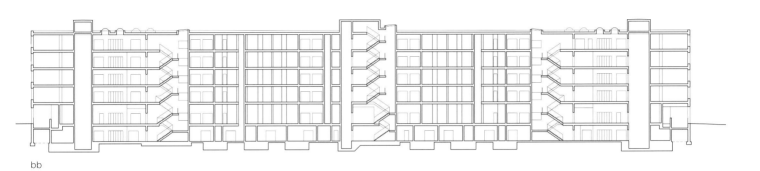

Schnitte · Grundrisse Maßstab 1:800	1	Haupteingang	7	TG-Einfahrt	1	Entrance	7	Garage entrance
	2	Eingang Lieferhof	8	TG-Ausfahrt	2	Delivery bay entrance	8	Garage exit
Sections · Floor plans scale 1:800	3	Werkstatt	9	Konferenzraum	3	Workshop	9	Conference room
	4	Ladengeschäft	10	Dachterrasse	4	Shop	10	Roof terrace
	5	Müllraum	11	Tiefgarage	5	Garbage	11	Underground garage
	6	Lastenaufzug	12	Lager	6	Goods lift	12	Storage

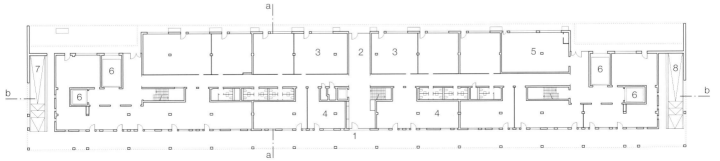

4. Obergeschoss / 4th floor

Erdgeschoss / Ground floor

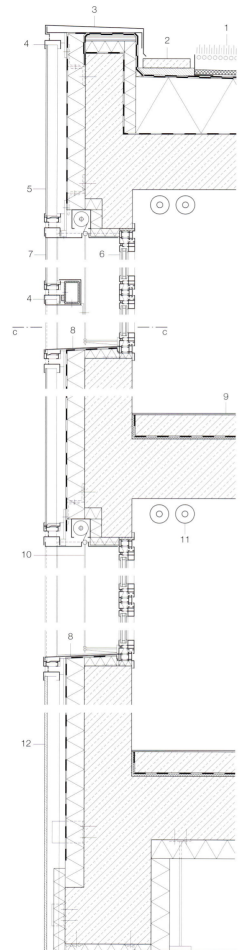

1. extensive Begrünung Systemerde 60 mm
   Dränageelement 25 mm
   Speicherschutzmatte 5 mm
   Abdichtung Polymerbitumenbahn zweilagig 12 mm
   Wärmedämmung im Gefälle 2 %, Polystyrolhartschaum 300 mm
   Dampfsperrbahn Bitumen mit Kombinationseinlage 6 mm
   Stahlbeton 300 mm
2. Betonplatte 300/300/50 mm
   Edelsplitt kalkfrei 30–50 mm
3. Aluminiumblech mit Antidröhnbeschichtung 3 mm
4. Aluminiumprofil ⌐ 45/83/3 mm
5. Profilbauglas 262/60/7 mm
   Fassadenmembran diffusionsoffen Polyacryl 0,75 mm
   Wärmedämmung Mineralfaser 100 mm
   Stahlbeton 250 mm
6. Wärmeschutzverglasung mit Schallschutz:
   Float 8 + SZR 16 + Float 4 mm,
   $U_g = 1{,}1$ W/m²K, $R'_w = 37$ db
   in Aluminiumrahmen
7. Profilbauglas 262/60/7 mm
8. Aluminiumblech 3 mm
9. Bodenbelag nach Wahl Mieter
   Stahlbetonplatte schwimmend 114 mm
   Trennlage PE-Folie 2 mm
   Trittschalldämmung Polyurethan 8 mm
   Stahlbeton 320 mm
10. Vertikal-Markise textil
11. Heizrohr
12. Faserbetonplatte 12 mm geklebt

1. 60 mm extensive green roof substrate system
   25 mm drainage element
   5 mm protection and storage mat
   12 mm polymer-modified bituminous membrane, two layers
   300 mm polystyrene rigid-foam insulation to falls (2 %)
   6 mm bituminous vapour control layer with composite core
   300 mm reinforced concrete
2. 300/300/50 mm concrete slab
   30–50 mm high-grade chippings, lime-free
3. 3 mm aluminium sheet with sound-absorptive coating
4. 45/83/3 mm aluminium channel
5. 262/60/7 mm profiled glass
   0.75 mm polyacrylic facade membrane, moisture-diffusing
   100 mm mineral-fibre thermal insulation
   250 mm reinforced concrete
6. thermal glazing with acoustic insulation
   8 mm float glass + 16 mm cavity + 4 mm float glass, $U_g = 1.1$ W/m²K, $R'_w = 37$ db
   in aluminium frame
7. 262/60/7 mm profiled glass
8. 3 mm aluminium sheet
9. floor covering: tenant's choice
   114 mm reinforced-concrete slab, floating
   2 mm polythene separating layer
   8 mm polyurethane impact-sound insulation
   320 mm reinforced concrete
10. vertical awning, fabric
11. heating pipe
12. 12 mm fibrated concrete board, adhered

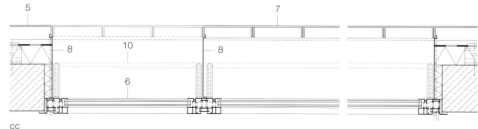

cc

Horizontalschnitt
Vertikalschnitt
Maßstab 1:20

Horizontal section
Vertical section
scale 1:20

Wohnhaus in Hiroshima

Residence in Hiroshima

Architekten • *Architects*:
Hiroshi Nakamura & NAP, Tokio
Tragwerksplaner • *Structural Engineers*:
Yasushi Moribe, Tokio

Lageplan
Maßstab 1:4000

*Site plan
scale 1:4000*

Das dreigeschossige Wohnhaus liegt zwischen hohen Nachbargebäuden an einer viel befahrenen Straße in der Nähe des Peace Boulevards. Im Erdgeschoss befindet sich – neben zwei Stellplätzen – eine separate Einliegerwohnung, die durch einen kleinen rückwärtigen Hof belichtet wird. In den Obergeschossen schaffen die Architekten mithilfe einer Wand aus massiven Glassteinen eine lichtdurchflutete, vor Straßenlärm geschützte Oase der Ruhe, in der jedoch das lebendige Großstadttreiben verschwommen erkennbar bleibt.
Das für dieses Gebäude charakteristische, durch transluzente Materialien erzeugte Licht- und Schattenspiel zeigt sich bereits in der Oberlichtverglasung unmittelbar über dem Eingangsbereich. Diese bildet im darüberliegenden Gartenhof zugleich den transparenten Boden eines Wasserbeckens, das wellenförmige Lichtreflexe auf Boden und Wände wirft. Der Wohnraum zum Garten im ersten Obergeschoss lässt sich mit Glasschiebetüren vollständig zum Gartenhof öffnen. Ein leichter Vorhang aus Metallgewebe sorgt bei Bedarf für einen ebenso durchlässigen wie sinnlichen Raumabschluss und eine geborgene Wohnatmosphäre.
Die rund 6000 Steine aus gegossenem Borosilikatglas sind von unten auf 75, an einem Stahlträger befestigten Edelstahlgewindestangen aufgefädelt. Erst nach Montage der rund 13 t schweren Glasfassade wurden die zunächst überhöhten Träger aus gestalterischen und Brandschutzgründen einbetoniert. Um Horizontalkräfte nicht direkt in die Glassteine einzuleiten, sind die Gewindestangen durch horizontal durchgehende Flachstahlbänder in den Lagerfugen miteinander verbunden. Ebenfalls in Vertiefungen der Glasteine eingelegte T-förmige Stahlbleche schließen die Fassade zur Windaussteifung an zwei dünne vertikale Stahlschwerter an. Die geringe Fugenbreite von nur 6 mm ist maßgeblich dafür verantwortlich, dass die Fassade von der Hof- wie auch von der Straßenseite als durchgehende transluzente Glashaut erscheint. DETAIL 01–02/2013

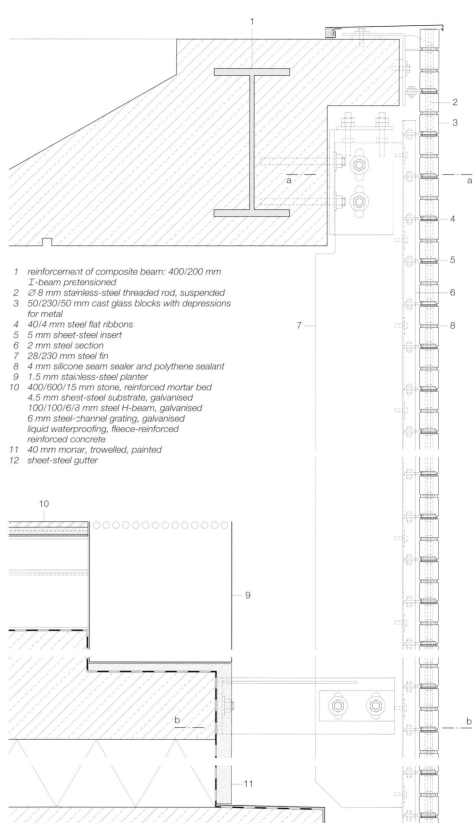

1. Bewehrung Verbundträger
   Stahlprofil H 400/200 mm vorgespannt
2. Gewindestange abgehängt, Edelstahl ⌀ 8 mm
3. Glasbaustein 50/230/50 mm handgegossen mit Vertiefungen für Einlegebleche
4. Flachstahlband 40/4 mm
5. Einlegeblech Stahl 5 mm
6. Stahlprofil 2 mm
7. Stahlschwert 28/230 mm
8. Verfugung Silikon, Fugenband PE 4 mm
9. Pflanztrog Edelstahl 1,5 mm
10. Natursteinplatten 400/600/15 mm
    Mörtelbett bewehrt
    Trägerplatte Stahlblech verzinkt 4,5 mm
    Stahlprofil H 100/100/6/8 mm verzinkt
    Trägerrost Stahlprofil verzinkt 6 mm
    Flüssigabdichtung vliesarmiert, Stahlbeton
11. Mörtel verspachtelt, gestrichen 40 mm
12. Entwässerungsrinne Stahlblech

1. reinforcement of composite beam: 400/200 mm I-beam pretensioned
2. ⌀ 8 mm stainless-steel threaded rod, suspended
3. 50/230/50 mm cast glass blocks with depressions for metal
4. 40/4 mm steel flat ribbons
5. 5 mm sheet-steel insert
6. 2 mm steel section
7. 28/230 mm steel fin
8. 4 mm silicone seam sealer and polythene sealant
9. 1.5 mm stainless-steel planter
10. 400/600/15 mm stone, reinforced mortar bed
    4.5 mm sheet-steel substrate, galvanised
    100/100/6/8 mm steel H-beam, galvanised
    6 mm steel-channel grating, galvanised
    liquid waterproofing, fleece-reinforced
    reinforced concrete
11. 40 mm mortar, trowelled, painted
12. sheet-steel gutter

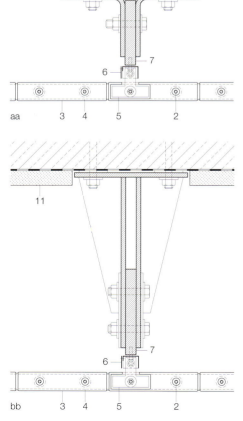

Vertikalschnitt • Horizontalschnitte
Maßstab 1:10

*Vertical section • Horizontal sections
scale 1:10*

Hiroshima's centre straddles the delta of the Ōta River, and this three-storey townhouse is located near one of its many regulated distributaries. The busy street the residence inhabits is host to buildings of widely diverging heights. It intersects nearby with Heiwa Ōdōri, or Peace Boulevard, which leads directly to Kenzō Tange's Peace Center and Memorial Park. The ground floor consists of a double garage and a one-bedroom apartment; the latter receives its daylight from a small rear courtyard. By employing a wall of solid glass blocks, the architects made the upper two storeys a sunny oasis of calm sheltered from the noise of the street, yet dreamily aware of its animated hustle and bustle. The play of light and shadow that characterises this building was brought about through the use of translucent materials; this begins with the skylight glazing directly above the entrance area. This glazing doubles as the transparent bottom of a reflecting pool directly above, and rippling light reflections are cast on the floor and walls. The sliding doors flanking the living room on the first storey allow the space to be opened up completely to the garden courtyard. A light metal-mesh curtain provides spatial definition – transparent and sensuous – as desired and contributes to an intimate living atmosphere. The 6000 blocks of cast borosilicate glass were threaded from below on seventy-five stainless-steel rods that are steadied by a steel beam. Once the glass facade, which weighs about 13 tonnes, was in place, the initially cambered beam was encased in concrete. This served two purposes: it was part of the design scheme and improved the structure's fire resistance. The rods were connected by means of continuous horizontal ribbons of steel flats situated in the horizontal joints to avoid directing horizontal loads into the glass blocks. In addition, via T-shaped sheet-steel inserts made to fit into recesses in the glass blocks, the glazed skin was connected to the two vertical steel fins that serve as wind bracing. The joints between the glass blocks are a mere 6 mm wide; thanks to these unusually narrow dimensions, the facade appears, both from the courtyard and the street, to be a continuous glazed skin.

Villa in Holland

Villa in Holland

Architekten • *Architects*:
Powerhouse Company,
Kopenhagen/Rotterdam
Tragwerksplaner • *Structural Engineers*:
Breed ID Gilbert van der Lee, Den Haag

Schnitte	Sections
Grundrisse	Floor plans
Maßstab 1:400	scale 1:400

1 Terrasse — 1 Terrace
2 Halle — 2 Hall
3 Wohnen — 3 Lounge
4 Atelier — 4 Studio
5 Küche — 5 Kitchen
6 Arbeiten — 6 Office
7 Musik, Bibliothek — 7 Music room, library
8 Garage — 8 Garage
9 Gast — 9 Guest room
10 Schlafen — 10 Bedroom
11 Ankleide — 11 Dressing area

Der Wald, in dem die Villa steht, wurde in den 1950er-Jahren künstlich angelegt, um aus den gerade wachsenden Stämmen der Douglasie Bauholz zu gewinnen. Kurz bevor die Bäume in den 1970er-Jahren ausgewachsen waren, verbot die Landschaftsbehörde jedoch, die Bäume zu fällen. Für die Bebauung hatte dies im Hinblick auf Traufhöhe und Kubatur erhebliche Folgen. Aus diesem Grund ist ein Großteil der Funktionen unter der Erde versteckt. Hier liegen die Garage und die Schlafräume, die durch großzügige Böschungen und einen Patio belichtet sind. Raumhohe Verglasungen kontrastieren mit introvertierten, geschlossenen Bereichen. Ganz anders im Erdgeschoss: Eine geschwungene Glaswand, die sich ohne sichtbare Rahmen zwischen Decken- und Bodenplatte spannt, erlaubt ein Maximum an Licht und Ausblick. Hier offenbart sich auch der Sinn des y-förmigen Grundrisses, der die optimale Ausrichtung des Essbereichs nach Ost-Südwest, des Arbeitszimmers nach Nordwest und des Wohnraums nach Nord-Süd ermöglicht. Damit keine Stützen und Wände die Sicht versperren, wurde das Dach auf teils in Holz, teils in Stein gehüllte Betonkerne aufgelegt, die die Nebenräume beherbergen. Auch ein Bücherregal, das als Vierendeelträger ausgebildet ist, trägt das Dach. Nur eine einzige, kreuzförmige Stütze ist sichtbar. Dick mit Gummi bekleidet, dient sie als Anschlag für die mächtige, in Marmor gekleidete Schiebetür. Sie ist die einzige große Öffnung in der gläsernen Fassade; steht diese offen, verschmilzt das Wohnzimmer mit Terrasse und Garten. DETAIL 07–08/2009

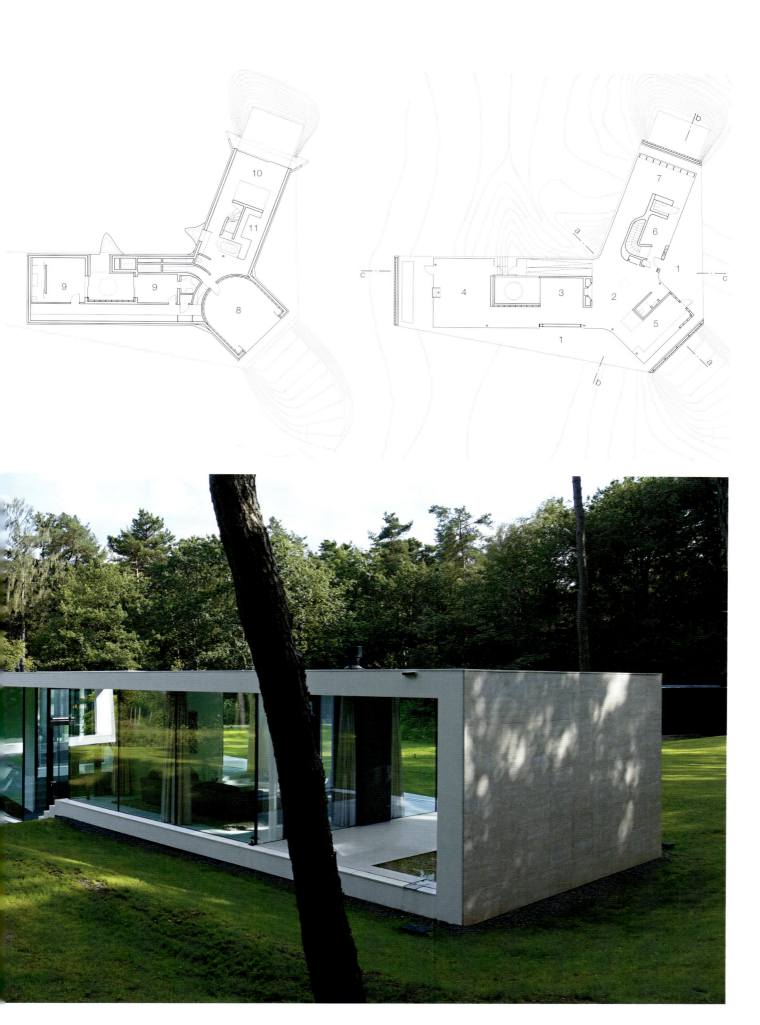

Vertikalschnitt
Horizontalschnitt
Schiebewand
Maßstab 1:10

Vertical section
Horizontal section
Sliding wall
scale 1:10

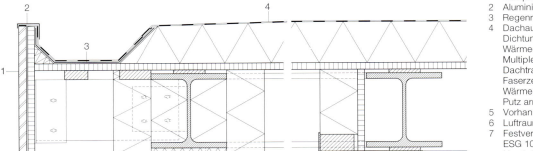

1 Travertinplatte 400/800/20 mm geklebt
  Multiplexplatte wasserfest 18 mm
2 Aluminiumprofil
3 Regenrinne Folienblech
4 Dachaufbau:
  Dichtungsbahn EPDM
  Wärmedämmung im Gefälle min. 100 mm
  Multiplexplatte 18 mm
  Dachtragwerk Stahlprofil I 200 mm
  Faserzementplatte 12 mm
  Wärmedämmung 30 mm
  Putz armiert 10 mm
5 Vorhangschiene deckenbündig
6 Luftraum zum Einbringen der Glasscheibe
7 Festverglasung:
  ESG 10 mm + SZR 15 mm + VSG 2× 8 mm,
  U = 1,4 W/m²K, Verfugung mit Silikon
8 Aluminiumprofil L 50/30/3 mm
9 Kantholz 50/50 mm
10 Bodenaufbau:
   Beschichtung Polyurethan 3 mm
   Zementestrich 50 mm, Stahlbeton 150 mm
11 Bürstendichtung
12 Marmorplatte 4 mm geklebt
   Aluminiumpaneel mit Wabenfüllung 16 mm
   Sandwichpaneel Aluminium 50 mm
   Rahmenkonstruktion aus Aluminiumrohren ⎕ 50/40 mm
13 kreuzförmige Stahlstütze 320/320 mm
   mit Gummiummantelung dreifach 20 mm
14 Anschlag Gummi 10 mm
15 Laufschiene im Boden versenkt
16 Stahlstütze HEB 140

1 400/800/20 mm travertine tile, fixed with adhesive
  18 mm waterproof multiplex board
2 aluminium profile
3 rainwater gutter, sheet metal
4 roof construction:
  EPDM sheeting
  min. 100 mm thermal insulation to falls
  18 mm multiplex board
  roof frame, steel I-section 200 mm deep
  12 mm fibre-cement board
  30 mm thermal insulation, 10 mm reinf. plaster
5 curtain track, flush with ceiling
6 space for fitting glass pane
7 fixed glazing:
  10 mm toughened glass + 15 mm cavity +
  2× 8 mm lam. safety glass; U-value = 1.4 W/m²K,
  joined with silicone
8 50/30/3 mm aluminium angle profile
9 50/50 mm timber profile
10 floor construction:
   3 mm polyurethane coating
   50 mm cement screed
   150 mm reinforced concrete
11 brush seal
12 4 mm marble tile, fixed with adhesive
   aluminium panel with 16 mm honeycomb filling
   sandwich panel, 50 mm aluminium
   frame of 50/40 mm aluminium RHS profiles
13 320/320 mm cross-shaped steel support
   encased in three layers of 20 mm rubber
14 stopper, 10 mm rubber
15 track recessed into floor
16 steel column, HEB 140

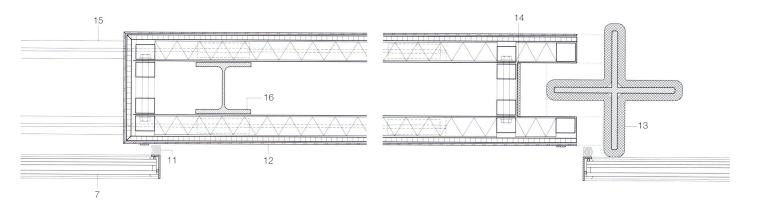

165

In the 1970s the local authorities responsible for landscape planning placed a ban on felling the Douglas fir plantation in which this villa stands. For all future building development on the site, this had significant consequences in terms of eaves height and cubature. Responding to this, many of the functions of this villa have been moved below ground level. The garage and bedrooms are located here, the latter lit via generous embankments and a patio. Full-height glazing contrasts with introverted, closed areas. On the ground floor the picture is quite different: a curved glass wall stretching floor to ceiling with no detectable frame floods the interior with light and affords extensive all-round views. The Y-shaped floor plan is explained by the need to achieve optimum orientation for the various living areas: the dining room faces east/south-east, the office looks north-west, and the lounge north and south. So as not to obstruct the view with too many columns and walls the roof rests partly on concrete cores clad in wood or stone. Inside these cores are the ancillary areas. The roof is also supported by a bookcase, designed as a kind of structural Vierendeel girder. Only a single, cross-shaped supporting column is on view, which, clad thickly with rubber, serves as a stopper for the sizeable, marble-clad sliding door. This door is the only large opening in the glass facade; when it is open, the lounge merges seamlessly with the terrace and garden.

Vertikalschnitt
Maßstab 1:20
1 Travertinplatte 800/800/20 mm geklebt
  Multiplexplatte wasserfest 18 mm
  Holzständer 180/67 mm
  Riegel Kantholz 140/70 mm
  Unterkonstruktion Lattung 60/30 mm
  Faserzementplatte 12 mm
  Wärmedämmung PS 90 mm
  Putz armiert 10 mm
2 Glasdach: ESG 4 + SZW 10 + VSG 2× 4 mm,
  U = 1,4 W/m²K in U-Schiene Aluminium geklebt
3 Putz armiert 10 mm
  Multiplexplatte wasserfest 18 mm
4 Festverglasung: Float 12 + 15 SZR + Float 12 mm
  in Holzrahmenkonstruktion
5 Bücherregal tragend
  aus Stahlplatten 350/350/15 mm
6 Beschichtung Polyurethan 6 mm
  Zementestrich 50 mm
  Wärmedämmung 80 mm

Vertical section
scale 1:20
1 800/800/20 mm travertine tile, fixed with adhesive
  18 mm waterproof multiplex board
  180/67 mm timber post
  rail, 140/70 mm wood bearer
  support frame, 60/30 mm wood lathing
  12 mm fibre-cement board
  thermal insulation, 90 mm polystyrene
  10 mm reinforced plaster
2 glass roof: 4 mm toughened glass + 10 mm cavity +
  2× 4 mm lam. safety glass, U-value = 1.4 W/m²K
  glued into aluminium channel-section
3 10 mm reinf. plaster, 18 mm waterproof multiplex
4 fixed glazing: 2× 12 mm float with 15 mm cavity
  in timber frame
5 load-bearing bookshelf
  of 350/350/15 mm steel plate
6 6 mm polyurethane coating
  50 mm cement screed
  80 mm thermal insulation

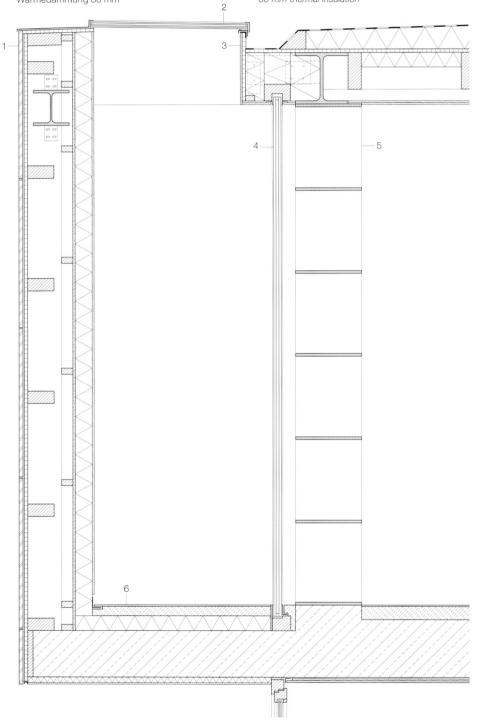

Wochenendhaus in Karuizawa

Weekend House in Karuizawa

Architekten • *Architects*:
Makoto Takei & Chie Nabeshima / TNA, Tokio
Lichtgestaltung • *Lighting Design*:
Masahide Kakudate / Bon Bori, Tokio
Tragwerksplaner • *Structural Engineers*:
Akira Suzuki / ASA, Tokio

Grundrisse • Schnitte
Maßstab 1:200

*Floor plans • Sections
scale 1:200*

1 Gast
2 Vestibül
3 Essbereich / Küche
4 Wohnen
5 Schlafen
6 Bad

1 *Guest room*
2 *Vestibule*
3 *Kitchen / Dining area*
4 *Living room*
5 *Bedroom*
6 *Bathroom*

Das filigrane Wochenendhaus steht mitten in einem Waldgrundstück, zwei Autostunden von Tokio entfernt. Das Gelände ließ sich wegen angrenzender Straßen und steiler Hanglage nicht verkaufen, erst durch die Bebauung mit dem Wochenendhaus des jungen Architekturbüros TNA fanden sich in kürzester Zeit Interessenten. Im Miniturm mit einem Panoramablick von 360° können sie nun die umgebenden Bäume auf drei Ebenen genießen. Das Haus scheint ohne vertikale Elemente auszukommen, auch die Geschosse sind nicht ablesbar. Ob Küchenzeile, Treppenpodest, Geschossdecke oder Holzofen, alles versteckt sich hinter den 28 bis 125 cm hohen Brettschichtholzbändern. Diese sind biegesteif mit den schlanken 12/12 cm tiefen, aber über 10 m hohen Stützen verschraubt. Die vorgefertigte Vierendeelkonstruktion der Fassade benötigt besonders steife Verbindungen, um auf Diagonalen verzichten zu können. Möglich machen dies ringförmige Einlassdübel, die Bänder und Stützen zu einer Einheit verschmelzen. Im teilweise eingegrabenen Erdgeschoss sind die Stützen mit dem massiven Sockel verschraubt. Vor der Konstruktion sorgt eine gebrannte Schalung aus Zedernholz für eine ruhige Erscheinung. Dazwischen laufen die gläsernen rahmenlosen Bänder: So entsteht eine sinnliche Transparenz ganz im Wortsinn der »Durchsicht« durch das ganze Gebäude. DETAIL 10/2007

Set in a woodland area a two hours's drive from Tokyo, the house commands a panoramic view on all sides. The miniature tower seems to exist without vertical elements; indeed, not even the individual storeys are legible. Everything is concealed behind a layer of laminated cedar strips, which are rigidly fixed to timber columns more than 10 m high. To avoid the use of diagonal members, rigid connections were necessary for the prefabricated Vierendeel facade structure. This was achieved with annular split-ring connectors. The facade boarding ensures a restrained appearance. Bands of glazing between the cedar strips afford sensuous glimpses into the house and do justice to the underlying concept of transparency.

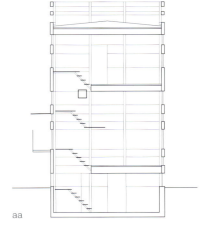

aa

bb

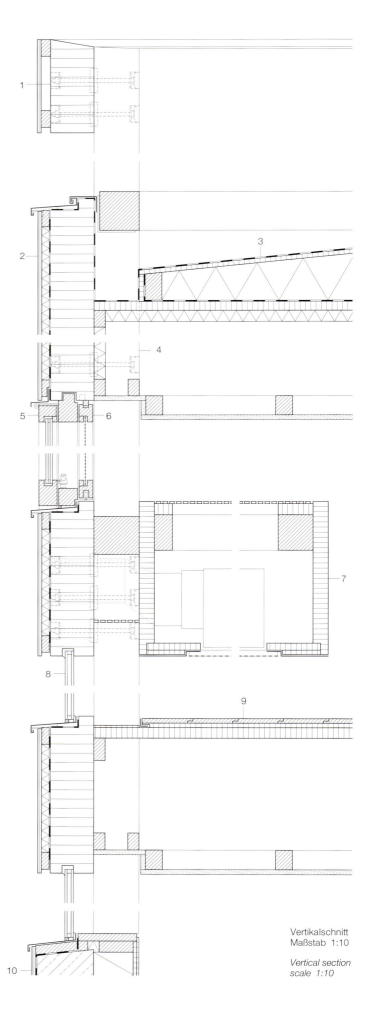

1. BSH Kiefer 115/210 mm mit Einlassdübeln Stahl, ringförmig
2. Schalung Zeder gebrannt, imprägniert 10 mm
   Hartschaumdämmung 20 mm
   Dichtungsbahn Kunststoff
   BSH Kiefer 115/1250 mm
3. Dichtungsbahn Kunststoff
   Sperrholzplatte 15 mm
   Wärmedämmung Glaswolle min. 70 mm, Dampfsperre
   Sperrholzplatte 24 mm
   Wärmedämmung 30 mm
   BSH Kiefer 115/240–1250 mm
   Lattung 45/50 mm
   Gipskartonplatte 12,5 mm
4. Stütze BSH Kiefer 120/120 mm
5. Rahmen Zypresse 50 mm
   Isolierverglasung: ESG 6 mm + SZR 6 mm + ESG 6 mm
6. Rahmen Zypresse 36 mm mit Insektenschutznetz
7. Dunstabzug Sperrholz furniert 40 mm
8. Festverglasung: ESG 6 mm + SZR 12 mm + ESG 6 mm
9. Parkett Birke 12 mm
   Sperrholz 12 mm + 28 mm
   BSH Kiefer 105/300 mm
   Lattung 45/50 mm
   Gipskarton 12,5 mm
10. Schalung Zeder gebrannt, imprägniert, Dichtungsbahn
    Stahlbeton 150 mm
    Dämmung Polyurethan 105 mm
    Sperrholz 9 + 6 mm

1. 115/210 mm lam. pine with steel annular split-ring connectors
2. 10 mm cedar boarding, burned and impregnated
   20 mm rigid-foam insulation
   plastic waterproof layer
   115/1250 mm lam. pine unit
3. plastic waterproof layer
   15 mm plywood
   70 mm (min.) glass-wool thermal insulation to falls
   24 mm plywood
   30 mm thermal insulation
   115/240–1250 mm lam. pine
   45/50 mm battens
   12.5 mm plasterboard
4. 120/120 mm lam. pine column
5. 50 mm cypress frame with double glazing: 2× 6 mm toughened glass + 6 mm cavity
6. 36 mm cypress frame with insect screen
7. smoke-extract hood: 40 mm veneered plywood
8. fixed double glazing: 2× 6 mm toughened glass + 12 mm cavity
9. 12 mm birch parquet
   12 + 28 mm plywood
   105/300 mm lam. pine joists
   45/45 mm battens
   12.5 mm plasterboard
10. cedar boarding, burned and impregnated on waterproof layer
    150 mm reinforced concrete
    105 mm polyurethane insulation
    9 + 6 mm plywood

Vertikalschnitt
Maßstab 1:10

Vertical section
scale 1:10

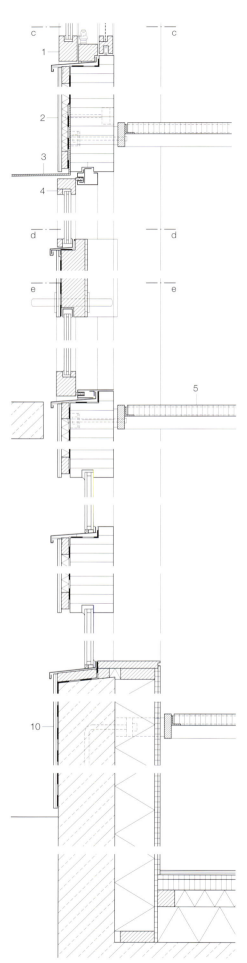

Vertikalschnitt Vertical section
Horizontalschnitte Horizontal sections
Maßstab 1:10 scale 1:10

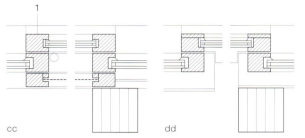

1 Holzfenster Zypresse 50 mm
  Isolierverglasung: ESG 8 mm +
  SZR 12 mm + ESG 8 mm
  Rahmen Zypresse 36 mm
  mit Insektenschutznetz
2 Schalung Zeder gebrannt,
  imprägniert 10 mm
  Hartschaumdämmung 20 mm
  Dichtungsbahn Kunststoff
  BSH Kiefer 115/1250 mm
3 Vordach Stahlblech lackiert
  3 mm
4 Eingangstür:
  Rahmen Zypresse 50 mm
  Isolierverglasung: ESG 8 mm +
  SZR 12 mm + ESG 8 mm
5 Stufe Pressspanplatte furniert
  mit Birke 30 mm, seitlich befestigt mit Stahlprofil L 25/25 mm
9 Parkett Birke 12 mm
  Sperrholz 12 mm + 28 mm
  Kantholz Kiefer 45/45 +
  90/90 mm dazwischen
  Wärmedämmung
  Stahlbeton 250 mm
10 Schalung Zeder gebrannt,
  imprägniert, Dichtungsbahn,
  Stahlbeton 150 mm
  Dämmung Polyurethan 105 mm
  Sperrholz 9 + 6 mm

1 50 mm cypress window frame with
  double glazing: 2× 8 mm toughened
  glass + 12 mm cavity
  36 mm cypress frame with insect
  screen
2 10 mm cedar boarding, burned and
  impregnated
  20 mm rigid-foam insulation
  plastic waterproof layer
  115/1250 mm laminated pine unit

3 3 mm sheet-steel canopy,
  painted
4 50 mm cypress frame
  2× 8 mm toughened glass +
  12 mm cavity
5 30 mm birch-veneered chipboard landing/tread
  fixed at side with
  25/25 mm steel angle
9 12 mm birch parquet
  12 + 28 mm plywood
  thermal insulation between
  45/45 mm pine battens and
  90/90 mm pine bearers
  250 mm concrete floor slab
10 cedar boarding, burned and
  impregnated; waterproof layer
  150 mm reinforced concrete
  plinth
  105 mm polyurethane insulation 9 + 6 mm plywood

Erweiterung eines Doppelhauses in Heverlee

Extension to Semi-detached House in Heverlee

Architekten • *Architects*:
Bob 361 architects, Brüssel
Goedele Desmet, Ivo Vanhamme,
Jean-Michel Culas
Tragwerksplaner • *Structural Engineers*:
BAS – Dirk Jaspaert, Kessel-Lo

Roter Backstein und weiße Erkerfenster bestimmen die Straßenfassade des »englischen« Doppelhauses im belgischen Heverlee. Die Farbe Weiß und das Prinzip einer modularen Außenwand übernehmen die Architekten bei ihren kubischen Anbauten. Wie auf ein Boot gelangt man über einen geneigten Steg zum Eingang zwischen dem massiven Altbau und dem neuen transluzent schimmernden Baukörper, dessen klarer Grundriss durch die Reflexionen in den geschosshohen Verglasungen überraschend weiträumig und komplex wirkt. Eine Fassade aus milchigen Glasbausteinen schirmt die nur knapp 1 m breite Terrasse vor neugierigen Blicken ab, gestattet aber durch den schmalen Spalt für den Eingangssteg einen Blickkontakt von der Küche zu ankommenden Besuchern und zur Straße. Auf der Gartenseite ist das Erdgeschoss über die gesamte Hausbreite transparent verglast. Hier lassen Glasbausteine als Oberlichter der zum Teil zweigeschossigen Räume mildes, blendungsfreies Tageslicht bis tief in den Altbau einfallen. Die durchgängige Materialität und Farbigkeit täuschen darüber hinweg, dass das Haus bereits in den 1970er-Jahren um einen Kubus erweitert wurde. Der erneute Umbau ging zügig vonstatten, da Stahlbetonbauteile und Glasbausteinflächen als fertige Wandelemente angeliefert wurden. DETAIL 10/2007

For the cubic extension to this semi-detached house, with its red-brick street facade and white bay window, the architects adopted the white coloration and the principle of modular outer walls. A view is created from the kitchen to the entrance ramp and the street beyond. The clear layout and the reflections in the storey-height glazing lend the extension a surprising sense of spaciousness and complexity. On the garden face, the ground floor is transparently glazed across its full width. Glass-block clerestory lights to the partially double-height spaces allow soft daylight to penetrate the existing building. The consistent use of colours and materials means that an earlier extension is scarcely distinguishable.

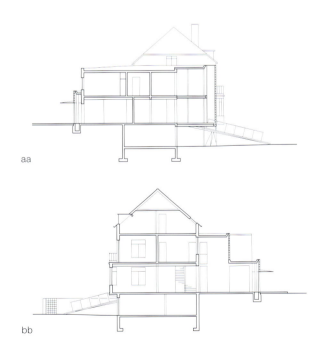
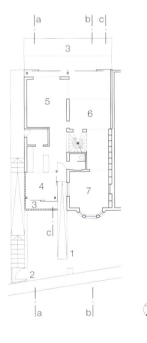

Schnitte • Grundrisse
Maßstab 1:400

*Sections • Floor plans
scale 1:400*

1 Eingangsrampe
2 Zugang Garten
3 Terrasse
4 Küche
5 Essen
6 Wohnen
7 Büro
8 Zimmer
9 Luftraum
10 Altbau
11 Anbau 1970er-Jahre
12 Anbau 2005

*1 Entrance ramp
2 Access to garden
3 Terrace
4 Kitchen
5 Dining area
6 Living room
7 Office
8 Room
9 Void
10 Existing house
11 Extension, 1970s
12 Extension, 2005*

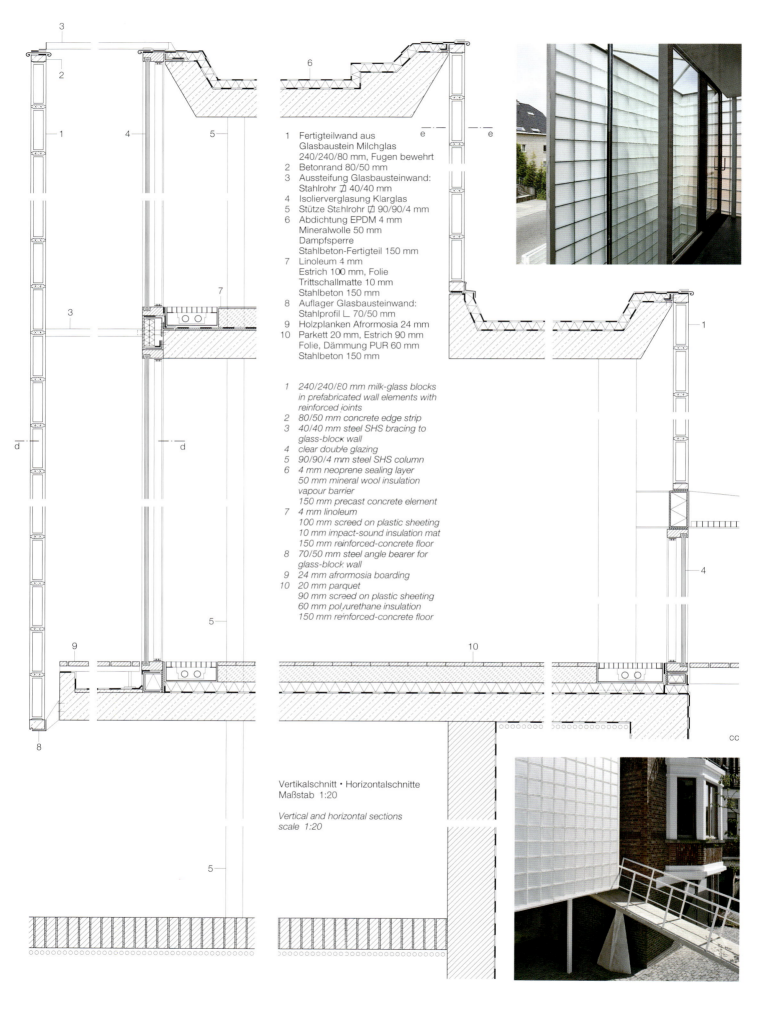

1 Fertigteilwand aus Glasbaustein Milchglas 240/240/80 mm, Fugen bewehrt
2 Betonrand 80/50 mm
3 Aussteifung Glasbausteinwand: Stahlrohr ⌷ 40/40 mm
4 Isolierverglasung Klarglas
5 Stütze Stahlrohr ⌷ 90/90/4 mm
6 Abdichtung EPDM 4 mm
   Mineralwolle 50 mm
   Dampfsperre
   Stahlbeton-Fertigteil 150 mm
7 Linoleum 4 mm
   Estrich 100 mm, Folie
   Trittschallmatte 10 mm
   Stahlbeton 150 mm
8 Auflager Glasbausteinwand: Stahlprofil L 70/50 mm
9 Holzplanken Afrormosia 24 mm
10 Parkett 20 mm, Estrich 90 mm
   Folie, Dämmung PUR 60 mm
   Stahlbeton 150 mm

1 240/240/80 mm milk-glass blocks in prefabricated wall elements with reinforced joints
2 80/50 mm concrete edge strip
3 40/40 mm steel SHS bracing to glass-block wall
4 clear double glazing
5 90/90/4 mm steel SHS column
6 4 mm neoprene sealing layer
   50 mm mineral wool insulation
   vapour barrier
   150 mm precast concrete element
7 4 mm linoleum
   100 mm screed on plastic sheeting
   10 mm impact-sound insulation mat
   150 mm reinforced-concrete floor
8 70/50 mm steel angle bearer for glass-block wall
9 24 mm afrormosia boarding
10 20 mm parquet
   90 mm screed on plastic sheeting
   60 mm polyurethane insulation
   150 mm reinforced-concrete floor

Vertikalschnitt · Horizontalschnitte
Maßstab 1:20

*Vertical and horizontal sections
scale 1:20*

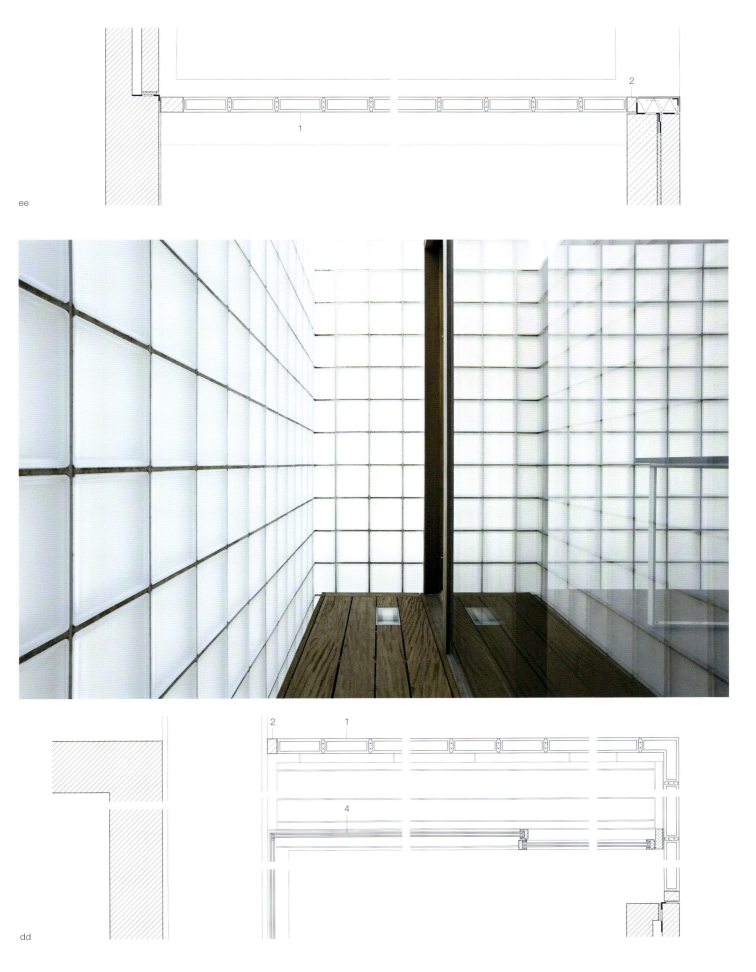

Erweiterung eines Wohnhauses in New Canaan / Connecticut

Addition to a Home in New Canaan / Connecticut

Architekten • *Architects*:
Kengo Kuma & Associates, Tokio
Tragwerksplaner • *Structural Engineers*:
Makino, Ohio (Entwurf/*Design*)
The Di Salvo Ericson Group, Ridgefield

Schnitte • Grundriss
Maßstab 1:400

1 Wohnhaus (Bestand)
  Architekt:
  John Black Lee
2 Wohnhaus (Anbau)
  Architekt:
  Kengo Kuma
3 Veranda
4 Eingang
5 Wohnen
6 Büro
7 Schlafen
8 Bad
9 offener Kamin
10 Essbereich
11 Küche
12 Verbindungsgang

Beeinflusst von Architekten der klassischen Moderne wie Philip Johnson und Marcel Breuer errichtete John Black Lee 1956 ein Wohnhaus für sich und seine Familie. Die heutigen Eigentümer stellten Kengo Kuma vor die delikate Aufgabe, den eleganten Baukörper zu renovieren und um eine Küche, ein Schlafzimmer und einen Essbereich zu erweitern. Er brachte die neuen Nutzungen in einem separaten Volumen unter, das nur durch einen gläsernen Gang mit dem Altbau verbunden ist. Die filigrane Umsetzung erinnert an die Architektursprache Lees, ohne sie zu imitieren. Der Anbau nimmt das Motiv der umlaufenden Veranda in gleicher Höhe und Form auf und schiebt sich wie eine flache Plattform über das abfallende Gelände, um Ausblicke auf das bewaldete Grundstück zu ermöglichen, und stellt durch den L-förmigen Grundriss zugleich eine gewisse Intimität her. Die unverkleideten, auskragenden Dachsparren liegen auf einer Stahlrahmenkonstruktion auf. Die Flachprofile sind auf ein Minimum reduziert und kaum sichtbar hinter der Verglasung platziert, in der sich die Grüntöne des Waldes spiegeln, sodass die Dachfläche über dem Glasband zu schweben scheint. Um die Transparenz im Inneren beizubehalten, zonieren transluzente Vorhänge aus Edelstahlgewebe das Raumkontinuum. DETAIL 07–08/2013

In New Canaan the influence of modernism as practiced in the 1950s by architects such as Philip Johnson and Marcel Breuer can still be felt. John Black Lee built his own home there in this vein in 1956. The present owners asked Kuma to renovate the existing structure and add a kitchen, bedroom and dining area. He placed these functions in a separate structure, and connected it to the existing building via a glazed passageway. The design for the new lightweight pavilion pays homage to Lee's architectural vocabulary without imitating it. The new veranda assumes the height and form of the original one and hovers above the sloping topography. The L-shaped floor plan provides a measure of intimacy.

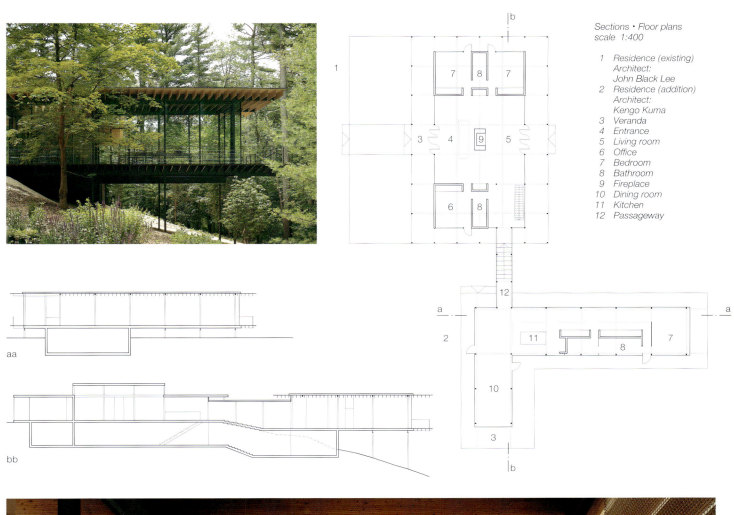

Sections • Floor plans
scale 1:400

1 Residence (existing)
 Architect:
 John Black Lee
2 Residence (addition)
 Architect:
 Kengo Kuma
3 Veranda
4 Entrance
5 Living room
6 Office
7 Bedroom
8 Bathroom
9 Fireplace
10 Dining room
11 Kitchen
12 Passageway

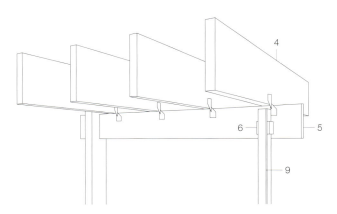
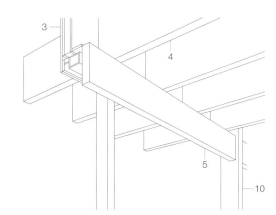

1	Dichtungsbahn Wärmedämmung 115 mm Sperrholzplatte 19 mm Furnierholzplatte 12,5 mm	8	Pfosten vertikal: Flachstahl ⌷ 50/125 mm
2	Kupferblech Sperrholzplatte 2× 19 mm Furnierholzplatte 12,5 mm	9 10	Aluminiumblech 6 mm Stütze Stahlprofil ⌷ 76/152 mm
3	Furnierholzplatte 12,5 mm Dampfsperre Sperrholzplatte 12,5 mm Wärmedämmung 63 mm Furnierholzplatte 12,5 mm	11	Diele Ipe 20 mm Sperrholzplatte 19 mm Holzlattung 50/45 mm Trennlage Wärmedämmung kaschiert 300 mm zwischen Träger Brettschichtholz 300/45 mm Zementplatte 12,5 mm
4	Sparren Brettschichtholz 45/30 mm		
5	Träger Flachstahl ⌷ 50/200 mm	12	Stahlprofil I 100/200 mm
6	Flachstahl 12,5/75/75 mm	13	Diele Ipe 20 mm Holzlattung 94/64 + 40/64 mm Träger Brettschichtholz 300/45 mm
7	Isolierverglasung low-E-beschichtet: ESG 9 + SZR 12 + ESG 6 mm Rahmen horizontal: Aluminiumrohr ⌷ 75/57 mm	14	Geländer Stahlprofil ⌷ 50/12 mm

1	sealing layer 115 mm thermal insulation 19 mm plywood 12.5 mm plywood		75/57 mm aluminium RHS
		8	50/125 mm steel flat
2	copper sheet 2× 19 mm plywood 12.5 mm plywood	9 10	6 mm aluminium sheet 76/152 mm steel RHS column
		11	20 mm yellow poui planks 19 mm plywood 50/45 mm timber battens separating layer 300 mm thermal insulation with facing, between 300/45 mm glue-laminated timber joists 12.5 mm cement board
3	12.5 mm plywood; vapour barrier 12.5 mm plywood 63 mm thermal insulation 12.5 mm plywood		
4	45/30 mm glue-laminated timber rafters		
5	beam: 50/200 mm steel flat	12	100/200 mm steel I-beam
6	12.5/75/75 mm steel flat	13	20 mm yellow poui planks 94/64 + 40/64 mm timber battens 300/45 mm glue-laminated timber beam
7	double glazing with low-E coating: 9 mm toughened glass + 12 cavity + 6 mm toughened glass horizontal frame:		
		14	railing: 50/12 mm steel RHS

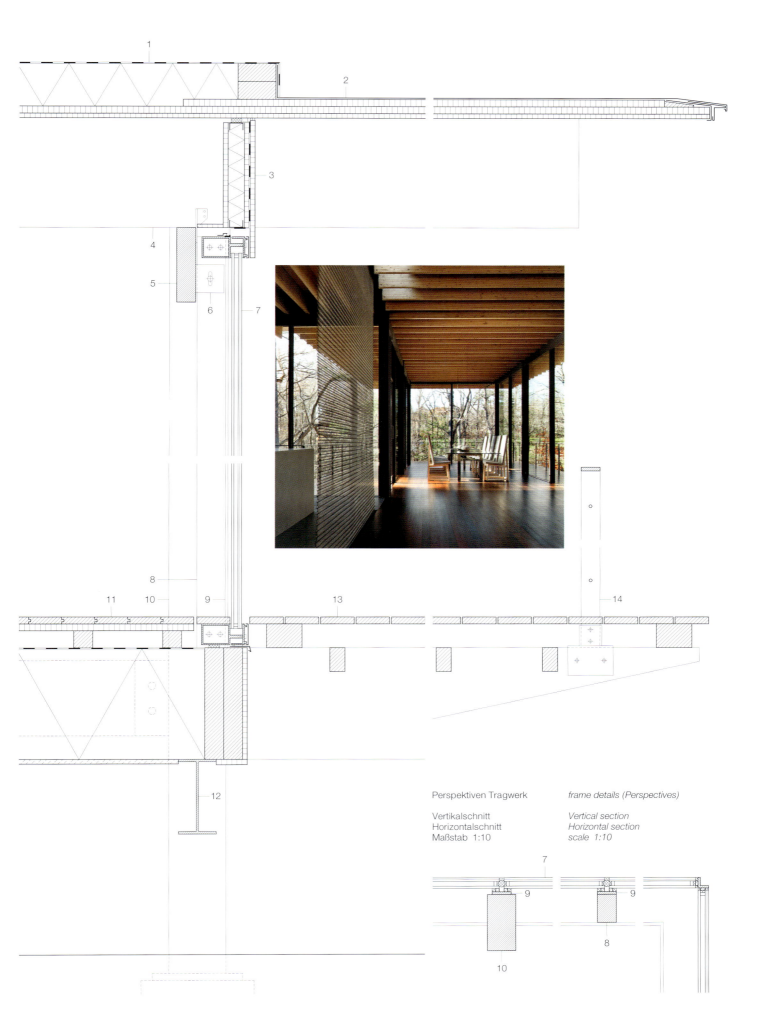

Perspektiven Tragwerk

Vertikalschnitt
Horizontalschnitt
Maßstab 1:10

frame details (Perspectives)

Vertical section
Horizontal section
scale 1:10

Wohnhaus in Zürich

House in Zürich

Architekt · *Architect*:
Christian Kerez, Zürich
Tragwerksplaner · *Structural Engineer*:
Joseph Schwartz, Zug

Am südöstlichen Stadtrand Zürichs liegt das Zweifamilienhaus in privilegierter Hanglage. Trotz des schmalen Grundstücks haben beide Wohnungen freien Blick auf den Zürichsee, da der Baukörper in der Längsachse geteilt ist und jede Einheit sich über drei Etagen erstreckt. Das Entwurfskonzept des »Hauses mit einer Wand« ist konsequent umgesetzt. Die 40 cm starke Stahlbetonwand trennt beide Wohnungen und trägt zugleich die weit auskragenden Decken. Sie verläuft geknickt, in jeder der drei Etagen in anderer Form. Die Knicke dienen der Aussteifung, zugleich definieren die Vor- und Rücksprünge die Nutzungsbereiche; in den dreiecksförmigen Nischen sind die Bäder integriert, verborgen hinter einer Schiebetür. Der unterschiedliche Wandverlauf erzeugt eine differenzierte Raumwirkung der drei Ebenen. Sie sind trotz ihrer geringen Grundfläche erstaunlich weitläufig und über eine offene, einläufige Stahltreppe miteinander verbunden. Da Wand und Decken die tragende und aussteifende Struktur des Hauses bilden, waren keine Fassadenstützen nötig; die Aluminiumrahmen der Glasfassade sind boden- und deckenbündig eingebaut. Die raumhohen Glasflächen verbinden so das Innere des Gebäudes »nahtlos« mit dem Außenraum und vermitteln das Gefühl, auf einer geschützten Terrasse zu wohnen, nur durch die kaum sichtbare Glashülle von der Umgebung getrennt. Jedes zweite Glaselement auf den Längsseiten ist vollständig zu öffnen. Trotz ihrer Größe von 3,5 × 2,5 m sind die Schiebetüren leicht zu bewegen, da sie über ein spezielles System pneumatisch abgedichtet werden, sodass weder ein Hebebeschlag noch zusätzliche Dichtungen erforderlich sind. Das stringente räumliche Konzept, die bewusste Reduktion auf wenige Elemente und Materialien spiegelt auch die Fassadengestaltung wider: Schmale horizontale Bänder aus Aluminium, sorgfältig detailliert und profiliert, rahmen die Glaselemente und verkleiden Geschossdecken und Rollokästen.

DETAIL 07–08/2009

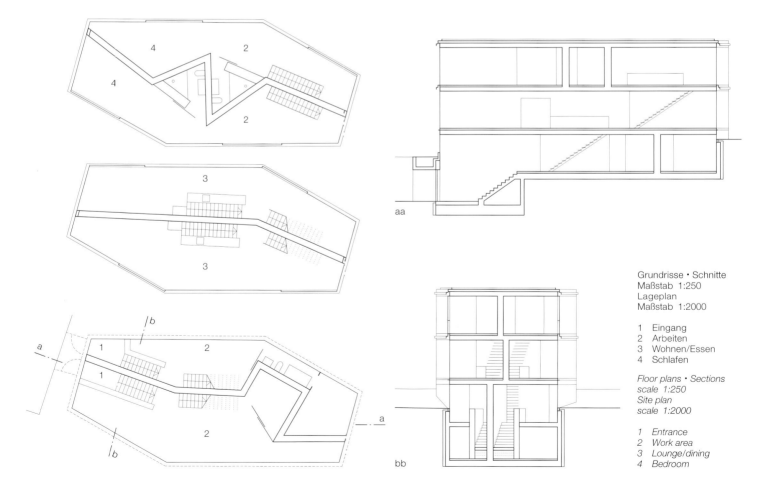

Grundrisse · Schnitte
Maßstab 1:250
Lageplan
Maßstab 1:2000

1 Eingang
2 Arbeiten
3 Wohnen/Essen
4 Schlafen

*Floor plans · Sections
scale 1:250
Site plan
scale 1:2000*

1 Entrance
2 Work area
3 Lounge/dining
4 Bedroom

This two-family house is attractively located on a sloping site on the south-eastern edge of Zurich. Despite the narrowness of the plot, both apartments in the house have a view of Lake Zurich, as the building is divided along the vertical axis and each apartment extends over three floors.

The idea of a "house with one wall", the guiding concept behind the design, was rigorously applied. A 40-cm thick reinforced-concrete wall separates the two apartments and also supports the widely cantilevered floors. The wall traces an angled line, which is different on each of the three floors.

The angles play a role in bracing the structure, but the resulting niches and projections also define the various functional zones within: the bathrooms are integrated into the triangular niches, concealed behind a sliding door. On each level the different line of the wall creates a different spatial effect. Despite the relatively small floor area the interiors feel remarkably expansive, a sense contributed to also by the open, single-flight steel staircase.

No columns are needed in the facades, as the job of load-bearing and bracing the building is carried out by the reinforced-concrete frame of wall and floors. The aluminium frame for the glass facade is fitted flush with the floor and ceiling, allowing the storey-height glazing to seamlessly connect inside and outside space. This gives the inhabitants the feeling that they are sitting on a covered terrace, separated from the environment only by a barely visible glass skin. Every other glazing unit on the longitudinal sides of the house can be fully opened. The 3.5 × 2.5 m sliding doors are easy to operate as they are fitted with a special pneumatic seal system which dispenses with the need for a lifting mechanism and additional seals.

The spatial concept of concentrating on just a few elements and materials is continued in the design of the facades: narrow horizontal strips of aluminium, carefully detailed and profiled, are used to frame the glass panels and also to clad the roller-blind cases and the ends of the floor slabs.

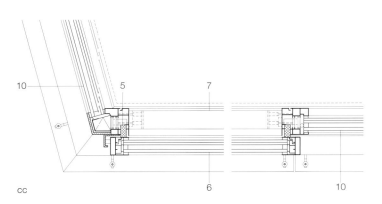

cc

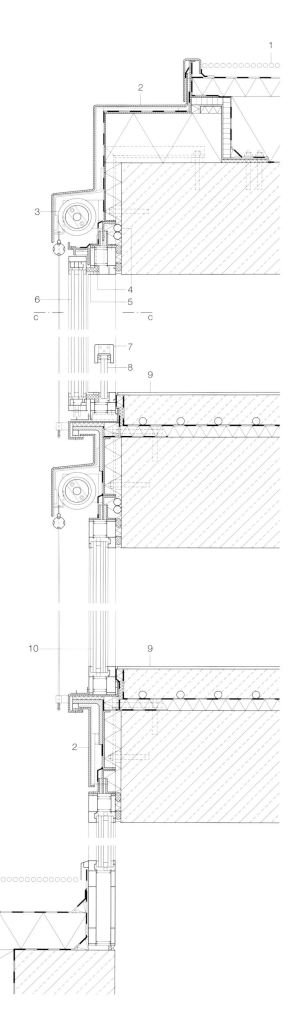

Horizontalschnitt • Vertikalschnitt
Maßstab 1:10

1 Kiesschüttung 30–40 mm, Vlies
 Abdichtung Bitumenbahn,
 zweilagig
 Wärmedämmung XPS im
 Gefälle, Wärmedämmung
 XPS 160 mm, Dampfsperre
 Stahlbetondecke 300 mm
2 Aluminiumblech 4 mm
3 Sonnenschutzrollo
 Kunststoffgewebe
4 Luftzufuhr pneumatische
 Rahmendichtung
5 umlaufende pneumatische
 Rahmendichtung
6 Schiebeelement Wärmeschutz-
 verglasung: Float 8 mm +
 SZR 12 mm + VSG 13 mm;
 U = 1,1 W/m²K, g = 56 %,
 Elementgröße 3551/2528 mm
 in Aluminiumrahmen, auf
 Schiene rollengelagert
7 Edelstahlprofil 50/50/2 mm
 geschliffen
8 Brüstung Glas VSG 2× 8 mm
9 Hartstoffestrich 10 mm
 imprägniert, Lastverteilplatte
 Hartstoffestrich mit Fußbodenheizung 70 mm
 Trennlage PE-Folie
 Trittschalldämmung 30 mm
 Stahlbetondecke 300 mm
10 Festverglasung Wärmeschutz-
 verglasung: Float 8 mm +
 SZR 12 mm + VSG 13 mm;
 U = 1,1 W/m²K, g = 56 %,
 Elementgröße 3597/2534 mm
 in Aluminiumrahmen
11 Abdichtung Bitumenbahn
 Wärmedämmung XPS 160 mm
 Dampfsperre
 Stahlbeton 265 mm

Horizontal section • Vertical section
scale 1:10

1 30–40 mm gravel layer, mat,
 double layer of bituminous seal
 sheeting, 160 mm extruded
 polystyrene thermal insulation,
 vapour barrier, 300 mm reinforced-concrete floor
2 4 mm aluminium sheet
3 solar-shading blind, synthetic
 material
4 air supply, pneumatic frame seal
5 pneumatic frame seal around
 perimeter
6 sliding unit, low-E glazing:
 8 mm float + 12 mm cavity +
 13 mm laminated safety glass;
 U-value = 1.1 W/m²K
 g-value = 56 %
 3551/2528 mm panels in aluminium frame on roller track
7 50/50/2 mm stainless-steel
 profile, polished
8 parapet, 2× 8 mm lam. safety
 glass
9 10 mm impregnated hard aggre-
 gated screed, load-distributing
 slab of 70 mm hard aggregate
 screed with underfloor heating,
 polythene sheet separation layer,
 30 mm footstep-sound insulation,
 300 mm reinforced-concrete floor
10 fixed low-E glazing:
 8 mm float + 12 mm cavity +
 13 mm lam. safety glass;
 U-value = 1.1 W/m²K
 g-value = 56 %
 3597/2534 mm panels in
 aluminium frame
11 bituminous seal sheeting,
 160 mm extruded polystyrene
 thermal insulation, vapour barrier,
 265 mm reinforced concrete

Wohntürme in Antwerpen

Apartment Towers in Antwerp

Architekten • *Architects*:
Diener & Diener, Berlin/Basel
mit ELD Partnership, Antwerpen
Tragwerksplaner • *Structural Engineers*:
Stedec NV, Roeselare

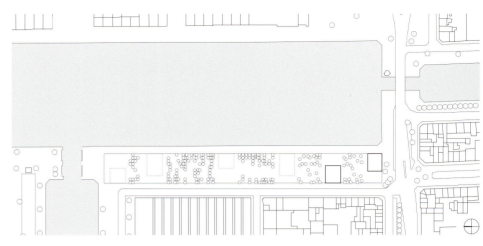

Der Charme dieser zwei Wohntürme liegt nicht zuletzt in der morbiden Hafenatmosphäre des Westkaai in Antwerpen. Umgeben von Dockgebäuden und Hafenbecken steht dieses erste Paar von insgesamt sechs Türmen, die Teil eines Stadterweiterungsprojekts zur Revitalisierung der Hafenanlagen sind. Mit einer Grundfläche von jeweils 450 m² und einer Höhe von 55 m bilden die Türme eine städtische Silhouette, die im Kontrast zu den angrenzenden niedrigen Lagerhäusern steht. Die beiden Gebäude beherbergen auf jeweils 15 Ebenen insgesamt 84 Wohnungen. Elf unterschiedliche Wohnungsgrundrisse zwischen 70 und 360 m² sind zu sieben verschiedenen Geschosstypen kombiniert, die sich bis zu viermal übereinander wiederholen. Dieses Prinzip der Stapelung, inspiriert durch die industrielle Hafentypologie, lässt sich an der Gebäudehülle deutlich ablesen. Sowohl die verschiedenen Fensterformate als auch das Spiel teils außen bündiger, teils zurückgesetzter Öffnungen in Form von Festverglasungen, Schiebe-Kipp-Fenstern und Eckterrassen lockern das Gesamtvolumen auf. Je nach Lichteinfall schillert die Fassade aus Gussglas und dahinterliegenden Aluminiumblechen in verschiedenen Farbnuancen. Der Unterschied der zwei Türme liegt in der Farbe der Bleche, die einmal gold- und einmal silberfarben eloxiert sind.
DETAIL 07–08/2009

These two apartment towers revel in the gritty port atmosphere of Westkaai, located north of Antwerp's centre. Surrounded by dock buildings and harbour basins, they are the first two of a total of six towers projected as part of an urban expansion project. Both are 55 m high, have a 450 m² footprint, as well as a total of 15 levels and 84 apartments. Their urban silhouette contrasts with the adjacent low-lying warehouses. Businesses and shops are situated on the ground level. Eleven different apartment floor plans are combined to arrive at seven different types of levels; the types are repeated up to four times per tower. This stacking principle is clearly legible in the cast-glass and aluminium-sheet building envelope.

Lageplan
Maßstab 1:5000

Vertikalschnitt
Maßstab 1:20

Site plan
scale 1:5000

Vertical section
scale 1:20

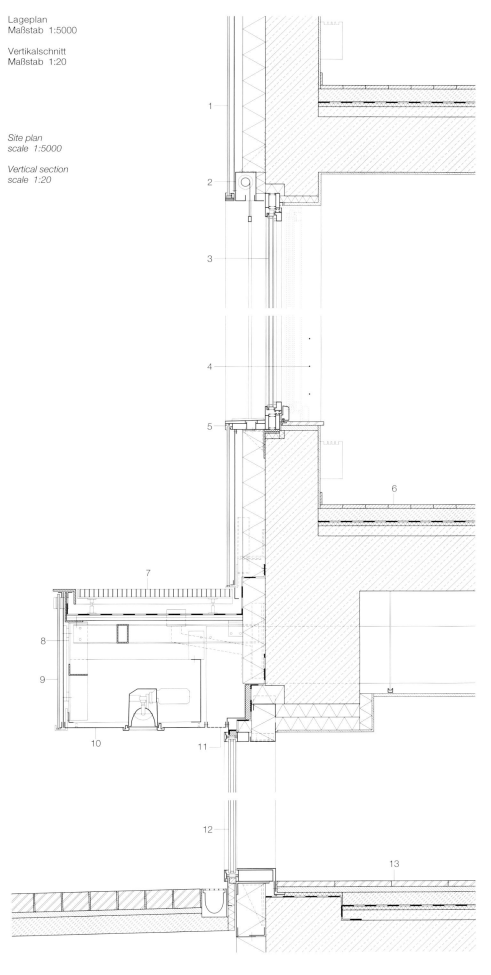

1   Gussglas, vertikale Rillenstruktur 12 mm
    Aluminium-Klemmhalter
    Hinterlüftung 30 mm
    Aluminium silber- bzw. goldfarben eloxiert 3 mm,
    mit Antidröhnbeschichtung
    Luftschicht 40 mm
    Wärmedämmung Steinwolle 120 mm
    Stahlbeton 280 mm, Putz 10 mm
2   Sonnenschutzrollo Microgewebe
    mit seitlichen Führungsschienen
3   Parallel-Abstell-Schiebe-Kipp-Fenster:
    Float 6 mm + SZR 16 mm + VSG 6 mm
    U = 1,1 W/m²K, Aluminiumrahmen eloxiert
    Fensterbank Kalkstein geschliffen 20 mm
4   Absturzsicherung Edelstahlseil
    geschwärzt 5 mm
5   Aluminiumrahmen eloxiert,
    umlaufend, gekantet 42 mm
6   Parkett 20 mm
    Estrich 70 mm, Folie Polyethylen
    Trittschalldämmung 20 mm
    Ausgleichsschicht Beton
    mit Polystyrol-Einstreuung 55 mm
    Stahlbetondecke 300 mm
7   Gitterrost Aluminium eloxiert 40 mm in Aluminium-
    rahmen, höhenverstellbar aufgeständert
    Abdichtung Bitumen zweilagig 7 mm
    Holzschalung 31 mm
8   Unterkonstruktion Vordach: Stahlprofil IPE 100
9   Gussglas 12 mm
    Hinterlüftung 30 mm
    Aluminium eloxiert 3 mm
10 Aluminium eloxiert 3 mm
11 Frischlufteinlass im Brandfall
12 Isolierverglasung:
    ESG 10 mm + SZR 16 mm + ESG 10 mm,
    U = 1,1 W/m²K,
    Aluminiumrahmen eloxiert 2 mm
13 Kalkstein geschliffen 30 mm, Mörtelbett 30 mm
    Estrich 70 mm, Folie Polyethylen
    Trittschalldämmung 20 mm
    Ausgleichsschicht Beton
    mit Polystyrol-Einstreuung 55 mm
    Stahlbeton 300 mm

1   12 mm cast glass with vertical grooving,
    aluminium-clip fixed; 30 mm ventilated cavity
    3 mm aluminium sheet supporting structure,
    anodised (silver or gold), sound-deadening coating
    40 mm air space
    120 mm stone wool thermal insulation
    280 mm reinforced concrete; 10 mm plaster
2   micro-fibre solar blind with lateral guide rails
3   tilt/slide windows:
    6 mm float glass + 16 mm cavity +
    6 mm laminated safety glass,
    U-value = 1.1 W/m²K, aluminium frame, anodised
    20 mm limestone windowsill, sanded
4   safety railing: ∅ 5 mm stainless-steel cable,
    blackened
5   aluminium frame, anodised,
    on all sides, bent to shape, width: 42 mm
6   20 mm parquet
    70 mm screed; polythene sheeting
    20 mm impact sound insulation
    55 mm concrete levelling course,
    admixture: polystyrene
    300 mm reinforced-concrete deck
7   40 mm aluminium covering grid, anodised,
    in aluminium frame, height adjustable
    7 mm two-layer bituminous seal
    31 mm timber boarding
8   supporting structure of canopy:
    IPE 100 steel beam
9   12 mm cast glass; 30 mm ventilated cavity
    3 mm aluminium, anodised
10 3 mm aluminium, anodised
11 air supply in the event of fire
12 double glazing:
    10 mm toughened glass + 16 mm cavity +
    10 mm toughened glass,
    U-value = 1.1 W/m²K
    2 mm aluminium frame, anodised
13 30 mm limestone, sanded; 30 mm mortar bed
    70 mm screed; polythene sheeting
    20 mm impact-sound insulation
    55 mm concrete levelling course,
    admixture: polystyrene
    300 mm reinforced concrete

Vertikalschnitt · Horizontalschnitt
Maßstab 1:20

*Vertical section · Horizontal section
scale 1:20*

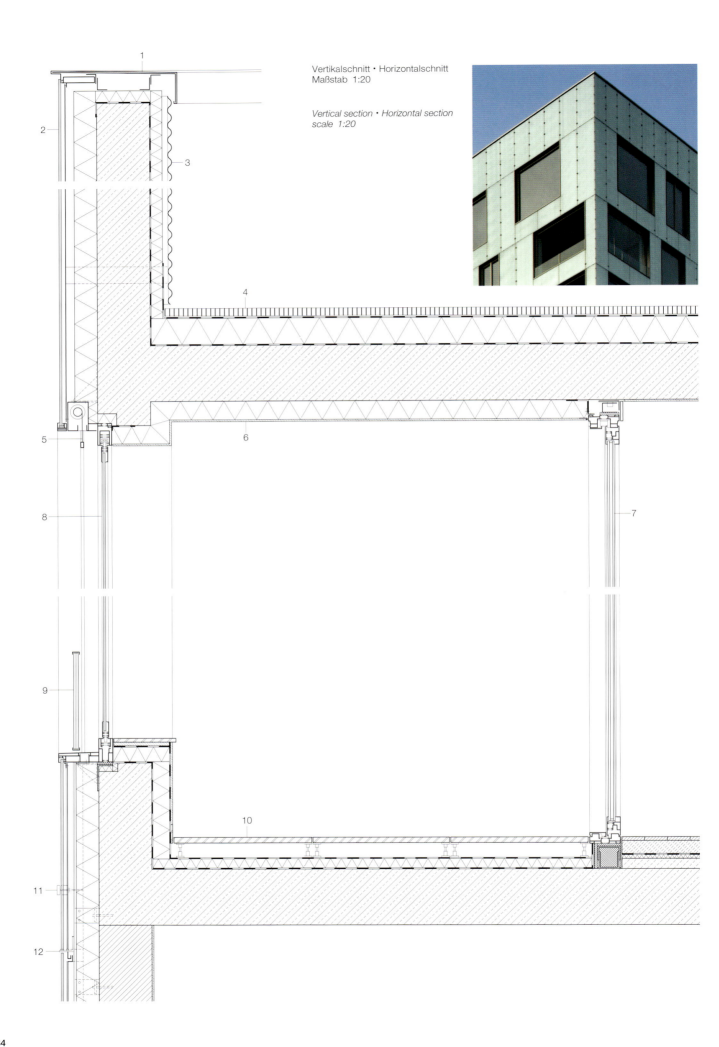

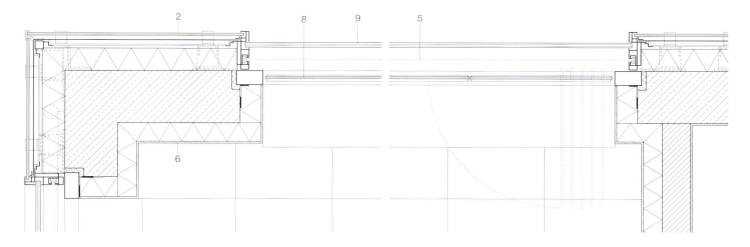

1 Attika Aluminium 3 mm
  Dämmung Steinwolle 60 mm
2 Gussglas 12 mm
  Aluminium-Klemmhalter
  Hinterlüftung 30 mm
  Aluminiumblech eloxiert 3 mm,
  mit Antidröhnbeschichtung
  Luftschicht 40 mm
  Dämmung Steinwolle 120 mm
  Stahlbeton 280 mm
3 Aluminium-Wellprofil 1 mm
  Hinterlüftung 30 mm
  Dämmung Steinwolle 60 mm
  Abdichtung Bitumen 4 mm
4 Gitterrost 40 mm
  Bitumenbahn zweilagig 7 mm
  Dämmung 140 mm
  Dampfsperre 3 mm
  Stahlbeton 300 mm
5 Sonnenschutzrollo Microgewebe
6 Putz 10 mm, Dämmung 100 mm

7 Hebeschiebetür:
  ESG 10 + SZR 16 + ESG 8 mm,
  U = 1,1 W/m²K
  Aluminiumrahmen eloxiert
8 Windschutz Terrasse:
  Schiebe-Dreh-System, rahmenlos,
  ESG 12 mm
  Fensterbank Granit 20 mm
9 Absturzsicherung Terrasse:
  VSG 25 mm
  Edelstahlprofil 3 mm
10 Natursteinplatten Granit 30 mm
   Aufständerung höhenverstellbar
   Bitumenbahn zweilagig 7 mm
   Wärmedämmung druckfest 50 mm
   Dampfsperre 3 mm
11 Klemmhalter Gussglas,
   Aluminium mit
   Kunststoffabdeckung 52/60 mm
12 horizontaler Glashalter 70/10 mm
   Aluminium eloxiert

1 parapet: 3 mm aluminium sheet
  60 mm stone wool thermal insulation
2 12 mm cast glass
  aluminium-clip
  30 mm ventilated cavity
  3 mm aluminium sheet, anodised,
  sound-deadening coating
  40 mm air space
  120 mm stone wool thermal ins.
  280 mm reinforced concrete
3 1 mm corrugated aluminium
  30 mm ventilated cavity
  60 mm thermal insulation
  4 mm bituminous seal
4 40 mm grating
  7 mm two-layer bituminous seal
  140 mm thermal insulation
  3 mm vapour barrier
  300 mm reinforced concrete
5 micro-fibre solar blind
6 10 mm render; 100 mm insulation

7 lift and sliding door system:
  10 mm toughened glass + 16 mm
  cavity + 8 mm toughened glass,
  U-value = 1.1 W/m²K
  aluminium frame, anodised
8 wind protection at terrace:
  frameless sliding-pivoting door
  12 mm toughened glass, horizontal
  20 mm granite sill
9 safety railing on terrace:
  25 mm laminated safety glass
  3 mm stainless-steel profile
10 30 mm granite slab,
   raised, height adjustable
   7 mm two-layer bituminous seal
   50 mm thermal insulation, pressure-
   resistant; 3 mm vapour barrier
11 52/60 mm plastic-covered aluminium clip holding cast glass
12 70/10 mm horizontal glass fixing,
   aluminium, anodised

Wohnhaus in Dublin

House in Dublin

Architekten • *Architects*:
Niall McLaughlin Architects, London
Tragwerksplaner • *Structural Engineers*:
Arup, London

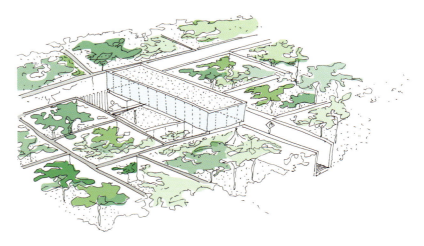

Die Wohngegend an der Anglesea Road im Südosten von Dublin ist geprägt von traditionellen Reihenhäusern aus Backstein. Eingefasst von Granitmauern erstrecken sich die rückwärtigen Gärten zum Fluss Dodder hin. Das an einer schmalen Sackgasse neu implantierte Wohnhaus reagiert auf diese ruhige Atmosphäre privaten Grüns: Auf einem als Hofhaus organisierten Granitsockel, der sich introvertiert zwischen den Gartenmauern einfügt, sitzt ein Glaspavillon, der Ausblicke in alle Richtungen erlaubt. Unterschiedliche Lichtstimmungen kennzeichnen die beiden Bauteile. Im Obergeschoss, dessen Vierendeel-Tragstruktur kaum in Erscheinung tritt, wirken die diversen Glas- und Zwischenschichten der Doppelfassade als Filter und erzeugen ein eher weiches Licht. Mit Rollos lässt sich hier der Grad an Privatheit für die Rückzugsräume der Bauherren regulieren. Im Sockelgeschoss überwiegt seitlich durch raumhohe Glasscheiben einfallendes Licht, ergänzt durch längs verlaufende Oberlichtbänder beidseits des Glaspavillons, die auf der Hofseite auch die Fuge zum eingeschossigen Wohnbereich akzentuieren. Zudem empfängt ein zentrales Atrium die Bewohner, durch dessen Luftraum ebenso Licht ins Gebäudeinnere dringt. Zur Gasse hin ist das Granit-Mauerwerk in horizontale Bänder aufgelöst, um die dahinterliegenden Räume ausreichend zu belichten und dennoch den introvertierten Charakter zu wahren. Aufgrund der Überschwemmungsgefahr durch den nahen Fluss ist der Großteil des Erdgeschosses – bis auf den geschützt liegenden Wohnbereich – angehoben.
DETAIL 01–02/2011

The residential district on Anglesea Road in southeast Dublin is characterised by traditional terraced housing in brick. Edged by granite walls, the gardens extend the length of the site toward the river Dodder. Implanted on a narrow dead-end lane, the new residence is the architect's sensitive response to this idyllic private atmosphere: a glass pavilion offering views in all directions rests on a granite base organised as introverted atrium house that is inserted within the garden walls.
The two different parts of the residence have distinct qualities of light. On the upper level, where the Vierendeel truss calls barely any attention to itself, the different types of glass and the layers between the double-skin facade function as a filter and bring about a soft, subdued light. The residents have to

1 Eingang	1 Entrance	Lageplan
2 Atrium	2 Atrium	Maßstab 1:2500
3 Küche	3 Kitchen	Schnitte · Grundrisse
4 Hof	4 Courtyard	Maßstab 1:400
5 Essen	5 Dining	
6 Wohnen	6 Living	Site plan
7 Gäste	7 Guest	scale 1:2500
8 Garage	8 Garage	Sections · Floor plans
9 Arbeiten	9 Study	scale 1:400
10 Schlafen	10 Bedroom	

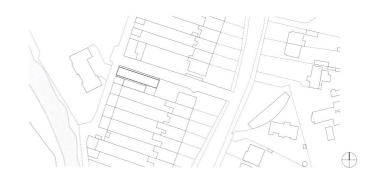

merely adjust the blinds to attain the desired degree of privacy.
On the plinth level, daylight enters obliquely through floor-to-ceiling glass panes complemented by skylights on both long sides of the glass pavilion, which also accentuate the shadow gap between the two volumes. A central atrium punctuates the building massing; through it light also enters the building's interior. Toward the lane the granite masonry gives way to ribbon-like horizontal openings that direct sufficient light into the adjoining spaces yet maintain the dwelling's overall introverted character. Due to the danger of flooding posed by the nearby river, the ground storey is mostly raised, with the exception of the protected living area, which, correspondingly, has higher ceilings than the other spaces.

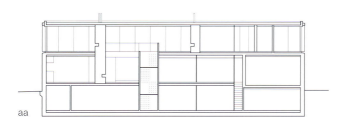
aa

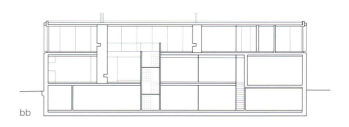
bb

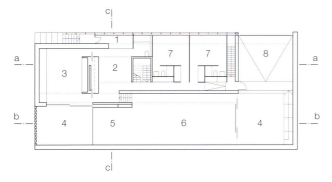
Erdgeschoss/Ground floor

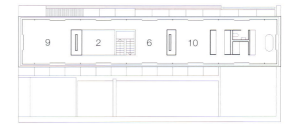
Obergeschoss/First floor

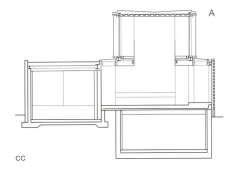

cc

Schnitte
Maßstab 1:250
Maßstab 1:10

1 Aluminiumblech eloxiert 3 mm
2 Konsole Edelstahl kugelgestrahlt
3 Sonnenschutzrollo motorbetrieben
4 Aluminiumblech perforiert, abnehmbar
5 VSG 25 mm mit innen liegender Keramikbedruckung
6 Edelstahlprofil matt ⊔
7 Aluminiumrost eloxiert
8 Wärmeschutzfestverglasung: VSG 6,4 mm + SZR Argon gefüllt 16 mm + ESG low-E-beschichtet 6 mm, Rahmen Edelstahl matt
9 Schiebetür Wärmeschutzverglasung: VSG 6,4 mm + SZR Argon gefüllt 16 mm + ESG low-E-beschichtet 6 mm Rahmen Aluminium eloxiert
10 Stütze Stahlrohr ▭ 120/80 mm
11 Abdeckblech Elektroinstallation, Aluminium eloxiert
12 Wärmeschutzverglasung Oberlicht: VSG 16 mm + SZR Argon gefüllt 16 mm + ESG low-E-beschichtet 8 mm
13 Sonnenschutzlamellen MDF gestrichen 25–5 mm (Dicke nach unten abnehmend)
14 MDF-Leiste 15 mm mit passgenau geschnittenen Aussparungen zur Aufnahme der Sonnenschutzlamellen
15 abgehängte Decke Gipskarton gestrichen, Metallunterkonstruktion
16 Unterkonstruktion Stahlprofil T
17 Granitlamellen 100/50 mm
18 Wärmeschutzverglasung: VSG 6,4 mm + SZR Argon gefüllt 12 mm + ESG low-E-beschichtet 6 mm, Rahmen Aluminium eloxiert
19 Bodenbelag Granitplatten

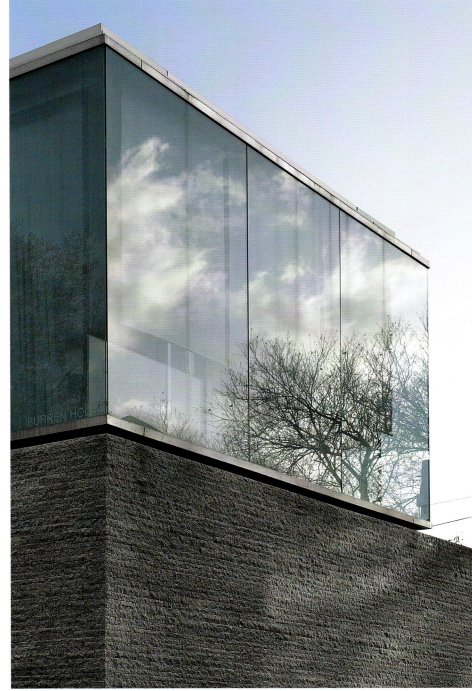

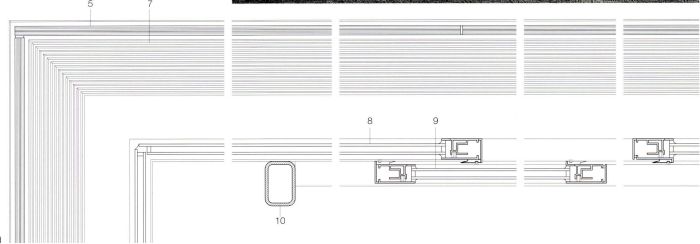

dd

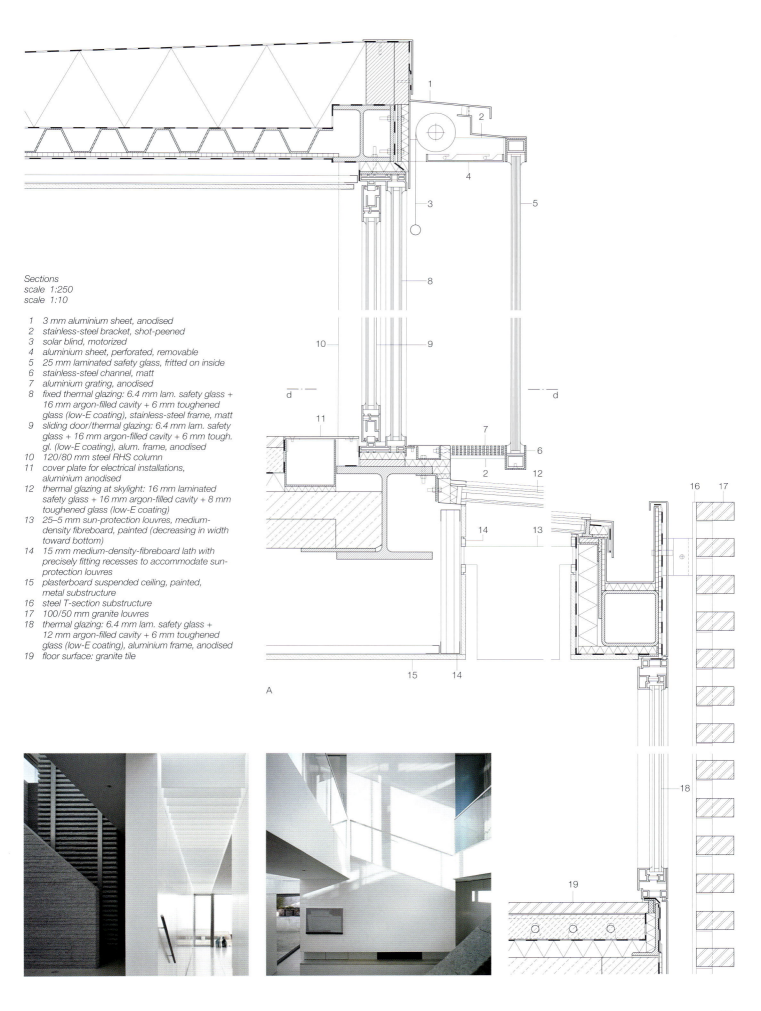

Sections
scale 1:250
scale 1:10

1 3 mm aluminium sheet, anodised
2 stainless-steel bracket, shot-peened
3 solar blind, motorized
4 aluminium sheet, perforated, removable
5 25 mm laminated safety glass, fritted on inside
6 stainless-steel channel, matt
7 aluminium grating, anodised
8 fixed thermal glazing: 6.4 mm lam. safety glass + 16 mm argon-filled cavity + 6 mm toughened glass (low-E coating), stainless-steel frame, matt
9 sliding door/thermal glazing: 6.4 mm lam. safety glass + 16 mm argon-filled cavity + 6 mm tough. gl. (low-E coating), alum. frame, anodised
10 120/80 mm steel RHS column
11 cover plate for electrical installations, aluminium anodised
12 thermal glazing at skylight: 16 mm laminated safety glass + 16 mm argon-filled cavity + 8 mm toughened glass (low-E coating)
13 25–5 mm sun-protection louvres, medium-density fibreboard, painted (decreasing in width toward bottom)
14 15 mm medium-density-fibreboard lath with precisely fitting recesses to accommodate sun-protection louvres
15 plasterboard suspended ceiling, painted, metal substructure
16 steel T-section substructure
17 100/50 mm granite louvres
18 thermal glazing: 6.4 mm lam. safety glass + 12 mm argon-filled cavity + 6 mm toughened glass (low-E coating), aluminium frame, anodised
19 floor surface: granite tile

Baumhotel in Harads

Tree Hotel in Harads

Architekten • *Architects*:
Tham & Videgård Arkitekter, Stockholm
Bolle Tham, Martin Videgård
Tragwerksplaner • *Structural Engineers*:
Egil Bartos, Sweco Structures, Stockholm
Anders Gustafsson, SP Sveriges Tekniska
Forskningsinstitut, Skellefteå

Cabin, Bird's Nest, Blue Cone, Ufo und Mirrorcube: Fünf Baumhäuser, entworfen von skandinavischen Architekten, bevölkern die Wälder des nordschwedischen Orts Harads; weitere »Mini-Häuser« sollen dazukommen. Die außergewöhnlichen Hotelzimmer sind zwischen 15 und 30 m² groß und bieten Platz für zwei bis vier Personen. Um eine besonders gute Aussicht auf das angrenzende Flusstal zu ermöglichen, hängen sie einige Meter über dem Waldboden in den Bäumen. »Mirrorcube« verdankt seinen Namen der Haut aus Spiegelglas, die sich nahtlos über geschlossene Wandflächen, Fenster, Tür und Oberlicht zieht. Die glatte Oberfläche reflektiert Wald und Himmel und lässt den Würfel von 4 m Kantenlänge mit der Umgebung verschmelzen. Die Gäste können ihr Refugium über eine filigrane Brücke erreichen, vom Wohnraum aus führt eine Leiter zur Dachterrasse. Der 4 t schwere Würfel ist mit verstellbaren Schellen an den Stamm einer großen Tanne geschraubt und zur Windaussteifung mit Stahlseilen gesichert. Die Konstruktion aus leichten Aluminiumrohren besteht aus zwei vorgefertigten Elementen, die Fuge am Baumstamm ist mit EPDM-Profilen abgedichtet. Innen vermittelt der gut gedämmte Kubus mit Fußbodenheizung und homogener Verkleidung aus Sperrholz auch bei niedrigen Temperaturen eine behagliche Atmosphäre. DETAIL 12/2011

Five "tree houses" are scattered about the woods of Harads in Sweden, and more are planned. These unusual hotel units, 15–30 m² in size, can accommodate two to four people. The outer skin of "Mirror Cube" reflects the forest and the sky, thus helping to integrate the space into its environment. Guests reach their retreat via a slender bridge, while a ladder rises from the living room to the roof terrace. The skeleton frame consists of two prefabricated aluminium elements. The four-tonne cube is fixed to the trunk of a large fir tree by adjustable clamps and stayed with cables. Its good insulation, its underfloor heating and the plywood inner lining create a cosy atmosphere, even when temperatures are low.

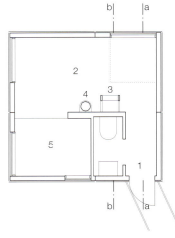
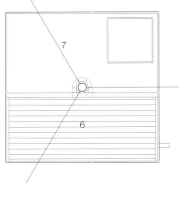

Grundriss / *Floor plan*
Dachaufsicht / *Plan of roof*
Schnitte / *Sections*
Maßstab 1:100 / *scale 1:100*

1 Eingang / *Entrance*
2 Wohnen / *Living room*
3 Leiter / *Ladder*
4 Baumstamm / *Tree trunk*
5 Schlafnische / *Sleeping recess*
6 Dachterrasse / *Roof terrace*
7 Seilabspannung Baum / Würfel / *Cable stays to tree and cube*

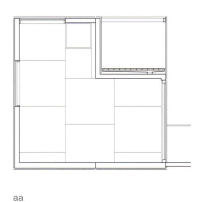
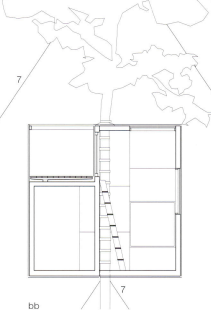

aa bb

1 Tragwerk aus Aluminiumrohr ☐ 50/100 mm, in zwei Teilen vorgefertigt (Nahtstelle am Stamm)	1 50/100 mm aluminium RHS structure prefabricated in two parts (jointed along tree stem)
2 Spiegelglas chromhaltig beschichtet ESG 8 mm, mit Infrarotbeschichtung als Vogelschutz	2 8 mm polished plate glass, coating with chrome content; infrared coating as protection against birds
3 Bohle Pinienholz 145/22 mm, Kantholz Aluminiumblech gekantet 1,5 mm Dichtungsbahn	3 22 mm pine planks 145 mm wide; timber bearers 1.5 mm sheet aluminium bent to form sealing layer
4 Sperrholz 12 mm Dampfbremse Kantholz 45/45 mm dazwischen Wärmedämmung Mineralwolle 45 mm Aluminiumrohr ☐ 50/50 mm und ☐ 50/100 mm dazwischen Wärmedämmung Zellulose 50 mm	4 12 mm plywood vapour-retarding layer 45 mm mineral-wool thermal insulation between 45/45 mm timber bearers 50 mm cellulose thermal insulation between 50/50 mm and 50/100 mm alum. SHSs and RHSs
5 Eingangstür Isolierverglasung mit Spiegelglas (außen) in Aluminiumrahmen	5 entrance door: double glazing with polished plate glass (externally) in aluminium frame
6 Sperrholz 12 mm, Fußbodenheizung (elektrisch) Dampfbremse, Spanplatte 22 mm	6 12 mm plywood; electric underfloor heating vapour-retarding layer; 22 mm chipboard
7 Dichtung EPDM	7 neoprene seal
8 Befestigungsschelle Stahl verzinkt ∅ 230/60 mm	8 ∅ 230/60 mm galvanised steel fixing clamp
9 Isolierverglasung in Rahmen Pinienholz	9 double glazing in pine frame

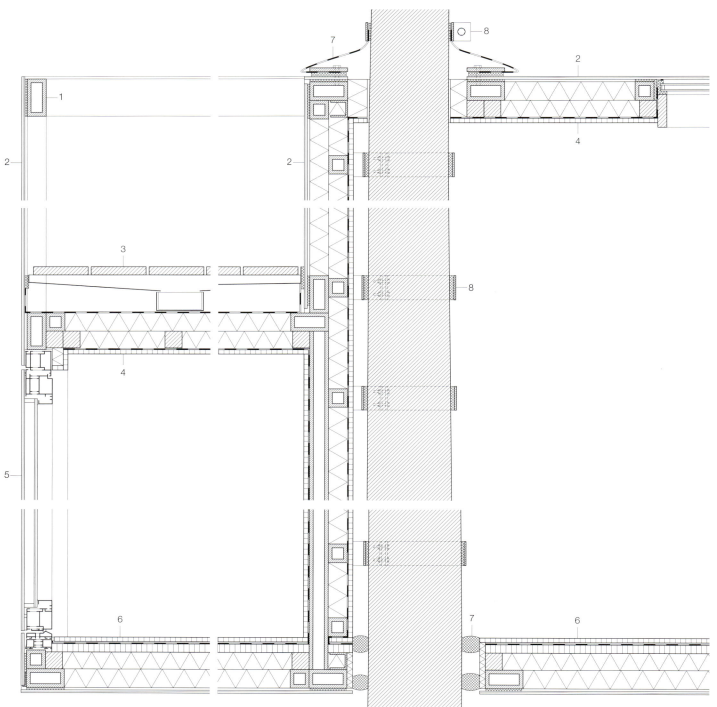

Vertikalschnitt
durch Baumstamm und
Terrasse
Maßstab 1:10
Axonometrie
ohne Maßstab

Vertical section through
tree trunk and terrace
scale 1:10
Axonometric
(no scale)

10   Unterkonstruktion
     Aluminiumrohr ⌀ 50/50 mm
11   Isolierverglasung hinter Spiegelglas
12   Elementstoß der vorgefertigten Module
13   Hauptkonstruktion
     Aluminiumrohr ▭ 50/100 mm
14   Stahlschellen zur Befestigung
     am Baumstamm
15   Spiegelglaselemente

10   supporting structure:
     50/50 mm aluminium SHSs
11   double glazing behind polished plate glass
12   abutment between prefabricated modules
13   primary structure:
     50/100 mm aluminium RHSs
14   steel clamps for fixing to tree trunk
15   polished plate glass elements

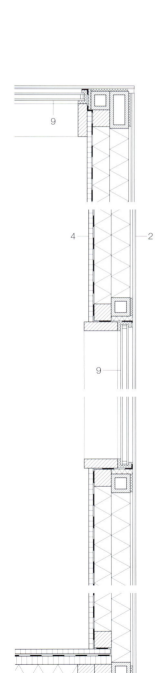

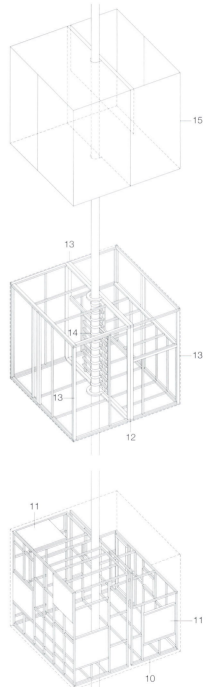

Projektbeteiligte und Hersteller • *Design and construction teams*

Seite 64 / *page* 64
Hochzeitskapelle in Osaka
Wedding Chapel in Osaka

Suminoe-ku Nankoukita 1-13-11
J–559-0032 Osaka

• Bauherr / *Client:*
Obayashi Corporation, Osaka
• Architekten / *Architects:*
Jun Aoki & Associates, Tokio
• Projektleiter / *Project architect:*
Jun Aoki
• Mitarbeiter / *Assistant:*
Eri Ota (Entwurf)
• Bauleitung / *Construction management:*
Naigai Technos Co. Ltd., Fujimino
• Tragwerksplaner / *Structural Engineers:*
Space and Structure Engineering
Workshop Inc., Tokio
Satoshi Okamura
Obayashi Corporation, Osaka
• Haustechnik und Elektroplaner /
Mechanical services & Electrical planning:
Obayashi Corporation, Osaka
• Lichtplaner / *Lighting design:*
ITL Co. Ltd. Tokio

Seite 68 / *page* 68
Restauranterweiterung in Olot
Restaurant Extension in Olot

Carretera de la Canya
E–17800 Olot

• Bauherr / *Client:*
Restaurant Les Cols, E–Olot
www.lescols.com
• Architekten / *Architects:*
RCR Arquitectes, E–Olot
www.rcrarquitectes.es
• Mitarbeiter / *Assistants:*
M. Subiràs, M. Venârcio A. Lippmann,
V. Vitoriano, M. Orteça, M. Rodríguez,
A. Moura, D. Breathnach, D. Aubert,
F. Fluvià, J. Choi
• Tragwerksplaner / *Structural engineers:*
Blázquez-Guanter Arquitectes s.c.,
E–Girona
www.bg-arquitectes.com
• Haustechnik / *Mechanical services:*
Plana Hurtós enginyers, E–Olot
www.ca.planahurtos.com

Seite 73 / *page* 73
L'Opéra Restaurant in Paris

8 rue Scribe
F–75 009 Paris

• Bauherr / *Client:*
Gumery
• Architekten / *Architects:*
Odile Decq Benoit Cornette Architectes
Urbanistes, F–Paris
www.odbc-paris.com
• Projektleiter / *Project architects:*
Peter Baalman, Giuseppe Savarese,
Amélie Marchiset
• Tragwerksplaner / *Structural engineers:*
Batiserf Ingénierie, F–Fontaine
www.batiserf.fr
• Fassadenberater / *Facade consultants:*
Odile Decq Benoit Cornette Architectes
Urbanistes mit / *with*
HDA Hugh Dutton Associates
• Brandschutzberatung / *Fire engineering:*
Setec, F–Paris
www.setec.fr
• Küchenberatung / *Kitchen consultants:*
Cabinet d'Architectes Associés
Société civile professionnelle
d'architectes, F–Paris
www.c2a.org
• Generalunternehmer
General contractor:
Petit, F–Paris
www.petit-construction.fr

Seite 76 / *page* 76
Bankgebäude in Kopenhagen
Bank Building in Copenhagen

Hambrosgade 1562
DK–Kopenhagen

• Bauherr / *Client:*
Nykredit, DK–Kopenhagen
www.nykredit.com
• Architekten / *Architects:*
schmidt hammer lassen Architects,
DK–Aarhus
Kim Holst Jensen
(verantwortlicher Partner)
www.shl.dk
• Projektleiter / *Project architect:*
Peter Voldstedlund
• Mitarbeiter / *Assistants:*
Christian T. Saevecke, Kim Thorsell,
Jan Mollerup, Kristoffer J. Beilmann,
Klaus Petersen, Martin Hoffman,
Mads Grauballe, Mads Gertsen
• Tragwerksplaner (Entwurf) / *Structural
Engineers (Design):*
Buro Happold, GB–London
www.burohappold.com
• Tragwerksplaner (Ausführung)
Structural engineering (Execution):
Grontmij A/S, DK–Glostrup
www.grontmij.dk
• Landschaftsplaner
Landscape planning:
SLA, DK–Kopenhagen
www.sla.dk
• Bauherrenberatung / *Client consultant:*
Alectia A/S, DK–Virum
www.alectia.com

Seite 81 / *page* 81
Bank in Bilbao

E–Bilbao

• Bauherr / *Client:*
k.A.
• Architekten / *Architects:*
NO.MAD Arquitectos, Madrid
Eduardo Arroyo
• Mitarbeiter / *Assistants:*
David Rodríguez, Luis Arroyo,
Margarita Martínez, Alfonso Navarrete,
José López
• Tragwerksplaner / *Structural Engineers:*
Alfonso Robles

Seite 84 / *page* 84
Verwaltungsgebäude in Istanbul
Administration Building in Istanbul

TR–Istanbul

• Bauherr / *Client:*
Vakko, Istanbul
Power Media, Istanbul
• Architekten / *Architects:*
REX, New York
• Mitarbeiter / *Assistants:*
Erez Ella, Tomas Janka,
Mathias Madaus, David Menicovich,
Tsuyoshi Nakamoto,
Joshua Prince-Ramus,
Ishtiaq Rafiuddin, Tieliu Wu

• Tragwerksplaner / *Structural Engineers:*
Büro Statik Mühendislik, Istanbul
• Fassadenplanung / *Façade planning:*
Front, New York

Seite 88 / *page* 88
Regierungsgebäude in Zamora
Government Building in Zamora

Calle Obispo Manso 1
E–49001 Zamora

• Bauherr / *Client:*
Junta Castilla y León, E–Valladolid
• Architekten / *Architects:*
Alberto Campo Baeza,
Pablo Fernández Lorenzo,
Pablo Redondo Díez,
Alfonso González Gaisán,
Francisco Blanco Velasco, E–Madrid
www.campobaeza.com
• Mitarbeiter / *Assistants:*
Ignacio Aguirre López, Miguel Ciria
Hernández
• Tragwerksplaner / *Structural engineers:*
Ideee Alicante S.l., E–Alicante
alicante@ideee.com
• Haustechnik / *Mechanical services:*
Úrculo Ingenieros, E–Madrid
• Glasberater / *Glass consultant:*
José Pablo Calvo Busello, E–Madrid
• Bauunternehmer / *Contractor:*
UTE Edificio Consejo Consultivo,
E–Valladolid
Dragados S.A., E–Madrid
www.dragados.com
• Natursteinarbeiten / *Stonework:*
Areniscas de los Pinares, E–Burgos
www.areniscas.com
• Bedachungsarbeiten / *Roofing:*
Intemper, E–Madrid; www.intemper.com
• Trockenbau / *Dry construction:*
Zamorana de Aislamientos
Termo-acústicos, E–Zamora
www.zataislamientos.com
• Holzbau / *Wood work:*
Hnos. García Santiago S.A., E–Íscar
www.hgssa.com
• Heizungs- und Lüftungstechnik
Heating and ventilation:
Atil Cobra, E–Madrid
www.grupocobra.com
• Gartenbau / *Gardening:*
Viveros Gimeno Salamanca S.l.,
E–Salamanca
www.viverosgimenossa.com

Seite 92 / page 92
Eingangsbau in London
Entrance Structure in London

Credon Centre
Kirton Road
GB–London E13 9DR

• Bauherr / Client:
Shane Billingham,
London Borough of Newham
• Architekten / Architects:
Walker Bushe Architects, London
Tim Bushe
• Mitarbeiter / Assistant:
Alex Bailey
• Bauleitung / Construction management:
Forest Gate Construction Ltd., Basildon
Martin Croot
• Tragwerksplaner / Structural Engineers:
Jaspal Sehmi,
London Borough of Newham
• Haustechnik und Elektroplaner
Mechanical services & Electrical planning:
John Wortley,
London Borough of Newham
• Grafik Design / Graphic design:
Sinnett Webb Jenkins, London

Seite 96 / page 96
Forschungszentrum in Ulm
Research centre in Ulm

Albert-Einstein-Allee 12/
James-Frank Ring
89081 Ulm

• Bauherr / Client:
Vermögen und Bau Baden-Württemberg,
Amt Ulm
• Architekten / Architects:
bez architekten, Stuttgart
Katharina Bizer, Dirk Herker,
Jürgen Hess, Werner Melber
• Projektleitung
Project architect:
Katharina Bizer
• Mitarbeiter / Assistants:
Sabine Kienle, Sascha Knoll,
Ilke Weil
• Tragwerksplaner / Structural Engineers:
Mayr + Ludescher, Stuttgart
• Haustechnik, Laborplanung
Mechanical services, Laboratory planning:
Scholze Ingenieurgesellschaft,
Leinfelden-Echterdingen

• Elektroplaner / Electrical planning:
Ingenieurbüro Müller & Bleher,
Filderstadt
• Bauphysik / Building physics:
Pfeil & Koch Ingenieurgesellschaft,
Stuttgart
• Landschaftsplaner / Landscape planning:
Koeber Landschaftsarchitektur,
Stuttgart, Jochen Koeber
• Mitarbeiter Landschaftsplanung
Assistants Landscape planning:
Nina Popp, Daniela Bernbeck
• Glasstatik / Structural design of glass:
Delta X GmbH, Stuttgart

Seite 102 / page 102
Berufskollegs in Recklinghausen
Vocational Schools in Recklinghausen

Campus Vest 3
45665 Recklinghausen

• Bauherr / Client:
Kreisverwaltung Recklinghausen
• Architekten / Architects:
Scholl Architekten Partnerschaft
scholl balbach walker, Stuttgart
Rainer Scholl, Wolfgang Balbach,
Michael Walker
• Mitarbeiter / Assistants:
W. Elflein, R. Fetzer, M. Hügle,
S. Lindenau, D. Olschewski, J. Schust,
J. Seiffert, C. Schwerdfeger, H. Wiest
• Tragwerksplaner / Structural Engineers:
B+G Ingenieure, Frankfurt am Main
• Bauleitung / Construction management:
Scholl Architekten Partnerschaft
scholl balbach walker, Stuttgart
• Haustechnik / Mechanical services:
Iproplan Planungsgesellschaft mbH,
Bochum
• Bauphysik, Energiekonzept
Building physics, Energy concept:
Pfeil & Koch Ingenieurgesellschaft mbH,
Stuttgart
• Fassadenberater / Façade consultant:
IFFT Ingenieurbüro, Frankfurt am Main
• Prüfstatik /
Control of structural calculations:
Ingenieursgesellschaft Gathmann Reyer
Teilhaber GmbH, Bochum
• Akustikberater / Acoustical consultant:
afi – Arno Flörke Ingenieurbüro für
Akustik und Umwelttechnik,
Haltern am See
• Fachberatung Sichtbeton
Exposed concrete consultant:
Beratungsbüro für Baubetrieb
E. Reichle, Notzingen
• Brandschutzgutachter
Fire protection consultant:
BPK Brandschutz Planung, Düsseldorf

Seite 106 / page 106
Mobiler Ausstellungspavillon
Mobile exhibition pavilion

• Bauherr / Client:
Rainer Huxel – Huxel Hausbau GmbH,
Sinsheim
• Architekten / Architects:
Jürke Architekten, München
Joachim Jürke
• Mitarbeiter / Assistant:
Stefan Girsberger
• Tragwerksplaner
Structural engineering:
Imagine Structure, Frankfurt am Main
• Lichtplanung / Lighting design:
Axelmeiselicht GmbH, München

Seite 110 / page 110
Museum in Kansas City

4525 Oak Street
USA–Kansas City, MO 64111

• Bauherr / Client:
The Nelson-Atkins Museum of Art,
Kansas City
• Architekten / Architects:
Steven Holl Architects, New York
Steven Holl, Chris McVoy
• Projektleiter / Project architects:
Martin Cox, Richard Tobias
• Projekt Team / Project team:
Gabriela Barman-Kraemer,
Matthias Blass, Molly Blieden,
Elsa Chryssochoides, Robert Edmonds,
Simone Giostra, Annette Goderbauer,
Mimi Hoang, Makram el-Kadi,
Edward Lalonde, Li Hu,
Justin Korhammer, Linda Lee,
Fabian Llonch, Stephen O'Dell,
Susi Sanchez, Irene Vogt,
Urs Vogt, Christian Wassmann
• Architekten vor Ort / Local architects:
Berkebile Nelson Immenschuh
McDowell Architects, Kansas City
• Tragwerksplaner / Structural Engineers:
Guy Nordenson & Associates, New York
• Haustechnik / Mechanical services:
Ove Arup & Partners, New York
W.L. Cassell Associates, Kansas City
• Berater Glas / Glass consultant:
R.A. Heintges & Associates, New York
• Lichtplanung / Lighting consultant:
Renfro Design Group, New York
• Landschaftsplaner / Landscape

Seite 114 / page 114
Galerie in La Pizarrera
Gallery in La Pizarrera

Finca Charca del Valle, Urb. La Pizarrera
Ctra. Valdemorillo-El Escorial, km 16
E–Madrid

• Bauherr / Client:
Plácido Arango Arias
• Architekt / Architect:
Elisa Valero Ramos, Granada
• Mitarbeiter / Assistants:
Leonardo Tapiz, Juan Fernández,
Jesús Martínez (Bauleitung),
Luis Ollero (Haustechnik)
• Bauleitung / Construction management:
Granitos Luman, Zarzalejo
• Bauträger / Developer:
D. Plácido Arango Arias

Seite 117 / page 117
Galerie und Kunstschule Waiblingen
Art Gallery and Arts Educational Centre in Waiblingen

Weingärtner Vorstadt 12
71332 Waiblingen

• Bauherr / Client:
Stadt Waiblingen
• Architekten / Architects:
Hartwig N. Schneider Architekten,
Stuttgart
Gabriele Schneider,
Hartwig N. Schneider
• Projektleiter / Project architects:
Dennis Mueller, Ingo Pelchen
• Mitarbeiter / Assistants:
Daniel Knieß, David Mathyl,
Alex Pfeiffer (Wettbewerb)
Marcus Schied, Daniel Seiberts
• Tragwerksplaner / Structural engineers:
Fischer und Friedrich, Waiblingen
• Bauleitung / Construction management:
Erich Fritz, Stuttgart
• Haustechnik, Elektroplaner
Mechanical services, Electrical planning:
TPI Trippe und Partner, Karlsruhe
• Landschaftsplaner / Landscape planning:
Gesswein Henkel und Partner
Landschaftsarchitekten, Ostfildern

Seite 121 / *page 121*
Poetry Foundation in Chicago

61 West Superior Street
USA–60654 Chicago

• Bauherr / *Client*:
Poetry Foundation, USA–Chicago
www.poetryfoundation.org
• Architekten / *Architects*:
John Ronan Architects, USA–Chicago
www.jrarch.com
• Projektleiter / *Project architect*:
John Ronan
• Mitarbeiter / *Assistants*:
Tom Lee, Evan Menk, John Trocke,
Marcin Szef, Wonwoo Park
• Tragwerksplaner / *Structural Engineers*:
Arup, USA–Chicago
www.arup.com
Terra Engineering, USA–Chicago
www.terraengineering.com
• Bauleitung
Construction management:
U.S. Equities Realty, USA–Chicago
www.usequities.com
• HLSE / *Building services*:
dbHMS, USA–Chicago
www.dbhms.com
• Landschaftsplaner / *Landscape planning*:
Reed Hilderbrand Associates,
USA–Boston
www.reedhilderbrand.com
• Akustikplanung / *Acoustic planning*:
Threshold Acoustics, USA–Chicago
www.thresholdacoustics.com
• Lichtplanung / *Lighting*:
Charter Sills, USA–Chicago
www.chartersills.com

Seite 126 / *page 126*
Louvre Lens

Rue Paul Bert / Rue Hélène Boucher
F–62301 Lens

• Bauherr / *Client*:
Région Nord-Pas de Calais
• Architekten / *Architects*:
Kazuyo Sejima + Ryue Nishizawa
SANAA, J–Tokio
www.sanaa.co.jp
mit / *with*
Tim Culbert + Celia Imrey
Imrey Culbert, USA–New York
www.imreyculbert.com
Mosbach Paysagistes, F–Paris

• Mitarbeiter / *Assistants*:
Yumiko Yamada, Yoshitaka Tanase,
Louis-Antoine Grégo, Rikiya Yamamoto,
Kohji Yoshida, Lucy Styles, Erika Hidaka,
Nobuhiro Kitazawa, Guillaume Choplain,
Bob Van den Brande, Naoto Noguchi,
Arrate Arizaga Villalba, Osamu Kato,
Shohei Yoshida, Takashige Yamashita,
Takashi Suo, Jeanne-Francois Fischer,
Ichio Matsuzawa, Andreas Krawczyk,
Angela Pang, Jonas Elding,
Sam Chermayeff, Sophie Shiraishi
• Ausführungsplanung
Construction planning:
Extra Muros, F–Charenton-le-Pont
Antoine Belin, F–Lens
• Tragwerksplaner (Vorentwurf)
Structural Engineers (preliminary draft):
Mutsuro Sasaki, Ayumi Isozaki
SAPS – Sasaki and Partners, J–Tokio
• Tragwerks- und Fassadenplanung
Structural engineering and facade planning:
Bollinger + Grohmann, D–Frankfurt/Paris
www.bollinger-grohmann.de
• Technische Gesamtplanung
Technical overall planning:
Betom Ingénierie, F–Corbas
www.betom.fr
• Landschaftsplaner / *Landscape planning*:
Mosbach Paysagistes, F–Paris
• Lichtkonzept / *Lighting concept*:
Arup, GB–London
www.arup.com

Seite 132 / *page 132*
Besucherzentrum Joanneum in Graz
Joanneum Visitors' Centre in Graz

Joanneumsviertel
(Klachberggasse/Landhausgasse)
A–8010 Graz

• Bauherr / *Client*:
LIG Steiermark, A–Graz
• Architekten / *Architects*:
Nieto Sobejano Arquitectos, D–Berlin
Fuensanta Nieto, Enrique Sobejano
www.nietosobejano.com
eep architekten, A–Graz
Gerhard Eder, Christian Egger,
Bernd Priesching
www.eep-arch.com
• Projektleiter / *Project architects*:
Dirk Landt (NSA),
Gerhard Eder (eep)
• Mitarbeiter / *Assistants*:
Udo Brunner, Michael Fenske,
Michèle Görhardt, Ana Maria Osorio,
Nils Rostek, Daniel Schilp,
Anja Stachelscheidt (NSA)
Oliver Dullnig, Isabel Espinoza-Tratter,
Gudrun Michor, Martina Schaberl (eep)
• Modellbau / *Model building*:
Juan de Dios Hernández – Jésus Rey,
Madrid

• Bauleitung / *Construction management*:
Robert Eder, Baukoord Dieter Eigner
GmbH, A–Graz
www.baukoord.com
• Tragwerksplaner / *Structural Engineers*:
Manfred Petschnigg, A–Graz
www.petschnigg.at
• Haustechnik / *Mechanical services*:
Karl Pechmann, A–Kumberg
www.tb-pechmann.at
• Elektroplaner / *Electrical planning*:
Moskon & Busz GmbH, A–Graz
www.moskon-busz.at
• Bauphysik / *Building physics*:
Dr. Pfeiler GmbH, A–Graz
www.zt-pfeiler.at
• Brandschutz / *Fire protection*:
Norbert Rabl Ziviltechniker GmbH,
A–Graz
www.rabl-zt.at

Seite 136 / *page 136*
Glasdach im Victoria and Albert Museum in London
Glazed roof at the Victoria and Albert Museum in London

Cromwell Road
GB–London SW7 2RL

• Bauherr / *Client*:
Victoria & Albert Museum, London
• Architekten / *Architects*:
MUMA (McInnes Usher McKnight
Architects), London
• Tragwerksplaner / *Structural Engineers*:
Dewhurst Macfarlane & Partners Ltd.,
London
• Projektsteuerung / *Project control*:
March Consulting Ltd., Buckinghamshire
Lend Lease Projects, Middlesex
• Denkmalpflege
Historic building consultant:
Julian Harrap Architects, London
• Haustechnikplanung, Elektroplaner,
Aufzugsplanung, Tageslichtplanung
Mechanical engineering, Electrical engineering, Vertical transportation consultant, Daylight consultant:
Arup, London
• Lichtplanung / *Lighting consultant*:
DHA Designs, London
• Betonfachberater
Concrete consultant:
David Bennett Associates, Old Harlow
• Akustikplanung / *Acoustic planning*:
Sound Space Design Ltd., London

Seite 140 / *page 140*
Kaufhaus in Vancouver
Department Store in Vancouver

Pacific Centre, Block 32
CDN–Vancouver B.C.

• Bauherr / *Client*:
Holt Renfrew & Co. Ltd., Toronto
• Architekten / *Architects*:
Janson Goldstein, New York
Mark Janson, Hal Goldstein,
Steven Scuro
• Mitarbeiter / *Assistants*:
Peter Weed, Takaaki Kawabata,
Yuji Yamazaki, Camaal Benoit,
• Ausführende Architekten /
Executive architects:
IBI Group, Vancouver
• Projektleiter / *Project architect*:
Anita Leonoff
• Tragwerksplaner / *Structural Engineers*:
Read Jones Cristoffersen, Vancouver
Front Inc., New York (Fassade)
• Bauleitung / *Construction management*
Ledcor Construction Ltd., Vancouver
• Haustechnik, Elektroplaner
Mechanical services, Electrical planning:
MCW Consultants Ltd., Vancouver
• Lichtplanung / *Lighting design*:
Bill Jansing, Dallas

Seite 143 / *page 143*
Temporäres Terminalgebäude in Wien
Temporary Airport Terminal Building in Vienna

Flughafen Wien
A–1300 Wien

• Bauherr / *Client:*
VIE/AS – Vienna International Airport,
Wien
• Architekten / *Architects:*
Itten+Brechbühl, Baumschlager Eberle
P.ARC, Wien
• Projektleiter / *Project architects:*
Dietmar Eberle, Jost Kutter
• Mitarbeiter / *Assistants:*
Ulrike Hahn, Karin Hepp,
Nicolas Prikatzky, Silke Schmitz,
Alfred Sedlacek, Matthäus Wagner,
Clemens Werb
• Bauleitung / *Construction manager*
Pawlik Consulting, Wien

• Tragwerksplaner / *Structural Engineers*:
Thumberger und Kressmeier, Wien
• Haustechnik und Elektroplaner
Mechanical services & Electrical planning:
Küblböck Öko Systems, Wien
• Verkehrsplaner / *Traffic planning*:
Ingenieurbüro Mittnik, Wien
• Bauphysik / *Building physics*:
Prause Walter ZT GmbH, Wien
• Brandschutz / *Fire protection*:
Düh Ingenieurbüro, Wien
• Leitsystem und Grafik-Fassade
Circulation system and Graphic-facade:
Intégral ruedi baur 6 associés, Paris
• Generalunternehmer / *Main contractor*:
Porr Projekt und Hochbau AG, Wien

Seite 146 / *page* 146
Tramdepot in Bern
Tram Depot in Berne

Bolligenstraße 58
CH–3000 Bern

• Bauherr / *Client*:
Bernmobil, CH–Bern
• Architekten, Bauleitung,
Tragwerksplaner
*Architects, Construction management,
Structural Engineers*:
Penzel Valier AG, CH–Zürich
www.penzel.ch
• Mitarbeiter / *Team*:
Ralf Gartmann, Gino Guntli, Claudia
Loewe, Niklaus Lohri, Christian Penzel,
Tim Schäfer, Roland Schmed, Roland
Siegel, Martin Valier, Stephanie Weiss,
Laura Zgraggen
• Bauherrenbegleitung / *Representation
of the owner*:
BF + Partner, Zürich
• Haustechnik / *Mechanical services*:
pgmm Schweiz AG, CH–Winterthur
www.pgmm.ch
• Elektroplaner / *Electrical planning*:
Herzog Kull Group, CH–Schlieren
www.hkgroup.ch
• Gleisbau / *Rail construction*:
Basler & Hofmann, Zürich und Bernmobil
• Fahrleitungen / *Overhead contact lines*:
Furrer + Frey, Bern
• Gebäudesicherheit / *Safety*:
Gruner, CH–Basel; www.gruner.ch
• Gebäudesimulation
Computer simulation of building:
AFC Air Flow Consulting, Zürich
www.afc.ch
• Bauphysik / *Building physics*:
Bakus Bauphysik & Akustik, Zürich
www.bakus.ch

Seite 150 / *page* 150
**Lichtinstallation für eine
Unterführung in Berlin**
Railway underpass in Berlin

Karl-Marx-Straße
12055 Berlin-Neukölln

• Bauherr / *Client*:
Bezirksamt Neukölln von Berlin
• Architekten / *Architects*:
Dietz Joppien Architekten, Potsdam
• Mitarbeiter / *Assistants*:
Cornelia Saalmann, Carsten Saalmann,
Uwe Jerke
• Lichtdesign / *Lighting design*:
luna.lichtarchitektur, Karlsruhe
Matthias Friedrich (Projektleiter)
• Künstlerische Gestaltung / *Artist*:
Roland Stratmann, Berlin
• Projektsteuerung / *Project management*:
Planergemeinschaft Dubach,
Kohlbrenner, Berlin
Dirk Spender
• Bauleitung / *Construction management*:
Dietz Joppien Architekten, Potsdam
• Elektroplaner / *Electrical planning*:
Heimann Ingenieure GmbH, Berlin

Seite 153 / *page* 153
Stadion in Kaohsiung
Stadium in Kaohsiung

No. 200, ZhōngHǎi Rd
Zuoying District, RC–Kaohsiung 813

• Bauherr / *Client*:
National Council on Physical Fitness
and Sports (NCPFS),
Executive Yuan / Bureau of Public Works
City of Kaohsiung
• Architekten / *Architects*:
Toyo Ito & Associates Architects,
J–Tokio
www.toyo-ito.co.jp
Takenaka Corporation, J–Osaka
RLA Kaohsiung Main Stadium for 2009
World Games Design Team
www.takenaka.co.jp
• Tragwerksplaner / *Structural Engineers*:
Takenaka Corporation, J–Osaka
www.takenaka.co.jp
Hsin-yeh Engineering Consultants INC.,
RC–Chung Ho City, Taipei Hsien

• Haustechnik / *Mechanical services*:
Takenaka Corporation, J–Osaka
www.takenaka.co.jp
Teddy & Associates Engineering
Consultants Ltd.
C.C.LEE & Associates Hvacr Consulting
Engineers
• Lichtplanung / *Lighting Design*:
Lancaster Co., Ltd., RC–Taipei
lancast2@ms4.hinet.net
• Landschaftsplaner
Landscape planning:
Takenaka Corporation, J–Osaka
www.takenaka.co.jp
Laboratory for Environment & Form
• Innenraumgestaltung / *Interior design*:
Takenaka Corporation, J–Osaka
www.takenaka.co.jp
Ricky Liu & Associates
Architects + Planners, RC–Taipei City
• 3D-Modell:
Lead Dao Technology and
Engineering Ltd., RC–Taipei
www.leaddao.com.tw

Seite 156 / *page* 156
Gewerbehof in München
Mixed-Use Hall in Munich

Landsberger Straße 234
D–80687 München

• Bauherr / *Client*:
Münchner Gewerbehof- und Techno-
logiezentrumsgesellschaft mbH,
D–München
• Architekten / *Architects*:
bogevischs buero architekten &
stadtplaner Gmbh, D–München
www.bogevisch.de
• Projektleiter / *Project architect*:
Juliane Zopfy
• Mitarbeiter / *Assistants*:
Sebastian Seyboth, Marc Sikeler,
Katrin Hauth, Thomas Bönsch,
Ulrike Kreher
• Tragwerksplaner / *Structural Engineers*:
Sailer Stepan und Partner GmbH,
D–München
www.ssp-muc.com
• Bauleitung / *Construction management*:
bogevischs buero architekten &
stadtplaner Gmbh, D–München
mit/with
Bauleitungsbüro Arndt, D–München
www.bb-arndt.de
• Elektroplaner / *Electrical planning*:
Ingenieurbüro Werner Kaprowski GmbH,
D–Grünwald
• Haustechnik / *Mechanical services*:
Konrad Huber GmbH, D–München
www.konradhubertga.de
• Lichtplanung / *Lighting planning*:
Gabriele Allendorf Light Identity,
D–München
www.light-news.de
• Landschaftsplaner / *Landscape planning*:
grabner + huber landschaftsarchitektur
partnerschaft, D–Freising

Seite 159 / *page* 159
Wohnhaus in Hiroshima
Residence in Hiroshima

Naka-ku, Ōtemachi
J–Hiroshima

• Architekten / *Architects*:
Hiroshi Nakamura & NAP, J–Tokio
www.nakam.info
• Tragwerksplaner / *Structural Engineers*:
Yasushi Moribe, J–Tokio
• Bauunternehmer / *Contractor*:
Imai Corporation, J–Hiroshima
www.imai-corp.co.jp
• Glasbaustein Fassade / *Glass block
facade*:
AGB, J–Tokio; www.agb.co.jp
• Holzrahmenfenster / *Wooden windows*:
IH, J–Tokio; www.ih-wood.com

Seite 162 / *page* 162
Villa in Holland

NL–Ede

• Architekten / *Architects*:
Powerhouse Company,
Kopenhagen / Rotterdam
Nanne de Ru (Projektleitung, Bauleitung)
• Mitarbeiter / *Assistants*:
Charles Bessard, Alexander Sverdlov,
Nolly Vos, Wouter Hermanns,
Anne Luetkenhues, Bjørn Andreassen,
Joe Matthiessen
• Tragwerksplaner / *Structural engineers*:
Breed ID Gilbert van der Lee, Den Haag
Gilbert van der Lee
• Innenarchitekten / *Interior designers*:
Smeulders IG, Nuenen
• Lichtplanung / *Lighting design*:
LS², Dongen
Ber Roseboom
Beda electro, Veenendaal

Seite 167 / page 167
Wochenendhaus in Karuizawa
Weekend House in Karuizawa

Karuizawa
J–Nagano

• Architekten / *Architects*:
Makoto Takei & Chie Nabeshima / TNA,
J–Tokio
• Projektleiter / *Project architects*:
Makoto Takei, Chie Nabeshima
• Mitarbeiter / *Assistant*:
Ryousuke Fujitani
• Tragwerksplaner / *Structural Engineers*:
Akira Suzuki / ASA, J–Tokio
Yuuki Kuroiwa (Assistant)
• Lichtgestaltung / *Lighting design*:
Masahide Kakudate / Bon Bori, J–Tokio
• Generalunternehmer / *Main contractor*:
Niitsu-gumi Co., Minamisaku-gun
• Holzrahmenkonstruktion:
Saito Wood Industry Co. Ltd.
• Außenverkleidung / *External cladding*:
Nakamotozourin, Hatsukaichi
www.nakamotozourin.co.jp
• Fenster / *windows*:
Naito Co. Ltd.
• Glas / *glass*:
Oxa Matex Co. Ltd.

Seite 174 / page 174
Erweiterung eines Wohnhauses in New Canaan / Connecticut
Addition to a Home in New Canaan / Connecticut

USA–New Canaan

• Bauherr / *Client*:
k. A.
• Architekten / *Architects*:
Kengo Kuma & Associates, J–Tokio
www.kkaa.co.jp
• Tragwerksplaner / *Structural Engineers*:
Makino, USA–Ohio (Entwurf)
www.makino.com
The Di Salvo Ericson Group,
USA–Connecticut (Ausführung)
www.tdeg.com
• Haustechnik / *Mechanical services*:
Kohler Ronan, LLC consulting engineers
USA–New York
www.kohlerronan.com
• Bauleitung / *Construction management*:
Prutting & Company Custom
Builders, LLC, USA–New Canaan
www.prutting.com
The Deluca Construction Co.,
USA–Stamford
www.delucaconst.com

Seite 182 / page 182
Wohntürme in Antwerpen
Apartment Towers in Antwerp

Westkaai 41 (Turm 1)
Westkaai 51 (Turm 2)
B–2000 Antwerpen

• Bauherr / *Client*:
NV Kattendijkdok, Antwerpen
vertreten durch:
Project², Antwerpen
• Architekten / *Architects*:
Diener & Diener, Berlin / Basel
mit: ELD Partnership,
Antwerpen
• Projektleitung / *Project architect*:
Uwe Herlyn (D&D)
Bart Anthonissen (ELD)
• Mitarbeiter / *Assistants*:
Roger Diener, Terese Erngaard,
Dieter Righetti, Jan Pfennig,
Florian Kessel (D&D)
Marc Van Doninck,
Bert van Poeck (ELD)
• Tragwerksplaner / *Structural Engineers*:
Stedec NV, Roeselare
Koen Coelus,
Koenraad de Croos
• Bauleitung / *Construction management*:
René Hoeckx, Antwerpen
• Haustechnik, Elektroplaner
Mechanical services, Electrical planning:
Arcadis Belgium NV,
Deurne-Antwerpen
• Landschaftsplaner
Landscape planning:
Michel Desvigne, Paris

• Bauleitung / *Construction management*:
McInerney Contracting Dublin Ltd,
Dublin
Bill Kennedy
• Haustechnik, Elektroplaner,
Akustikberater
*Mechanical services, Electrical planning,
Acoustical consultant*:
Buro Happold Consultants Limited,
Dublin
• Kostenplaner / *Quantity surveyors*:
Matt Dwyer, Astin Reddy + Co.,
Dublin
• Lichtplanung / *Lighting design*:
Campbell Design Limited, London

Seite 190 / page 190
Baumhotel in Harads
Tree Hotel in Harads

Edeforsväg 2 A
S–96024 Harads

• Bauherr / *Client*:
Brittas Pensionat,
Britta Lindvall and Kent Lindvall
www.treehotel.se
• Architekten / *Architects*:
Tham & Videgård Arkitekter,
S–Stockholm
Bolle Tham, Martin Videgård
www.tvark.se
• Projektleiter / *Project architect*:
Andreas Helgesson
• Mitarbeiter / *Assistants*:
Mia Nygren, Julia Gudiel Urbano
• Tragwerksplaner / *Structural engineers*:
Sweco Structures AB, S–Stockholm
Egil Bartos
www.sweco.se
SP Sveriges Tekniska Forskningsinstitut
S–Skellefteå
Anders Gustafsson
anders.gustafsson@sp.se
• Bauleitung / *Construction management*:
Kent Lindvall, S–Harads
www.treehotel.se

Seite 171 / page 171
Erweiterung eines Doppelhauses in Heverlee, Belgien
Extension to Semi-Detached House in Heverlee, Belgium

Waversebaan 203
B–3001 Heverlee

• Bauherr / *Client*:
Familie De Belder-Robijns
• Architekten / *Architects*:
Bob 361 architects, Brüssel
Goedele Desmet,
Ivo Vanhamme,
Jean-Michel Culas
• Mitarbeiter / *Assistants*:
Gunther Slagmeulder,
Jan Opdekamp, Maarten Dekoninck
• Tragwerksplaner / *Structural Engineers*:
BAS / Dirk Jaspaert, Kessel-Lo
• Gebäudesicherheit / *Safety*:
Bureau Bouwtechniek, Antwerpen

Seite 178 / page 178
Wohnhaus in Zürich
House in Zurich

Burenweg 46
CH–8053 Zürich

• Bauherr / *Client*:
Pia und Jürg Allgaier
• Architekten / *Architects*:
Christian Kerez, Zürich
• Mitarbeiter / *Assistants*:
Jürg Keller (Projektleiter),
Andreas Skambas, Fumiko Takahama,
Dirk Massute, Ryuichi Inamochi,
Kaori Hirasawa, Ute Burdelski,
Moritz Agné
• Tragwerksplaner / *Structural engineers*:
Dr. Schwartz Consulting AG, Zug
Joseph Schwartz
• Fassadenplaner / *Façade planning*:
Krapf AG, Engelburg
• Bauleitung
Construction management:
BGS Architekten, Rapperswil

Seite 186 / page 186
Wohnhaus in Dublin
House in Dublin

Rear 97 Anglesea Road
IRL–4 Dublin

• Bauherr / *Client*:
privat
• Architekten / *Architects*:
Niall McLaughlin Architects, London
• Projektleitung / *Project architects*:
Beverley Dockray, Jakob Beer
• Tragwerksplaner / *Structural Engineers*:
Arup, London
Casey O'Rourke Associates, Dublin

Herstellernachweis
Contractors and suppliers

Die Nennung der Hersteller und
ausführenden Firmen erfolgt nach
Angabe der jeweiligen Architekten.

*Details of contractors and suppliers are
based on information provided by the
respective architects.*

Bildnachweis • *Picture credits*

Fotos, zu denen kein Fotograf genannt ist, sind Architektenaufnahmen, Werkfotos oder stammen aus dem Archiv DETAIL.
Trotz intensiven Bemühens konnten wir einige Urheber der Abbildungen nicht ermitteln, die Urheberrechte sind jedoch gewahrt. Wir bitten in diesen Fällen um entsprechende Nachricht.
Sämtliche Zeichnungen in diesem Werk stammen aus der Zeitschrift DETAIL.

Photographs not specifically credited were taken by the architects or are works photographs or were supplied from the DETAIL archives.
Despite intensive endeavours we were unable to establish copyright ownership in just a few cases; however, copyright is assured. Please notify us accordingly in such instances.
All drawings were originally published in DETAIL.

Seite/*page* 8, 9:
Duccio Malagamba, E–Barcelona

Seite/*page* 10:
Romain Meffre & Yves Marchand Associés, F–Paris

Seite/*page* 11 unten:
Peter Manev, D–Selb

Seite/*page* 12:
Ian Schrager Company, USA–New York

Seite/*page* 13 oben links:
Simone Giostra/Arup/Palmer

Seite/*page* 13 oben rechts:
Simone Giostra/Arup

Seite/*page* 13 unten:
Simone Giostra/Arup/Ruogu

Seite/*page* 14 oben links, unten:
Roland Halbe/artur, D–Essen

Seite/*page* 14 oben rechts:
David Frutos, E–Murcia

Seite/*page* 15 unten, 16 unten:
Superlab/Dold und Hasenauer OG, A–Wien

Seite/*page* 18:
Frank Kaltenbach, D–München

Seite/*page* 19 oben links:
René Müller/seele.com

Seite/*page* 20:
Mayer'sche Hofkunstanstalt, D–München

Seite/*page* 21:
Nikolay Kasakov, www.hasenkopf.de

Seite/*page* 22 oben links:
Design Composite, A–Niedernsill

Seite/*page* 22 oben Mitte, 27 oben links:
Baumprobe OHG, D–Stuttgart

Seite/*page* 22 oben rechts:
Imbus GmbH, D–Stuttgart

Seite/*page* 23 oben links:
Andreas Schönbrunner, D–Stuttgart

Seite/*page* 23 oben rechts:
Julian Lienhard, D–Stuttgart

Seite/*page* 23 unten:
Jean Ahlquist, D–Stuttgart

Seite/*page* 24 links:
Konarka

Seite/*page* 24 rechts:
Andy Ridder, D–Stuttgart

Seite/*page* 25:
Hightex, SolarNext

Seite/*page* 26 oben links:
Solides Objectives – Idenburg Liu, USA–New York

Seite/*page* 26 oben rechts, 26 unten:
KD – Gebr. Kufferat AG, D–Düren

Seite/*page* 27 oben rechts, 27 unten:
Ucem GmbH, D–Stolberg

Seite/*page* 32 Mitte und unten:
Hightex, D–Rimsting

Seite/*page* 34, 35:
FOA, GB–London

Seite/*page* 38:
Nicolas Borel, F–Paris

Seite/*page* 40:
Dominik Obertreis, D–Althütte

Seite/*page* 41:
Yves André, CH–St. Aubin

Seite/*page* 42:
Andreas Fuchs, D–Stuttgart

Seite/*page* 43:
seele sedak GmbH & Co. KG, D–Gersthofen

Seite/*page* 44–50, 52, 53:
Herzog & de Meuron, CH–Basel

Seite/*page* 51, 60, 61, 130, 131, 139:
Christian Schittich, D–München

Seite/*page* 58, 59:
Brigida González, D–Stuttgart

Seite/*page* 64–67, 167–170:
Daici Ano, J–Tokio

Seite/*page* 68, 72, 127:
Hisao Suzuki, E–Barcelona

Seite/*page* 70, 71:
Eugeni Pons, E–Lloret

Seite/*page* 76–80:
Adam Mørk, DK–Kopenhagen

Seite/*page* 81–83:
Miguel de Guzmán, E–Madrid

Seite/*page* 84, 85 oben, 86/87, 126, 128/129, :
Iwan Baan, NL–Amsterdam

Seite/*page* 88–91:
Javier Callejas Sevilla, E–Granada

Seite/*page* 93–95:
Tim Goffe, GB–London

Seite/*page* 96:
Angelo Kaunat, A–Salzburg

Seite/*page* 97–100:
Albrecht Imanuel Schnabel, A–Götzis

Seite/*page* 101:
Heide Wessely, D–München

Seite/*page* 102–105:
Hans Jürgen Landes, D–Dortmund

Seite/*page* 106/107, 109:
Manfred Jarisch, D–München

Seite/*page* 108:
Rainer Huxel, D–Sinsheim

Seite/*page* 111 oben, 112, 113 Mitte:
Roland Halbe/The Nelson-Atkins Museum of Art, USA–Kansas City

Seite/*page* 111 unten, 113 unten:
Andy Ryan/The Nelson-Atkins Museum of Art, USA–Kansas City

Seite/*page* 114–116:
Fernando Alda, E–Sevilla

Seite/*page* 117–120, 182–185:
Christian Richters, D–Münster

Seite/*page* 122–125:
Steve Hall/Hedrich Blessing Photographers, USA–Chicago

Seite/*page* 132:
Thomas Madlener, D–München

Seite/*page* 134, 135:
Roland Halbe, D–Stuttgart

Seite/*page* 136–138:
Alan Williams Photography

Seite/*page* 140–142:
Michael Desjardins, CDN–Vancouver

Seite/*page* 143–145:
Eduard Hueber/archphoto.com

Seite/*page* 146, 147:
Dominique Uldry, CH–Bern

Seite/*page* 150, 151:
Markus Bachmann, D–Berlin

Seite/*page* 152:
Roland Stratmann, D–Berlin

Seite/*page* 153, 155:
Fu Tsu Construction Co., Ltd., CHN–Taiwan

Seite/*page* 156–158:
Michael Heinrich, D–München

Seite/*page* 159, 161:
Koji Fuji/Nacása & Partners Inc., J–Tokio

Seite/*page* 162–166:
Jeroen Musch, NL–Amsterdam

Seite/*page* 171–173:
André Nullens, B–Londerzeel

Seite/*page* 174 unten, 175 oben, 176, 177:
Scott Frances/OTTO

Seite/*page* 178–181:
Walter Mair, CH–Zürich

Seite/*page* 186–189:
Nick Kane, GB–Kingston-upon-Thames/Surrey

Rubrikeinführende Aufnahmen • *Full-page plates:*

Seite/*page* 5:   Bank in Bilbao
Architekten/*Architects:* NO.MAD Arquitectos, E–Madrid
Fotograf/*Photographer:* Miguel de Guzmán, E–Madrid

Seite/*page* 7:   Niederländisches Institut für audiovisuelle Medien in Hilversum
Netherlands Institute for Sound and Vision in Hilversum
Architekten/*Architects:* Neutelings Riedijk, NL–Rotterdam
Fotograf/*Photographer:* Daria Scagliola, Steijn Brakke, NL–Rotterdam

Seite/*page* 63: Poetry Foundation in Chicago
Architekten/*Architects:* John Ronan Architects, USA–Chicago
Fotograf/*Photographer:* Steve Hall/Hedrich Blessing Photographers, USA–Chicago

Cover • *Cover:*

Bankgebäude in Kopenhagen
Bank Building in Copenhagen
Architekten/*Architects:* schmid hammer lassen architects, Aarhus
Fotograf/*Photographer:* Adam Mørk, DK–Kopenhagen